目 次

特集1　シンポジウム「人間を大切にする刑事政策を求めて ――ノルウェー犯罪学の実験――」

他者との出会い（他者を知る）	ニルス・クリスティ	04
矯正・保護総合センター開設記念シンポジウム「人間を大切にする刑事政策を求めて――ノルウェー犯罪学の実験――」		18
N・クリスティとノルウェー犯罪学	石塚伸一	52
基調講演解題「N・クリスティはかく語った」	石塚伸一	54
謝辞「N・クリスティと語って」	加藤博史	61

特集2　ギーセン大学ミニコロキュウム「刑事法の現代的課題」

本特集の趣旨	金 尚均	64
Gefährdungsdelikte in der Risikogesellschaft?	Sangyun Kim	65
Betrug und Untreue als konkrete Gefährdungsdelikte de lege lata und de lege ferenda	Pierre Hauck	78
Die Untersuchung über die Vereiteln der Zwangsvollstreckung: Eine strafgesetzgebungspolitische Überlegung	Shinichi Ishizuka	98
Die Vereitelung der Zwangsvollstreckung beim Abzahlungskauf – BGHSt 16, 330 –	Walter Gropp	104
Das Menschenbild von der Willenstheorie in der Vorsatzlehren	Sudo Hyon	114
Zur Abgrenzung von Vorsatz und Fahrlässigkeit bei Raser-Fällen Deutschland/Schweiz	Günter Heine	122
Verfolgung künftiger Straftaten und vorbeugende Bekämpfung von Straftaten	Tsukasa Saito	136
Vorbeugende Verbrechensbekämpfung – Strafrecht zwischen Prävention und Repression –	Henning Rosenau	147

特集3 シンポジウム「日本における犯罪行為者のソーシャル・インクルージョン〜実践知と理論知の融合を目指して」

特集の趣旨	本庄 武 162
犯罪行為者の社会復帰におけるソーシャル・インクルージョンの意義	森久智江 163
つくる〜生活基盤を喪失した被保護対象者を地域で支える仕組み	秋山雅彦 166
当事者視点と援助者視点	市川岳仁 172
PFI刑務所における取り組み事例 島根あさひ社会復帰促進センター及び播磨社会復帰促進センターでの民間事業者の取り組みについて	歌代 正 178
知的障がいのある人の刑事弁護 福祉的視点・支援をどう刑事弁護に持ち込むのか	谷村慎介 183
ソーシャル・インクルージョン理念から見た社会復帰支援	本庄 武 188
パネルディスカッション 秋山雅彦、市川岳仁、歌代 正、谷村慎介、本庄 武、森久智江（司会）	195

特集1　シンポジウム「人間を大切にする刑事政策を求めて——ノルウェー犯罪学の実験——」

他者との出会い（他者を知る）
ニルス・クリスティ

矯正・保護総合センター開設記念シンポジウム「人間を大切にする刑事政策を求めて——ノルウェー犯罪学の実験——」

N・クリスティとノルウェー犯罪学
石塚伸一

基調講演解題「N・クリスティはかく語った」
石塚伸一

謝辞「N・クリスティと語って」
加藤博史

特集1　シンポジウム「人間を大切にする刑事政策を求めて──ノルウェー犯罪学の実験──」

他者との出会い（他者を知る）

ニルス・クリスティ　オスロ大学

1　かの悲劇がノルウェーを襲ったとき

　2011年7月22日の午後、私は、この論文をまさに脱稿しようと、いくつかの出典を確認していたところだった。時計が午後3時26分を示したとき、ノルウェーは別の国に変わってしまった。官庁街で巨大な爆弾が爆発した。一帯は、戦争直後のようだった。7人が即死し、さらに多くの人々が重傷により病院に運ばれた。おそらく、この事件が夏休み期間中に起こったこと、そして、官庁の勤務時間が終了した26分後に起こったことで、非常に多くの命が奪われずに済んだのだと思われる。

　テロリズムはノルウェーに到達していた。事件の直後から犯人探しが行われた。イラク、アフガニスタンそしてリビアの戦争に私たちが加担したことへのイスラム教の信者たちによる報復ではないか。または、デンマークの新聞に掲載されたイスラム教創始者マホメットの風刺画をノルウェーの新聞が再掲載したことへの彼らによる報復ではないか。もしそうであれば、ノルウェーの移民社会にとって辛い時代が始まってしまう。

　しかし、夜が近づくにつれて、別の緊急ニュースがとびこんで来た。熱心な若者たちで構成される労働党青年部のサマーキャンプで銃による乱射事件が起きたのである。それは、オスロから1時間のところにあるたいへん小さな島で起こった。長身の男が、あちこちを歩き回り、見つけた人間を誰彼かまわず機械的に殺害していったのであるが、そのなかには14歳の少年たちも含まれていた。情け容赦なく、彼は出逢った者をただただ殺害していった。そこにはたくさんの若者たちが集っていたのだ。

　この国に広がった恐怖、絶望、悲嘆を表現するためには、芸術家の力が必要である。だから、ここで、私は説明するのを差し控えるが、この長い夜の間に、私たちにある種の安堵をもたらしてくれた一片のニュースがある。それは、本事件の加害者は、移民ではなかったというニュースだった。加害者は、ノルウェー人であり、しかも生粋のノルウェー人だった。彼の行為は、イスラム教の信仰を有する移民や難民を受容するという政治理念に抗したものであった。ひとりの極右の男性が仕掛けた戦争だったのである。

　その後、私たちは、首相が生存しているとのニュースを聴いた。まもなく彼はラジオとテレビに登場した。彼の声明は、悲嘆と絶望、犠牲者への共感に満ちていたが、その日の夜に出された声明、そしてそれに引き続いて幾度となく行われた声明の主旨は、私たちは復讐と恐怖によってこれらの行為に応じるのではなく、民主的な社会という私たちの理想を維持していくことによってこの事件に応じようというものであった。あるいは、数日後、離島での事件の生存者である若者たちのひとりが表明したように、私たちは花

で恐怖に立ち向かおうという声であった。

　私たちは、この悲劇が起こった3日後にオスロの市民ホールの外で行われた追悼式典に参加した。オスロ市の人口は60万人であるが、およそ20万人の市民がそこに参集していたとされている。皇太子、首相そして事件の生存者たちが発言した。彼らから復讐のことばは一言も聴かれることはなかった。ただバラの花だけが雄弁に何かを語っていた。ほぼすべての人々が手に花をもち、追悼の場にこれらを捧げていった。以来、公共交通機関は、市の中心部に置かれた花の記念碑を壊さないように運行された。同様の追悼式典は、ノルウェーのあらゆる場所で行われており、それは今も続いている。私は、2011年7月31日にこの論文を書き終えた。この日の朝の最新ニュースは、昨日はさらにより多くの花が捧げられ、そして、ノルウェーに十分に供給されるよう、バラの輸入関税が一時的に撤廃されたというものであった。

　犯人は逮捕された。弁護人が彼の弁護のために選任された。予備審問の後に、彼は勾留され、現在、公判が開かれるのを待っている。彼が、残りの人生の大半を刑務所の中で過ごすことは、ほぼ確実であろう。ノルウェーには死刑がない。殺人罪の最長刑期は、21年の拘禁刑であるが、高い危険性があるとみなされる場合には、予防拘禁という処分を受けることがある。特別な場合に適用され、その数は多くはない。予防拘禁（preventive detention）の場合は、21年を超えて刑務所に収容される可能性があり、5年ごとに更新される。この延長のための手続は、通常の裁判所で職業裁判官によって決定されなければならない。ノルウェーには、人道に反する罪に関する法律があり、この法律では、最長刑期は30年の拘禁刑であるが、このケースには適用できないだろう。

　　　　　　＊　　＊　　＊

　この悲劇の後でも、私は、以下、本稿に書いたことに多くの変更を加える必要はないと考えている。ただ、例外は「刑事裁判所」に関する第8節、そして第12節であり、第12節では、現在ノルウェーに行き渡っている共同社会の精神（communal spirit）を維持することの重要性を強調している。本稿に加えた変更は太字によってそれとわかるようにした。ノルウェーの人々は、ここ数週間のあいだにお互いがより近い存在となった。しかし、ここで重要な疑問が生じる。この共同社会の精神は維持できるのであろうか、そして、そのことによって、人間全体として「他者」に近づきお互いを知る能力が維持され、もしかしたら強化されるのであろうか[1]。「他者」と出会うということが、本稿全体のテーマである。

2　（他者に）近づくことについて

　私は、ノルウェーがドイツ軍によって占領されていた時代に育った。第二次世界大戦の時代である。ドイツ軍の軍人を町で見かけるのが日常の光景だった。しかし、この時代に、12歳から17歳という年齢だった私は、ドイツ軍の軍人と会話することは決してなかった。最悪の裏切り者とされたヴィドクン・キースリングが率いていた（ノルウェーの）ナチス党員と話したこともなかった。ただ、Asbjørnだけは例外だった。彼はナチス党員だった。彼は教室で私のすぐ後ろに座っている大切なクラスメイトだった。彼は、小児麻痺によって身体に障害があったが、常に親切で、気持ちがよく、協力的だった。私は、1814年にノルウェーがどのように憲法を制定したのかという歴史的事実をもとにした戯曲を友だちと創作したことがあった。躊躇なく、私はAsbjørnを、憲法草案を作成した人物という主要な愛国者の役に抜擢した。教師は、これを激しく嫌がった。「ナチス党員がその役をやるなんて！」しかし、私たちにとっては、この役をやるのは、ナチス

のモンスターではなく、日常生活のなかでよく知っているAsbjørnだったのだ。しかし、最悪の裏切り者であるキースリングとなると話は別だった。彼は、占領が終わった直後に拘禁され、後に死刑に処された。その他に21人のノルウェー人と16人のドイツ人も同様に処刑された。このとき、極めて少数の人たちだけが、死刑の復活に異議を唱えた（訳注：1905年にノルウェーは、死刑を廃止した）。モンスターと見なされた者は、死以外には値しなかったのである。

戦争と占領の後には、重要なひとつの問題が残された。ビュッヘンヴァルド、アウシュビッツをはじめとした多くのドイツ軍の強制収容所の恐怖である。（ドイツという）一国家からもたらされた、終わることのない恐怖が私たちに迫って来たのである。

しかしそのとき、私たちノルウェー人の自己イメージを傷つけるような深刻な脅威となったのは、ノルウェーにも強制収容所が複数存在しており、そこでは多くのノルウェー人看守が、殺害や虐待行為に積極的に関わっていたことが判明したことであった。これらの収容所は、ユーゴスラビアのパルチザンたちの絶滅収容所であり、そこでの死亡率はドイツの収容所における最悪の死亡率に匹敵していた。

当時、私は大学院に進学しそこでどのようなノルウェー人のモンスターたちがこうした強制収容所の管理運営に関わっていたのかを明らかにするよう求められた。私は、いろいろな刑務所を渡り歩いて殺害行為や虐待行為によって有罪判決を受けた膨大な数の看守にインタビューを行った。さらに、殺害行為や虐待行為によっても有罪判決を受けることがなかったほぼ同じぐらいの元看守たちにもインタビューを行った。私は、彼らに対して、なぜ殺害や虐待行為を行ったのかとは尋ねなかった。私が尋ねたのは、そこに収容されていた人たちがどんな人たちだったのかを語ってもらうことであった。この調査によって得られた重要なことは、殺害行為を行った者は、収容されていた人々が自分たちと同じ人間だと見ることができるほどには、収容者に近づいていなかったということである。彼らは、収容者たちをユーゴスラビアからやって来た汚くて、臭くて危険など動物と見ていたのである。しかし、殺害行為を行わなかった元看守たちは、ユーゴスラビア人の収容者たちについて別の見方をしていた。彼らは、収容されていた人々に近づき、人間として見ていたのである。私は、この元看守たちへのインタビューにショックを受けた。もしも自身が16歳のときに看守として職を得ていたら、そして彼らと同じような状況に置かれていたら、自分も同じことをしたかもしれないのだ。

では、収容所で殺害行為を行った者たちはモンスターではなく、どちらかと言えば、私たちの大半と同様の普通のノルウェー人だったのであるという私のインタビュー調査の結果は、ノルウェーではどのように受け止められたのであろうか。

私の調査結果は、嫌悪の海に深く沈められてしまった。敵は、このような恐ろしいことをなしうる占領者のドイツ人であってノルウェー人ではない私の調査結果は、黒と白の曖昧な境界線上にあった。当時、ノルウェーでは、私の調査結果はとても歓迎されるものではなかった。私の調査結果については、ほとんど関心を向けられることはなかった。私の原稿が本のかたちで刊行されるまでに20年がかかった。この本が再版されるまでには、さらに40年を必要とした。40年たってようやく、この本は、ノルウェーの社会学の重要文献となるまでに注目されるようになっていた。モンスターのイメージを払拭するまでには、それだけの時間がかかったのである。

3　異常な状況下にある普通の人々

当時、ドイツではこのようなことがいかにして起

き得たのであろうか。ドイツつまりヨーロッパ文化の中心地で、そしてノルウェーにおいて、このような悲劇の数々、望ましくないとされた人々の大量殺戮がいかにして起きたのだろうか。

　ユダヤ人が辿った運命こそ、その答えを示すもっとも顕著な例である。その答えの一つは、ユダヤ人を完全に非人間化したイメージに仕立て上げる長いプロセスにある。ユダヤ人は、、悪魔のような風貌、金銭に汚い人たち、他人を借金地獄に陥れる「カネ」そのもの、というような風刺画で描かれた。ドイツ語でいうKristalnacht（水晶の夜）である。加えて、街頭では本の山が燃やされた。これらの本はユダヤ人作家によって書かれたもので、それゆえに燃やされたのである。さらに、ドイツ人があらゆる人種のなかで最高の人種であるという考え方、すなわち生まれながらにして支配者であるという考え方がこれに拍車をかけた。もちろん、後には、ドイツだけがそのような考え方に取りつかれていたわけではないことを知ることになるのであるが──。あらゆる植民地主義にとって、現地人を「原始的な人間」「自分たちとは違う人間」と区別した方が都合が良かったのである。

　こうした組織だった「貶め」は、まずユダヤ人に対して、後にいわゆるジプシーや東ヨーロッパのあらゆる人種・民族の人々に対して行われた。こうした「貶め」は、かなりの程度で、彼らを同じ人間と見なす境界を超えてしまっていた。ジークムント・バウマンの言葉を借りれば（Bauman, Zygmunt, 1989, Modernity and Holocaust, Polity Press＝森田典正訳『近代とホロコースト』、大月書店、2006年）、貶められた者たちは、機能的合理性（functional rationality）の上に築かれた社会においては、取り除かれるべき雑草だったのである。そのような雑草を絶滅させることは、通常の意味での「殺人」とは異なることだった。この論文で私の言いたいことは、強制収容所で殺害行為を行っていた者たちはモンスターではなかったということ、彼らは、異常な状況下に置かれた普通の人々だったということである。

　さらに、私の調査から得られた望ましくない知見として、高度な教育を受けたことが虐待行為に加わることへの歯止めとはならないということがあった。いわゆる「ユダヤ人問題」に対する最終的な解決策は、ドイツで行われた有名な会議において決定された。ミヒャエル・ヴィルト（2003年）が1942年に行われたヴァンゼー会議について著したように、数多くの博士号取得者が参加して会議は行われていた。さらに、被収容者たちを載せた電車が収容所に到着したときには、プラットホームには医師が常駐しており、彼らは、到着した者たちを、ガス室に直接送るか、または、ガス室に送る前にしばらくの間労働をさせるか、のいずれとするかを選り分けていたのである。

　絶滅収容所における殺害は、さらに別な形で、医療行為として行われていた。医師たちは、精神医療施設等において多くの人たちに対して診断（決定）を行う権限を与えられていた。彼らは、患者たちが、「生きるに値するか」どうかについて判断していたのである。おそらく、まったく人間とは位置付けられなかった人々もいたであろう。そうだとすると、食料等の資源の有効活用を考えた場合、そうした存在は死に向かわせるのがより適当ということになる。そうしたカテゴリーに分類される人は、障害のある人々、さらには逸脱した生活様式や態度を有する人々へとだんだんとその範囲は拡大し、彼らは何らかの疾患要素、つまりはいわゆる「民族集団（folk-body）」という一種の癌であると見なされた。その身体を治療するのが医療の仕事であり、処刑は医療行為のひとつとされた。

　このことが、私の生涯のほとんどにおいて、個人的にまた科学的研究の面からも関心の中核となった。すなわち、他者に近づくための条件とその結果

という課題に私を導いたのである。

4　他者に近づくとは？

あらゆる人々の中に共通して存在する人間性を認識できるようになるということは、生活または芸術を通じて、他者により近づくということと関係している。

7月22日にノルウェーで恐ろしい出来事を起こした男性は、非常に孤独な人間で、社会生活から阻害され、はみ出し者として生き続けることを余儀なくされてきた、「他者」と出会うことのない男性であるように見える。彼は、自分の目標遂行のために盲目になっていた。私たちにとって次の課題は、彼を私たちの一員として見るということになるだろう。彼もかつては子どもであったし、おそらく鳥が好きな人間であるかもしれない。

私の考えを単純化すれば、私たちが、お互いを同じ人間として見ることができるような立ち位置に自らを置くほどに、そこで得られる知識・知見に依拠するようになる。そして、私たちは、乳児から老齢の者に至るまで様々な人々に対しどのように振る舞うかについて、人生を通じて自分のなかに深くしみ込んだ規範に従って行動するようになる。「他者」と出会うということは、私たちを人間たらしめている規範の網のなかに捕えられるということである。私たちが、このように他人に近づくほどに、通常私たちが属している文化のなかでは、望ましくないと見られる方法によって他者と関わることには抑制が働きやすくなる。

しかし、さらに日常の生活においては、「他者」と出会うことを妨げている大きな要因がある。言葉は、もっとも有益な障壁となり得ることが多い。そこで、以下では、障壁としての言葉についてさらに述べたいと思う。

5　障壁としての言葉

言葉は、人と人の間に橋を架けることができる。それは、思考、感情そして理解をこちら側と向こう側でやりとりする美しく有益な橋である。しかし、言葉はまた障壁としても機能しうる。

言葉は、あまりに大きく、あらゆるものを含んでおり、それゆえに何も含んでいない。私たちは、ある概念を使う場合、そのことについて深くは理解していない。私たちがほんの少ししか理解していないがゆえに、あらゆる種類の政治的権力に自由勝手に行動する余地を与えてしまうのである。

「犯罪」がまさにそうした言葉のひとつである。私たちは、この概念を使うことによって、このことをより深く理解しているわけではない。ノルウェーにおいて犯罪は増加しているのだろうか。この問いには意味がない。私が若い頃には、同性愛は犯罪とされ、厳しく処罰された。現在では、ゲイのカップルたちは市民ホールで結婚式を挙げている。さらに、かつて堕胎は、犯罪であった。今や堕胎のためのピルが薬局で販売されている。しかし、新たな危険も生じている。薬物に対する戦争が、最近、私の国では、犯罪者の創出にもっとも貢献している。

「犯罪が増加している。同じぐらい、減少している」と一緒になって声高に叫ぶのではなく、私はもっと有意義な主張をすることを考えている。つまり、「犯罪なんて存在しない！」と。こんなにも多くのものが詰め込まれたことがらを一つの言葉で表すことなどできないのだ。

行為そのものが犯罪なのではなく、行為が犯罪となるのである。望ましくないと見られているような行為を含めて、あらゆる行為について、これらを理解する別の方法が多数ありうる。すなわち、悪い行為、異常な行為、邪悪な行為、間違って賞賛された行為、若者によく見られる虚勢を張った行為、政治的なヒロイズムからの行為、または犯罪行為であ

るという具合である。したがって、「同じ」行為同士が、法学、精神医学、教育学、神学といった複数の並列的なシステムの中に存在することがありうるし、あるいは、ただ家族や友人のあいだで理解されるものとして存在することがありうるのである。

社会のなかでの距離、そして（あるいは）物理的な距離は、行為に意味付けをするうえで、特に重要である。私に近い人々は、犯罪者とは見られにくい。私は彼らを非常によく知っているし、彼らの行為の理由を理解できる。しかし、家庭生活は、（ある行為や人を）犯罪や犯罪者として認識することに対抗する社会的条件の具体的な例のひとつにすぎない。

「犯罪」および「犯罪者」というのは、個人に張り付く高い可能性をもった強いラベルである。そうしたラベルは、ラベルの後ろ側にある人間とその行為についての他の理解を消し去ってしまう。私は、今までに知り合った人の中で、犯罪者という側面しかもっていない人に出会ったことはない。彼らは、私たちの多くがそうであるように、良い面と悪い面が混じりあった存在なのである。彼らは、否おそらく全ての人びとが、いわば「歩くミステリー」なのである。

しかし、犯罪をおかしたとされ、その恐ろしい行為によって有罪とされてしまうと、その人たちの持っている他の側面はすべて、当該行為を指す概念、またはその人が持っていることが明らかにされた人格類型の影に隠されて見えなくなってしまうのである。

いかに人間を理解し管理するかを定義づけるにあたり主要な役割を果たす破壊的な言葉が、多くの専門家によって作り出されている。たとえば、サイコパス、小児性愛症者、躁鬱病者、注意欠陥障害（ADHD）のある子どもといった言葉である。診断用のマニュアルは、そうした言葉でこぼれそうなほどに溢れている。

では、私は、人間行動を研究している専門家に、彼らが研究対象としている人たちをどのように表現して欲しいのだろうか？

古くさくて、素人的な用語で、ある人を全人的に表現することは、人間を類型化する際にはなじまないものとされている。私が知りたいのは、何が起きたのかといったことや、その人はどんな人なのかといったもう少し具体的なものである。小さな物語の中に込められた小さな言葉の数々は、特に、そのような具体的な知識を提供するのに非常に適している。専門家たちの道具箱から出てくる大きな言葉は、何が起こったのかということやそこに何が関わっているのかに関する洞察を阻害してしまうことがよくある。

しかし、言葉がなければ、専門家は権威を失うのではないだろうか？

そのとおりである。

6　隣人たち

私の著書のひとつ（Christie 1975）は、そのタイトルをノルウェー語から翻訳するのが困難であった。そのノルウェー語のタイトルは、"Hvor tett et samfunn?"というものだが、英語では、おそらく"How tightly knit a society?"（いかに社会を固く編み込むか？）あるいは"How close to one another?"（いかにお互いが近づけるのか？）と訳すのが適当であろう。私たちは、家庭、近隣社会、国家間、または国際社会においていかにして近づけるのか。ノルウェーでは、1994年にヨーロッパ共通の市場の一員となること（欧州連合への加盟）に国民投票で反対票を投じられたという事実から明らかなように、より大規模な統合に関して躊躇が見られる。

しかし、私たちは、近代性（modernity）、つまり、成長および物質的進歩をよしとする思考に縛られ、またフェンスの向こう側の芝はより青々として、美味

しいと信じこまされている。さらに、よく知られているように、近代性と流動性は、緊密に関係している。私たちは、これまで以上に諸地域および諸国家のあいだを移動している。自分が生まれた家に近い場所で育ち、そこに居住し、さらにはそこに住み続けるという時代は失われているのである。ノルウェーの峡谷に位置するある農場では、同じ家族の子孫たちが10世代以上、そこに居住し、働いている。このような場所に生まれたことで、そこに住み続けることが期待されてしまうことは、むしろ重荷である。しかし、社会統制の観点から見れば、都合がよい。そこに居住する人たちは、隣人たちをお互いに知っている。こうした渓谷の出身で、その地域で生まれ、現在は教師としてその地域に戻ったひとが、私に対してこう述べたことがある。「私は、子どもたちの登校初日に、子どもたちそれぞれの出身地を尋ねる必要がないんですよ。私には、「ganglaget（足取り）」、つまり、子どもたちの歩き方で出身もわかるんです」。

しかし、そのような日々は過ぎ去った。その教師は、昔ながらの近隣社会が存在する峡谷から離れて教育を受けることがなかったために、近代性の例外的存在なのである。普通の教育は、「無視」を生みだす。その人が生まれ育った近隣社会とそこに住む人々に対する無視につながる。生まれ育った地域社会から得られる知識は、抽象的な知識が増えていくにつれて、失われていく。地域社会にかかわる事柄についての知識を交換する場として、家庭の台所は地域の学校であったが、科学を教える学校を卒業した様々な人々にとって代わられている。その必然的帰結として、近隣社会が持っていた精神、地域社会が持っている知識、さらには地域社会が持っている統制力というものが失われてしまい、その一方で、警察や人間行動にかかわる専門家が権力や知識とされるものを持ち込んでくるのである。そして、隣人たちは、隣人としての機能を

無力化されていくことになる。周囲が見えなくなり、そして、危険なものとなっているように思われてくる。社会の基盤は、（地域社会ではなく）社会統制を主に肩代わりする外部の権力機構によって整備されていくのである。

7　刑罰について

1950年代に遡ると、およそ3万件がノルウェーで公式に「犯罪」として取り扱われていた。いまは40万件以上である。これは、必ずしもこの期間に望ましくない行為の量が増えたということではない。そうでなくて、この事実は、私たちの大半が、そのような行為や行為をした者との関係性を失なうような社会状態の中で今や生活しており、それによって、私たちは、起きた出来事について自身たちなりの解釈を作り出す能力をも失ってきたということを意味しているのである。そのような状況においては、法と秩序がより大きな力を持つことが求められ、その結果、刑罰への要求もまた高まるのである。

しかし、ここで再び、私たちが用いている言葉について、その意味を明確化する必要がある。

刑罰とは、どういう意味なのか。オスロのフィヨルドに位置するある小さな島の訪問について触れながら検討してみよう。

5月の美しい日のことだった。鳥たちは、北方の土地で私たちとともに夏を過ごすために南方からやってきたばかりだった。周囲の農地では、労働者たちが土の上で日光浴を楽しみながら体を休めていた。私はその労働者の中に見知った顔を見つけた。何年か前に、彼は複数の重大犯罪で有罪判決を受けていた。

彼は、開放刑務所に拘禁されていた。Bastøy刑務所がその施設の名前である。かつて、この地は言うことを聞かない悪い子のための場所だった。私の幼少期には、少年たちは、「言うことを聴かないと、

Bastøyに行かなければならないよ」と言い聞かされていたものである。現在、ここはノルウェーの刑事政策の文脈においても、また他国のそれにおいても、もっとも緩やかな規律の拘禁施設のひとつとされている。世界中からここにジャーナリストたちがやって来て、ここがもっとも快適な場所だと紹介している。ここでは、ドアに鍵がかかっておらず、普通の農場のような暮らしができ、美味しい食事が提供され、日光浴したり、フィヨルドで水泳もできると紹介されている。

　私は、この刑務所で収容者と職員の両方に講義を行ったことがある。その時のテーマは忘れてしまったが、その講義の最後でのことは記憶している。私は、収容者たちにひとつの質問をした。「皆さんはこの夏の楽園で、まさに多くのノルウェー人が夏休みには最適だと思っている場所に、いまいるわけですが、刑務所を出所した後に、数週間ここに滞在しないかと当局から申し出があったらどのような返事をしますか、休日のために滞在するだけですが」と。最初に、収容者たちからは低い声でのつぶやきが聞こえたが、その後、何人かから、「二度とごめんだ」というもっと大きな声が聞こえた。

　刑務所によって、その標準的な設備や、そこで受ける身体的および精神的な苦痛は大きく異なる。しかし、どこの刑務所もひとつ共通する側面を持っている。それは、すべての施設において、苦痛を受けることが、そこに滞在する理由だということである。裁判官によって代表される一般社会は、被収容者となる者に一定の苦痛を受けさせる権限を行使することを決定した。たとえ楽園であっても、刑事裁判所がそこへ行くように命じれば、そこは苦痛と恥の場に変化するのである。だから、私たちは刑務所の状態が改善することを恐れなくてよいのだ。刑務所は刑務所なのである。

　しかし、そこは社会を映す鏡でもある。スカンジナビア諸国は、あらゆる人々に対する平等と福祉の理念を持った豊かな国々である。被収容者たちの標準的な状態をどの程度落とせば、私たちは、あらゆる人々にとって福祉を産み出している国家であるとする自己認識を損なうことなく、被収容者を貶めることができるだろうか。それほど程度を落とす必要はないのではないかと私は思いたい。

　私は、刑罰を次のように定義したいと思う。それは苦痛であり、苦痛であることを意図されているものだと。刑法は、苦痛法と呼ぶべきである。刑法の教授は、苦痛法の教授と呼ぶべきなのである。そう呼ぶことで、その仕事の本質が明らかになる。

　では、刑罰と刑事裁判所に関する私の見解について述べよう。

8　必要な例外としての刑事裁判所

　あなたが住むこの福祉諸国において、なぜ刑罰も刑事裁判所もともに廃止されないのか、もっと民事的な(civil)方法で統制すべき人たちを統制することはできないのか、と問う人たちがいる。

　この見解には、同意する点と同意できない点とがある。私たちが、公式の刑事裁判所やそれに伴う刑罰、すなわち苦痛であることを意図された苦痛、を必要としないような社会の様々な仕組みを作るということは、重要な理想である。私がこの社会に対して持つ理想とは、確かに私の国で適用される公式の刑罰の量を減らすために働くことである。私は、比較的刑務所人口が少ない国で生活していることを幸せに思っている。ノルウェーの拘禁率、つまり人口10万人に対しての収容者数は73人である。これは、スカンジナビア諸国では、通常のレベルの拘禁率である。アメリカ合衆国には、人口10万人に対して756人の収容者がいる。この高い拘禁率は、北アメリカ地域にとって宿命的なものではない。なぜなら、カナダは、人口10万人に対しての収容者数は、「たったの」117人なのである。拘禁率は、

社会構造を反映している。

　私は、最少主義者（ミニマリスト）であって、廃止主義者（アボリショニスト）ではない。また、7月22日の悲劇の後も、この立場を変える必要はないと考えている。また、このような状況においても刑罰に対して不信を抱いているのは私ひとりだけではない。最近の新聞やテレビ番組には、告別式や人々が集まる集会で発せられた生存者たちの声が数多く流れている。彼らの声には、ふたつの共通のテーマが含まれている。ひとつは、深い悲しみであり、もうひとつは、この国の基本的な在り方と価値を守ることである。彼らは、この国が1週間前の状態に戻って欲しいと言う。この国の基本的な特長が、今回の行為の結果、変わってしまうことは、悲劇的事件をおかした犯人に勝利を与えることになってしまう。

　すでに述べたように、この国には死刑は存在しない。殺人罪の最長刑期は、21年の拘禁刑であるが、特に危険性が高いと見なされる者には、予防拘禁と呼ばれる処分を科すことができる。非常に稀な場合であるが、そして、それほど数多くの実例はないが、この処分を科された者は、21年を超えて拘禁される。

　しかし、これは寛容すぎるのだろうか。私たちは終身刑を導入すべきなのか。あるいは、万が一のために、将来現れるかもしれない狂った人に備えて仮釈放なしの終身刑を導入するのだろうか。さらには、行き着くところまで行き着いて死刑を再導入するのだろうか。

　私は、そのいずれも起こらないことを望んでいる。そうではなく、市民ホールの外で事件の犠牲者たちのために、市の広報担当者が公式見解として述べたように、私たちは、復讐でこれに応えるのではなく、バラを持ってこれに応えよう。または、ある人が述べたように、ひとりの男がこれだけの強い憎しみをさらけ出すことができるのならば、私たちはともに、どれだけ多くの愛を表現できるかを想像しよう。オスロ市長は、次のように述べている。私たちはともに殺人者に罰を与えよう。それは、私たちが、今まで以上に、より寛大で、より寛容で、より民主的な存在になるということだ。

　　　　　＊　　　＊　　　＊

　しかし、今回の悲劇が起こったことで、刑事裁判所の重要な側面もまた明らかとなっている。

　刑事裁判所というのは、冷静で、合理的な場である。感情は最小限に保たれている。裁判に参加する者たちは、自分の人間性を全面に押し出して表現することを認められず、巧みに監督された舞台の役者として参加しなくてはならない。法律知識や技能を訓練するということは、だいたい、訓練による無力化であり、その訓練とは、裁判官の面前には何を持ち込んではいけないのかについての教育なのである。刑事裁判官は、被告人は、実際に嫌疑がかけられている行為を行ったのかどうか、という事実について決定しなければならない。そして、次に、課せられるべき苦痛を決定する際には、裁判官は利益考量を行うことになっている。同じような事件には、同じような量の苦痛が課されなければならない。しかし、同じ場所に同じ時間生活していても、双子であっても、人は同じではない。裁判官の面前で、他人と誰かを比較することができるとすれば、それは法廷に提出される情報の量を制限しているから可能なのである。

　刑事裁判所は、その事件について何が起こったのかを分類するための道具として、そして刑法の伝統に従い、何がこの場合にちょうど良い量の苦痛となるかを決定することを担っている美しくかつ重要な人工物である。私は、そのような目的を持ったこれ以上の機関を知らない。そして、刑事裁判所を維持する特別の理由もある。刑事裁判所がなければ、その他の、社会に存在するより不適当な機関

が何らかの苦痛を与えようと試み、またはそれを強制するかもしれないが、その苦痛は正義を大義名分に際限がないものとなるかもしれない。

　この危険性は、現代社会において、現在も成長し、強力になりつつある犯罪被害者による運動によって益々高まっている。被害者は、その声に耳を傾けられるべきである。そして、その多くは実現され、特に警察、裁判所、刑務所から被害者により多くの情報が提供されている。さらに、裁判所によっては、昨今、事件との関連性についての法的な制約があるにもかかわらず、被害者が自分のあらゆる物語を語ることが許されるようになってきている。被害者運動は、被害者の権利保障を前進させ、専門家の画一支配を打破するという意味では、賞賛されるべきである。

　しかし、限界は必要である。被害者運動は、現在見られるようなその力の強さや被害者の権利の主張を通して、伝統的な刑法や裁判所が持っている重要な手段を傷つけるかもしれない。刑法は、均衡と比例性とを失うかもしれない。もしそうなれば、私たちは刑法を失うことになる。検察官が優位な立場に立ち、より厳罰的な社会への途が開かれてしまう。被害者運動には他の途も開かれていることを知る必要がある。それは、彼らを傷つけた者またはシステムと直接的なやりとりができるような地位に被害者を引き上げる途である。

9　修復的司法――過去をやり直すこと

　修復的司法は、何も新しいものではない。人間が生きる場所では、対立が生まれる。国家の力が弱いかまたは王のような絶対権力者がいなければ、地域特有の解決策が生みだされる。そのなかでは、他の者たちよりも権威を持つ者が集まったり、あるいは、地域社会全体が解決に関わることもある。時には、そのすべてが失敗し、地域社会が血の復讐と絶え間ない紛争とに脅かされることもある。

　現在、修復的司法と呼ばれている新しい形は、こうした単純な原則に基づいている。一定の人々が集まり、事件の当事者が出会い、事件について聞き、解決策を見つけようと努力するのである。そこには隠されたミステリーはない。

　しかし、そうした古来の解決策には、私たちが刑事裁判所に見いだしていることとは基本的に異なる点がふたつ含まれている。第1に、一定の権力を基盤としたものではないことである。当事者間で合意すれば問題ないが、合意できなければ暴力の脅威が立ち現れる。第2に、彼らには刑罰を科する権力がないことである。人々は、紛争を収めるために、何らかの平和状態を作り出すためにそこに集ったのである。このような歴史の過度な単純化は、歴史家を困惑させてしまうだろうが、私は、私の生きる社会における苦痛の賦課を減らすことを望む（刑罰）最少主義者として、過去からこれ以上のことを必要としない。私は、修復的司法、または同様の組織をノルウェーでは「紛争解決委員会」と読んでいるが、これらの方法について、私たちの多くが共有する重要な価値に従って、解決への途を見いだす主要な方法であると考えている。

　しかし、刑罰の問題に至っては、完全なる廃止論者ではなく、弱気な最少主義者であることの理由も示そう。苦痛に見合う正義が行われることを確保するために、刑事裁判所は、そこで受け取ることのできる情報を制限されている。修復的司法のための委員会では、そのような制限はない。他方で、情報を知れば知るほど、当事者たちは、お互いに理解しあえるような状況の中で、まったくの人間同士として自己表現すればするほど、紛争解決のためのより平和的な解決策を見いだす可能性も高まる。しかし、このような紛争解決のための唯一の代替策としての紛争解決委員会に、しばしば隠された形で、苦痛を課するという役割が与えられるとす

れば、それは極めて不適当なことである。そうなると、当事者はお互いに後退し、刑罰の量を増加させるかもしれないような事実が表に出ることはなくなるだろう。それでは修復はかなわない。委員会は、刑事裁判所の複製物のようなものになり、それは粗悪な複製物である。

　修復的司法のためのミーティングに見られる長所は、紛争の当事者たちが中心的な役割を与えられることにある。当事者たちの物語が、それも完全な物語が、そこでは考慮されるのである。若者が老夫婦の住むアパートに押し入ったという例を見てみよう。若者たちは、ブランデーが欲しかったが、他方、老夫婦のほうは、彼らが自分たちを殺しに来たと思っていた。両当事者がそれぞれの物語を語った。だんだんと今回の悪事の意味が明らかとなり、その場の配役が変わった。老夫婦は、祖父母のように、若者たちは孫のように変わっていったのである。彼らは、委員会での話し合いが終わった後、同じエレベーターに乗り帰って行った。

10　しかし、それは有効なのか？

　この節のはじめに、この問いはふさわしくない。私たちが犯罪と刑罰について議論するときは、基本的な価値が何より優先されなければならない。窃盗犯の額に警告を示す焼印を入れて、彼らが自由に窃盗行為を繰り返すことを防止するというのは簡単である。私たちも同じ時期に同じことをやっていた。あるいは、非行行為を行った子どもに対して、公共の場で鞭打ちによって血を流させることも行われた。さらには、司法精神科医が私たちに危険だと述べたような人たちを生涯閉じ込めておくのである。私たちはそうしたことはしないし、そうすることもできない。国家の刑罰制度は、社会を映す鏡を産み出す。刑罰制度は、私たちが何者かを語る。そこに映し出された像は、私たちの多くが持つ基本的な価値からすれば受け入れられないものとなる。

　こうした手段の選択は、私たちが何と戦うために刑罰制度を用いるかを考える場合にも行われるべきである。私の考えでは、多くの先進国で適用されている過酷な薬物犯罪に関する法律は、私たちにとって受容可能な刑罰制度を維持するにあたって最大の脅威のひとつとなっている。1985年に、フィンランドの研究者Kettil Bruunと共著で刊行した本のタイトルは、「都合が良い敵（The suitable enemy）」というものであった。「都合が良い」のは、違法薬物のことである。主要な死因であるタバコやアルコールではなく、それを摂取することで、何らかの快楽が得られたり、それを提供することで誰かが金持ちになることができるタバコやアルコール以外の様々な物質のことである。ノルウェーの3分の1の受刑者は、何らかの薬物関係の犯罪によって拘禁されている。私たちの刑罰に向けたエネルギーは、そんなことに使われるべきではないし、もっと別な課題に向けられるべきである。

　この点について、最後に少しだけ指摘しておきたいことがある。修復的司法については、それが持つ価値の点から、また再犯への影響の点から良い評価が得られているようである。ここでは、特に関連する先行研究として、Sherman and Strang（2007年）を挙げておく。この研究は、無作為抽出で選ばれた加害者のグループが被害者と出会うというコントロールされた実験調査であるが、一定の罪種について、修復的司法のためのミーティングに参加することを望みながら参加しなかったグループと比較して、参加したグループの再犯率の方に顕著な減少が見られた。過ちをおかした者にとっては、将来にわたって自分の目で直接被害者を見て向き合うこと、そして、そのような状況において「申し訳ない」という謝罪を明示できることが有意義であると言える。被害者にとっては、もっと大きな意味を持つであろう。しかし、成功したという確証がなくても、

修復的司法は、意義のあることと思われる。それは、紛争がいかに取り扱われるべきか、ということの基本的な価値を重視するからである。

11　マントラとしての「発展」

かつては、私たちは神を信仰していた。今や進歩（progress）を信仰している。「発展（development）」はいわばマントラなのである。停滞することは危険なことである。私たちは、進み続けなければならない。私たちの選んだ政治家は、そういうメッセージを繰り返し繰り返し復唱している。

1992年に、この話題について興味深い本が刊行された。ヴォルフガング・ザックス（Wolfgang Sachs）が編集した小論集The Development dictionary（＝ヴォルフガング・ザックス編、イヴァン・イリッチ他著、三浦清隆他訳、『脱「開発」の時代──現代社会を解決するキイワード辞典』〔晶文社、1996年〕）である。その中心的な論考において、グスタボ・エステバ（Gustavo Esteva）は、議論の出発点として、ハリー・トルーマン（Harry Truman）が1949年1月20日にアメリカ合衆国大統領として就任したときに述べた次のくだりを引用する。「……われわれは、新しく、大胆な試みに着手しなければならない。科学の進歩と産業の発達がもたらしたわれわれの成果を、低開発国の状況改善と経済成長のために役立てようではないか」（訳文は、三浦清隆訳・前掲書18頁より引用）。

「『低開発』の概念は1949年1月20日に誕生した」とエステバはそっけなく述べている（前掲の原書7頁。訳注：日本語訳は前掲書19頁）。さらに、彼はこう続ける。「この日、このレッテルを貼られた人びとは20億にのぼる。文字どおりの意味で、彼らはその日からあるがままの多様な存在ではなくなり、他者の現実の姿をあべこべに映しだす鏡におとしめられた。鏡は彼らを卑下させ、発展を待つ行列の最後尾に追いやった」（訳注：前掲書19頁）。また、前掲書に所収されたイヴァン・イリッチ（Ivan Illich）の論考によれば、「元来が賢い人という意味のホモ・サピエンスの精神と感覚を、ニーズはホモ・ミゼラビリス〔不幸な人〕のそれに変質させてしまったのだ」と述べられている[2]（訳注：前掲書130頁。初川宏子・三浦清隆訳。イリッチは前掲書において「ニーズ」の項を担当している）。

豊かさと幸福であることを示す数多くの指標においてトップに位置づけられる国の市民として、私は自分が生まれ育った時代と場所において、自分が幸運であったことに気付いていないわけではない。「古き良き時代はひどい時代だった」とは、オットー・ベットマン（Otto Bettman）の著書（1974年）のタイトルである。このタイトルは、現代社会にも示唆を与えてくれる。150年前、私の勤務するオスロ大学から10分歩いた場所で、最下層にいた子どもの半分は、成人になる前に死亡した（Sundt 1858）。今日、ノルウェーの子どもたちは、恵まれていて、社会福祉制度に守られ、生きていくには適した時代である。子どもではない人たちにとってもまた同様であろう。収入は増加し、寿命は長くなり、病院で受ける医療は無料である。そして、犯罪抑止政策においても、私たちは、（先進諸国が位置する）北方諸国の中でもっとも例外的な存在だと見なされている。

そして、発展は継続されなくてはならない。私たちの国々に置かれた責任ある権力者たちは皆そう述べている。私は、彼らは間違っていると考えている。私は、スカンジナビアには、もっと多くの価値があると考えており、その中には、刑罰例外主義も含まれるが、極端な発展を推し進めることは、そうした価値を消滅させてしまうことになる。

発展を求めて遠いゴールに向かって突き進むのではなく、いくつもの駅がある道として、我々自身の歩みを捉えたほうが有意義ではないだろうか。私

たちは、その道がどこで終わるのかを知らないし、私たちは、すでにいくつもの魅力的ではない風景を通り過ぎて来たが、同時にいくつもの興味深い風景をも通りすぎて来た。おそらく、未来は私たちが辿って来た道のどこかに存在しているのだ。

12　社会システムをケアすることについて

　スカンジナビア諸国は、一般的に「福祉国家」と見られており、そしてそう呼ばれている。これに代わる言葉は、スウェーデンに見られる。"Folkhemmet"という言葉だが、英語では「人々の家（the people's house）」と訳すことができる。この言葉は、国家にとっては、並外れた称号となる。この言葉によって潜在的に望ましくない側面も認めることになる。すなわち、その国は、押しつけがましく、あまりにも権威的なケア提供者としての性格が強いかもしれない。しかし同時に、共通の福祉、強い絆（連帯）、協調性の思想が国家の中心に据え置かれるようなシステムでもある。

　すべてのスカンジナビア諸国は、「福祉国家」である。一般的に言ってこの点に議論の余地はない。一方、「福祉国家」は多かれ少なかれ、プライドの問題である。それは、かなりの程度において、私たちが当然だと思っている社会的結びつきのひとつのかたちなのである。

　そして、それは現在も続いているが、最近は、少し脅かされている。福祉国家における基本的な思想は、絶えず脅威にさらされている。収入と生活のレベルにおいて大きな格差を受け入れること、すべてを自由に手に入れることが最善であるとする思考への依拠、あらゆる種類のサービスの民営化、あらゆる種類の専門家が配置された大規模なユニット形式への信仰または少なくとも受容、こうしたことは、かつてスカンジナビア諸国を支配していた福祉思想の多くの点と大きく異なった考え方である。

　そして、突然、私たちは、何を失おうとしているのかを思いださせられた。あの悲劇後の日々は、私の国をひとつにまとめてくれた。オスロは、人であふれた。悲しみにくれ、重々しい雰囲気の人々が涙を流し、抱擁する中で、首相は自身の態度と表情でそのことを表現した。今回の事件を巡る日々は、稀に見る恐ろしい日々であったが、同時に、国家がひとつになったまれに見る良き日でもあったのだ。

　多くの人々が、公共施設に、街頭に出た。この状態は続くだろうか？　そのためには、なにか理由が必要なのか。もし、このまま大規模なユニットを作ろうとするような発展を続け、医療や教育施設、官僚機構、警察システムの中央集権化を続ければ、人々はお互いに遠い存在となり、他者に対して自分たちが役に立つ存在であることがわからなくなり、他者と出会うことができなくなる。人々は、理由なく街頭に出なくなりそうするための新たな理由を必要とするようになってしまう。

　私たちが、スカンジナビア諸国の社会モデルを維持したいのであれば、注意を向けるべきは、物質的成長ではなく社会システムのケアへと向けることが重要だと考えている。私たちに必要なのは、金銭、住宅そして新しい商品ではない。ケアを必要としている社会システムの基本要素なのだ。ケアを必要としているのは、「福祉国家」や生活を支えているシステムであり、物質的なシステムではないのだ。私たちが、「福祉国家」を取り戻し、これを維持することができるならば、些細な望ましくない行為が生じるリスクを減らすことができるし、同時に7月22日の恐ろしい事件が繰り返されることもないのである。

［注］
1　Hedda Giertsenとの共著により、7月22日の恐ろしい事件が発生した3日後に次の記事を発表した。

タイトルは、「ここからより良きノルウェーが育つ」というシンプルなものである（the Danish newspaper Informationの7月25日号に初めて掲載された）。

2　フランス人のGilbert Ristは、『発展の歴史（The history of development: From Western Origins to Global Faith, ZedBook, 2002 (2 ed.), 2009 (3 ed.), translated by Patrick Camiller）』について、2008年以来このことと同様の見解を述べている。2010年3月に、バルセロナで開催された会議は、まさに「発展を遅らせる必要」というテーマで行われた（Klassekampen, 2010年4月7日）。Hans Magnus Enzenbergerは、かつて「撤退の英雄」への敬意について書いている。私たちが賞賛すべきは、帝国を築いた者ではない。帝国を崩壊させた者こそが賞賛に値するというのが彼の見解である（Information, Copenhagen, 1998年12月29日号）。

[文献]

Bettman, Otto, 1974, *The Good old Days, they were terrible*, Random House, N.Y..（＝オットー・L・ベットマン著、山越邦夫他訳『目で見る金ぴか時代の民衆生活――古き良き時代の悲惨な事情』草風館、1999年）

Bourdieu, Pierre, et al, 1999, *The Weight of the World. Social Suffering in Contemporary Society*, Stanford University Press, Stanford, USA.

Christie, Nils, 1971, *Hvis skolen ikke fantes? (If the School did not exist?)*, Universitetsforlaget, Seventh reprint, Oslo.

---- 1975, *Hvor tett et samfunn? (How tightly knit a society?)*, Universitetsforlaget, Oslo.

---- 2010, "Victim movements at a crossroad," *Punishment and Society*, Sage, London, pp:115-122.

Christie, Nils and Bruun, Kettil, *Den gode fiende*, 1985, new editions 1992 and 1995 (Available in Scandinavian languages and Russian).

Esteva, Gustavo, 1992, "Development," in Sachs, Wolfgang, *The Development Dictionary*, Zeed Books, London and New Jersey, pp: 6-25.

Illich, Ivan, 1992, "Needs," in Sachs, Wolfgang, *The Development Dictionary*, Zeed Books, London and New Jersey, pp:88-101.
（＝ヴォルフガング・ザックス編、イヴァン・イリッチ他著、三浦清隆他訳、『脱「開発」の時代――現代社会を解決するキイワード辞典』〔晶文社、1996年〕）

Rist, Gilbert, 2008, *The History of Development. From Western Origins to Global Faith*, Third edition, Zed Books, N.Y. and London.

Sherman, Lawrence W. and Heather Strang, 2007, *Restorative Justice: The evidence*, The Smith Institute, London, www.smith-institute.org.uk.

Sundt, Eilert, 1858, *Om Pibervigen og Ruseløkbakken. Undersøgelser om Areidsklassens Kaar og Saeder i Christiania. (Studies of life conditions in the working class in districts in Christiania (Oslo))*, Opptrykk i "Verker i utvalg," Gyldendal, Oslo 1975.

Wildt, Michael, 2003, *Generations des Unbedingten. Das Führungskorps des Reichssicherheitshauptamts*, Hamburger Edition, HIS Verlages, Hamburg.

（訳：桑山亜也、監訳：浜井浩一）

特集1　シンポジウム「人間を大切にする刑事政策を求めて——ノルウェー犯罪学の実験——」

矯正・保護総合センター開設記念シンポジウム
「人間を大切にする刑事政策を求めて ——ノルウェー犯罪学の実験——」

はじめに～企画の趣旨～
　　　　石塚伸一（龍谷大学矯正・保護総合センター）

　2011年10月8日は、わたしたちにとって、大きな感動と深い感慨をもたらす記念すべき日になりました。

　龍谷大学は、これまで、犯罪や非行をおかしてしまった人たちの社会復帰のためにさまざまな事業を展開してきました。1977年には本派浄土真宗本願寺派の支援を得て特別研修講座「矯正・保護課程」を、2002年には文部科学省私立大学学術研究高度化推進事業（AFC）の助成を得て「矯正・保護研究センター」を開設しました。2010年4月、これらの成果を踏まえ、その成果を広く社会に還元するため「矯正・保護総合センター」（以下、「センター」という。）を開設しました。

　今回、センターの開設を記念し、シンポジウムを開催することになりました。メインゲストには、北欧犯罪学をリードし、人間を大切にする刑事政策の実現のために多くの成果をあげてきたノルウェーの碩学ニルス・クリスティ教授（オスロ大学）をお招きし、日本の刑事政策の目指すべき方向を考えてみることにしました。

　2011年、日本とノルウェーは、ともに大きな不幸に見舞われました。日本では3月11日の東日本大震災以来、わたしたちは、被災からの復興という大きな課題を背負っています。また、震災を契機に現実化した原子力発電所の危機は、放射線という見えない敵との戦いで、わたしたちを痛めつけています。

　4月半ば、多くの国際イベントが中止になるなか、わたしたちは、クリスティ先生に「京都は、福島から数百キロ離れているので安全です」と伝え、安心して来日していただくようメールを差し上げました。ところが、先生は、「このようなときだからこそ、日本のみなさんと苦しみや悲しみを共有し、励ましあいたいと思います」とのご返事をいただきました。不安を抱いていたわたしたちは、この言葉によって励まされました。

　そして、あの7月22日。ノルウェーの首都オスロでは、ひとりの反イスラム原理主義者による首都オスロの爆破事件とウトヤ島の銃乱射事件で、76人の方が犠牲になりました。いま、世界中が、ノルウェーの人たちが、この憎むべき犯罪にどのように対処しようするのかに注目しています。

　今回、このシンポジウムにおいて、ノルウェーと日本の市民が、悲しみと苦しみを共有し、ともに語り合い、わたしたちの目指すべき「犯罪との戦いの方法、犯罪者の処遇のあり方」をともに考えることができればと思っています。

　今回のシンポジウムについて、ご後援いただいた下記の諸機関、諸団体のほか、多くの方にご協

力いただきました。この場をお借りして、こころより御礼申し上げます。

〔開催日時〕2011年10月8日(土)13:30〜17:30
〔開催場所〕龍谷大学アバンティ響都ホール
（京都市南区東九条西山王町31アバンティ9階）
〔主催〕龍谷大学矯正・保護総合センター
〔後援〕京都府、京都市、京都弁護士会、日本弁護士連合会、NHK京都放送局、朝日新聞京都総局、読売新聞京都総局、毎日新聞京都支局、共同通信社、京都新聞社、京都府保護司会連合会、京都BBS連盟

1. 開会式

○司会（石塚伸一）　定刻になりましたので始めさせていただきます。本日は、龍谷大学矯正・保護総合センター開設記念シンポジウムにお集まりいただきまして、ありがとうございました。わたくしは、本日、進行を担当いたします石塚です。よろしくお願いいたします。

　本日のシンポジウムのテーマは「人間を大切にする刑事政策を求めて」です。副題を、「ノルウェー犯罪学の実験」とさせていただきました。なぜ、このようなテーマ設定をさせていただいたかをお話します。刑事政策というと、犯罪者を厳しく処罰をすることによって犯罪を抑止し、その量を減少させようとする傾向が強い。とりわけ、アメリカにおける「9.11事件」以降は、社会が犯罪をおかした人に対して、とても厳しく対応をするという現象が全世界で巻き起こりました。

　しかし、「北風と太陽」の童話にあるように、冷たい北風で外套を脱がせようとしても、力尽くではなかなか思うようにいかない。ところが、暖かい太陽の光で照らすことで、人は、みずからの意志で外套を脱ぐことがある。これと同じように、厳罰主義の

刑事政策だけでは犯罪は防圧できない。これとは違う刑事政策が世界にはある。わたしたちは、それを北欧、とりわけノルウェーに見ました。

　契機となったのは、2009年10月1日に、NHKのBSハイビジョンで放映された『犯罪学者ニルス・クリスティ〜囚人にやさしい国からの報告〜』でした。これを見た多くの人たちが、その大胆な試みに驚嘆するともに、「人にやさしい刑事政策」というものがあり得る、ということに気付いたわけです。これは、日本にとって、とても大きなことでした。わたしたちは、直接、クリスティ先生のお話を聞きたいと思いました。そこで、センターの設立を記念するこの会に、先生に来ていただくということをお約束していただきました。

　ところが、2011年3月11日、東日本大震災がありました。その後、福島第1原子力発電所の事故で放射能が漏出する中、今回の招聘を中心になって話を進めてくれた浜井さんが、クリスティ先生のところに、「京都は福島から1千キロぐらいのところにあるから、放射能の心配ありません」とメールを差し上げたところ、「何を言っているんだ。日本の人たちがこんなときだからこそ、わたしは皆さんと一緒に時間を分かち合って、苦しみや悲しみ、希望を持つことの大切さについて話し合いたいと思います。何があっても行きますよ」と言っていただきました。そして、実現したのが今日の会です。わたしたちはとても勇気付けられました。本物の犯罪学者というのは、こういうものなのだ、と思いもしたわけです。

　今日はどれだけたくさんの方が来られるかが分からなかったこともありまして、事前に申し込みをしていただくという手続きを取りました。そうしたところ、北は北海道から、南は沖縄まで、274人の方に事前申し込みをいただき、その他、ご来賓や関係者も含めると300人以上の方たちに集まっていただいています。また、今日は都合でこの会場に来ら

れなかった方のために「ユーストリーム（Ustream）」で、同時に動画で流しています。また、本日のシンポジウムは、すべて同時通訳が付いています。

それでは、早速、プログラムに入らせていただきます。

(1) 学長挨拶（龍谷大学学長・赤松徹眞）

みなさま、こんにちは。龍谷大学学長の赤松徹眞です。開会にあたり、龍谷大学を代表して一言ご挨拶申しあげます。

本日は、「龍谷大学 矯正・保護総合センター開設記念シンポジウム」にご参加くださいまして、まことにありがとうございます。

わたくしども龍谷大学の歴史は、1639年に本願寺境内に設けられた教育施設である「学寮」に始まります。以来、370年以上にわたって、親鸞聖人のご生涯に学び、その生き方と、み教えを指針とした教育・研究の灯火を絶やすことなく受け継ぎ、発展・深化させてまいりました。そして、豊かな教養と人間性を兼ね備えた、深い知性を有する学生を育成し、地域、社会、そして世界に貢献すべく、努力してまいりました。

阿弥陀仏の大いなる慈悲と智慧の働きの中で、人間の根源的なありようを深く問いかけ、人間としての生きる意味を求め、すべての命を大切にし、真実に生き抜かれた親鸞聖人は、弟子の唯円が書かれた『歎異抄』第六章に「親鸞は、弟子一人も持たず候」、第五章には「一切の有情はみなもつて世々生々の父母・兄弟なり」という言葉を遺されています。阿弥陀仏の大いなる慈悲と智慧は、すべての人びとを等しく包み込み、阿弥陀仏の本願を信じる者は等しく、ともに救われるということ、そして、生きとし生けるものはすべて、生まれ変わり、死に変わる父母であり、兄弟であるともおっしゃったといいますから、同じ命につらなるすべての人を等しく見つめられています。それが「御同朋・御同行」と言われる精神であります。

明治以降、ほかのどの宗教・宗派よりも積極的に、浄土真宗、とくに本願寺派の僧侶が、日本の近代化のなかで、矯正施設での「教誨」活動を行なってきたゆえんでもありましょう。

親鸞聖人の精神を建学の精神とする本学においても、そうした伝統を踏まえて、犯罪や非行をおかしてしまった人たちの社会復帰を支援すべく、長年にわたってさまざまな教育・研究活動を行なってまいりました。そして、これまでの実績を発展・継承し、成果をさらに広く地域に還元し、社会に貢献すべく、昨年開設いたしましたのが、「矯正・保護総合センター」です。

建学の精神を具現化するセンターの今後の活動は、本日のシンポジウムのテーマでもある「人間を大切にする刑事政策」の実現に向けて、大きな力となるものと確信しております。

さて、このあと、オスロ大学のニルス・クリスティ教授に基調講演、そしてリル・シェルダン教授ご講演いただきますが、正直に申しあげますと、不勉強なことに、わたしは、これまでクリスティ教授のご活躍を存じあげませんでした。そこで、シンポジウム開催に際して、世界の犯罪学をリードされてきた教授の書かれたものを、これも正直に申しあげますが、文字どおりほんの少しだけですが読ませていただきました。そして、犯罪に対する理解、あるいは差別や残虐行為の解決をめぐって、とくに「許し」や「修復」、あるいは「和解」が持つ決定的な重要性を説かれる教授が発せられる一つひとつの言葉の重みに、たいへん感動し、共感し、励まされました。

これからご講演をお聞きになり、さらに討論に参加される皆さま方も、きっとわたしと同じ思いを抱かれるものと確信しております。皆さまとともに、ご縁に感謝したいと思います。

ところで、今年の3月、大地震が日本を襲いました。原発事故による深刻な放射能汚染も含め、「東日本

大震災」による被害は甚大です。また、この9月には、台風による大きな災害もあったばかりです。これらの災害は、先行きの見えない経済状況、蕪雑な政治、荒立つ社会と相俟って、わたしたちに深い傷を与えました。

　いっぽう、ノルウェーでは、7月に衝撃的な爆発・銃乱射事件が発生し、痛ましい被害が出たことも、記憶に新しいところです。

　いま、わたしたちは、苛酷なまでに厳しい現実を生きています。しかし、だからこそ、わたしたちには希望が必要です。希望を実現するために、ともに理解し合い、支え合うことが必要です。この世には「理解しがたいこと」が多いのも確かですが、しかしクリスティ教授も語っていらっしゃるように、それは「理解できないこと」とけっして同じではありません。困難さの中に、未来への可能性を探りあてることが、いま求められているはずです。

　本日の記念シンポジウムを通じて、「人間を大切にする」という、あたりまえの、しかし、実際のところ実現困難なテーマを、一人ひとりの課題として受けとめ、今後の糧としていただければ幸いです。

　最後になりましたが、ご多忙の中、まさに「遠方」よりおいでくださいました講師のクリスティ先生、そしてリル・シェルダン先生に心よりお礼申しあげますとともに、このシンポジウムをご後援いただきました関係各位に深く感謝申しあげます。

　本日は、まことにありがとうございます。

○**司会**　それでは、つぎに、矯正・保護総合センターのセンター長の加藤さんの方からごあいさつをさせていただきます。

（2）センター長挨拶（龍谷大学矯正・保護総合センター長・加藤博史）

　本日、矯正・保護総合センター開設記念の集いに多くの皆さまがご参加いただき、厚く御礼申し上げます。そして、さきほど学長も触れましたが、この矯正や保護のテーマで世界一の叡智の人であるニルス・クリスティ教授と、オーソリティのリル・シェルダン教授をこの集いにお招きできたことを光栄に思いますとともに大きな喜びを感じております。

　この世で最も苦しんでいる人と、共に生きていく人物の養成、ここに龍谷大学の使命とアイデンティティがあります。罪を犯してしまい苦しんでいる人、罪を犯さざるを得ない状況のなかで苦しんできた人、この人たちと共に生きていく社会を創るために、そのための一歩を学生や市民と共に踏み出すために、わたしたちの矯正・保護総合センターは創設されました。

　クリスティ教授の説く「修復的司法」は、加害者が自分の姿を見つめられるようになっていくプロセスを意味します。加害者が自分を受け入れていくには、無条件でまるごと自分を受け容れてくれる他者が必要です。これは愛の働きです。親鸞聖人はこのような愛の働きをムーンライト・ラブ、月の光りの愛と言いました。のちほど、鍋島教授も触れられますが、太陽のようなギラギラした愛ではなく、月影のような涼やかな澄みわたる愛です。親鸞聖人の師の法然上人の歌に「月影の至らぬ里は無けれども眺むる人の心にぞ澄む」とあります。教行信証に、父親殺しのアジャセ王の重病をブッダが月愛三昧の境地でアジャセの心のなかに沁み入り癒す場面が記されています。

　エミール・ブルンナーは、「正義は愛に先立ち、愛は正義を全うする」と言いました。言い換えると、「正義は愛の前提条件であり、愛は正義の十分条件」と指摘したのです。愛の前提条件に正義、つまり基本的人権と尊厳の保障がなくてはなりません。

　例えば、受刑者の多くは、社会的、家庭的に虐められ、尊厳を踏みにじられてきた人たちではないでしょうか。多くの受刑者には基本的人権や尊厳が保障されてこなかったとしたら、愛を語る前に正義が語られねばなりません。そして、そのうえでさら

に愛について語る必要があります。

　受刑者の正義と愛を、今、世界で最も深く語る人が、クリスティ教授です。今日は皆さまと共にクリスティ教授のスピリットに全身で浴したいと思います。スピリットにスピリットでぶつかっていきたいと思います。本日のシンポジウムを実り多いものとするために、どうぞよろしくお願い申し上げます。

2. 基調講演
　「他者との出会い（他者を知る）」
　ニルス・クリスティ（オスロ大学）

○**司会**　それでは、クリスティ先生の講演に入ります。クリスティ先生は、ノルウェーの社会学者・犯罪学者で、1966年以来、オスロ大学の教授を務められ、多くの著書があります。

　ここに1冊の本があります。これは『刑罰の限界（Limits to Pain）』という本でして、これは1981年に書かれた本です。わたしは1981年のころ、いまから30年前になりますけれども、中央大学の大学院にいまして、クリスティ先生のこの本や論文を読んで、非常に大きなショックを受けました。

　犯罪をおかした人たちを地域社会の中で処遇していけば、刑務所は要らないというのです。刑務所がない社会というのはどういう社会なのかを当時はイメージすることもできなかったのですが、「監獄法」の改正の問題であるとか、龍谷大学の矯正・保護課程などで実務家の先生とお付き合いしているうちに、ひょっとすると、地域社会がしっかりすれば刑務所がなくてもやっていけるかもしれないなと思うようになりました。

　先ほど申し上げましたように、ノルウェーでは、いま大きな実験をしています。日本とノルウェーは10万人当たりの刑務所の人口がほとんど同じです。両国とも犯罪の数は比較的少なくて、地域社会のつながりがしっかりしていると言われてきました。

　しかし、わたしたちは、この30年くらいのあいだ、地域社会の力が弱くなっているとか、家族のつながりが薄くなっているとか、ずっと言い続けてきたわけですけれども、ノルウェーでもやはり同じようなことは起きたのだろうと思います。

　しかし、いまでもノルウェーの刑事政策は人にやさしい刑事政策、地域社会や人のつながりを大事にする刑事政策を守ろうとしています。日本でもそのようなことが可能なのかどうかを、今日は、皆さんと一緒に考えたいと思います。

　この間、何度か、先生とお話をしていて思うのですが、こういう高いところからレクチャーをしていただくよりも、直接先生とお話をして質問をすると丁寧に答えていただけます。本当の先生だなと思うことしきりでありましたが、今日はこの会が終わった後に懇親会も用意しておりますので、そこでより深い人間的なコンタクトを持つチャンスがあると思います。

　本日は、クリスティ先生のお話を伺って、一緒に感じ、一緒に考えるという時間を共有したいと思います。それでは、クリスティ先生お願いいたします。

注：本特集巻頭の論文は、日本犯罪社会学会編『犯罪社会学研究』37号に掲載されたクリスティ教授の論文を翻訳したものである。当日の講演は、ほぼ同旨であるので、その紹介は、同論文を読んでいただきたい。なお、同論文の翻訳については、日本犯罪社会学会に承諾をいただいた。この場を借りて、御礼申し上げたい。なお、上掲書の翻訳は、単行本として出版の予定である。

3. 講　演
　「ノルウェーから見た日本の刑事政策」
　リル・シェルダン（オスロ大学）

○**司会**　つぎは、リル・シェルダンさんです。シェルダンさんは、わたしが中央大学大学院に在籍し

ていたころ、いまから30年前になりますが、突然、赤ちゃんを連れた美しい女性がノルウェーからやってきました。「1年間滞在するから、みんなよろしく頼む」と先生に言われたのです。何をよろしく頼むのか、当時、大学院生たちは分からなかったのですが、ゼミに出られたり、いろいろなところに見学に行ったりするのをお手伝いしました。

数年前、龍谷大学の矯正・保護研究センターで外国のお客さんをお招きしてセミナーを開催した折、シェルダンさんがいらっしゃって、「あのときのリルさんではないですか」という話になり、再会を果たしました。今回、クリスティ先生が来日されるに際しては、献身的にいろいろとお心遣いをいただきました。

シェルダンさんは、日本のいろいろな事件のこと、刑罰の歴史などもご存知なので、日本の刑事政策が、ノルウェーの方からどのように見えるか、という視点からお話ししていただきたいと思います。

ちなみに、彼女は、この6月にお孫さんが生まれました。同じころ、アフガニスタンから養子さんがいらっしゃいました。そうしたところ、その養子さんの2人のお兄さんが、アフガニスタンでひどい目に遭っていて、命まで危ない状況にあるということを聞き、そのお兄さんたちも引き取りました。突然、お孫さんが1人、息子さんが3人も増え、「ビッグ・マザー」になりました。

それでは、シェルダンさん、お願いします。

はじめに

皆さんにはお分かりかもしれませんけれど、クリスティ先生の後に話すというのは、わたしのような小さな人間にとっては非常に大変なことです。彼は、自分の見解を非常に分かりやすい言葉でお話されましたので、わたしも、彼の範にしたがって、できるだけ分りやすくお話したいと思います。

ノルウェーと日本の刑事政策

ノルウェー[1]と日本は、いくつかの点で似ています。統計的に殺人の認知件数が少なく、刑務所人口も、もっとも少ない国のグループに属しています[2]。しかし同時に、非常に違うところがあります。ノルウェーには死刑がありませんが[3]、日本にはあります[4]。両国ともに、世界的に見て、殺人の発生率が低く、受刑者の人口比も低いのに、死刑についてはまったく違う立場にあるというのは、とても興味深いことです。

死刑執行のパッケージ
〜ヘビ殺しの物語〜

わたしはまず、自分の子どもの頃の話からはじめたいと思います。この小さなメルヘンは、「人を殺す」というのはどういうことなのか、そして、死刑とはどういうことなのかを示すひとつのパッケージであると考えます。

わたしには経験がありませんが、わたしの父や母の世代には、人びとには戦争のときに人を殺すという経験がありました。しかし、ノルウェーでは、久しく、戦争のとき以外に、国が人を殺すということはありませんでした。わたしの祖父の時代にもありませんでした。正式に死刑を廃止したのは1905年ですが、1876年以来4世代にわたって国による殺人は行われていません。

わたしの子ども時代の話です。わたしが9歳、妹が3歳半ぐらいのとき、夏を過ごす小屋にいたときのことです。父は、わたしたちを森と湖の間の場所に連れていき、「ここは危険なところだ」と言ったのです。「暑くなるとヘビが森から出てくる。そして、湖に行って水を飲む。黒いリボンのあるヘビに出会ったら、危険だから近づくな。」と言われたのです。

ある日、父と母が町にでかけ、わたしと妹だけになったときのことです。小屋の外でヘビを見たのです。それが川に向かって進んでいく。ヘビは輝いていました。父が言ったとおりです。その背中は、

美しく輝き、揺れていました。わたしは、父の言いつけを思い出し、男の子たちにありがちな英雄主義（heroism）のように、「このヘビを殺さなければならない」と思ったのです。「絶対にやっつけなければならない」と思いました。身を守るために膝までの長靴を履き、ヘビの前に立ちふさがりました。ヘビは、わたしを見て、脇に避けようとしました。ヘビは、わたしと対決するのではなくて、避けようとしたのです。友好的な姿を見せたともいえます。それにもかかわらず、わたしはヘビを攻撃しました。この輝いて美しいヘビを殺したのです。

ヘビは、見るみるうちにその輝きを失っていきました。全身が黒くなり、グニャグニャになりました。とても汚くなりました。その瞬間、わたしは、大きく目を見開いて、催眠術にかかったようにしてそれを見つめました。その後、とても嫌な気持ちになり、二度とこのような光景を見たくないと思いました。非常に不快な気持ちになったのです。これが、「殺す」ということ、「命を奪う」ということです。わたしは、殺害の「パッケージ」が、非常に嫌なこと、大変なことだということが分かりました。

死刑執行者たちの苦悩

アメリカでの話です。刑務官は、死刑を執行した後、小さな笑顔の子どもですら、命のない泥のように見えるようになるといいます。D・ガーランドは、このような残酷なことをするべきではない、と言っています[5]。

わたしの子ども時代の話とこの刑務官の話で、死刑というものが非常に重要な出来事だということがお分かりだと思います。わたしは、ノルウェーの人間です。死刑を持っている国の国民ではありません。したがって、いつも、遠くから死刑を見ています。しかし、日本社会では、死刑のパッケージに込められている人びとの気持ちを「遠く離れたもの」にしてしまうわけにはいかないのです。

日本の歴史を遡ってみると、江戸時代には死刑という儀式のパッケージがありました[6]。この時代の死刑という儀式では、一般庶民は、このパッケージに加わる人びとと、すなわち、死刑執行を行う人たちを離れたところから眺めることができました。斬首刑や絞首刑などを遠くから見ることがでました。処刑は、1週間に2回行われました。刑場にはいつも首がぶら下がっていて、「見せしめ」が行われていたのです。これが日常的な光景でした。ヨーロッパでも、ほぼ同様だったといってよいでしょう。拷問や絞首が横行していました。市中引き回しなどの見せしめも行われていました。いまから見れば、1700年代や1800年代は、不思議な時代でした。

しかし、当時は正しいことだと、少なくとも一部の人は正しいと考えていた。いろいろな人が死刑に関わっていましたが、これら人たちにはそれぞれの役割がありました。死刑を一つの儀式として、パッケージにして、ある瞬間、それをみんなで眺める。わたしがヘビを見たときのように、まるで催眠術にかかった人のように止まってしまったわけです。

生から死に移るその過程で恐怖も感じ、そして最後に非常に不快な思いをします。最初に身動きが取れなくなって、最後に不快な思いをする。途中で恐怖を感じる。少しかたちは違いましたが、いまもこのプロセス、このパッケージがあるのです。

変わりゆく世界と死刑

かつてヨーロッパでは、死刑の時代が終わりましたが、執行が行われていたころ、人びとは非常に大きな不安を抱えていました。デンマークの例をみても分るように、死刑が注目を集めるのは国が変わろうとするときです。封建時代の統治形態には、その社会的要請に応じた役割があり、構造があります。当時の死刑のパッケージには、それに相応しい様式や役割がありました。これは、変化した社会の様式や役割と違っているでしょう。大きく社会

が変化した1770年代、国王は社会を変えようとし、農民たちも土地所有者から解放されるために動き出しました。独裁制の時代にも、封建領主が率先して、死刑を抑制して、社会を変えていこうとすることもあったのです。そのために、多くの勅令を発していきました[7]。

しかし、流れは逆流することもあります。社会が変化しようとしているにもかかわらず、多くの死刑が執行されることがあります。この種の死刑執行は、一つの時代の終わりに起こることです。たとえば、ロシアやイギリスでは、そのような残酷なことはしてはならないと抗議の声が上がった。これを受けて、死刑の儀式のパッケージが変わります。

みなさんにお聞きしたいのは、日本社会だけでなく、世界が変わりつつあるのではないかということです。もし、そうだとすれば、日本における死刑という儀式のパッケージも、一つの時代の終わりにあるのではないか、ということです。わたしたちは、これをどのように理解したらいいのでしょうか。日本を含め多くの国で、死刑は「必要悪」であると考えられています。死刑それ自体は、良いことではないかもしれないが、少なくとも一定期間は、そして、被害者や一部の受刑者にとっては、止むを得ないものだと考えることもできます。

しかし、世界中の状況を見ると、2010年にはわずか24の国で死刑が執行されたにすぎません。つまり、世界では変化が起きつつあるのです。時代も変わりつつある。したがって、日本における死刑という儀式も、時代の区切りに来ていると思います。この儀式の役割も崩壊しつつある。すなわち、この儀式に関わるすべての人たちが、大きな負担と不安を抱えていると思われます。

日本政府の責任

現代は国境を越えた人の動きがあります。犯罪の被害者も、死刑を執行する刑務官も、あるいは裁判官も、ほかの国に行きます。彼らは、外国で心理的に不安な状態になります。外国では、死刑にかかわる人たちの行動が、ショックや不快感を持って迎えられるからです。

重要なことは、日本の政府には、日本の周りの世界が変わりつつある状況を見て、なんらかの対応をする責任がある、ということです。わたしたちが「死刑」と呼ぶ儀式にまつわって、なんらかの役割を与えられている人たちは、前にも増して、大きな緊張の中にいるのです。

すでに述べたように、死刑という儀式の関与者たちは、大変苦しみます。内部でも対立があります。彼らは、心の中で、死刑に賛成するか、反対するか、という葛藤を抱えています。死刑を支持する人たちは彼らを受容れますが、廃止を主張する人たちは彼らを嫌悪します。社会との間に一定の距離ができてしまいます。

アメリカでは死刑が執行されていますが、死刑に関わるさまざまな人が苦しんでいます。彼らは、死刑を執行された人たちの顔を思い浮かべ、そして、人生が終わりに近づくと、自分は正しいことをしたのだろうかと自問するようになるのです。1年で24の国しか死刑を執行していないいまの世界では、忠実な公僕として死刑の儀式に関わった人たちが、彼らの子どもたちに対して、なぜこういうことをしているのかということをうまく説明できません。妻に対して、家族に対して、刑務官のようなに死刑の執行に関わる人たちは、これまで以上に辛い思いをしているわけです。

裁判官にしてもそうです。アメリカでは、死刑などの重大な刑を言渡された人の中で約200人の冤罪が見つかっています[8]。判決に至るまで多くの裁判官がそこに関わっています。彼らは、いまになって苦しむわけです。

日本の裁判官についてのひとつの話を思い出しました。その裁判官は、死刑にすべきかどうか、

大変難しい事件を担当したそうです。悩んだ末の判決の後に傍聴席からの「人殺し」という声を聞いたのです。「人殺し」という叫び声がずっと耳にこびりついて消えないそうです[9]。

わたしがお伝えしたいメッセージは、とてもシンプルです。もしかしたら、死刑執行というパッケージは、最後に時期の来ているのかもしれないということです。政府は、そういう死刑を執行する刑務官や被害者の家族に、死刑執行に関わったという負担をおわせないようにすべきです。いま日本政府は、そのことが問われていると思います。日本の死刑の議論は、これまで以上に世界から注目されています。

処刑に代わる哀悼の儀式

被害者が亡くなるということは、恐ろしく、悲しいことです。顔の色、輝きが失われ、未来が失われ、すべてが失われます。死刑執行というパッケージは、この犯罪という事実と対抗するに際して、一番いいやり方なのでしょうか。恐怖に苦しめられた被害者に敬意を表す他の方法があり得るのでしょうか。

ノルウェーでの2011年7月22日の恐ろしい事件の後、被害者の葬儀には、政府の代表者も、一般市民も、多くの人が参加しました。そこで人びとは、犠牲になった人たちがどのような人だったのかという、その物語に耳を傾けたのです。人びとは、犠牲者に対する哀悼の意を美しいかたちで表現しようとしました。そのような時間を共有することが、本当に被害者を理解する瞬間となるのです。加害者に対する裁判だけでは、その理解は深まりません。そもそも裁判には、あの葬儀で行われたような真の被害者の理解、被害者への敬意を実現する力はありません。

7月22日の事件への対応以外でも、同様な取り組みを続けることが可能ではないでしょうか。犯罪に対しては国家が責任を負い、恐ろしい事件で亡くなった方がたに敬意を表することが何よりも大切です。7月22日の事件だけに、このような哀悼の儀式をするのではなく、他の事件でもすることができないでしょうか。そうすれば、厳しい刑罰を与えることの意味が次第に減っていくと思います。

厳しい刑罰を科したり、長期の拘禁刑を執行するのではない方法、また、長期にわたる裁判で関係者が体験する苦しみをすこしでも軽減する方法がないでしょうか。たとえば、被害者の家族が望む場合には、なぜそのような犯罪をおかしたのかということを加害者から聞けるようにしたらよいでしょう。裁判が終わり、すべてが静まった後に、加害者が、なぜそういう犯罪をおかしたのかを被害者の家族に語るのです。このような工夫を考える時期に来ていると思います。

日本でも、3月11日に大きな災害が起こり、多くの方々が命を失いました。だからこそ、わたしたちは、新たな死刑という殺戮に本当に関わるのかどうか、それとは違う方法で被害者を哀悼することはできないのかを考えるべきだと思います。

最後に、ヘビの物語の後日談についてお話したいと思います。いまは、テレビの番組などで、ヘビの出てくる場面を見ても、普段は死刑のパッケージのストーリーを思い出すことはなくなりました。ところが、あるとき、裸足のインドの蛇使いが、恐ろしいヘビを操る場面を見ました。彼は、小さな棒を持っていて、これを優雅にくるくると回しました。ヘビは壺の中に入っていきました。この蛇使いは、暴力を使わずに毒ヘビを壺の中に返したのです。そのときわたしは、人間も、工夫すれば、殺人者を殺さなくても、その犯罪に対処できるのではないか、と思ったのです。

［訳註］
1 ノルウェーは、紀元前4世紀に北ゲルマン系のノルマン人（ノール人）が定住するようになり、現在のノ

ルウェー人の起源となった。8世紀のヴァイキングの時代には、アイスランドなどの北ヨーロッパのほか、シチリア、ロシア、ノルマンディーにまで移住した。9世紀末にハラール1世の下で最初の統一王国が成立した。11世紀にデンマークのカヌート王の北海帝国に統合され、その後12世紀末に独立し、13世紀後半に最盛期を迎えた。しかし、14世紀末にハンザ同盟により経済的に支配され、政治的には、カルマル同盟の下でデンマークに支配された（デンマーク=ノルウェー）。17世紀以降は、スウェーデン（バルト帝国）の侵略を受け、一部が占領された。19世紀になると、民族主義的独立運動が盛り上がり、デンマークがナポレオンに敗北し、1814年のキール条約でノルウェーがスウェーデンへ割譲されると、ノルウェーは独自の憲法を制定し、独立を試みたが頓挫し、スウェーデンの支配を受けることになった。しかし、ノルウェーは、スウェーデンの立憲君主制のもとで独自の政府および議会をもつことを許され、自立の道を歩んでいく（スウェーデン=ノルウェー）。19世紀半ば、北欧全土で沸き上がった汎スカンディナヴィア主義に多くのノルウェー国民も共鳴したが、これも挫折した。

　19世紀末にはノルウェーは、スウェーデンからの自立を目指し、1905年、国民投票での圧倒的多数の賛成を後盾にスウェーデンと交渉した結果、無血で独立を達成した。デンマークからカール王子を国王ホーコン7世として迎え、新憲法のもと立憲君主制の新生ノルウェー王国を樹立した。第二次世界大戦では、1940年にナチス・ドイツに国土を占領され、ヴィドクン・クヴィスリングの率いる傀儡政権が統治した。

　戦後は独立を回復し、国際連合の加盟国となり、冷戦下では北大西洋条約機構に、北欧諸国では唯一、加盟したが外国の軍事基地を置かず、非核政策を展開し、ノルディック・バランス政策を進めた。1959年にはEFTAに加盟したが、ECには加盟せず、現在も、EUには加盟していない。

2　10万人比の刑務所人口（prison population per 100,000 inhabitants）を比較してみると、アメリカ合衆国は756人、ロシアが611人でこの2国が突出している。ニュージーランド186人、英国148人、オランダ128人、オーストラリア125人、カナダ107人、イタリア104人、韓国104人、アイルランド101人、ドイツ95人、トルコ91人、フランス85人、スウェーデン82人、デンマーク77人、ノルウェー66人、日本62人、アイスランド40人、インド22日となっている（Walmsley, R., World Prison Populutation List, (eighth edition), ICPS, 2008, http://www.kcl.ac.uk/depsta/law/downloads/wppl-8th_41.pdf）。

3　ノルウェーは、すでに18世紀ごろから、死刑の執行数がきわめて少なかった。最後の死刑執行は、1876年2月25日に殺人罪で死刑判決を受けたクリストファ・ニルセン・シュバルツベッケン・グリンバレーであった。その後、モラトリアムの時代が続き、1905年に死刑制度は、完全に廃止された。しかし、第二次大戦後、ナチス占領下の傀儡で、売国奴と呼ばれたヴィドクン・キースリングを死刑にするために1945年、連合軍によって、死刑が臨時的に復活され、1945年5月9日に死刑判決、同年10月24日に銃殺刑が執行された。これ対しては、現在でも強い批判がある。

4　日本の刑法で死刑を法廷している犯罪類型としては、『刑法典』では 内乱罪（77条1項）、外患誘致罪（81条）（絶対的死刑）、外患援助罪（82条）、現住建造物等放火罪（108条）、激発物破裂罪（117条）、現住建造物等浸害罪（119条）、汽車転覆等致死罪（126条3項）、往来危険による汽車転覆等（127条）、水道毒物等混入致死罪（146条）、殺人罪（199条）、強盗致死罪・強盗殺人罪（240条後段）および 強盗強姦致死罪（241条）の12の罪名である。なお、大逆罪（73条）、利敵行為罪（83～86条）、尊属殺人（200条）などは削除された。

　特別刑法では、『人質による強要行為等の処罰に関する法律』人質殺害罪（4条1項）、『航空機の危険を生じさせる行為等の処罰に関する法律』航空機墜落等致死罪（2条3項）、『航空機の強取等の処罰に関する法律』航空機強取等致死（2条）、『爆発物取締罰則』爆発物使用（1条）、『組織的な犯罪の処罰及び犯罪収益の規制等に関する法律』組織的な殺人罪（3条1項3号）、『明治22年法律第34号決闘ニ関スル件』決闘罪（3条）および『海賊行為の処罰

及び海賊行為への対処に関する法律』海賊行為致死罪（4条）（平成21年4月24日法律第55号）の7つの法律が死刑を法定している。
5 Garland, D., Peculiar Institution: America's Death Penalty in an Age of Abolition, Oxford University Press: 2010.
6 ダニエル・U・ボツマン『血塗られた慈悲、笞打つ帝国。——江戸から明治へ、刑罰はいかに権力を変えたのか?』（合同出版、2009年。D.U. Botsman, Punishment and Power in the Making of Modern Japan, Princeton University Press: 2005）。
7 デンマークでは、1930年に平時における死刑が廃止され（1933年1月1日から）、1978年以降（厳密には1994年1月1以降）、戦時における死刑が廃止されて、完全廃止国になった。平時の最後の執行は、1892年である。第二次世界大戦が後の1945年から1950年にかけて、一時的に死刑が執行されたことがあったが、いかなる政党これを認めていない。
8 Scheck, B./ P. Neufeld/ J. Dwyer, Actual Innocence, New American Library, 2003（西村邦夫訳、指宿信監修『無実を探せ！ イノセンス・プロジェクト』現代人文社、2009年）、http://www.innocenceproject.org/
9 団藤重光『死刑廃止論 第6版』（有斐閣、2000年）。

○**司会** メルヘンからはじまって、人が生き物を殺すときの物語のパッケージをいろんなところに当てはめていくと、江戸時代、明治時代、そして現代で、そのパッケージが置かれる意味がそれぞれ違っているということをお話しいただきました。

ノルウェーのような死刑のないところから見れば、いまや、人間が人間を殺すという死刑のパッケージを手放すべき時期に来ている、ということになるでしょう。

ノルウェーでは、7月22日に起きた事件のとき、事件の数日後に、国全体が亡くなった方たちの哀悼の式をしたわけです。ここからは、わたしの考えたことですが、日本には、犯罪者を処罰はしますが、犯罪の被害に遭った方々を悼む儀式がないように思います。

東日本大震災でたくさんの方が亡くなり、わたしたちは、追悼のセレモニーをします。わたしたちの気持ちは、被災者の方たちの悲しみに、できる限りではありますが、共感し、亡くなった方々に哀悼の意を示そうというものだと思います。しかし、わたしたちは、犯罪の被害を受けた方々に対して、本当にそういう気持ちで接しているでしょうか。

そのことがおそらく、被害者のご遺族が、その怒りを犯罪をおかした人だけに向けて、厳罰を求める原因のひとつになっているのだと思います。このように、犯罪学的命題を、悟性だけでなく、感性を通じて、スピリチュアルに伝えるというのが、ノルウェー犯罪学の真骨頂なのかなと思いました。

4. 議論

○**司会** NHKのテレビ番組をご覧になった方は、クリスティさんが刑務所のミーティングで、受刑者の人や職員さんにコーヒーを注いで、話しかけている場面を見られたことと思います。昨日の打ち合わせでも、コーヒーは、人が仲良くなり、話し合うためにとても大切なツールだとおっしゃっていました。

これからは、みなさんと一緒に議論をする時間です。会場の方から質問にも答えていただきますが、その前に、うちの大学の素晴らしいスタッフの顔も見てもらおうということで、質問者を5人用意しました。

最初は、浜井浩一さんです。おそらく世界で一番有名な日本の犯罪学者です。"Hamai's Theory" "Hamai's Data"とか、Hamaiという名前で犯罪学の論文で出てきます。敬称ナシ引用されるのは、いわば、ニュートンとかアインシュタインといわれるのと一緒で……（笑）。これは褒めすぎですね。

それでは、浜井さん、どうぞ。

(1) 犯罪学の立場から
浜井浩一（龍谷大学大学院法務研究科・教授）

○浜井　皆さん、こんにちは。ただいま、石塚さんから過大なる紹介をいただきました浜井です。よろしくお願いします。

石塚さんからは合計10分間で、5分間はわたしが話をして、5分間はクリスティ先生に答えてもらうという予定を時間厳守でと聞かされています。先日、クリスティ先生と一緒に高松で行われた日弁連の人権大会で講演したときは20分と言われていたにもかかわらず、結局25分間話をしてしまい5分間超過してしまい、今回は、何とか時間厳守で行きたいと思います。

さて、今回のシンポジウムは、クリスティ先生に『犯罪社会学研究』というわたしが編集委員長をしている学会誌の特集「少子・高齢化社会における持続可能な刑事政策」に、論文の寄稿をお願いしたことがきっかけです。

クリスティ先生もおっしゃって言いましたが、今回の講演の基となっている寄稿論文は、6月の末に1回提出していただきました。しかし、その後、7月22日にノルウェーであの大事件が起きて、いったん提出していただいていた論文を大改訂していただきました。というのも、あの事件とその後のノルウェーで起きた議論は、これまでにニルス・クリスティ先生が、いろいろなかたちで述べてきたことや書かれてきたものとものすごく関係が深いからです。あの事件を考えずに、あるいは、あの事件を起こした人の刑罰の在り方や処遇を取り入れずに、ノルウェーにおける刑事政策に関する新たな論文を書くことはできないということで、クリスティ先生には論文の改定をしていただき、最初に提出されたものと比較するとほぼ2倍の分量の論文を書いていただきました。

先日の日弁連の人権大会での講演も、今日の講演もそうですが、クリスティ先生の講義は、あの事件を受けて先生が初めて発表された論文を基に話していただいたものであり、その意味でも、龍谷大学の人間としても、あるいは、犯罪社会学会の編集委員長としても、非常に光栄に思っています。クリスティ先生、本当にありがとうございました。

クリスティ先生のお話は、わたしが要約するのも僭越ですが、聞いていただいてお分かりのとおり、犯罪者にモンスターはいないということです。

ちょうど1カ月前になりますが、わたしがある会場で刑罰について講演をし、クリスティ先生の考え方を紹介した後で、元裁判官という方が寄ってこられて、「わたしは人間に死刑判決を下したことはない。」とおっしゃいました。「彼らは、人を殺した段階で、もう人間ではないんだ。そう思わなければ、死刑判決なんか下せない。」とおっしゃっていました。すごく苦しそうな顔でおっしゃっておられたので、死刑判決を言い渡してきた自分自身を納得させたくておっしゃっておられるのだろうと感じ、強くは反論しませんでした。死刑を正当化するためには、被告人を人間ではなく、モンスターに仕立て上げなければならないということなのかもしれません。

死刑というのは、そのようなものであるということを、われわれはシェルダンさんも言ったように、知っておくべきだろうと思います。

さて、質問ですが、クリスティ先生は、われわれは罪を犯した人を、きちんと知る必要がある。彼らをモンスターとか、サイコパスとか、いろいろな名前で呼んで、自分たちとは違う存在だと納得するのではなくて、自分たちと同じ人間であるということを、きちんと知る必要があるとおっしゃっておられます。

そのために、先生は修復的司法というものを取り入れておられるわけですが、その際に、先生のコメントの中で、専門家、裁判の場合には、法曹と呼ばれている人たちが専門家になるわけですが、法

曹と呼ばれている人たちは、刑事司法を独占して、わたしたち一般市民が犯罪者という人たちを知る機会を奪っているということを指摘されています。法曹に刑罰を任せてしまうことによって、市民と罪を犯した人びとが分断されてしまっているとおっしゃっておられます。

それに関しては、わたしも賛同するところが多いのですが、ただ、同時にわたしは、法科大学院の教員です。法曹を育てる立場にあります。法曹を育てる立場から考えると、これから先、クリスティ先生が言われているような刑事司法、あるいは、刑事政策を進めていく上で、法曹を目指している学生に、どのような法曹になれと教えていけばいいのでしょうか。それに関して、何らかのアドバイスをいただければと思います。よろしくお願いします。

○クリスティ　どういった役割を果たすことになるのかということを、学生さんたちに理解してもらう、法学部の学生さんに知ってもらうとか、ということですね。

人生、悲しいことではありますが、「刑法」、刑事裁判、刑事法廷の中で機能するということは、全てを知ることにはなりません。知ることのできることは限られています。そして、バランスを取らなければいけないという裁判所の役割の中で、仕事をしなければいけません。被害者、あるいは犯罪者が会える場をつくることで、何かができないかということを考えてもらう。

この被害者の観点、あるいはその人たちの観点であれば、怒りや悲しみでありますが、やはり被害者というのは、相手に会ってみたいという気持ちを持っています。これは修復的司法の根本になりますが、それは、義務、強制されるものではありません。意思に基づいて行われるものであるということです。

もう一つ、法学部の学生さんが間に入って、被害者と犯罪者との面会ができるような場面設定をしてみるというのはどうでしょうか。加害者と被害者の対話は、服役中かもしれません。あるいは、刑期が終わった後になるかもしれません。多くの加害者は、被害者に会うことを恐れています。会うことによって被害者の苦痛が増すのではないかという気持ちもあります。

しかし、わたしの基本的なところは、努力をして、できるだけ多くの情報を得られるようなシステムを創る。そして、参加者が情報を提供できるようなシステムを創る。情報があることによって自己を理解できますし、そして苦痛についての理解も深まると思います。

○浜井　わたしも、学生には、特に、法曹を志望する学生には、とにかく判決で一件落着はしないこと、何も解決しないこと、判決の後のことに、もっと関心を持たせるように心掛けて教えているので、そういった意味では、いまのコメントは、非常に勇気づけられるものでした。ありがとうございました。

(2)　刑事政策の立場から
　　赤池一将（龍谷大学法学部・教授）

○司会　つぎは赤池さんです。赤池さんは、シェルダンさんが来たときに、ちょうど同じところで勉強していました。当時の彼は、人の言うことを聞かない、とても困った人だったのですが、最近は、わたしの方が困った人で、赤池さんがわたしを止めてくれます。たぶん、日本の犯罪学者の中でフーコーを一番ちゃんと読んでいるのは彼だと思います。では、お願いします。

○赤池　どうも、こんにちは。赤池です。打ち合わせのときとまったく違ったことを二つお聞きしたいと思っています。

クリスティさんのお話の中で、いま浜井さんも触れた点ですが、犯罪をおかした人を知る必要があると。これが基本ですね。知っていけば、刑罰を科す量はどんどん減らすことができるだろうと。ミニマリストという言葉をお使いになりました。

刑罰廃止論者というようなかたちで、クリスティという名前は北欧の犯罪学の代表として、もう30年、40年前から有名なわけですが、刑罰廃止のエッセンスがそこにあるんだろうと思います。

同時に、お話の中で犯罪概念について触れられました。犯罪と言っただけでは何も説明したことにはならない。その中身は何かが重要である。具体的に、どういうことをしたのか、どういうことをしたら犯罪者なのかが問われるべきである。そのようなお話を伺って、いわば、わたしたちがアカデミズムの世界で使う抽象的な言葉を使いながら、対象となっている犯罪者から次第に遠くに来てしまっている。そのために、相手を直視しないまま制裁を課している。そういう学問になっているのではないかと思います。

同じように、刑罰についても触れられましたが、最後に残った人だけを刑罰を科すといったときに、その刑罰は、抽象的なものではなくて、具体的には、刑務所に入れるということが、大きな比重を持っていると思います。

そこで、刑務所とは何かということを考えたときに、要するに、犯した罪を抽象的な時間で計って、そして、その時間の間、移動の自由を禁止して、剥奪して、そして、例えば、日本の場合であるならば、その間、労働を科すという具体的な形態を持った罰だと思うわけです。

そこで、わたしがお伺いしたいのは、犯罪社会学会で、再来週にやるシンポジウムでわたしが扱うテーマでもあるのですが、そういう刑罰を廃止するミニマリストの立場をずっと追求されてきたクリスティさんにとって、現在の自由刑、すなわち、刑務所に収監するということが社会の中で果たしている役割というものを、どのようにお感じかということが一つです。

同時に、虐殺に対する虐殺はあり得ないとか、あるいは、許しというものに立ち返ることが必要だという刑事政策、すなわち、人間を大切にする刑事政策を展開するということであるならば、歴史的に与えられた刑務所という場を、その社会的なエンジニアリングが必要であるならば、刑務所に関わる人間はどのように構築していくべきか。どのようにつくっていくべきか。その辺について、ちょっと抽象的な問いで、大変恐縮ですが、お伺いしたいと思っています。

もう一つは、シェルダンさんの方にお伺いします。わたしは、死刑のパッケージというお話は、大変面白いコンセプトだと思っています。

ただ、この死刑の阻止というと、非常に長いこと死刑の問題を見てきた自分としては、たしかに、死刑は廃止するという方向に展開すればいいなという気持ちはあるのですが、でも、長い習慣の中でどこか、悲観的にものを見ているところがあります。

震災の後、意図的に意識して、日本の報道とフランスのテレビの報道とを比較したことがありました。いくつか顕著な映像上の違いがあります。一番分かりやすい違いは、日本では、基本的に人びとがたくさん見る時間帯の報道で、体育館に集められた死体、死骸の映像を流すということはありません。しかし、フランスのテレビは毎日、毎回、その映像を流していました。それは、わたしには大変文化的なというか、ある状況の受け止め方の違いというものを意識させました。

死刑の問題を語るとき、その死刑のパッケージという問題を語るときによく言われる、そして、わたしたちが最近そのことに気付いてきたのは、死刑についての情報をわたしたちは持っていないんだということです。だから、情報を開示して、死刑が実際にこんなふうに行われているんだ、これだけ残酷なことをしているんだということを示す必要がある。

例えば、死刑の判決が確定するまでに長い時間がかかるとか、あるいは、死刑囚の生い立ちであるとか、そういう情報については、被害者と比較す

ると、はるかに情報量が少ないとか、いろいろな指摘ができると思いますが、いずれにせよ、死刑については隠すという、日本独特のパッケージがあります。この姿を隠すパッケージが、日本の死刑制度には付いて回っているように思うのです。

　わたしがシェルダンさんにお伺いしたいのは、隠すという、特に重要な問題について隠すという文化について、ノルウェーないし、あるいはノルウェーと比較して、何かお感じになっているようなことがないか。特に、刑事手法の問題について日本の研究をされている上で、そのようなことをお感じになったことはないかということを、ちょっとお伺いしたいなと思いました。

○シェルダン　プレスやメディアについては、みなさんの方が詳しいと思うんですね。日本の死刑のことに関して、わたしは英語のものしか接しませんので、全体像を分かっていないと思います。

　わたしからコメントするとしたら、一番重要なことは、この死刑のパッケージの秘密主義は人権に関する「及び腰」の状況と関係しているんだと思うんです。日本の政府の機関であるとか、いろいろな機関で人権は及び腰です。死刑の秘密主義も、日本のこのやり方ということに関係していると思います。

　しかし、死刑については、世界において自分たちが少数派なんだということを日本の人たちが分かれば、それが分かるだけでも、このパッケージが少しずつ変わっていくかもしれないと思います。

　そして、はっきりとは言えませんが、やがては全体のパッケージが崩れていくかもしれないということですね。誰も将来のことは、はっきりとは言えないわけですが、崩壊する前には、非常に堅固なものだったものが。例えばドイツのベルリンの壁でもそうです。研究者は経済的な理由、社会的な理由、いろいろな理由を掲げて、ベルリンの壁が崩れることはないだろうと考えていたのです、崩壊する直前まで……。

いま国境を越えて、いろいろな人が行き来しています。これは専門家も、ほかの国の人たちと出会って、そこで、そこにほかの国の人たちに映し出された日本の状況というようなことが、見えてきたりすると思うんですね。そのようなとき、突然、崩れるかもしれない。しかし、これはわたしの推測にすぎないということです。

○赤池　悲観的だと、自分では申し上げましたけれども、よくよく考えてみると、死刑を存置するという意思決定に加わっている人間というのは、そんなにたくさんの人ではないようにも思うんですね。

　ですから、そういう意味では、その部分に対する意識の変革を求めるような運動ということが必要なのかなとは考えています。

○司会　クリスティさんは、どうですか。

○クリスティ　わたしがまず言いたいのは、死刑に関する秘密主義です。これは市場、マーケットで起きているのではなくて、刑務所の中で起きているわけですね。この歴史的なルーツは、シェルダンさんの方がもっと詳しいと思いますが、市場は、突然動き出しました。死刑をやるべきではないという方向に。大勢の人が押し寄せて、死刑を受けるべきだった人たちを逃してあげたりしたわけですね。ですから、当局としては、この全体のパッケージを秘密にしておきたい。

　日本の人たちは、労働を刑罰の一つとして考えておられる。これは不思議なことです。日本社会は、どうしてもこれにとらわれているわけです。

　しかし、仕事をしなければ不幸だ。仕事がなければ幸福ではないんだというのは、実はノルウェー人も同じなんですね。ノルウェーの刑務所でも仕事をするチャンスがないと、非常に困ったと受刑者たちは言うわけです。何か仕事が欲しい。ですから、仕事をすることが罰なのではなくて、仕事を与えないことが罰になるわけですね。

　先ほどノルウェーの刑務所が素晴らしい話があり

ましたけども、わたしも、島全体が刑務所になっているところに行った経験があります。みなさんも、この島のことはご存じかもしれません。バストイと言います。フィヨルドの美しい島です。夏の天国なんですね。渡り鳥もアフリカから戻ってくるわけです。多くの人が土の穴を掘ったり、木を切ったり、いろいろなことをやっています。あるいは、ただ、ぼんやりしている人、草の上に寝そべっている人と、いろいろな人がいるわけです。ところが、わたしはそこに複数の被害者を殺した人の顔を見つけました。そういう人も閉じ込められているわけではないわけです。泳ぐこともできるんですね。

この刑務所島で一度、講演をする機会がありました。受刑者もいたし、そこの施設のスタッフもいました。何の話をしたかは忘れましたが、素晴らしい場所でした。オスロの人は、ここの受刑者のことをうらやましいと思うかもしれません。

そこで、受刑者の人たちに聞いたのです。刑を終えた後、休暇としてここに残っていいと言われたらどうしますかと。彼らは、絶対嫌だという声が返ってきました。勘弁してくれと。夏休みに、ただで数週間いられるということなのですが、その受刑者たちも、嫌だと言ったのです。ここにいることが恥であるわけですね。

食事がよくても駄目です。社会がここで苦しめるということを決めたわけです。そこが重要だと思います。同じく島にいても当局者には自由があるわけですね。受刑者は、違います。刑罰は刑罰、罰は罰なのです。しかし、できるだけ普通の状態で、できるだけ普通の生活を受刑者にしてもらうというだけです。懲役を科すから刑罰になるということではありません。なくても刑罰になるのです。しかし、これで人びと満足するでしょうか。

○**赤池** むしろ知りたいのは、例えば、恥という概念をいま出されましたが、受刑している間の生活の水準を下げないで、生活の水準とは別に恥を感じるようになる。そこがどうしてなのかというのが、生活の水準がかなり低く設定されている日本の刑務所をイメージして考えると、なかなかうまく理解できないんですね。

例えば、ノルウェーの島自体が刑務所になっている話を、いま一つの例としてお挙げになりました。しかし、比較的、処遇条件の悪いような刑務所の中であっても、刑務所には何らかの意味がある。たとえ、刑務所をどんなに有益なものにしたとしても、やはりそこでもう恥ということがポイントになってくるのでしょうか。

○**クリスティ** ええ。これも欠かせない部分ですね、恥という部分。あの島を天国に変えることはできません。天国も、そして地獄も、定義は社会的なものです。刑務所も社会が地獄と考えるから地獄、刑務所と考えるから刑務所であって、悪いことをやった人たちがそこに居ることがシンボルなのです。物理的にも地獄にしなくてはならないかという点については、疑問だと思います。

もし、みなさんが普通の社会とのつながりを求めるということであれば、物理的にすべてを剥奪されるという状況ではなくても、何かをやったということを知らしめる場所であることで十分です。それが機能です。

日本社会は、やはりそのことを、外的な行動、ほかの人に対してどういう行動を取るかということにこだわっているかと思います。社会のメンバーであるかどうかということが、そこでの分かれ目です。

しかし、どんな刑務所でもいいのですが、そこにいるということは、これは非常に強力なシンボルです。彼は、間違ったことをしたんだということ、この人に関して、何か間違いがあるんだということ、このことを受け入れられる場所というのは、ほかの人と同じように、恥じるべき行為をした人と一緒、そこだけが許される場所だと。

ですから、そういう刑務所の場所を快適な場所に

しても全然危険はないわけです。それでも恥は感じる。そういうシンボルなのです。やったことは間違いなんだと感じるための。それはどうすることもできない。

ノルウェーには、子どもたちのための素晴らしい本があります。トルビョルン・エグネル（Thorbjørn Egner）という人が書いた本です。かつて、ひどいことをして収監されても、花火を上げたり、高い塔をつくったり、そこに登ってイヌを助けたり。悪いことをした人でも素晴らしいことをすれば、ヒーローになれるというお話しです。

わたしたちにとっても、一つのチャレンジではありますが、刑務所という非常に恥ずべき場所にいても、結局、最後は許されるのだということ。そして、彼らと普通の人として向き合うということが重要です。

○赤池　一定の時間を与えて、その間に、恥を感じるような人間性を回復させる。そのような場として刑務所を構想していかなければいけないだろうというお話かなと思って、伺いました。

また、議論させてもらいたいと思います。

(3) 社会学の立場から
津島昌弘（龍谷大学社会学部・教授）

○司会　つぎは、津島さんです。龍谷の犯罪学者は、みんな批判的で、ときにアクティビストだと言われることもあります。非常に名誉なんですが……。しかし、彼は、わたしたち龍谷大学犯罪学の中で、もっとも寛大な社会学者だと思います。なぜかといえば、われわれと仲良く付き合ってくれるからです。

どうぞ、津島さん。

○津島　このように発表の機会をいただけることは光栄だと思っています。

わたしは、社会学が専門です。クリスティさんに質問といっても、クリスティさんも社会学者なので、何を聞こうか、迷ってしまいます。わたしの質問は、どちらかというと、アカデミックな質問ではないかもしれません。質問を二つさせていただきます。

どちらも、被害者に関連する質問です。日本で、修復的司法をはじめとした紛争処理を導入する際に、たぶん問題になるところではないかなと思います。

一つ目は、被害者の感情を社会的にどのようにして受け止めているのかです。これは日本とノルウェーで、歴史とか文化が違うので、そのやり方を日本にそのままというのは、理論的にというか、頭では、何となくそれが好ましいというのはよく分かるんだけれども、実際に導入する際には幾つかの障害が考えられるのではないかな、ということです。

より具体的に言うと、これはノルウェーでも日本でも同じかもしれませんが、従来であれば、例えば、犯罪とかいろいろなトラブルがあったときに、血縁とか、地縁とか、家族の人とか、地域の人たちが、ある意味でのサポートをしてきた。ところが、日本の場合は、崩壊しかけている、あるいは、すでに崩壊していると考える人がいます。

先ほどの話にもありましたが、そういったときに、ノルウェーは、連続テロの後、2日後、3日後に、そういう人たちが集結できる。そのつながりというのは何なんだろう。これは、日本では考えられないと思います。人をつなげる原動力みたいなものですね。それは何だろうかなと。ただ、文化の違い、歴史の違いだけではないのかもしれません。ノルウェーの事情というか、その辺をご紹介していただけないでしょうか。

二つ目は、犯罪とか紛争とか、そのようなものが起こったときに、人間を大切にするという考え方についてなのですが、ある意味、ちょっとうがった見方かもしれません。すごい皮肉っぽいので、誤解をされたくないのですが、例えば、加害者に同情できるといった考えをしている人も100％間違いで

はないかもしれません。

　先ほどの講演でも、今回の 7 月 22 日の惨劇は、社会に原因があるということも触れられていましたが、そういった、社会に不満をもち加害者に同情する人たちが、逆に押さえ付けられて、言葉を発することができないのではないか。そういう声も拾うことも大事だということをクリスティさんは、強調されましたけれども、実際にそういった声が、どこでどのように拾い上げられているのか。

　ホームページなどを見る限り、ノルウェー人ってすごくスマートで、なんか寛容な人たちだなと思うのですが、それでも、「悪」といわれるような考え方をしている人もいるでしょう。その声は、実際は、存在していても、抑圧されて出てこないのではないのか、ちょっとした疑問が湧いてきました。

　その辺はどのような事情になっているのかということを、シェルダンさん、クリスティさんに紹介していただければと考えております。よろしくお願いします。

○クリスティ　ご質問をありがとうございます。二つ目の質問に、先に答えたいと思います。

　理想化しないでください。本当に怒っている被害者も、たくさんノルウェーにいるのです。そういった人と話をしたことがあります。わたしを厳しく批判します。あなたは加害者に優しすぎる、といわれます。例えば、高校生の息子を殺されたというような親であれば、特にそう考えます。

　わたしは、やはりその殺人の後に、修復的に行った方が裁判よりも、最終的にはより満足をしてもらえると思っています。どのみち裁判になっても、その量刑が不十分だという気持ちが残るわけです。

　わたしの役割は、大学の教員としてただ、学生に講義をするだけではありません。小さな社会ですけれども、知識人の一人である以上は、知識人としての役割が大学に対して、社会に対して、あると思います。外に出て、何が起こったのかということを解釈するという役割もあります。わたしたちが長年にわたって研究をしてきたことを中心に、こういった逸脱行為について、このように解釈できるということを述べるのが、わたしの役割だと思います。

　ノルウェーの社会にも怒りを持っている人はたくさんいます。被害者の家族や遺族が、自分の家族に同じことが起こったとしても、同じ気持ちになれるんですか、というようなことをよく聞かれます。しかし、修復的司法の方が物事を受け入れやすいと思うのです。事件のストーリー全体に接することができる。しかし、やはりそれなりの必要性があって裁判も行われると思っています。

　もう一つ、日本の人とわたしたちは変わらないと思っています。わたしは、強制収容所について研究をしたこと、また、いろいろな経験をしたことで、学んだことがあります。

　ユーゴスラビアの強制収容所で、人殺しをした人たちに会いました。わたしがそのときの刑務官と同じ立場にいたら、自分がどうしたかは分かりません。若いときに刑務官になって、自分はヒトラーのために仕事をしているという気持ちが強いのであれば、そういった立場に置かれれば、その状況に置かれたら、同じような残虐行為をしていたかもしれません。そういった可能性はあるということを認識しなければいけないし、社会の在り方を変えていって、そういったことが起こらないような予防措置をとっていかなければいけない。

　そして、そういった行為で判決を受けた人たちが、自分とはそんなに変わらない人なんだという気持ちを持つということが重要です。そのようになるように努力しています。

　もう一つの質問も、非常に重要な問題です。ノルウェーでも 7 月 22 日の惨事がありました。日本でも 3 月 11 日の大災害があって、日本とノルウェーが近づいてきているように思います。お互いに苦難を経験したということで、理解できるということです。

ここで重要なのは、人びとが集まるということが、どれほど重要かということです。これは学問的にということではなく、首相がみんなの前で何を言ったか。皇太子が視聴者の前に立って、涙を流していた。それは、無理やり流した涙ではありません。心からの涙だったと思います。それがあったからこそ人びとは連帯した。集まったのではないかと思います。

　これをどのようにして継続していけるのかということが、一つのテーマだということは申し上げました。社会として、このように重要なときには、みんなが外に出てきて、隣人同士が集まれるような社会に、そして、こういったときに、人間として、人びとが集まるという状況をつくり出すということが重要だと思います。

○シェルダン　今回の惨劇で、ノルウェーにとって救いだったのは、この加害者が犯行宣告のようなものを準備していたことです。

　わたしは、これからたくさんの人を殺す。それは社会に対して、社会の変化を、また死刑復活を、そして、より厳しい刑罰を求めるからである。イスラム教徒との戦いに備えなければならない。そして、わたしが殺す相手は、移民やムスリムを迎え、歓迎する『国家反逆者』だからだと言っていたのです。

　多くの人を殺す理由として、社会の変革を求めるからだと本人が言っていました。だからこそ国民は、彼の主張を断固拒否するということを示した。これは、加害者が何を言っていたかということが社会全体にとってはプラスに、救いになったということだと思います。

○津島　何かヒントをもらったなという感じはするのですが……。二つの国を比べてみると、ノルウェーの人口は460万人ですね。面積は日本に近いのかもしれませんけれども、人口はずっと少ないからかもしれません。日本で、修復的司法をどのように始めていけばいいのかということを考えていく必要があります。

　これで、わたしの質問を終わらせていただきます。ありがとうございました。

○クリスティ　おっしゃるとおりだと思います。実は、人口というのは非常に重要です。大きい国の中だったら、例えば、アメリカぐらいの規模の国では、連帯するのが非常に難しい。これはアメリカが合衆国であるということの難しさでもあります。たくさんイニシアチブがあって、いろいろなやり方があって、そしていつも自分たちの国を中心に考えている。ほかの国にあまり関心がないぐらい大きい国なのです。

　オスロは60万人ぐらいの首都です。その他に15ぐらいの市に分かれています。そして、それぞれの独自性があります。そこに人びとが集まっている。その国の規模を考えなければいけません。その国の全体の大きさと、単位として、どれぐらいの大きさかということを考えなければいけません。大きすぎては人びとは集まらない。

　たとえば、病院もそうなんですね。すべて中央に集めてしまうと単位が大きくなります。そうすると、そこに入っている一人ひとりが小さな存在となり、影響力が小さくなります。

　経済的な理由から、国は大きい方がいいといわれます。上層階級の人たちのお金がもうかるようになるかもしれません。そうではなくて、もうちょっと小さい単位の社会を築いていくべきだとわたしは思います。このような社会創りは日本の文化の方が得意なのではないでしょうか。

○司会　クリスティさんの本を読んでいて思うのは、わたしたちがはじめて出会った20、30年ぐらい前には、民主的であることを「善」とする傾向が強かった。でも、民主的な国でも、「集権化」すれば、結局大きな権力を持つことになり、権力の「性（さが）」というのでしょうか、暴力的にならざるをえない。民主主義は、実は、怖いんですね。

　みんながやれといったからやるという理屈になっ

てしまう。だから、大きな力を持たないようにするために「非集権化」ということが、ひとつのキーワードになる。「地域」のものは地域に返す。人道主義と非集権化をセットで考えられたところが、アイデアとして、当時のわたしには斬新に思われました。

つぎは、鍋島さんです。鍋島さんはお坊さんです。龍谷大学はお坊さんの学校です。わたしたち犯罪学者はここでは傍流です。よくいるではないですか。優しくて、家柄の良い、とてもいい子に、不良の少年が付き合ってくれというと、いい子は分け隔てなくつきあってくれる。わたしたち犯罪学者が、その不良少年たちです。きっとお父さんやお母さんには、「あんな悪い子と付き合っては駄目です」いわれていると思うんですね。

犯罪学で、これを「腐った林檎理論（Bad Apple Theory）」と言います。林檎の一杯詰まった樽の中に腐ったリンゴを1個入れると全部が腐ってしまう。われわれ犯罪学者は、龍谷大学における腐ったリンゴかもしれません。

鍋島さんは宗教学の研究をされているわけですが、最もアクティブなお坊さんです。東日本大災害にも、ヴォランティアとして現場に行って、その優しさで被災者の方がたと暖かく接することによって、多くの人たちを癒やしていると思います。

鍋島さんです。どうぞ。

(4) 宗教学の立場から
鍋島直樹（龍谷大学文学部・教授）

こんにちは。このような機会をいただき、ありがとうございます。犯罪学者は腐ったリンゴではなく、熟したリンゴです。わたしは、まだ、未熟な人間です。

さて、今日はクリスティ先生と、シェルダン先生に、とても心に響く講演をいただき深く感謝致します。そこで、わたしから二人に感謝を込めて、感想と質問をさせていただきたいと思います。

最初に、ニルス・クリスティ先生は、ご講演の中で、2011年7月22日にオスロで大虐殺が起きたとき、首相や国の代表者たちは、「恨みに恨みを返しても恨みは消えない。恨みは愛によって消え去る」というメッセージを送ったといいます。

実は、このオスロでのメッセージは、釈尊が戦争に対して送ったメッセージと重なり、法然や親鸞が、自分の父や同朋が殺された際に、敵に対して言った言葉と同じなのです。「怨みに対して怨みを返しても怨みは消えない。怨みのこころをすてよ。敵をもあわれむこころをもて。怨みは愛によってのみ消え去る」という言葉です。そのような意味で、ノルウェーの人間観と仏教の人間観には、文化を超えた共通点があると知ってうれしかったです。

そして、リル・シェルダン先生は、自分がヘビを殺したとき、ヘビの輝きが失われていくのを見て、自分は殺すということがいかに寂しいこと、不安なことであるかを知ったとおっしゃいました。とても大切な原体験ですね。実は、ヘビは仏教では悟りの象徴、仏さまなのです。ヘビが脱皮して成長するように、人間も己の古い迷いの皮を脱いで、新しい人間に成長し、真理に目覚めた仏となるというのです。ヘビの輝きは仏陀のさとりの輝きそのものなんです。ヘビの光り輝く姿にいのちの尊さ見出したシェルダン先生は、おそらく仏さまのような方だと思います。

さて、少し真面目な話をすると、まず、クリスティ先生からわたしにいただいた事前の質問は、仏教ではこのような罪を犯したときに、どのように対応するのかという質問でした。およそ重い罪を犯した人間に対しては、二つの対応があると思います。

一つは、クリスティ先生がおっしゃったように、外から厳しく刑罰を与え、または報復し、さらに苦痛を与えて死刑にするというような立場でしょう。しかし、それによっては解決が見られないとクリスティ先生はおっしゃいました。

もう一つは、仏教ではどのようにするかというと、

犯してしまった罪に向き合う姿勢として、「慚愧（ざんぎ）」という姿勢を最も重んじます。「ざんき」ともいいます。この慚愧が、罪を犯した人間のとるべき姿勢であると考えます。これは、人間の相互関係の中でコミュニケーションを取り、相手の「まごころ」に触れて自分自身の愚かさに気がついていくことです。光に照らされて、己の影を知り、罪業深重なる自己をわびることです。「慚」は、自らを恥じ、二度と罪を犯さないこと。「愧」は、相手のところに行って自分の罪をわび、そして、ほかの全ての人に同じような罪を起こさせないことです。

つまり、クリスティ先生がおっしゃったように、コミュニティーの仲介の中で、被害者と加害者が交流し、時間をかけて罪に向き合い、罪を詫び、相互に深く相手を知り、親密さを育てることによって、おのずと、規範意識がコミュニティーの人びとに醸成され、罪が減っていくと、クリスティ先生がおっしゃいました。この罪と向き合う姿勢は、仏教における慚愧の姿勢ととても似ていると思って、うれしかったことです。

つぎに、シェルダン先生からわたしが深い印象を受けたのは、犯罪者を死刑に処するのではなく、被害者の声を聞きつづけることが大切であるという視座です。そういう深く長い時間をかけて、罪に向き合うことが必要であると、シェルダン先生はおっしゃいました。罪を犯した人間に対して厳しく懲らしめ、身体に激しい苦痛を与えるのではなく、深い心で接していくことが大事だとおっしゃいました。

これに関連して、仏教では、「月愛」という言葉があります。英語では、"moon-radiant love"と表現されます。正しくは、「月愛三昧（がつあいざんまい）」と言い、"samadhi of moon-radiant love"とか、"meditation on moon-radiant love"と表現されます。

太陽の光に照らされると、白黒がはっきりするように、強い光は、人を裁き、焼き尽くします。これに対して、月の光は闇の中に浮かびます。闇はやみとしてありながら、そこに月の光があり、その月の光を見る者は心が澄んで癒されます。ちょうどその闇に浮かぶ月のように、自分の犯した罪は直ちには消えないけれど、真実の光に照らされて、すこしずつ、少しずつ自分の罪を知っていくというような意味です。実際に、釈尊は、父親を殺めて罪に苦しむアジャセ王に対して、月愛三昧に入りました。釈尊は、何も言わず何も咎めず、静かにアジャセのそばにたたずんだのです。その釈尊の存在が、月の光のようになり、アジャセの身も心も照らし、アジャセは自分自身の罪の重さを知り、己の罪を真摯に受け入れていくのです。この月愛の姿勢と、シェルダン先生のおっしゃったこととが、わたしには思い重なりました。

それを踏まえて、クリスティ先生に質問をしたいのです。しかしながら、実際に罪を犯してしまった人間が、自分を深く知り、心の底から罪をわび、人びとに優しい心を取り戻していくには、どのようにすればいいのでしょうか。

また、シェルダン先生にも質問を投げかけたいと思います。犯罪を解決する道には、死刑という処罰ではなくて、もっと違う方法があるとおっしゃいました。その被害者が本当に求めている、もう一つの方法というのはどのようなものなのか、もしよかったらお聞かせください。お願い致します。

○**クリスティ** もちろん、これは大変深い、根本的な投げ掛けです。少なくともわたしは、自分自身もいろいろな悪いことをしてきたし、犯罪を犯してきたわけです。自分を何とか許そうしてきました。そうしないと生きていけないからです。

でも、そこから少しは学ぼうとしてきました。そのようなことを二度としまいと心に刻むのです。この質問への明快な答えはありません。これは終わりのない歩み、戦いだと思います。誰しも状況は同じだと思います。刑を受けた方、特にひどいことをした方も、普通のそうでない人も同じでしょう。

今日、司会の方がおっしゃったことですが、怒りに対して怒りで応じるならば、自分がやったことを受け入れることが難しくなります。ただ、悪い行動を力で制しなければならない場合もあるでしょう。例えば、組織犯罪はその例です。そういう時、国家は、場合によってはそのような行動を抑制し、例えば、組織犯罪者を投獄しなければならない場合もあるでしょう。でも、それもよりまっとうなやり方があり得るでしょう。

　例えば、最近、中南米における若者のギャングに対する取り締まりがあります。そのギャングの中には、非常に暴力的で危険なものがあります。中米のいくつかの国では大変深刻な問題になっています。ロンドンでも若い若者が大勢います。

　そこでは、社会学的にイマジネーションが必要です。中米のギャングは政治的な仕組みにアクセスし、政治的な声を上げられるようにできたらいいのではないでしょうか。そうすれば、自分の行動や、他者への行為を違った目で見るでしょう。

　ロンドンやパリの場合はどうでしょう。社会格差が増え続けるならばどうなるでしょう。こうした抑圧されていると感じる人たちに声を提供する必要はないでしょうか。そうすれば、心を落ち着けて自分の状況にも気付けるのではないでしょうか。

　これは、この質問への非常につたない回答です。今日は、鍋島先生においでいただいて、本当にうれしく思います。

　たしかに、わたしどものキリスト教国の考え方と仏教の間には、違いや共通性があります。いまは、キリスト教は、わが国ではあまり繁栄していませんが、悪い行為に対する対処の仕方に関しては、キリスト教の牧師は、あまりアクティブに関わっていません。わたしは「牧師さん、許しや社会変化について、もっと社会に出て、向いて、発言するべきではないですか」と、宗教者によく申し上げています。

○**シェルダン**　クリスティさんは多くのことを語ってくださったと思います。

　被害者のことに関して言うと、被害者に刑罰によってしか幸せにならないと思わせるのは、非常に不幸だと思います。実際には、幸せにならないからです。一時期は、その犯人が罰せられて気持ちよく思うかもしれませんが、それはまるで被告人と結婚してしまうようなものです。一生、その被告人のことを忘れられなくなってしまいます。そういうことがあったために、かえって残りの人生が台無しになってしまうこともあります。

　死刑の制度の仕組みそのものによって、被害者も、自分をその悲しみをいつまでも拭い去れないような状況に置いてしまうでしょう。その子どもや、妻や、夫や、父親は自分の愛する人を失ったことを、いつまでも忘れられない。そして、その悲しみを拭い去れないような状況に置かれるでしょう。

　被害者も人によって、悲しみの対処の方法はさまざまかもしれません。すべての人が、それを語りたいとは限りません。人によってニーズはさまざまでしょう。刑罰への道だけが正しく、その道を歩むのが一番確実であるという捉え方に間違いがあるんだと思います。

　被害者が刑罰を科せられたことによって、被害者がより不幸になる場合もあるのです。被害者にとって、もっとさまざまな道があるべきでしょう。処罰以外の道を被害者が選ぶ場合に、それを尊重することも大事だろうと思います。

○**鍋島**　クリスティさんは、実はわたしの父と同じ年齢です。だから、これからはノルウェーの父のように接したいと思います。

　犯罪をおかしたことを慚愧するということは、ずっと己（おのれ）に問い続けることであり、生涯かけて、長い戦いを続けるということの中で、何かしら光が見いだせるのかと思いました。

　また、シェルダンさんの方からは、加害者に厳しい刑罰を与え、厳しく痛めつければ痛めつけるほど、

被害者は自分の心に傷が深まっていくとおっしゃいました。その意味では、もっと違う姿勢、例えば、相手を許す心とか、自分の気持ちを相手に真正面から伝え、相手が罪を詫び、相手の変化していく気持ちを聞いていくとか、何かそのようなほかの道が大切であるのかなと、少し考えはじめたところです。

本当にありがとうございました。

○**司会** みなさん。お話の内容が「修復的（restrative）」でしょ。いまのお話で面白かったのは、太陽の光は、白日の下で黒白を明確にする。黒だったら、それにはやはり「懲罰的（punishment）」しかない。残念ながら、わたしたち法律家は、犯罪と刑罰のモデルしか持ち合わせていない。鍋島さんは、もうひとつの面、すなわち、月の光の中で、お月さまの陰を見ながら、心の中で感じることが、内心の、道徳的なというか、道義的なというか、心の中にある「反省（はんしょう）」とか、罪悪感だとかということ働きかけてふと思い立つという人間の在り方について話してくれました。キーワードは「気付き」だと思います。太陽と月、白日と月明かりが一体となってはじめて、おそらく責任をとったということになるんだと思います。お話を聞いていて、スカンジナビアの法哲学者のアルフ・ロスの書いた本（西村克彦＝保倉和彦訳『罪と責任と罰』鳳舎、1979 年）。Alf Ross, *On Guilt, Responsibility and Punishment*, University of California Press, 1975）をいま思い出しました。龍谷大学のスタッフはすごいでしょう。

それではつぎは、加藤さんです。いまは龍谷大学矯正・保護総合センターになっていますが、その前身は龍谷大学矯正・保護研究センターでした。そこに、村井敏邦さんというお父さんがいたのです。そのお父さんが引退した後、加藤博史さんというお兄さんが来ました。このお兄さんは長男で、まあ、弟たちがひどいものですからいろいろと苦労されています。

どうぞ、加藤さん。

(5) 社会福祉学の立場から
加藤博史（龍谷大学短期大学部・教授）

○**加藤** 先月、京都刑務所に行ってまいりました。そこでうかがったことによると、出所者の中で身元引き受けがない方が7割近いんですね。毎年、どんどん増えているということです。

東京に、野宿者を対象に身元引き受けを市民活動としてやっているNPOがあります。そういったことを京都でもやりたいなと話し合っている最中ですので、身元引受制度を市民活動として展開していくことに関して、示唆をいただけたらありがたいと思います。

もう一点は、やはりリハビリテーション（社会復帰）についてです。この「レイマン」といいますか、普通の人がエンパワーメントされるということが、民主主義で一番大事なことですが、修復的司法というのはプロセスであるということを、先生方はおっしゃいました。そうであれば、これは、出所してからも続くものですね。修復的司法にとってケアされ合う社会をつくっていくということを、クリスティ先生はおっしゃいました。ということは、その非常に厳しい犯罪を犯した人が、ケアする主体になっていくことをサポートするということが大事になってくるのではないでしょうか。そのためには、日本ではもちろん教誨師、篤志面接委員、そして保護司という制度があります。こういう人たちの役割、あるいはトレーニングに関して、このようなことが必要なのではないかという、何か教えをいただけたらありがたいと思っております。

この二点です。よろしくお願い致します。

○**クリスティ** 日本の刑務所を見てびっくりしたのは、まったく外の世界のつながりがないことです。出所後を引き受ける人がいないということで入所が

長引くことは不公正です。ノルウェーでは、司法省が刑務所のなかにいる間にソーシャルサービスを担当する職員が、出所後のことを決めていく。「刑務所と出所後の流れをシームレス（縫い目のない：seamless)にしよう」という方向にむかっています。
　ノルウェーでは、7月22日の事件を起こした人に関しても、刑務所を出た後の状況を考えていかねばならない、と言われています。
　もうひとつ、「輸入モデル」と呼んでいるものがあります。受刑者のサービスは、刑務所だけで取り組むのではなく、社会一般のサービスに開いていくことによって、刑務所以外からサービスを輸入するという発想です。刑務所には、外の病院から医師がやってくる。教会からは神父がやってくる。学校からは先生がやってくる。役所からは福祉サービスの関係者がやってくる。こうして、刑務所を内部で自己完結させず、社会とのつながりを太くしていくことが大切だと考えています。
　二つ目の質問に関しては、たしかにリハビリテーションに取り組む人たちへの教育は重要でしょう。わたしが若いとき、刑務所では管理が厳しく険悪な雰囲気が支配していました。今はすっかり変わっています。刑務官は、「プリズン・サーバント（刑務所の奉仕者）」と呼ばれ、女性の刑務官も多くなりました。「入所者も人間である」という考え方がはっきり定着してきました。このように変化は可能です。
　文化の役割も大きいと思います。ノルウェーでは、刑務所に入る人は貧しい人が多い。だからこそ、ソーシャルサービスに関わる人も参加してこの人たちを支援していかねばならないと考えられています。
　もうひとつの質問は、支援者の人たちにどういった訓練をしていくか、ということでしたね。刑務所のシステムの中での教育も重要です。例えば、刑務官学校が必要です。そういう特別な場で刑務官が訓練を受ける。これは2年後にできる予定です。

そこでは、大学との関係もあります。そこに、わたしたちの研究所からも先生が行きます。
　それから、警察学校にしてもそうなんです。先生の多くは、犯罪学、社会学を勉強した人、あるいは、ソーシャルワーカーもいます。これはいいことだと思っています。
　特に警察が変わっていくんですね。わたしの生きている間も大きく変わりました。かつては、わたしが非常に過激な考え方を持っているというようなことで招かれませんでした。しかし、いまでは、わたしが何を言いたいかを聞きたいというふうに、警察が変わってきました。この間、警察が大きく変わってきたということですね
　これは、文化の役割の問題とも言えます。それは非常に勇気付けられる変化だと思います。
　それから、刑務所のシステムの中で重要な変化は、女性の刑務官が多くなったということです。刑務官になるための学校には女性の方が多かったりします。プリズン・サーバントという言葉は不思議な言葉です。これは、婉曲用法で、刑務官というような呼び方をしたくないということからきています。刑務所の雰囲気が、そのように変わってきているわけです。
　わたしも年をとりましたけれども、初めて刑務所に行ったとき、管理が非常に厳しいという印象をもちました。刑務官の間、あるいは受刑者の間でけんかが起こりそうな非常に険悪な状況でしたが、いまは雰囲気がすっかり変わっています。ですから、変化は可能なのです。刑務所に入っている人も人間であるという考え方も、はっきり出てきているのだと思います。
　もう一つは、その刑務所から出てきてからのことです。ノルウェーでは予算をつけて、司法省が刑務所の中にいる間に出所した後の準備しなさいということになっています。
　ということで、刑務所にいる間に、ソーシャルサー

ビスの人が入ってくるわけです。行き先がない場合には、その準備をします。ノルウェーの場合は、刑務所から出所後の社会に復帰する流れをシームレスにしようという方向に向かっています。

人殺しをした人、例えば、7月22日の事件を起こした人も、刑務所から出た後の状況を考えなくてはいけない。社会に復帰してもらわなくてはならない。わたしの国では、そのような人に対しても出所後の準備をしなくてはなりません。

日本の刑務所を訪れてびっくりしたのは、まったく外の世界とのつながりがない。そして、そのような人たちが出所を許されない。これは不公平だと思いますね。引受人がいないということで、入所の時間が長くなるわけです。外の世界とつながりがある人は早く出る。これは、不公正だと思います。これは本当にショックでした。

ノルウェーにも、不公平なこともあります。入所する人は貧しい人が多いんですね。ですから、刑務所は、普通の人よりものを持っていない人、不遇な人たちが入る場所となっています。だからこそ、援助しなくてはならないんだと思います。

だからこそ、ソーシャルサービスなども、そこに関わっていかなくてはならいというニーズがあるということですね。現実よりも、理想化されてノルウェーの状況が伝えられているかもしれませんが、わたしは懐疑論も持っています。

しかし、一般的に言って、ノルウェーの刑務所の状況には満足しています。先ほど質問へのお答えとしては、受刑者へのサービス、それは刑務所だけではなくて、社会一般の責任でもあるということです。

○加藤　ありがとうございました。

日本には、BBSの活動があります。わたしも、龍谷大学のBBSの部長をさせてもらっていますが、そういうマンツーマンで友達兼援助者になるような活動が、ボランタリーアクションとして、広がっていけばいいと思います。なにかそのようなきっかけをつくっていきたいなという思いがあって、そのコアに保護司さんがなっていってもらえたらなと思っております。

これからもご指導ください。

(6)　質疑応答

○司会　これで一応、予定していた、指定質問者の方からのコメントはいただきました。登壇者相互に話をしてもらおうかと思ったのですが、時間もないので、できるだけ会場のみなさんからのお話を伺って、せっかくのチャンスなので、これだけ犯罪学者がそろっているので、お答えができることであれば、おこたえしようと思います。

○会場1　わたしは、精神障害者の団体の者です。いま心配していることがあります。知的障害者の入所施設とか、あるいは精神医療、地域の精神保健サービスとか精神科病院が、この不況の中で自分たちの予算獲得のために治安に奉仕する。それから、悪いことをして出所した人たちを自分たちが支えるということをおっしゃっています。

これは一見、いいことのようですが、クリスティ先生のおっしゃっている輸入モデルとは逆に、普通の障害者福祉や、普通の高齢者福祉の中に「インクルーシブ(inclusive)」に受け入れるのではなくて、出所してきた障害者、出所してきた高齢者向けの特殊なサービスをつくろうとしている。

わたしたちは、このような動きに非常な危機感を持っていて、とりわけクリスティ先生の輸入モデルと関連してご意見があったら、お教えください。

○クリスティ　わたしが本を書いております。日本語にもなっています。これは『障害者に施設は必要か――特別な介護が必要な人々のための共同生活体』(大学出版部協会、1994年)という本です。障害者というように特別扱いをしますが、実は、どの人もみな障害があるわけです。こういった施設から

の人びとの受け入れをするかというのは非常に複雑な問題であります。

　ゲットーのようになるかもしれませんし、似た人たちが集まることで、安心するということがあるかもしれません。しかし、平等主義でなければいけないと思います。非常に複雑かつ興味深いトピックであるというふうにわたしも認識しています。

○司会　基本的に特殊施設をつくるというようなこと自体については反対の立場から、ご本も書かれています。精神科病院という病院の在り方、それ自体も普通の病院ではいけないのでしょうか。高齢者ホームみたいなものも高齢者でなければいけないのでしょうか。別に同じ人たちを集める必要はないのではないかというような根本的問題が提起されているので、外に本を置いてありますから、ぜひご覧になってください

○会場1　質問の真意は、ソーシャルワーク一般、あるいは福祉一般の中で、いろいろな人へのサービスを用意する。あるいはアクセスしていく。刑務所にも行く。町で孤立している人も行くということなら分かるのですが、日本がいま法務省と厚労省が連携して行おうとしているのは、出所した人だけの特別の地域定着センターとか、あるいはサービスなのです。こういう特別なものというのは、わたしはおかしいと思っているのです。そういう意味です。

○司会　浜井さんが答えられるでしょう。

○浜井　その制度を推進している者の一人です。どうお答えすべきなのかなかなかどう迷うのですが、現在の刑事司法で、わたしが一番問題だと思っているものの一つは、刑務所に累犯というだけで、知的障害者や高齢者がたくさん収容されていることです。彼らの多くは累犯者ですが、万引きや無銭飲食といった軽微な犯罪を繰り返している人たちです。彼らの多くは帰る場所も支援もなく、満期で釈放されて、そのまま社会で亡くなられるか、もしくは再犯によって刑務所に戻ってくるという状態になっているわけです。

　先ほど、ニルス・クリスティさんは、快適に過ごせるノルウェーの刑務所を紹介された後で、元受刑者に、「お金は全部払うから休暇で刑務所に戻ってきたいか」と聞いたら、「絶対に嫌だ」と答えたという話を紹介されました。刑務所はどんなに快適でも刑務所なんです。日本でも、わたしがまだ法務省に勤務していたときに、何度も戻ってきている累犯受刑者に同じことを聞くと、やっぱり「刑務所なんか絶対に嫌だ」と言っていました。

　ところが、最近は、自由のまったくない、冬場に暖房もない環境の刑務所に戻りたい、刑務所で死にたいという受刑者が増えてきています。刑務所を出ても帰る場所がなく、ホームレスとして孤独死するくらいなら刑務所の方がまだましだと思っているのです。そのような状況を少しでも何とかしたいということで作られたのが地域生活定着支援センターの制度です。

　わたしも質問された方と同じような問題意識は持っていいます。というのも、特に都道府県の窓口の人たちの中には、元受刑者は、普通の人たちとは違うんだから、法務省が特別な福祉施設を山の中に作ってそこに収容すればいいじゃないかと言われる人がいます。受刑者は普通の人とは違うという強い偏見が福祉の側にもあるわけです。でも、そうやって作られた施設は刑務所と変わらないですよね。

　基本的な理念として、地域生活定着支援センターは、なかなか実現は難しいですが、収容型施設につなぐのではなく、「障害者自立支援法」でも理想としていた地域移行を目指して作られたものです。最初は入所施設への収容が必要でも、できるだけ施設からグループホームへ、グループホームから地域で自立して生活するというかたちを理想としています。ただ、同時に、市場の原理はどうしても働くので、普通の施設が元受刑者をまったく受けてくれないと

いう状況の中で、ある特定の施設が受け入れてくれる場合、福祉政策の中で進行する脱施設化の流れの中で、生き残り策として、元受刑者を収容してもそのようなところもあるかもしれません。

それに対しては、福祉サービスはあくまででも契約なのですから、きるだけ本人たちが自分で選択することが重要だと思います。また、本人が選択するときに、選択肢は一つではなく、さまざまな選択肢が用意されていることが理想で、本人に納得して施設へ行ってもらうということが一番大事だと思っています。確かに、現実には、元受刑者を受け入れてくれるところが少ないので、受け入れてくれるというところに行かざるを得ないというようなところがあります。しかし、刑務所から、別の拘禁収容へ移るだけというような制度にならないように気をつけていかなくてはなりません。そのためには、社会とか福祉の人たちの意識も変わる必要があります。先ほど話したように、福祉の人たちの中にも、元犯罪者は、福祉サービスを必要とする一般人とは違うんだという意識が、どうしてもあるんですね。そこら辺も変えていかないといけないのだろうと思っています。そのための啓発活動を続けていかなくてはいけないと、個人的には思っています。また、御指摘のあったように、社会的困難に陥って支援を必要としている人は、受刑者だけではありません。地域生活定着支援センターは、元受刑者に特化したサービス組織です。ただ、さまざまな分野で、こうした特別な支援センターを作るのではなく、きっかけがなんであれ、どの分野が最初に対応したのであれ、支援を必要としている人が当たり前に支援を受けられる制度作りが必要であると思っています。地域生活定着支援センターが必要のない福祉を作っていくことが何よりも重要だという思いはわたしも共有していることをお伝えしておきたいと思います。

○**司会**　福祉の方がたは、刑務所から出てくる人はモンスターだと思っているのかもしれませんね。

しかし、現実にお付き合いしてみれば全然モンスターではない。優しい福祉の人たちは気付いていってくれると思います。それを期待しているというのが、「楽観的」なものの考え方で、おっしゃるように、「悲観的」に考えれば、かなりコントロールが厳しくなることも事実なので、そこは今後の課題になってくるでしょう。

でも、出所者の社会復帰を地域社会で解決しなくてはいけなくなったことは事実ですね。それは一歩前へ出たんだとは思います。

○**会場2**　わたしは、いまの気持ちを述べたいと思います。

わたしは、性被害のサバイバー当事者です。今日はクリスティさんのお話を聞かせていただいて、とてもよかったです。わたしは、被害の当事者同士で自助グループを、セルフケアを当事者同士のミーティングというかたちで、ずっとやってきた人間の一人です。

わたしは、矯正に関わるということについて、いま積極的に考えていて、少年院の方に行ったりしています。それはなぜかというと、そこに加害者とか犯罪者といわれている人たちの多くがサバイバーであるという事実が、とても大切だということを考えているからです。そこに、一人ひとりのヒストリーの中に、サバイバーであるという事実があるということを大切にするべきだと。

わたしは、矯正とかの話の場に行くと、例えば、受刑者、犯罪者に対して、どのような社会であるべきかという方向性の中で、その政策を考えていく話の中にある、福祉的なアプローチが大変大切だという話がいつもあると思います。それはとても大事だと思っています。

それは、被害者にも移されるべき問題だと。同じように政策として取り込まれるべきであるということを、いつも感じて聞きます。あるいは、被害者が

自助の活動などで、すでに実践してきたことを加害者の人たちに、いま適用しようとしているのではないかと。わたしたちの自助グループの活動というものは、常にその最前線をやってきたというようにも感じます。

　しかし、日本においては被害者に対する政策は、ほとんど行われていません。復讐制度だけが、例えば、それは死刑制度であったり、被害者参加制度であったりというかたちで、どんどん進められて、福祉の制度というものは全然整備されない。つぎの未来を生きていくことを許されていないというのが現実だと思います。残念ですけれども、性暴力のサバイバーの多くは大変貧困です。すごく貧しいです。そのことに対する政策は、本当に遅れていると思います。

　今日、クリスティさんが、人として向き合うということをおっしゃいました。犯罪者に対して、人として向き合うということをおっしゃったと思います。わたしは、被害者に対しても、人として向き合っていただきたいと社会に問い掛けたいと思います。

　それは、被害者に対してもレッテルを貼っているんです。被害者とはここで感情的になるもんだとか、こういう感情を持つものだとか、極刑を望んでいるとか、復讐を望んでいるとか、被害者はかわいそうな人だとか、そういうレッテル貼りというものを、やっているのではないかとわたしは感じます。

　シェルダンさんもそのことを、被害者の気持ちの話はされたと思います。その上で、被害者の気持ちを理解するという言葉について、非常に違和感を感じます。

　わたしたちは、当事者同士の間では理解し合うことがあります。でも、誰かに理解されるとか、踏み込まれるとかということを拒否したいという気持ちも同時に持っています。あなたたちには分からないと言いたい気持ちを持っています。このようなところに来ると、いつも被害の仲間たちのことをすごく考えます。死んでいった人たちもいるから。

　地震が起こって被災地で、性暴力被害の当事者として自助グループを活動している仲間に会いに行きました。彼女はこう言いました。津波被害に遭った海岸を見て、わたしがいままで見てきた景色はいつもこれだった。別に驚かなかったと。周りの人は当たり前だと思って生きていたけど、わたしの見えていた景色って、いつもこうだったよ、そう思ったと言いました。彼女自身も被災者ですけど。だから、刑政策を進めていく上で、被害者の問題について、時には被害者だって暴力的であること許されたい気持ちがあるということ。それは復讐を望んでいるのではなく、わたしたちの苦しみや怨念というものは、復讐では収まらないというぐらいの苦しみを抱えて生きているんだということを。被害者が、遺族が。

　だから、そんなものでは済ましませんと。

　本当に公正な社会になるために、あらゆる人が巻き込まれ、努力するべきだと言っていかなければいけないんだと思っていて、その上で、被害者の気持ちを理解するという言葉は美しいし、大事ですけど、軽々しく言ってほしくないという気持ちも、それは、わたしはみんなを代表はできないけれども、伝えたい、この場で言っておきたいと思います。

　ありがとうございました。

○**司会**　どうもありがとうございました。

○**クリスティ**　大変貴重なご発言にお礼申し上げます。一言、述べさせてください。

　被害者は、悲しみもあれば、喜びもある、そういうあらゆる面を持った人間として受け止められたいということをおっしゃったんだと思います。どうしてそのようなことが自分に起こったのかを知りたいでしょう。その時に、加害者との橋渡しができます。被害者としては、加害者がどうしてそのような行為をできたのだろうかと知りたいでしょう。被害者はまず自分を理解する必要があるでしょう。

　その際、裁判所ではいろいろな事実を、ある意

味で隠して、客観的な判断をするようにしますが、加害者が被害者と向き合うことによって、加害者も自分の罪の重みを受け止めることができるのです。すべてを一度は消化しないとつぎのステップに歩んでいけないのではないかと思います。

　ファトワーという方は、被害者の問題について多くを語っていますが、そこにいつまでも、被害者の役割にとどまるのではなく、そこから先に進んでいく必要性ということをおっしゃっています。誰だって、人生の中で新しいエネルギー、新しい在り方を探していると思います。新しい関係性を求めているんだと思います。

　加害者の役割だけに閉じ込められては危険です。ほかの役割を演じられるようになる必要があります。被害者も同じように、いつまでも被害者であるのではなく、それを過去において違う役割を演じられることが大事でしょう。

　ノルウェーでは昔、被害者であるのはとても危険でした。もう一度、被害に遭うリスクが高くなることがありました。その後、被害者の問題をまったく無視する時代がありました。でも、最近、被害者の問題が大変重要だということを再認識されています。助けようとして、かえって、被害を起こすことがないようにすべきだという認識も生まれています。

　要するに、誰か助けようとして、踏み込んできて、かえって被害者を傷つける問題を指摘されたと思いますが、自分で悲しんでいることの自由ということをおっしゃったと思いますが、それはとてもよく理解できます。

○**シェルダン**　本当に力強く語られた言葉を、心に刻みたいと思います。

　そのうちのある側面について、コメントしたいと思います。特に貧困の問題についてお話ししたいと思います。

　わたしが知っている被害者の多くは、一時期やはり、そのままの生活を続けられない。しばらくは休まなければならない状況にあります。ノルウェーにおいても、この点で、社会サービスを受けながら、しばらく休むような制度は整っていません。一定期間を休んだら、また元通り仕事に復帰するのがよいでしょう。しばらくは、普通の生活に戻れないものだということが、十分認識されていません。なかには、回復するのにもっと時間がかかる方もいらっしゃるでしょう。この点は、ノルウェーの社会福祉制度が、あまり真剣に考えてこなかった点だと思います。

　精神的に悩みを抱えている、あるいは病気だとなると、生活保護を受けることができます。しかし、その被害を受けたという理由でサポートが得られる。しばらく休めるというような制度はありません。一部の女性組織は、このような制度の改革に取り組んでいますが、まだ成功していません。

○**クリスティ**　わたしたち自身の自己批判も必要です。これは犯罪の被害者とは限りません。例えば、事故の被害者、あるいは何か生活に苦悩する被害者という場合があります。例えば、列車事故があって、人が亡くなったとき、すぐにその危機対策のチームがノルウェーではつくられます。でも、わたしがその場合、生き残った被害者だとするならば、しばらくは、そっとしておいてほしいと思うだろうとおもうんです。被害者であることを思い知らされなくて済む。そっとしてもらえる在り方も必要だと思います。

　わたしは、こういう問題に対する回答は持ちあわせていませんが、質問をしていただいて大変ありがたいです。

　その被害者の地位の問題は、加害者の問題と同じように非常に複雑です。自由に考え、深く考え、自らの理解を深めないと、この問題を十分捉えることはできません。わたしたちの誰しもが、人生の中で、被害に遭ったことがあるでしょう。また、加害をしてしまったこともあるでしょう。自らの個人的な経験も踏まえて、この問題を捉えていく必要がある

でしょう。
○**司会** こちらの方、お願いします。
○**会場3** 今日はどうもありがとうございました。前に、NHKのテレビを見てから、ぜひお話が聞きたいと思って、何とか来させていただきました。わたしは、薬物依存症の施設で働いていまして、自助グループのメンバーでもあります。

今日の話の中でというよりは、そのテレビの中で、ニルス・クリスティさんが「わたしの大学」と言って、自助グループに通われていた姿がすごく印象に残っています。日本だと、仇討ちの文化があって、毎年、年末になると『忠臣蔵』をやったりします。特に薬物に関しては、怖い、恐ろしいという脅しが、唯一の予防みたいなかたちになっています。

わたし自身は、施設をやっていて、かつては悪かったら、いまも悪いだろうといわれたら、それは、その人がどんな努力をしようが、よくならないといわれているのと一緒だなって、常々思っています。

今日、お伺いしたいのは、そういった自助グループに行って、「わたしの大学」だと思われたこと、自助グループの良さなどについて感想を話していただければと思います。

ここにいらしている人たちの中には、自助グループに興味を持っている方もいらっしゃるのですが、まだまだそういうことに興味を持ってらっしゃらない方もいるので、ニルス・クリスティさんにとって自助グループが大学だというのは、どういうことなのか、ちょっと教えていただけたらと思います。

○**クリスティ** 自助グループというのは、非常にいいと思います。アルコールの問題、麻薬の問題、薬物の問題、アルコール依存症の人たちが、お互い助け合うということ。そして、飲酒を続けないということと同時に、これはどういう問題なのかということを理解し合おうとすること。そして、外に出ていくことも大切ですよね。

スカンジナビアの自助グループは、「アノニマス（匿名性）」を重視します。これを社会学的に見ると、大きな組織はできないということなんですね。アノニマスですから、お互い名前は分からない。そうなると、どうしても小さなグループにとどまらざるを得ません。自助グループは、小さなグループでやるしかない。しかし、これがいいことなんですね。

そういう人生の中で苦しんだ経験があるということは、逆に、ほかの人を助けるということもできると思います。ノルウェーにも、日本にも自助グループがあり、自分たちの経験を踏まえて、ほかの人を助けようとしています。これは非常にいいことだと、思います。

ほかの人たちからの圧力とか影響とか、強制とかいうのではなくて、自分の意思で、自分がやりたいからやるんだというところがまたいいと思います。

ノルウェーの社会システムや福祉制度にも、欠点はあります。大きなシステムになっています。しかし、わたしは、小さいけれども、その中身が密であるという、そのようなものがいいと思うんです。助け合う人びとが普通の生活の中で、お互い認識できる相手でなくてはいけないと思います。例えば、保安官のように警察官の役割を果たすべき人も、そのコミュニティーレベルにいなくてはいけないと思います。

○**司会** 時間が来ているのですが、もう一つ質問を伺います。どうぞ。
○**会場4** すみません。本日はありがとうございます。大阪で弁護士をしています。どうしてもクリスティさんに質問をさせていただきたくて、今日は立たせていただきました。

わたしは、刑事裁判にも多く関わっているのですが、日本の裁判では、まだ刑罰は犯罪行為に対する応報だ、という考え方が根強くあります。もうこれは骨格になっておりまして、そう簡単に揺らぎません。

でも、今日のクリスティさんは、応報には限界が

ある。昔ながらの許しに立ち戻らなければならないとお話されました。わたしたちも何とかして、そこへたどり着きたいと思っているのですが、それがとても難しい状況にあります。そのわれわれが最後にたどり着くべき「許し」というものを、クリスティさんはどのようなものとして捉えておられるのでしょうか。

　特に、大きな被害を生じたときには、神ではないわれわれ人間は、無条件に犯人を許すことができません。被害者もそうですし、社会もそうです。わたしは、犯人の側もやっぱりこういう犯罪行為を選択してしまった責任を果たし、償いをする必要はあると思っています。

　クリスティさんは「償い」や「許し」というものをどのようなものとして捉えておられるでしょうか。正解はない難しい話だというのは分かっているのですが、イメージでも、教えていただけたらと思います。

○**クリスティ**　おっしゃるとおりです。本当にとても複雑なことを質問されていると思います。ただ、これという答えがないわけですが、お坊さんですとか、神父さんとか、キリスト教でも仏教でもそうですけれど、いろいろな表現で、許しのあるべき姿について教えてくれるのではないでしょうか。

　7月22日の惨事を行った人に対して、犠牲者に代わってわたしが許しを出すわけにはいきません。しかし、わたしは、知識人の一人として、いま出された問いに答えを出す努力をしなければいけません。誰もよい答えを持っておりませんが、日本の文化の中で、仏教の伝統がある中で努力をする。そして、ノルウェーでも、その宗教的な背景などを基に考えていく必要があると思います。

　2週間前に、ノルウェーの学生団体の代表がわたしに対して怒りを表明しました。7月22日にあれほどのことを起こした加害者、それも公共の場で行った人について、なぜあのようなことを言うのかと。わたしは最後に言いました。イエス・キリストは、わたしを支援してくれると。

　すなわち、強制収容所の所長にはほかの方法がなかった。何か別の在り方を考えなければありません。わたしたちは、このような恐怖を持った中で社会として生きていかなければなりません。あの犯人は、たしかに、ひどいことをしました。しかし、その中で生きていかなければいけない。彼に、生きる場を探しなさいということを言う必要があります。

　その後、人を殺すということが起こらないようにということは努力しなければいけません。例えば、アルバニアの例ですけれども、血で血を争う報復がありました。家族が殺された人は、その報復を同じことで行うということがありました。しかし、アルバニアでは修復的な司法がうまくいきました。ゆっくりと時間はかかりますが、紛争を抱えた家族同士がだんだんと落ち着いてきて、たしかに、あのような悲しいことがこれまであったけれども、これからは、かつてと同じように農場で仕事ができるようにと。男性が殺されると、家族、残された女性が農場をやっていかなければいけない。そして、それができるようにしなければいけない。生活を取り戻せるようにしようという合意が形成されました。これは生涯を通じたドラマだと思います。どの国でも常に起こっていることだと思います。

　悪事が行われたときには、それを償い、そのマイナスの影響を少しでも減らそうとすることが必要です。難しいのは、それをどうやったらいいのかです。答えを探しても、それを教えてくれる人はいません。犯罪学の専門家であっても同じだと思います。

　みなさん、一生懸命考えて議論をしていきましょう。そして、何らかの解決策を探しましょう。単に刑罰というのは非生産的だと思います。それ以外に、代替の方法として、何があるのかということを懸命に探していくことが必要だと思います。

○**司会**　最後になりますが、指定質問者の方たちから、それぞれ一言だけ感想をいただきます。加

藤さんからお願いします。
○加藤　応報には限界がある。何かこう永遠なるものが必要なのかな、そういう媒介が必要なのかなと、そういう社会でなくなっているとあらためて思いました。
○鍋島　この困難な日本の大震災の中を、先生は拒まずに来られました。それで、わたしが明日から東北地方に行くので、メッセージをくださいと言ったら、こういう言葉をくださいました。東日本大震災の被害者に対する先生のメッセージを共有させてください。「大いなる絶望は、大いなる洞察をもたらすだろう。」というメッセージです。何か今日の話につながるかなと思って、ご紹介しました。
　先生、ありがとう。
○津島　日本とノルウェーは、さきほど人口の規模の違いというのを言いましたけれども、捕鯨とかということで、いろいろ似たところもあります。地球の裏側ではありますか。同じような文化を共有しているというところもあるということでした。
　ただ、死刑制度をはじめとした、そういう刑罰制度では、かなり異にしている。これを機にというよりも、いろいろ学ぶことはあるのではないかということを知らされたシンポジウムだったと思います。
　ありがとうございました。
○浜井　このような話をしていると、悲観的になりがちなのですが、わたしが法務省を退職して、2003年に龍谷大学に来て、2005年ぐらいまでは、マスコミを中心に犯罪者の更生というものを語れるという雰囲気はありませんでした。
　そういう中で、さまざまな人が更生の大切さを社会に訴えかける努力をしていって、少しずつ社会の雰囲気も変わりました。こういう刑罰や更生を考えるシンポジウムも増えてきましたし、先ほど、話題にあがった地域生活定着支援センターについても取り組める体制ができてきました。やはり事実を知ってもらう、現実のいろいろな問題を知ってもら

うことで、人びとが事実に気付き、社会が変わっていくというところがあるのだと思います。知ってもらうことで、刑罰に対する意識も変わっていくのだろうと思います。
　先ほどの質問にお答えすることにもなると思うのですが、わたしの理想としては、ノルウェーのように、地域生活定着支援センターのような満期受刑者に対する特別な機関を必要としない、刑を終えた人が普通に支援を受けられる社会が望ましいと思っています。
　それは、裏返せば、先ほど被害者の方が言っておられましたけれど、日本は社会的に困難に陥った人に、いろいろな意味で非常に冷たいんですね。彼らをサポートするシステムや、彼らを孤立化させないようなさまざまな支援が、日本では、ものすごく不足していて、そのために特別な人たちのための支援機関をつくっていかなくてはいけない状態になっている。そのことに問題があるのではないでしょうか。
　そのような状態に、みんなが気づいて、ニルス・クリスティ先生が言ったようにお互いさま社会を築いていく、いろいろな問題をお互いにシェアできるような、そういう困った人がいれば助けられる社会づくりが必要なのだと思います。
○赤池　昨日の夜、会食をしたときに、いろいろ話をする中で、議論が分かれたことがあるのです。わたしは日本の社会が、非常に暴力的な社会だと思っています。
　それは、いま浜井さんがおっしゃったようなこととも関連してきます。扱わないとか、言葉をかけないというような暴力もあります。いずれにせよ、相互に理解し合うという、そのコミュニケーションが非常に欠如した部分があるという意味で、暴力的な社会なんだろうと考えているのです。
　わたしたちは、普段、今日の話の中で、例えば、犯罪であるとか、刑罰であるとかという言葉をもっ

と分解して、具体的なものとして考えないと、やっぱり何も出てこないだろうと思います。

歴史的に見たときに、自分たちが当たり前だと思っているものがさまざまな、具体的な事情の中で生まれてきているということを、根気よく解きほぐしていく必要あると思います。研究者としては、自分たちが当たり前だと思っていることが、当たり前のことではなかったんだということを、一生懸命、外に出していく必要があると思います。いろいろなタイプの研究者がいます。龍谷大学もいますから。

限られた時間の中でしたが、もっともっと深く入った話をしたいという気持ちがあります。今日のようなことが繰り返されて、その中で、それぞれの問題意識を深めることができる。そういう場をたくさん、これからつくっていきたいと考えています。

どうも、今日はありがとうございました。

○**司会** では、最初にシェルダンさんから、コメントをお願いします。

○**シェルダン** そうですね。あまり元気の出ない言葉かもしれませんけれども、日本は、世界の中で自分たちが置かれている状況を知る必要があると思います。自分たちの生活の中で安全を感じれば、寛容になる可能性が出てくると思います。

日本の福祉システムは、スカンジナビアのものよりも、アメリカに近い福祉システムを選んだわけですね。このままでは底辺に近い人たちは、さらに落ちていく危険があります。仕事がなければ落ちていくという可能性が高い。仕事を失うことを人びとは恐れています。わたしが日本に期待しているのは、底辺の人たちに、もっと寛容な、優しい福祉社会であってほしいんですね。もっと寛容であってほしいと思います。ほかの福祉国家はそのようになって、機能していると思います。

ということで、日本に対する具体的な期待、希望でした。

○**クリスティ** わたしの番ですね。最後の発言者になったことを光栄に思いますが、いろいろ解決していない問題があるわけですね。

この7月22日以後、今回日本に来ることを考えると、ちょっと青ざめたときもありました。この夏はずっと日本に行くんだという気持ちで、自分を奮い立たせて、本当に来てよかったと思っています。来てみて、わたしが思っていた以上に、いろいろ共通点があるということを感じました。

そして、今回の経験を経て、いろいろな問題の根幹に立ち戻って考えようと思いました。歴史的に見て、わたしたちの国は非常に工業化が進んだ国になりました。物質的に進んだ国になったわけですが、わたしたちは、まったく同じような問題に直面しています。ですから、一緒に考える必要があると思います。

みなさんとお会いできて、共通の問題を抱えているのでとても議論しやすかったと思います。また、シェルダンさんの議論にも、今回は接することができてよかった。先ほどの、ヘビの話は決して忘れることはないと思います。

それから、このシンポジウムを準備してくださった方、そして、特に浜井さん、この夏の間、わたしをこちらに招くということで、頑張ってくださいました。わたしは来ただけのことはあったと思って、心からみなさんにお礼申し上げます。

それから、通訳も非常によかったと思っています。わたしたちにとっては、素晴らしい機会となりました。明日、帰国しますが、今回は非常に有益な、そして美しい時間の使い方だったと思います。

みなさん、本当にありがとうございました。

○**司会** 通訳の方には、なかなか難しいスピリチュアルな表現が多かったので、訳すのはとても大変だったと思います。3人の通訳者、中嶋寛さん、トム・エスキルセンさん、小寺由美さんに拍手をお願いします。

それと、今日の外回りのアレンジは、全部、龍谷

大学の矯正・保護総合センターのスタッフ、学生さんたちが手伝ってくれました。龍谷大学にはこれだけのパワーがあるということがお分かりいただけたと思います。今後とも、龍谷大学矯正・保護総合センターをよろしくお願いします。

　これをもって、閉会にさせていただきます。どうもありがとうございました。

特集1　シンポジウム「人間を大切にする刑事政策を求めて——ノルウェー犯罪学の実験——」

N・クリスティとノルウェー犯罪学

石塚伸一　龍谷大学

1　紹介

　ニルス・クリスティ(Nils Christie)は、1928年、オスロ生まれ。ノルウェーの社会学者・犯罪学者で、1966年からオスロ大学教授である。その著書『刑罰の限界(Pinens begrensning;Limits to pain)』(1981:Oslo)は、11以上の言語に翻訳されている。コペンハーゲン大学、ケンブリッジ大学などから名誉教授の称号を授与されている。

　1970年代にはスカンジナビア犯罪学のリーダーとして、刑務所を廃止し、国家に独占されてきた「犯罪」問題を地域社会の課題に返し、当事者の社会への再統合を通じて解決していこうとする「アボリショニズム／Abolitionism(刑務所廃止論)」の主唱者として、世界の犯罪学をリードしてきた。急進的犯罪学(ラディカル・クリミノロジー)がその過激なイデオロギー性によって自壊し、支持者を失っていった中で、現実主義的な対応を通じて、いまやノルウェーの刑事政策のメインストリームとなっている。

　その主張の特徴は、暴力的な犯罪対策を鋭く批判し、人間と地域社会を大切にする刑事政策を提唱するところにある。1980年代以来、刑事政策は、厳罰主義的傾向を強くしてきたが、そのオルターナティヴ(代替策)として、世界の犯罪学の注目が集まっている。来日は3度目で、京都ははじめてとのことである。

〔主著〕

A Suitable Amount of Crime, 2004: Oslo（平松毅・寺澤比奈子訳『人が人を裁くとき——裁判員のための修復的司法入門』有信堂、2006年）

Crime Control as Industry: Towards GULAGs, 2000: Oslo（寺澤比奈子訳『司法改革への警鐘——刑務所がビジネスに』信山社出版、2002年）

Beyond Loneliness and Institutions: Communes for Extraordinary People, 1989: Oslo（立山龍彦訳『障害者に施設は必要か——特別な介護が必要な人びとのための共同生活体』東海大学出版会、1994年）

Limits to Pain, 1981: Oslo（立山龍彦訳『刑罰の限界』新有堂、1987年）

　今回の来日に際して、センターでは、2011年7月23日(土)と同年10月1日(土)に「人間を大切にする～ノルウェーの刑事政策とはなにか～」と題する事前勉強会を開催した。詳細内容はホームページを参照(http://rcrc.ryukoku.ac.jp/research/symposium/index.html)。

2　5つの質問

　今回の来日に際して、クリスティ先生には下記の5つの質問にお答えいただこうと考えた。
　①「北欧、とりわけノルウェーの刑事政策の特色はなにか」、②「アボリショニズム(刑務所廃止論)の

犯罪学とはなんだったのか」、③「最近の世界の犯罪学思潮（厳罰化とピーナル・ポピュリズム）をどう考えているか」、④わたしたちの共生の刑事政策構想（犯罪者・非行少年の主体性を尊重し、ソーシャル・インクルージョンの可能性を広げる刑事政策）をどう考えるか」および⑤「かつて世界の刑事思潮が、2001年9月11日を契機に"テロ対策を重視する政策（敵対味方構造の強調）"へとシフトしていったが、2011年3月11日の東日本大震災、福島1号原発事故を目の当たりにして、"人間を大切にする刑事政策"への転換は可能か」の5つの質問である。

基調講演の中で、これらの質問に一つひとつに回答されることはなかったが、全体を通して、その答えは明らかになったと思う。

3　犯罪学の思潮と北欧犯罪学

1930〜1960年代、急激な都市化の中で、シカゴ学派の犯罪社会学が形成され、発展した。それは、「都市の犯罪学」と呼ぶべきものであり、E・サザランド（E. Sutherland）やR・マートン（R. Merton）などの偉大な犯罪学者の名前で知られている。その背景には、ニューディール政策のような労働・社会政策があり、犯罪者や非行少年は、「良き労働者」になれば一般市民として社会に復帰することが許された。

1960年代後半〜70年代半ばには、リベラルな犯罪学が台頭し、それまで自明であった「非行は、都市スラムの貧しい、アフリカ系のティーン・エイジャーの専売特許である」とする考え方に疑問を投げかけた。いわゆる「ラベリング論」は、犯罪暗数の存在に注目し、非行や犯罪をおかした人は、非行少年または犯罪者というレッテルを貼られることによって、社会も、自分も、非行少年・犯罪者という固定観念に支配されるようになり、第二次逸脱が誘発される、というメカニズムの存在を指摘した。

その後、1970年代後半〜1980年代半ばには、保守的・反動的な犯罪学が台頭した。社会復帰には明確な実証的根拠がなく「何の効果もない（Nothing works!）」といわれるようになり、刑罰目標における応報（retribution）、抑止（deterrence）および無害化（imcapacitation）の優位性と社会復帰（rehabilitation）の従属性が宣言された。いわゆる「応報への回帰（Return to Retribution）」である。

1980年代後半から90年代には、新自由主義的刑事政策が優勢になり、社会復帰というような医療や福祉の言葉が、「コスト＝ベネフィット（cost-benefit）」というような経済学の用語に置き換えられ、専門家の言説より、マスメディアに唱導された大衆の不安と嗜好を重視する「ピーナル・ポピュリズム（刑罰大衆主義 penal populism）」が大きな力を持つようになった。9.11のテロは、2001年以降の刑事政策に大きな影を落とした。現在の新自由主義的世界秩序に抗う者に対しては、近代の法治主義や法の支配を蔑ろにして、仮借なき制裁を加えても正義に反しないとするいわゆる「敵刑法（Feindstrafrecht）」のような理論が各国で力を得るようになった。「敵と味方の峻別と敵対者の殲滅の刑事政策」「排除社会の刑法」といってよいかもしれない。

しかし、このような刑事政策は、限界を露呈した。犯罪や非行をおかした人たちを厳しく処罰すれば、刑事司法は過剰負担となり、ついには刑務所人口の爆発で自己崩壊してしまう。収監のモラトリアムや一律早期釈放の措置を余儀なくされる国や政府さえある。21世紀の刑事政策は、犯罪や非行をおかしてしまった人たちを閉じ込め、排除するのではなく、再び社会に参加するチャンスをいかに提供するかが新たなテーマである。とりわけ、2011年3月以降、わたしたちの課題は、「ポスト3・11刑事政策」への転換となった。「人間と自然の共生の中で刑事政策はなにをなすべきか」「犯罪と刑罰のもたらす苦痛を可及的に縮減するにはそうしたらよいのか」。これまで経験したことのないような問題ばかりである。

特集1 シンポジウム「人間を大切にする刑事政策を求めて——ノルウェー犯罪学の実験——」

基調講演解題
「N・クリスティは、かく語った」

石塚伸一　龍谷大学

はじめに

　今回の記念講演は、日本を襲った3月11日の天災とノルウェーで起きた7月22日の人災という苦難を越えて実現した。クリスティは、ノルウェーにおける惨劇と日本の震災について語った。

　「劇的な悲しみは、劇的な喜びの源になるかもしれない。このことを契機に、人びとの考え方が変わるかもしれない。社会や国が変わるきっかけにできるかもしれない」。そのためには、「なぜこのような事件が起きたのか、わたしたちはどのような社会に住み、どのような制度の中で暮らしているのか」。そして、「どのような制度に変えたいのか、という議論を深める中で、社会がいい方向に向かうかもしれない」という。

　彼は、ノルウェーという小さな国から来たひとりの犯罪学者であり、この国を代表しているわけではない。「ノルウェーは、決して理想的な国ではない。ひどいこともたくさん起きている。わたしは、これまでノルウェーの現実をいろいろと批判してきた。みなさんは、ノルウェーを天国だと思ってはいけない」。たしかに、ノルウェーは、物質的には豊かな国になった。しかし、クリスティは、「たしかに、石油は、大きな物質的な豊かさはもたらす。しかし、それには副産物もともなう。これにどう対処するかということは、大きなチャレンジでもある」という。

1　ノルウェーを襲った7月22日の事件

　教授夫妻は、2011年の夏、山荘で来日の準備をしていた。教授は、仕事に一区切りをつけて、山荘からオスロへの帰る途中の自動車の中で首相府が爆発されたというラジオのニュースを聞く。幸い爆破された内閣府には、現職閣僚は不在で、被害は比較的小さかった。そのとき彼がまず思ったのは、「今回の事件が、イスラム教徒の移民の人たちが、ノルウェーがアフガニスタンやイラクの戦争に加担したことに対する報復を企てたのではないか」あるいは、「リビアに対する報復なのではないか」ということだった。もしそうなら、「移民たちが大変なことになる」という不安に襲われたという。

　しかし、爆弾を仕掛けたのは、キリスト教原理主義に心酔した排外主義の男性であった。彼は、さらに、与党労働党の若い党員たちが合宿していたウトヤ島を急襲し、銃口を向けて多くの若者を殺害した。

　このとき、労働党のイェンス・ストルテンベルク首相は、「わが国は今後もこの国の価値観を放棄しない。すなわち、今後も民主主義と自由な社会を擁護して行く」と述べて、警察の規制強化などの厳罰政策への転換を否定した。

　事件の2日後、オスロでは追悼の集会があった。

人口60万人の都市の——おそらく、夏の休暇の時期なので、人口はもっと少なかったであろう。——市庁舎の前には20万の人が集まった。あまりに多くの人が集まったため、デモ行進もできないくらいだった。会場には多くの献花がたむけられた。多くのメディアが、クリスティにコメントを求めたという。

この追悼ミサで首相は、「この男は、わたしたちの仲間を殺しました。しかし、彼に対してわたしたちは、憎しみで応えるようなことはしません」と語った。攻撃を逃れて生き残った人たちの多くも、同じように、「わたしたちは、この男の憎悪に対して憎悪では応えない。憎悪に対しては愛で応えたいと思う」と述べたという。

すべての政党が、「このような惨劇のために、わたしたちの平和な国を変えてはいけない」という趣旨の声明を発表した。その直後に選挙があったが、この問題に関する政治的な議論は、しばらく先送りしようということになった。クリスティは、このような冷静な対応に、ノルウェー人として、誇りをもっている、と語った[1]。

2　事件への対応

逮捕された男性は、いま、被疑者として、他の収容者から隔離して拘置所に収容されている。他の被収容者と接触すると、危害を加えられるおそれがあるからである[2]。

死刑を廃止し、終身刑もないノルウェーの刑法では、最高刑は21年の自由刑である。ただし、服役後、釈放の時点で、「精神疾患のため、社会にとって危険である」と判定されれば、保安拘禁を命ぜられることがある。この場合、理論的には、終身拘禁される可能性がある[3]。

クリスティは、「人びとにこれほど多くの苦しみを与えた男であっても、釈放された後は、社会は温かく迎えなくてはいけない」と明言している。司法省や刑務所は、将来、外の生活していけるように準備することが義務付けられる。この男性の初公判は、2012年はじめに予定されている。

クリスティは、また、「こういうことをする人物を『モンスター』と見るべきでしょうか。怪物のような忌まわしい人物と見るべきでしょうか」と問いかける。「たしかに、それもできるでしょう。しかし、その逆も可能です」。「犯罪者をモンスターと呼ぶ人たちは、説明ができなくなるとモンスターというレッテルを貼る。『悪人』というのも同じです。悪人であるということになると、その人は、われわれとは無関係な、われわれとは別の存在だということになります。こうなれば、モンスターや悪人をノルウェー社会の外に追いやることができる。そして、自分たちにかかわりはないと装うことができる」という。

彼は、多くの日本の法律家や市民が、死刑を自分たちの問題として捉え、その廃止しようと努力していることを評価している。

3　犯罪学者の目〜「鏡」として犯罪〜

クリスティによれば、「犯罪は、その社会を映し出す『鏡』であり、犯罪者は、わたしたち一人ひとりの『鏡』である」という。犯罪には複雑な原因があり、これを直視することによって、その社会の抱える病理が明らかになる。一人の犯罪者のもつ性向は、同じ時代に生きるわたしたちすべての中に見出すことができる。この事件の被疑者は、イスラム教徒を嫌い、排斥しようとした。このような排外主義の克服は、わたしたち社会の課題であり、わたしたち一人ひとりの内心の問題でもある。

クリスティはいう。「この人は、わたしたちと変わらない人間だと思います。普通の人たちと変わらぬノルウェー人だと考えなくてはいけないと思います。そして、この人は、わたしたちの姿を映す鏡です。ノルウェー社会を映す鏡なのです」。「今回の事件

は、わたしたちが国外でやっていること、すなわち、戦争のイデオロギーの縮図なのかもしれません。あるいは、近年の競争を是とする風潮の中で、このような人が出てきたのかもしれません。わたしたちが、一番になろうということばかりを考えてきた結果、こういう人物が産まれてしまったのかもしれません。もっといえば、彼は、現代の工業化された社会を反映しているのかもしれません」。

「いまの社会は、一部の人がほかの人よりも優れていることを根拠に、社会的な格差を正当化します。これは、いま先進国で並べて起きていることです。その結果、上の方の人たちと下の方の人たちとの差が大きく広がっています」。「社会的な距離が広がり、そのために、自分以外の人たちが見えにくくなっています。格差の広がりの中で、他者も人間であるということが見えにくくなっている」のです。

4　ナチス研究から学んだこと

ノルウェーは、第二次世界大戦中、ドイツに占領されたことがある[4]。その当時、クリスティは、ドイツ人に反感き、とりわけ軍人とは一言も口を聞かなかったという。

ナチス・ドイツは、多くのユダヤ人やジンティ・ロマーナ（ジプシー）の人たちを強制収容所に集めて処刑した。このような残虐行為の背後には、優生思想があった。科学思想は、ときに残酷なことをする。ノルウェーにも同じような収容所があり、そこでは、おとなしいはずのノルウェー人が、ドイツ人の命令にみずから進んで服従し、被収容者を殺害した。

クリスティは、学生時代に社会学や犯罪学の研究をはじめた。戦後のある日、指導教授に呼ばれ、検察庁の依頼を受けて、ノルウェーの強制収容所の調査をすることになった。その結果、ノルウェーの刑務官の中には、ロシアやユーゴスラヴィアのパルチザンが収容されており、彼らを処刑した刑務官たちがいた。彼は、「なぜ、刑務官たちが、このような残虐な行為に参加したのか」を調査した。

あるドイツ人教誨師の話によれば、1942年6月、多くの被収容者が船で収容所に移送されてきた。刑務官たちは、言葉の通じない被収容者たちを統制しなければならなかった。そこで刑務官たちは、被収容者たちを「怪物(monster)」だと思うようになった。そのことで、どんなに残虐なこともできるようになった。

ところが、これとは反対のことが起きた。ノルウェー語を学習したひとりの被収容者が、刑務官に「マッチありますか。」とノルウェー語で尋ねたことがきっかけとなり、その刑務官は、その被収容者を「普通の人(ordinary person)」と見るようになり、彼は生き残ることができた。この話は、「ことば」というものが、人と人とのコミュニケーションにとって、いかに大切かを教えている[5]。

犯罪をおかした人を「モンスター」だと考える人がいる。しかし、クリスティは、「わたしは、多くの犯罪をおかした人に会ってきました。しかし、その中にモンスターは一人もいませんでした。犯罪者も人間です。コミュニケーションによって、お互いを人間として認めることができるようになります。」と述べている。人と親しくなることは、悪い行為を抑止することに繋がる。人は、互いを理解し、相手を認めることにより、そこに「規範(norm)」ができあがる。人は、他人と親しくなることで、「自問(self-reflection)」するようになる。「ことばは、こころの架け橋です」とクリスティはいう。

人は、他者と近い関係になればなるほど、いま自分の生きている社会の中にある「人はどう扱われるべきか」という規範を身近な人に当てはめ考えるようになる。そこには、「人間が人間らしくなる規範があるのです。」と彼は言う。

5 「概念」の暴力

「ことばは、心のかけ橋です。」しかし、逆に言葉が人間の間の障壁となる場合もある。このことは、犯罪学においては常に念頭に置くべきことである。

人間の相互理解を妨げているものがある。たとえば、「これは、犯罪である」という抽象的な表現は、複雑に絡み合った具体的な事実を明らかにすることを妨げてしまう。人びとは、行為に犯罪というレッテルを貼ることで満足してしまい、それ以上考えようとしなくなる。万引きも、殺人も、すべて「犯罪」ではあるが、抽象的な犯罪という概念で呼ばれることで、その実態が見えなくなる。「精神病質(psychopath)」という概念は、ラテン語に由来する精神医学の用語であるが、その人が「社会的に異常な人で、精神医学でも治療ができない人である」ということを示すレッテルになっている。われわれは、このような「専門用語の呪縛」から解放される必要がある。

前述のオスロ事件でも、被疑者の男性に「精神病質」とか、「人格障害」とかいったレッテルを貼って、改善不能であるという人たちがいる。しかし、そのようなレッテル貼りは、彼を人間として理解することを阻んでしまう。犯罪ということばを使うことで事件を真に理解する努力を止めてはいけない。

クリスティはいう。「人間は非常に複雑な存在です。誰だって変わった面を持っています。自分も気付かない面も持っています。自分の変わっているところを理解できれば、他人の変わったことも分かるようになります。誰にでも一律に同じ診断のツールを適用するのではなく、文学者のように、その人の状況をきちんと細かく記述することが大切だと思います。単純な診断用語でレッテルを貼るべきではありません。相手を親身になって理解することが大切です」。

6 「苦痛を与える法」と「修復的司法」

「刑法(penal law)」は、人を処罰する、すなわち、人に「苦痛を与える法 (pain law)」である。犯罪行為を白日の下に晒し、犯罪者に苦痛を与えると宣言する。刑罰は峻厳で、厳しいものである。かつて、クリスティはこのような刑罰を廃止しようと主張した(abolitionism)。しかし、現在は、このような苦痛を最小限のものにする(minimalization)方がいいと述べている。

クリスティは、近年、「修復的司法（restorative justice)」という考え方を主張している。この考え方は、オーストラリアの原住民アボリジニの人たちに由来するともいわれるが、ノルウェーの社会にも、おそらく日本にも、かつては存在した考え方であるという。この考え方によれば、地域社会(community) で起きた問題は、その地域の構成員たち自身で解決していく。顔の見える範囲の人たちで、話し合い、理解しあいながら、みんなで問題を解決する。

犯罪や非行は、地域社会の問題、住民一人ひとりの問題である。したがって、みんなで解決しなければならない。ところが、近代の社会は、国や政府が犯罪問題を解決すると宣言することで、地域社会から犯罪や非行を奪い取ってしまった。犯罪を地域社会で解決すれば、地域社会の抱える問題を解決することができたかもしれない。このように、国や政府が問題解決のチャンスを奪っているのである。

この地域社会による問題解決の方法のひとつが修復的司法である。加害者と被害者を中心に地域社会の人びとがみんなで力を合わせて犯罪問題を解決する。大切なのは、コミュニケーションと相互理解である。修復的な司法での重要なことは、「倫理的に正しい」ということである。そして、「その正しいことを実行することができるか」ということであ

る。クリスティによれば、「修復的な司法プロセスに関わった人たちは、裁判所で顔をつきあわせる当事者よりも、満足している。それには、まず、お互いが自分を自由に主張することができるということが大切である。そこには、井戸端会議のような雰囲気が必要である。とかく専門家が入ってくると、当事者は何も知らない人のように思わされてしまう。そのようなことがないのが修復的司法である」という。

裁判には裁判の特性があり、犯罪を単純化し、効率的に問題を解決できる。これに対して、修復的司法は、犯罪をさまざまな問題の複合体として捉えるから、理解や解決を急がない。裁判は、法廷で法の権威の下で行われるが、修復的司法は、車座になってなごやかな雰囲気の中で話し合いによって進められる。刑罰は、意図的に苦痛を与えるものだが、修復的司法は、苦痛を回避し、安心を求めるものである。

クリスティは、「重要なのは、この2つの問題解決方法が、それぞれの特性を発揮して、バランスよく配置されることです」という。

彼は、また、「昔は何か悪さをした子どもや隣人がいると、コミュニティーで集まって問題解決をしました。しかし、いまはすぐ警察を呼ぶ。犯罪の定義とそれを処理する社会制度が大きく変わってしまった。犯罪の予防という観点からは、生きいきとしたコミュニティーや家庭があり、互いが知り合い、ともに意思決定をするようなコミュニティーづくりが防犯の最良の手段です。自分たちの問題を自分たちで解決できるコミュニティーには、新しい社会的エネルギーが生まれます。」という。

7 「アボリショニズム(abolitionism)」と「ミニマリズム(minimalism)」

刑事裁判においては罪と刑の均衡が重要である。どれくらいの苦痛を与えるかは、過去におこなわれた同様の行為と均衡していなければならない。裁判官は、平等かつ公平に判断しなければならない。その意味では、量刑は、抽象的で、画一的で、冷厳である。しかし、刑事裁判には本質的な欠陥がある。それは、あまり多くの情報を斟酌することができないということである。情報が多すぎると裁判官は、平等かつ公平な判断をすることができず、人びとが期待するような刑事裁判の姿から大きく懸け離れてしまう。

クリスティ自身は、修復的司法を支持しているが、それは、刑事司法を補充し、あるいは、代替するもの、刑事司法を補完するものとしてある。修復的司法においては問題解決の場を「紛争解決委員会」と呼ぶ。この委員会には権力、すなわち、公的な刑罰を科す権限がない。苦痛を課す力がない。しかし、良い点は、何が起こったのかを理解する機会があるということである。

当事者は、当初は、ひどく怒っている。修復的司法のプロセスの中で当事者は、自分の言いたいことを主張する。多くの事件では——7月22日のような惨劇はそうとはいえないが——、当事者は、最初は憎しみ合っていたのに、直接顔を合わせるようになると、やがて、自分はどんな人間なのか、なぜこんな行為をしたのかということを説明することで、次第にリラックスしていき、互いを理解する機会が生まれ、歩み寄ることができる。ただし、7月22日の惨劇のような場合には、刑事裁判が必要であろう。

かつてクリスティは、「アボリショニスト(刑務所廃止論者)」であったが、いまや彼は、「ミニマリスト(縮減論者)」である。これは、「刑罰を必要最小限にとどめるべき」とする立場で、ある程度の刑事制裁は必要であると考えている。

8　復讐の限界

　クリスティは、「あのような惨劇を起こした人間を再び社会に出してもよいのか」よく聞かれるという。この惨劇に接して、刑事司法の限界を感じる人もいるかもいれない。「報復が必要だ」という人もいる。しかし、そもそもこのような惨劇に対して報復ができるであろうか。これほどひどい行為に復讐は可能なのであろうか。

　クリスティは、かつて、同僚の犯罪学者たちとビルケナウ（Birkenau）収容所[6]にいったことがある。アウシュビッツ（Auschwitz-Birkenau）強制収容所全体で150万人のユダヤ人たちが殺された。たとえ、すべての処刑を命令した一人の司令官を殺したとしても、命令行為のすべてに応報したことにはならない。クリスティは、同僚たちにつぎのように言ったという。「司令官にはつぎのようにいうべきでしょう。『あなたがやったことは非常に恐ろしいことです。しかし、正常な普通の犯罪行為を扱う在り方としてはまったく不適切な行為だ。家に帰りなさい』と。」みんなは、驚いていたという。

　7月22日のノルウェーの惨劇についていえば、この男性は、72人を殺した。72人分の首を切ればいいのであろうか。72回絞首刑をやればよいのか。クリスティは言う。「彼の虐殺行為に対抗できるような虐殺行為はありません。虐殺行為に虐殺行為で報いるとすれば、それは犯罪者を喜ばせることになります。何かできるでしょうか。それは昔からの知恵である『赦し』に立ち戻って考えることです。」

9　おわりに
　　〜排除の刑事政策から共生の犯罪学〜

　クリスティは、物質的進歩を信奉する人間ではない。政治家は、「社会を前に進めなければいけない」「経済的な苦境から立ち直る必要がある」「開発を継続していく必要がある」と言う。しかし、犯罪学者は、開発や発展に意義を認めない。クリスティは、「物質的に成長しない方がいいと思います。地球資源の乱用にもなります」と言う。「わたしたちに必要な開発・発展は、社会システムの発展です。どのようにすれば、わたしたちの社会が、お互いをケアできる社会になるのかを考えなければいけません。これが、犯罪予防の本質だと思います。」

　社会にはエンジニアが必要である。道路をつくるエンジニアではなく、社会を育てる専門家である。「わたしたちには、豊かな経験があります。大切なのは、国と国の格差、国の中での格差が大きくなりすぎてはいけないということです。移動が多すぎる社会もいけません。移動の多い社会では、お互いが人間として知り合うことができないからです。」

　雇用の創出や所得の分配も重要です。社会の3分の2の人たちは一生懸命自分の仕事をし、それで満足している。しかし、残りの3分の1の人たちは仕事がなく、無職者の烙印を押されている。みんなが1日5時間以上は働かないということになれば、すべての自由になって集まる時間もできる。

　政治的分業も重要である。政治的議論にすべての人が参加すれば、政治はよいものになる。政治は、一部の有力者だけのものではなく、普通の人たちが、互いに影響力を行使できるような日常活動になるべきである。

　犯罪学者は、つねに社会の中にある。社会改革もコミュニティの中にある。犯罪の統制や逸脱の予防を地域社会の問題として、ソーシャル・エンジニアリングの対象としてとらえる視点が必要である。学校でも、職場でも、余暇時間でも、文化を楽しむ時間でも、そこに犯罪問題に対する答えがあるとクリスティは言う。「わたしたちが犯罪と読んでいる行為への対応が、社会の生活活動の中で、できるだけ小さな部分になるように考えていく必要があると思います。」

クリスティは、講演の最後で一冊の本を紹介した。トニー・ジャット（森本醇訳）『荒廃する世界のなかで——これからの『社会主義』と語ろう——』（みすず書房、2010年：Tony Judt, *Ill Fares the Land*, Penguin Press, 2010)である。「第二次世界大戦が終って、人びとが取り戻そうとした価値を再び立て直す必要がある。その価値がいまのノルウェーでは失われつつある。かつてより、複雑な社会になってしまったのかもしれません。しかし、わたしたちは、共同体の絆（きずな）をもう一度取り戻しましょう。」

［注］
1　この事件は、他の欧州諸国にも影響を与えた。オランダ自由党（ウィルダース党首）、オーストリア自由党（シュトラーヒェ党首）など反移民政策を掲げる右翼政党は、この事件を契機に、市民から警戒感をもたれるようになり、極右政党離れの空気が流れた。
2　テロ事件の被疑者は、アンネシュ・ブレイビクという事件当時32歳の農場主で、極右主義者、反イスラム主義者であった。彼は、一時期、野党進歩党に所属していた。同党は、2009年の総選挙で第2党に躍進し、2011年9月の地方選挙で党勢を伸ばすことが予想されていた。イェンセン進歩党党首は、「被疑者がわが党に所属したということは、党にとって不幸だった」と述べ、進歩党の反移民政策は、被疑者のそれとは違うと一線を画した。
3　一方で、刑務所での処遇を開放化し、社会復帰を重視していくと、他方で、処遇が困難であったり、社会にとって危険な被収容者とそうでない被収容者を区別し、後者には隔離、前者には社会復帰を志向する行刑を、という主張が台頭する。このことについて、クリスティは、「答えは明解で、危険性予測（predict）が科学的にみて不完全である以上、危険な犯罪者として、一生涯拘禁するなどということは正当化できない」と答えた。
4　第二次世界大戦では、1940年にナチス・ドイツに国土を占領され、ヴィドクン・キースリングの率いる傀儡政権がノルウェーを統治した。
5　太平洋戦争末期の沖縄では、「鬼畜米英」——アメリカの兵隊は「鬼」のように残虐で、捕虜になれば、男性は殺され、女性は乱暴され、子どもにも容赦をしない——などと教えられ、「捕まりそうになったら「自決しろ」といわれて手榴弾をもたされたという。ガマ（洞窟）に身を隠していた島民たちに、アメリカの兵隊が出てくるように語り掛けても、手榴弾を爆発させることが多かったため、アメリカ兵は、ガマから出てこないときには、機関銃を打ち込んで、島民を殺害してから、ガマの中に入るようなことが日常化していた。そのような中で、ハワイに働きに行って、英語がはなせる島民がいたガマでは、投降の呼びかけに応じたために、助かったという。「ことばは、いのちを救う」一例である。
6　アウシュヴィッツ＝ビルケナウ強制収容所は、ナチス・ドイツが第二次世界大戦中に人種差別的な抑圧政策のためにポーランド占領地区に開設した強制収容所である。アウシュヴィッツ第1強制収容所はオシフィエンチウム市（アウシュヴィッツ）に、同第2強制収容所は隣接するブジェジンカ村（ビルケナウ）につくられた。ピーク時の1944年には第2収容所に9万人が収容された。そのほとんどはユダヤ人であり、このほかにはシンティ・ロマーナ（ジプシー）の人たちが収容された。
　ビルケナウ収容所は、映画『シンドラーのリスト』で有名になったナチスのユダヤ人収容所で、そこには有名な、「労働は人を自由にする（ARBEIT MACHT FREI）」の文字の書かれた看板が掛かっていて、なぜか、その"B"は、天地がさかさまになっている。

（いしづか・しんいち）

特集1　シンポジウム「人間を大切にする刑事政策を求めて——ノルウェー犯罪学の実験——」

謝辞
「N・クリスティと語って」

加藤博史　龍谷大学

　今回は、ニルス・クリスティ教授をお招きできたことに心から感謝している。講演をうかがい、質問に答えていただいて感じたことを述べることにする。

　ノルウェーでは刑余者に対して、形式的な身元引受人制度だけではなく、実態的に信頼関係を築いていく取り組みが求められているという。ビッグ・ブラザーズ・アンド・シスターズ運動（BBS）の龍谷大学のサークル部長をさせてもらっているが、BBSが培ってきたマンツーマンでの非行少年との人間関係づくりは、有効かつ有意義なものである。BBSの拡大版で、市民ボランティア活動として、信頼関係（ラポール）を身寄りのない出所者と築いていけないだろうかと考えている。北欧では、「コンタクト・パーソン」という名称で、精神障碍や知的障碍のある人を対象にマンツーマンで関わり、社会関係を広げていくための「心の基地づくり」を行っている。コンタクト・パーソンは「友だち兼助言者」と訳されることもある。このような、ボランティア活動の調整役に保護司がなっていったらどうだろうかと考えている。

　クリスティ教授による、受刑者のリハビリテーションの出所前後のシームレス化、および刑務所の「輸入モデル」化の紹介は、大変参考になった。わたしたちは、このような方向性を明確に意識してリハビリテーションをすすめるための社会的条件整備に取り組んでいかねばならない。

　講演の前日、クリスティ教授に、「リハビリテーションの出発点には、罪を罪として認めて深く反省する自己形成がなければならず、罪の意識《Sense of Sin》を深化し受容していくことを促進すべきではないか」と質問したところ、クリスティ教授は、「一概に罪というが、何をもって罪というかを問わねばならない。たとえその社会にとって規範違反であっても、自分の為したことに誇りを持っている人もいる。罪の意識を強要すべきではない。肝心なのは、自分が為したことを自分で理解していくことだ。」と指摘された。わたしは、改めて自分の傲慢を思い知った。罪の意識は、自分に対してもつものであって、他者に強いるものでは決してない。受刑者の多くは社会的、家庭的に虐められ抑圧されてきた人たちであり、生活史の早い時期に尊厳を傷つけられる体験や尊厳の保持を諦めさせられる体験をしてきた人たちである。だからこそ自己信頼感を高める働きかけこそが必要である。逆に、安易な罪の意識の強要は益々この人たちの自己信頼感を低めていくことになる。クリスティ教授からこの点をお教え願ったことを深く感謝したい。

　クリスティ教授は、罪を犯した人に人として接した体験から、確信に満ちて、「人間にモンスターはいない。サイコパシーとは誤ったレッテルだ」と語った。たしかに、クルト・シュナイダーが1923年に提起した「サイコパシー」には多くの批判がなされて

きた。ただ、現在も新たに「パーソナリティ・ディスオーダー」という概念で、DSM-Ⅳ、に診断基準があがっている。わたしは、生育環境や脳の形成過程でさまざまな負荷が働き、極端な共感性の欠如、良心の呵責の欠如、誇大性・特権性、自己陶酔性、他者の評価に対する過敏性等の《精神的傾向》はありうることであり、これを無視してはいけないと考えている。わたしたちはみな、さまざまな《精神的傾向》をもちながら、その時に置かれている社会状況によって、それが前面に出たり、背景に退いたりして生きている。その意味で根っからのモンスターはいない。ただし、共感性を示しにくい状況にあった親に育てられた子どもは共感性の発達が不十分になりがちなことは大いに考えられる。この点を無視したり軽視してはならないと考える。排他的で自己陶酔性の強い人が信念に従って英雄的にたくさんの人を殺める。その時に、その人に《異常人物》《エイリアン》のレッテルを貼って隔離と抹殺の論理に与してはならないが、同時に、社会的トラブルを起こしがちな極端なパーソナリティの偏りに対して、自己客観視を促し、的確なアプローチを行っていくことが必要である。当然のことながら、予防策は、共感性に富み安定した社会を創っていくこと、個人の尊厳と多様性を認め合う社会を創っていくことにあるのであり、間違っても予防拘禁の方向に向ってはならない。

殺人や強姦のような重大な犯罪をおかした場合、相手の家族や本人の赦しを得ることはできない。実際、軽微な罪も生涯消えることはなく、大きな負債のように生涯背負っていくべきものである。

会場から最後に質問に立たれた性暴力被害の当事者の方の、「犯罪被害者の心を簡単にわかった風に語らないでもらいたい。」との発言を聴き、加害者と被害者が理解しあうことの困難さを思い知らされた。そして、この重い発言に対してクリスティ教授は、「被害者の役割にとどまるべきではなく、次に進んでいってほしい。」と優しくしかも毅然と語りかけられた。被害当事者の発言に圧倒されていたわたしは、クリスティ教授の言葉にカウンターパンチのように揺り戻された。

わたしのコメントの最後の一言は、そのような余韻のなかで発したものである。「深い赦しと救いのために、永遠なるものが必要なのではないか。神と言い、阿弥陀仏と言い、わたしたちを越える永遠なるものに赦しと救いを乞う以外にないのではないか。そのための橋渡し役が求められるのではないか。」

懇親会の冒頭の挨拶でポール・ヴァレリーを引用したのも同様の意図である。「自分を知るということは、自分を変えていくことではない。自分を知るということは、自分を赦すための回り道」である。

自分を赦すことができる人だけが他者を赦すことができ、他者を赦すことができる範囲でのみ、自己を赦すことができる。そして、自分を赦すための回り道は、わたしたちがこの世と別れ、永遠なるものに帰るその日まで続く……。

（かとう・ひろし）

特集2 ギーセン大学ミニコロキュウム「刑事法の現代的課題」

本特集の趣旨
金 尚均

Gefährdungsdelikte in der Risikogesellschaft?
Sangyun Kim

Betrug und Untreue als konkrete Gefährdungsdelikte de lege lata und de lege ferenda
Pierre Hauck

Die Untersuchung über die Vereiteln der Zwangsvollstreckung: Eine strafgesetzgebungspolitische Überlegung
Shinichi Ishizuka

Die Vereitelung der Zwangsvollstreckung beim Abzahlungskauf – BGHSt 16, 330 –
Walter Gropp

Das Menschenbild von der Willenstheorie in der Vorsatzlehren
Sudo Hyon

Zur Abgrenzung von Vorsatz und Fahrlässigkeit bei Raser-Fällen Deutschland/Schweiz
Günter Heine

Verfolgung künftiger Straftaten und vorbeugende Bekämpfung von Straftaten
Tsukasa Saito

Vorbeugende Verbrechensbekämpfung – Strafrecht zwischen Prävention und Repression –
Henning Rosenau

特集2　ギーセン大学ミニコロキュウム「刑事法の現代的課題」
本特集の趣旨

金 尚均（龍谷大学）

　2012年2月17、18日の両日、ドイツのギーセン大学において、ギーセン大学法学部ヴァルター・グロップ教授の主催のもと、ミニコロキュウムを開催した（参加者：石塚伸一、玄守道、斎藤司、金 尚均、金澤真理、安達 光治、嘉門優、佐川友佳子、田中久美）。グロップ教授は、2010年に日本に来られ、その際、龍谷大学矯正保護センターにおいて「過失の共同正犯」と題する講演をされた。それを機に、グロップ教授と私たちの学術交流が生まれた。その後、私たちは、何らかの機会をつくって相互の交流を深める機会を探っていたところ、ギーセン大学に玄守道准教授が留学されたことになり、これを機に、今回のコロキュウム開催する機運が生まれた。

　コロキウム開催の前後において、玄氏には多くの労を執ってくださった。ここに感謝の意を示したい。

　本コロキュウムの報告内容は、以下の通り。

（2月17日）
金 尚均報告「リスク社会における危険犯」
ピエール・ハウク報告「具体的危険犯としての詐欺と背任──現行法並びに立法提案──」

石塚伸一報告
ヴァルター・グロップ報告（ギーセン大学助手）「分割払いによる購入に関する強制執行の免脱罪」

（2月18日）
玄 守道報告「故意理論における意思説の人間像」
ギュンター・ハイネ報告（ベルン大学教授）「ラーザー事件における故意と過失の限界」

斎藤 司報告「将来の犯罪に対する刑事訴追と犯罪の事前的防止」
ヘニング・ローゼナウ報告（アウクスブルク大学教授）「事前的犯罪防止―予防と抑止の狭間に立つ刑法―」

特集2　ギーセン大学ミニコロキュウム「刑事法の現代的課題」
Gefährdungsdelikte in der Risikogesellschaft?

keywords: Risikogesellshaft, Vorverlagerung des Strafschutzes, Abstrakte Gefährdungsdelikte

Sangyun Kim (Ryukoku Universität)

1. Anleitung

Das moderne Strafrecht setzt unbedingt das Gesetzlichkeitsprinzip voraus und bezeichnet mit seiner Priorität den Schutz der bürgerlichen Freiheit als seine Aufgabe, also die „Freiheit vom Staat". Das bedeutet gerade strafrechtlichen Schutz zur Gewährleistung der zivilen Freiheit. Dieses Thema verliert auch heute nicht seine Bedeutung und ist immer noch unverändert. In den letzten Jahren werden die Strafmittel für die Regelung der Interessen in der Zivilgesellschaft angewendet. Dies eröffnet den Weg von der „Freiheit vom Staat" zur „Freiheit durch Staat", also den Weg zu neuen widerstreitenden Prinzipien[1]. Diese beiden Konzepte „Freiheit vom Staat" und „Freiheit durch Staat" können zwar gerade als die zwei Räder des Fahrrads verstanden werden. Wenn man aber den Sinn der Strafe berücksichtigt, daß sie bei Verstoßen legitim menschliche Leben, Freiheit und andere wichtige Interessen verletzen kann, kann man aber nicht ohne Weiteres das Strafrecht zur Gewährleistung der Sicherheit heranziehen und muss man wieder eine Begrenzung des Strafrechts aufbauen.

Ich werde heute mit meiner Erörterung der Vorverlargerung des Strafschutzes und der Problematik der abstrakten Gefährdungsdelikte die Frage des Strafrechts zum Schutz der öffentlichen Sicherheit untersuchen.

2. Risiko als Strafbarkeitsgrund bei der Vorverlargerung des Strafschutzes

Heute wird das Thema „Schutz der öffentlichen Sicherheit" in der Gesellschaft diskutiert. Seine soziale Herkunft entsteht aus dem Anstieg der Häufigkeit von schweren Straftaten und schockierenden Kriminalitäten in der Gesellschaft. Sicherheitbedürfniss und Unsicherheit ergeben sich, wenn etwas verloren ist, was bisher da war oder da zu sein geglaubt wird. Man verlangt Ersatz oder Maßnahmen, um Sicherheit in der Gesellschaft zu gewährleisten. Daher müssen wir als Voraussetzung für die Gewährleistung der öffentlichen Sicherheit anerkennen, daß es Umstände gibt, daß weit verbreitete soziale „Unruhen" im Hintergrund stehen. Wenn es nun um die Sicherheit und Auflösung der Unsicherheit geht, kann man als den Ursprung der Angst die Risikofaktoren nennen, die im Ergebnis Schäden in der Zukunft (Kontrolle der Nukleartechnologie, Umweltverschmutzung, die Verseuchen von Drogen, das Klonen von Menschen, Informationkrimilität im Internet, die Möglichkeit des Kartenbetrugs in der Gesellschaft, etc.) verursachen können. Wenn man diese Faktoren unter dem Begriff "Risiko" auffaßt, kann man dieses Risiko als den Ursprung der sozialen Unsicherheits verstehen und somit geht es beim Strafrecht um deren Regulierung. Besonders versucht man zur Bewältigung der negativen Risiken rechtliche Beschränkungen zuzufügen, die als schädlich für die soziale Sicherheit gelten können[2] Auch wenn unter solchen Umständen die wissenschaftlichen Mechanismen vorübergehend noch nicht vollständig verstanden werden, versucht der Strafgesetzgeber mit Blick auf die Prävention der Großrisiken in der Vorfeldphase vor dem Schaden die Tätigkeiten oder Aktivitäten unter Strafe zu stellen, die in gesamte Großschäden resultieren können.

Auch in Japan wird über die Vorverlagerung der Strafbarkeit als einer Reihe von Fragen der Kontrolle von Risiken, unter großer Inspiration aus der deutschen Diskussion diskutiert. Der Anlass der Theorie der strafrechtlichen Risiken liegt in erster Linie in Ulrich Becks „Risikogesellschaft". Es gibt keinen Streit darüber. Kernenergie und rekombinante DNA-Techniken bergen Potenzial, aber man hat noch nicht die Fähigkeit, diese Technologie mit einem menschlichen Risiko-Management zu steuern. Radioaktive Kontamination, „Genverschmutzung" usw verbreiten die Unmöglichekit der Restaurierung fast irreversibel, wenn sie in die Umwelt freigegeben werden. Es handelt sich um die Tätigkeiten, die bei Unfaellen wie dem Tschernobyl-Unfall nicht von Versicherung getragen werden können und bei denen das Ausmaß unberechenbar ist und unsichtbare Risiko mit sich bringen.

Risiko bei Becks Theorie bedeutet im Wesentlichen die natürlichen und sozialen Auswirkungen des wissenschaftlichen und technologischen Fortschritts und seiner Anwendung[3]. Unter Einfluß von Becks Risikotheorie werden strafrechtliche Regulierungen geprüft, um künftigen großen Schäden als Folge bestimmter Tätigkeiten und Unternehmungen mit der potenziellen Risiko in der Gesellschaft zu verhindern.

Darüber hinaus können kriminal-neigende Tätigkeiten unter Orientierung an Strafverschärfung und die „soziale Verunsicherung" als Risiko für zukünftiges kriminelles Verhalten eingeschätzt und im Vorfeld der Rechtsgüterverletzung bestraft werden. Diese soziale Situation ist natürlich als Annahme bei Beck's Risikotheorie anders. Das Erstere erfaßt die Probleme und die prognostizierte Möglichkeit des Eintritts eines künftigen Schadens für die nächste Generation, während das Letztere unter strakem Interesse für Kriminalitätverdammung Vorfeldtätigkeiten, also neutrale Handlungen bestraft werden, wenn diese Verhaltensweisen mit dem Zweck eines Verbrechens gemacht werden.

Allerdings wird tatsächlich ein Verhalten mit dem Risiko der künftigen Rechtsgüterverletzung unter Strafe gestellt, wenn tatbeständlich eine Gefährdung oder die Möglichkeit der Rechtsgüterverletzung als Strafgrund geschuetzt wird. Dies ist besonders auffällig bei Verhaltensdelikten, bei denen im Straftatbestand keine Erflogsmerkmal geschrieben wird. Als Ergebnis, das Risiko zukünftiger unvorhersehbarer und unsichtbarer Folgen und das Risiko haben unter Einfluß der Strafverschärfungen eine Gemeinsamkeit in der

Regulierungsform, wenn auch beide eigentlich unterschiedliche Phase haben. Abstrakte Gefährdungsdelikte werden hier meinstens als Strafgrund betrachtet und das heißt die Vorverlegung des Rechtsgüterschutzes im Strafrecht.

In Japan werden nunmehr kritische Argumente zur Vorverlagerung des Rechtsgüterschutzes abgegeben.

Erstens hat der Strafgesetzgeber beabsichtigt im Strafgesetz, zum Beispiel im Umweltstrafrecht, Drogenstrafrecht, Klonen, mit der Brgründung des neuen Normbewußtseins, das im Einklang mit der modernen Gesellschaf steht. Die Theorie der positiven Generalprävention erklärt die Bestätigung der Normgeltung und die Erregung des Normbewußtseins zum Sinn des Strafens. Strafe erhält bei der Strafverhängung über den Täter eine öffentliche Ausssage über die Fehlerhaftigkeit des beurteilten Verhaltens. Außedem kann diese Theorie dogmatisch bei der Strafbewehrung durch die Strafgesetzgebung die Vorverlagerung des Rechtsgüterschutzes im Strafrecht unterstützen. Und oben genannte Strafgesetzgebungen zielt auf die deklaratorische Wirkung des Strafrechts. Sie wird kritisch als Symbolische Gesetzgebung oder Alibi-Gesetzgebung ohne Berücksichtigung des Vollzuges genannt.

Zweitens: Der Vorverlagerung des Rechtsgüterschutzes im Strafrecht folgt der Ausbau der Befugnisse des polizeilichen Intervention auf zivilen Aktivitäten[4].

Durch diese Übergewichtung der heteronomen Regulierungen soll die Gesellschaft an automen Bewältigungskapazitäten der gesellschaftlichen Schwierigkeiten und zivile Freiheiten verlieren[5].

Unter Berücksichtigung dieser Umstände untersucht man intensiv die Funktion der abstrakten Gefährdungsdelikte als Steuerungsmittel und ihren Rechtsfertigungsgrund. Und man prüft dann die Einschränkung der abstrakten Gefaehrdung.

In letzten Jahren gelten abstrakte Gefährdungsdelikte unter der Präventions-Folgeorientierung als effektive und präventive Regulierungsmitttel gegen diese Risiken. Kurz gesagt, die abstrakten Gefährdungsdelikte habn Bedeutung als strafrechtliche Präventionsmittel, um im Voraus das zukünftige Risiko vorzubeugen und zu minimieren. Man will dabei mit den abstrakten Gefährdungsdelikten, Unternehmungsdelikten und Vorbereitungsdelikten diesen Zweck erreichen. Das bedeutete in den letzten Jahren die Vorverlegung des Rechtsgüterschtzes oder Vorverlagerung der Strafbarkeit im Strafrecht. Unter der Vorverlegung des Rechtsgüterschtzes reagiert das Strafrecht auf die menschliche Handlung in der Vorstufe der Verletzung der Rechtsgütern.

Die Zahl der Tatbestände der abstrakten Gefährdungsdelikten hat im Kernstrafrecht und insbesonders Verwaltungstrafrecht stark zugenommen. Nach herrschender Meinung bedarf es keine Verursachung der abstrakten Gefährdung bei abstrakten Gefährdungsdelikten. Die Gefährdung sei nur ein gesetzgeberische Moivation. Die abstrakten Gefährdungsdelikte sollen dadurch gekennzeichnet sein, dass in einer Strafbestimmung bloß ein typischeweise gefährliches Verhalten unter der Strafe gestellt wird, ohne dass im Einzelfall eine konkrete Gefährdung eines durch den Straftatbestand geschützten Rechtsobjekts gefordert wird.

Der Strafgesetzgeber benutzt die abstrakten Gefärdungsdelikte in der Gegenwart sehr häufig, um die

Vehaltensweisen im Vorfeld einer Verletzung zu pönalisieren. Sehr schnell waere man dann in einer funktionalistischen Betrachtungsweise des Strafechts gefangen, die Realität und Erwartung in sich zusammenfallen läßt, indem sie die latente Funktion des Strafrechts auf die normative Ebene umsetzt. Daß das Strafrecht mit dem Sicherheitsbedürfnis korrespondiert, würde dann in seine vornehmste Aufgabe, die Gefährdungen zu vermeiden, verwandelt. Kurz gesagt, die abstrakten Gefährdungsdelikte haben einen Charakter als strafrechtliche Präventions- und Steuerungsmittel, um im Voraus das zukünftige Risiko zu minimieren.

Dagegen gibt es mehrere Kritiken an einer solchen Anwendung der abstrakten Gefährdungsdelikte. Die abstrakten Gefährdungsdelikte bringen immer das inhaltsleere Rechtsgut mit sich. Das ist eine Seite der Problematik der abstrakten Gefährdungsdelikte. Das Problem der abstrakten Gefährdungsdelikte hat auch damit zu tun, welche Aufgabe und Funktion das Strafrecht bekommen soll, was das Strafrecht in der Risikogesellschaft machen, und wo man die Grenze des Strafrechts ziehen soll.

Drittens soll man vor diesem Hintergrund der übertrieben Erwartung auf die Strafkontorolle und die zunehmende Abhängigkeit noch Subsidiaritätsprinzip des Strafrechts als Begrenzung des strafrechtlichen Angriffes und der Strafgesetzgebung beachten.

Die Frage ist, ob die Einschränkung der Zuständigkeit des Strafrechts dann etwa vom Subsidiaritätsprinzip und also des fragmentarischen Charakters im Strafrecht, unabhängig von der Rechtsgutstheorie, abhängt. Das Subsidiaritatsprinzip bedeutet, daß das Strafrecht nur bei sozial schädlichem Verhalten eingreifen darf, wenn es nicht möglich ist, nur mit Sanktionen angemessen reagieren zu können, wie sie das bürgerliche Recht oder Verwaltungsrecht vorsehen.

Wenn nun die Rechtsgutstheorie die Aufgabe übernimmt, festzustellen, ob man im Strafgesetz das klar benannte Rechtsgut finden kann, dann steht das Prinzip der Sozialschädlichkeit als Prinzip der Einschränkung der Gesetzgebung außerhalb der Rechtsgutstheorie. Wenn aber der liberale Aspekt und die Einschränkungsfunktion der Rechtsgutstheorie betont werden, dann mißversteht man, daß in dem Begriff Sozialschädlichkeit zugleich die Rechtsgutstheorie eingeschlossen ist.

Ist die Rechtsgutstheorie neutral bei der Beantwortung der Frage, ob dieses Interesse mit dem Strafrecht geschützt werden soll, wenn ein rechtliches Interesse in der Strafnorm gefunden wird ?

Zum Subsidiaritätsprinzip oder fragmentarischen Charakter im Strafrecht gehören Überlegungen, die die Prävention und die Notwendigkeit der Anwendung des Strafrechts betreffen. Das Subsidiaritätsprinzip ist allerdings nicht universal, es kann sich ändern. Das hängt von den zeitlichen und gesellschaftlichen Umständen ab. Selbstverständlich geht es um den Zusammenhang zwischen Person und Staat als Substanz solcher Änderungen.

3. Die Klassifizierung von abstrakten Gefährdungsdelikten

Ich wuerde jetzt die Erweiterung des Strafrechts im Zusammenhang mit den abstrakten Gefährdungsdelikten begrenzen. Dabei darf man aber die Prävention von zukünftigen Katastrophen nicht vergessen. Das

Strafrecht reagiert nachträglich auf Verbrechen und funktioniert als Vergeltung. Außerdem sorgt es auch vorher im Vorfeld der Rechtsgüterverletzung als Prävention für nagative-sozialschaedliche Aktivitäten.

Man bezeichnet unter dem Begriff „Prävention", daß man schon vorher auf die erwartete negative Folgen reagiert. Aus dem Standpunkt der strafrechtlichen Regulierungen heraus wird das Strafrecht von Rechtsgüterverletzung zur Gefährdung der Rechtsgüter verschoben und insofern soll mit der Verhinderung der Rechtsgutsgefährdung ein zukünftiger Schadenerfolg verhindert werden.

Man muß bei der Deliktsform der „abstrakte Gefährdungsdelikte" genau klassifizieren.

Ich werde im Folgenden drei Typen der abstrakten Gefährdungsdelikte aufzeigen:

Um das Auftreten des Schadens zu verhindern, wird beim ersten Typ eine Handlung verboten, die in Verbindung mit dem späteren Erfolg stehen kann. Ich möchte zu jedem Typ der abstrakten Gefährdungsdelikte auch gemeinsame Straftatbestände in Japan und Deutschland aufzeigen. Zum Beispiel Brandstifutung, Landfriedensbruch, Bildung bewaffneter Gruppen, Geldfälschung, Fälschung von Zahlungskarten, Meineid, Urkundenfälschung, Gemeingefährliche Vergiftung, Aussetzung.

Als zweite Art von abstrakten Gefährdungsdelikten sind diejenigen zu klassifizieren, die Handlungen reguliert, aus denen ein schwerer Schaden folgt, wenn die Handlung mehrmals und akkumulativ verwirklicht wird. Sogenannte Kumulationdelikte werden hier angelegt. Folgende Tatbeständen können hierunter gefaßt werden: Umweltservseuchung im Umweltstrafrecht, Drogenkonsum im Drogenstrafrecht, Erregung öffentlichen Ärgernisses, sogenanntes Anti-soziales Verhalten[6]. Es mag angesichts der durch den Verzicht auf jeglichen aktuellen Unrechtsgehalt der konkreten Tathandlung bedingten Auflösung der überkommenen Zurechnungsstrukturen des traditionellen Strafrechts ausreichen, die Legitimität der Pönalisierung für sich gesehen ungefährlicher Kumulationsbeiträge allein aus der Zweckmäßigkeit dieser Regelungen abzuleiten.

Als dritte Art der abstrakten Gefährdungsdelikte wird eine bestimmte Handlung verboten, wenn dadurch schon ein kiritischer Zustand des Opfers herbeigeführt wird und vom gleichen Täter wahrscheinlich weitere Rechtsgutsverlezungen verursacht werden. Nachstellung und Mißhandlung von Schutzbefohlenen werden beispielweise hierunter gefaßt.

Die Strafbarkeit sollte bei der ersten Art darauf eingeschränkt werden, daß eine konkrete Handlung selbst auf die hohe Wahrscheinlichkeit der zukünftigen konkreten Rechtsgutsgefährdung hiweist. Nur Handlungen, die ex post unmittelbar eine Rechtsgutsverletzung- oder gefährdung heibeifühten können, wenn sie nicht ex ante vermieden werden, werden flankierend mit dem Strafgrund der abstaraken Gefaehrdung starfrechtlich legitimiert. Wenn man aber „abstrakte Gefährdung" auch als die legitimierende minimale Gefährdung im Strafrecht einschaetzt, soll die Strafbewehrung des Versuches und der Vorbereitung bei abstrakten Gefährdungsdelikten nicht anerkannt werden.

Wenn ein Tatbestand (Beispiele: Vorbereitung der Geldfälschung, Versuch der Fälschung von Zahlungskarten, Versuch der Urkundenfälschung im deutschen StGB und Versuch der Fälschung von Zahlungskarten und Versuch der Vorbereitung der Fälschung von Zahlungskarten(Skimming) im japanischen StGB) bei den abstrakten Gefährdungsdelikten den Versuch der Vorbereitungstat unter Strafe stellt, soll er aus die Strafregulierung ausgenommen werden[7].

Bei der zweiten Art, also wenn ein einzelner Beitrag zu Rechtsgutsverletzung- oder gefährdung sehr gering ist, liegt tatsächlich im Einzelfall keine oder nur eine geringe Sozialschädlichkeit für Strafbarkeit vor. Können Tathandlungen, die nur in Kumulation mit dem Verhalten anderer zu Schädigungen führen können[8], überhaupt legitimerweise pönalisiert werden?[9]

Strafrechtliche Verantwortlichkeit des Einzelnen darf nicht aus der bloßen Mitverursachung des zukünftigen Gesamtschadens hergeleitet werden. Aus dem Subsidiaritätsprinzip im Strafrecht kann eine strafrechtliche Anwendung nur gerechtfertigt werden, wenn eine Handlung die Sozialschädlichkeit durch Herbeifuehrung der Rechtsgutsverletzung innehat und ein Erfolg der Handlung objektiv so schwer eingeschätzt wird, dass das Rechtsgut mit anderen Sanktionen nicht hinreichend bewehrt werden kann. Ohne diese Schädlichkeit wird sonst die Strafe bei Kumulationsdelikten nicht wegen der aktuellen Verursachung der Rechtgutsverletzung- oder gefährdung durch einzelne Handlung verhängt, sondern wegen der Möglichkeit der zukünftigen schädlichen Folge[10], also des Gesamtschadens verantwortet. Das bedeutet gerade Vedachtstrafe. Menschliche Aktivität mag zwar allgemein nach wissenschaftlichen Befunden als schädlich für die Umwelt oder Volksgesundheit eingestüft werden, aber kann die konkrete Rechtsgutverletzung-oder gefährdung kann sich nicht durch einzelne Handlungen mit geringem Beitrag ergeben. Die Rechtfertigung der Bestrafung aufgrund der einzelnen kleinen Beitrag zur Umweltverschmuzung im Umweltstrafrecht oder der Bedrohung der Volksgesundheit im Drogenstrafrecht führt zur Anerkennung der gegenwärtigen Verantwortung fuer die zukünftigen Folgen der Rechtsgutverletzung. Diese Strafe bedeutet dennoch eine Begründung der Strafbarkeit mittels allgemeiner sozialer Einschätzung[11], aber nicht anhand der Schwere der konkreten Handlungen. Dies läßt sich bei Kumulationsdelikten vielleicht unter Mit-oder Solidaritätsverantwortung in Aussicht auf zukünftige Ergebnisse subsumieren[12].

Ich würde schließlich Entkriminalisierung des Drogenmissbrauches, insbesondere des Selbstkonsumes mit geringer Menge illigaler Drogen besprechen.

Die Drogenproblematik ist in Deutschland immer noch angespannt. Aber die gesetzlichen Regulierungen der Drogenkriminalität sind anders als die japanische Drogengesetzgebung und basieren im Wesentlichen auf dem Betäubungsmittelgesetz (BtMG). Die Grundlage fuer die Bestrafung des Eigengebrauchs der Drogen liegt in der abstrakten Gefährdung des Rechtgutes. Die Bindung der Ergebnisse an den einzelnen Konsum begründet aber keine konkreten Anhaltspunkte für die Strafbewehrung solcher Handlungen. Tatsächlich wird die Bestrafung natürlich mit der Gefährdung der individuellen Gesundheit und außerdem hauptsächlich mit der Verschlechterung der Atmosphaere des sozialen Umfeldes durch die Akkumulierung der Handlungen begründet. Das Rechtsgut des BtMG ist nach herrschender Meinung die „Volksgesundheit". Man sieht keinen Widerspruch darin, daß dieses Rechtsgut auch ein universales Rechtsgut ist. Wenn das Rechtsgut „Volksgesundheit" vom Standpunkt der Rechtsgutstheorie als individuelle und persoenliche Gesundheit interpretiert wird, muss man sich fragen, ob die Rechtsgutstheorie selbst beispielweise die Regulierung durch Strafe beim

Besitz einer geringfügigen Menge an Drogen fuer den Eigenverbrauch aus dem BtMG ausschließen kann. Man muß sich danach fragen, ob die Rechtsgutstheorie dies selbst immanent ausschließen kann oder ob dieses Ausschließen aus anderen Gründen geschehen soll, weil nämlich ein Rechtsgut, wie Leben, Gesundheit, körperliche Unversehrtheit, gefunden werden kann, auch wenn man das universale Rechtsgut „Volksgesundheit" auf ein personales Rechtsgut reduziert?

Zum Ersten: Die Entkriminalisierung des Eigenverbrauchs von Drogen in geringen Mengen liegt im Problembereich strafbaren Unrechts. Zum Zweiten: Weil ein solches Verhalten eine rein persoenliche Angelegenheit ist und keine Anmaßung des persönlichen Verfügungsrechts über seinen Koerper bedeutet, gilt es als persönliches Rechtsgut, als Verfügungsrecht über den eigenen Körper. Ferner gelten Methadonvergabe, Gesundheitsräume fuer Drogenabhängige und das Experiment der Heroinabgabe für schwere Fälle von Heroinabhängigen als Vorkehrungen zum Schutz des individuellen Rechtsgutes von Drogenabhängigen. Auf der Grundlage des Einverständnisses mit der jeweiligen Person wird eine positive Unterstützung bei individuellem Rechtsgüterschutz erlaubt. Problem ist, ob die Rechtsgutstheoriein in solchen Fallen die Entkriminalisierung erlaubt.

4. Was bedeutet die Gefahr bei der abstrakten Gefährdungsdelikte?

Abstrakte Gefährdungsdelikte bedeutet eine Deliktstyp, in dem die einzelne Strafbestimmungen die Gefährdung des Rechtsgutes als Strafgrund zeigen. Nicht alle Taten, die gegen abgrenzbare Rechtsgüter gerichtet sind, setzen eine tatsächlich eingetretene Beeinträchtigung des Rechtsguts voraus. Ein strafbarer Angriff gegen Rechtsgüter kommt auch bereits im Vorfeld der Rechtsgutsverletzung in Betracht.

Es gibt allgemein eine Tendenz, daß abstrakte Gefährdungsdelikte in letzten Jahren die Gesetze gegeben werden, um sogennante Univesalsrechtsgüter wie staatliche oder soziale Rechtsgüter zu gewährleisten. In Japan wird die folgende Strafbestimmungen wie in deutsche StGB gleich als abstrakte Gefährdungsdelikte ausgelegt. Zum Beispiel: Brandstiftung, Meineid, Widerstand gegen Vollstreckungsbeamte, Geldfälschung, Urkundenfälschung, Aussetzung, usw. Und gibt es in Japan auch eine Strafbestimmungen in der Betäubungsmittelgesetzen, Straßenverkehrsrecht außer in der StGB.Sie heißen sogennante Verwaltungsübertretung, die als abstrakte Gefährdungsdelikte gelten.

Über der abstrakte Gefährdungsdelikte in der StGB ist allgemein ein Rahmen von der Strafe ganz hoch und breit. Zum Beispiel für die Gebäudebrandstiftung (§108 im japanischen StGB) wie Schwere Brandstiftung (§306a im deutschen StGB) begründet es "Todesstrafe oder lebenslängige Freiheitstrafe oder Freiheitstrafe mehr als fünf Jahre. Genauer gesagt, werden in dieser Strafbestimmung die Verletzung, Konkrete Gefährdung und abstrakte Gefährdung des Rechtsgutes zusammengefaßt. Vielmehr muß man wegen der Schutzbedürftigkeit des Rechtsgutes schon immer strafrechtlich eingreifen, wenn das Rechtsgut noch nur abstrakt, also nicht gross gefährdet wird.

Abstrakte Gefährdungsdelikte sind nach herrschende Meinung solche, bei denen ein typischerwiese gefährliches Verhalten als solches unter Strafe gestellt wird, ohne dass im konkreten Fall ein Gefährdungserfolg eingetreten zu sein braucht. Japanische Rechtsprechung versteht „die Gefahr" bei der abstrakten Gefährdungsdelikte als nur ein gesetzgeberische Motiv. Wenn eine tatbestandmäßige Handlung aufgeführt wird, betrachtet man formell ein Dasein der Gefahr. Es geht darum, warum es ausnahmweise nur bei der abstrakten Gefährdungsdelikte keine Beweis der Gefährdung des Rechtgutes im Strafprozess braucht. Herrschende Meinung kann die Schwierigkeit des Beweises der Gefährdung bei der abstrakten Gefährdungsdelikte von Staatsanwalt zeigen. Das bedeutet die Erleichrung der Beweislast beim Staatsanwalt. Die Verteidigungsmöglichkeit des Angeklagte und der Gegebeweis der Ungefährlichkeit werden gleichzeitig zwanglaüfig und ungerecht abgenommen. In dem Verfassungsrecht wird Niemand darf seinem gesetzlichen Recht entzogen und also „in dubio pro reo" und Due Process garantiert. Dieses verfassungsmäßigen Recht wird dem Angeklagte wegen der abstrakten Gefährdungsdelikte nicht genug garantiert. Und stosst diese Vorverlargerung des Strafbarkeits an die vom Schuldprinzip gesetzten Grenzen, wenn eine im Tatbestand beschriebene Verhaltensweise objektiv unter keinen Umständen zu einer Beeinträchtigung des geschützten Rechtguts führen können.

Aus oben erwähnt, geht es bei der abstrakten Gefährdungsdelikte daraus, dass Staatsanwalt unbedingt die Verursachung einer Gefährdung beweisen muss. Das Problem liegt darin, was für eine objektive Zustand die Gefährdung bei der abstrakten Gefährdungsdelikte zeigt, und womit das Gefahrurteil aufgeführt werden sollte.

Ich würde im folgendes das Gefahrbegriff der abstrakten Gefährdungsdelikte untersuchen. Die Gefahr bedeutet Rechtsgutsgefährdung als objektive Zustand, der strafrechtlich grosse Wichtigkeit beigemesst wird.

Ich würde im voraus für die Voraussetzung der Untersuchung über dem Gefahrbegriff das Erfolgbegriff überprüfen.

5. Erfolg bei der abstrakten Gefährdungsdelikte

In dem modernen Strafrecht ist das Verberechen durch eine Tat verursacht wird und schon diese These gewöhnliches Wissen in Rechtsprechung und strafrechtliche Theorie geworden. Aber ist das Problem, was für einer Tat als ein Verbrechen angenomen werden sollte. Von einem Standpunkt, dass das Strafrecht nur Phönomenen behandeln soll, auf die ncht mit anderen rechtlichen Regulierungen genug reagieren können, soll das Strafrecht nur nicht-übersehrbare und sozialschädige Handlungen regulieren und unter Strafe stellen.

Die Erfolg als Rechtsgutsverletzung oder-gefährdung wird bei der Beurteilung des Sozialschädlichkeits vorausgesetzt. In anderen Wörtern, ein objektive Zustand, der durch tatbestandsmässigen Erfolg als strafbare Rechtsgutsverletzung oder-gefährdung in der Rechtswidrigkeitsebene eingeschätzt wird, verdient sich den Erfolg, dem das Strafrecht die Strafe verwenden muß. Aber nur der tatbestandmäßige Erfolg bedeuet noch keinen mit Strafe regulierbare Erfolg als Rechtsgutsverletzung oder-gefährdung. Bei Erfolgsdelikt kann man nie die Rechtsgutsverletzung oder-gefährdung ohne dem tatbestandmässigen Erfolg beurteilen. Sozialschädlichkeit der Handlung kann nicht ohne objektive Schaden des Rechtsguts gefolgen werden. Der Erfolg als Rechtsgutsverletzung-oder gefährdung ist unentbehrlich für die Strafbarkeit und Sozialschädlichkeit.

Man muß unnbedingt über Verschiedlichkeit des Erfolges besprechen. Angesichts der Tatsache, daß Strafgesetze nicht nur strafbarkeits- begründende , sondern auch wegen des Grundsatzes nulla poena sine lege auch strafbegrenzende Funktion haben, ist im Zweifelsfall eine materielle, dem Rechtsgüterschutz konkret verpflichtete Interpretation des Erfolgsbegriffs vorzugswürdig.

Der Erfolg bedeutet im folgendes:

1) Änderung der Außenwelt durch physische Bewegung
2) Verletzung des Tatgegenstand im Tatbestand
3) Verletzung des Rechtsgutsobjekts als die Rechtsgutsverletzung-oder gefährdung

1) stellt 2) und 3) vor. Wenn drei einzelne Bedingungen sich nicht bestehen können, kann man kein Verbrechen vorstellen. Man soll dabei dem im jeweiligen Tatbestand geschützten Rechtsgut besonderes Beachtung geben. Zu fragen ist, was die jeweilige Strafvorschrift konkret schützen will. Damit wird relevant, welches das geschützte Rechtsgut einer Strafbestimmung ist und inwiefern sich eine Beeinträchtigung im Einzelfall beurteilen läßt. Der Erfolg einer Straftat ist der Eintritt einer mißbilligten Folge. Nicht irgendeine Wirkung, sondern die spezifisch mißbilligte Wirkung der Tat im Einzelfall muss daher Ausgangspunkt zur Bestimmung des Erfolges sein. Es bietet sich an, den Erfolg danach zu bestimmen, ob im Einzellfall eine Beeinträchtigung des Rechtsguts stattfindet oder stattfinden kann. Es muß noch die Rechtsgutsverletzung- oder gefährdung geben, um eine Handlung als sozialschädlich einzuschätzen. Außerdem muß Richter über der tatbestandmäßigen Handlung und dem Erfolg die Rechtsgutsverletzung-oder gefährdung als der Erfolg entscheiden, nicht über eine Handlung ohne Erfolg oder Handlung ohne Schaden. Ansonsten geht es beim Richter nur um formelle Rechtswidrigkeit, nicht um substantielle Rechtswidrigkeit. Das führt zu Verminderung von der Interesse und dem Recht bei Angeklakte.

Die Aufgabe des Strafrechts liegt sich im Rechtsgüterschutz und gewährleistet vor die Rechtsgutsverletzung-oder gefährdung. Die strafrechtlich zuständige Objekt soll nur den Erfolg als die Rechtsgutsverletzung-oder gefährdung sein. Bei der Gefährdungsdelikte werden konktrete Gefährdungsdelikte und abstrakte Gefährdungsdelikte umgefaßt. Auch beim Letzterem muß man erstens zwischen formelle Erfolg als Verletzung gegen tatbestandmäßige Objekt und materielle Erfolg als Verletzung und Gefährdung für das Rechtsgut unterscheiden. Beispielsweise stellt Inbrandsetzung sich wegen Unterschied zwischen tatbestandmäßige Tatobjekt und Rechtsgut nicht mit dem Rechtsgutsgefährdung gleich. Wenn man die Aufgabe des Strafrechts im Rechtsgüterschutz sieht, kann man kein Verbrechen nur mit tatbestandmäßige Handlung ohne der Gefährdung des Rechtsguts als materielle Erfolg anerkennen.

Wie soll man also die Erfolg bei der abstrakte Gefährdungsdelikte verstehen?

Aus die Theorie, daß auch bei der abstrakte Gefährdungsdelikte die Herbeiführung der Rechtsgutgefährdung als materielle Erfolg vorausgesetzt werden soll, wird man natürlich Gefahrpräsumtionstheorie bei der abstrakte Gefährdungsdelikte verneint.

Martin spricht davon, den Erfolg danach zu bestimmen, ob im Einzelfall eine Beeinträchtigung des Rechtsgutes(in seiner realen Erscheinung) stattfindet oder stattfinden kann. Martin behauptet, daß der Erfolg der abstrakten Gefährdungsdelikte ex ante beurteilt wird, weil mit der formellen Vorverlargerung der Strafbarkeit in der Vornahme einer Handlung bereits das durch die Handlung bewirkte Risiko pönalisiert wird[13]. Der Erfolg der abstrakten Gefährdungsdelikte ist nach Martins Theorie bereits das durch die Handlung geschaffene Risiko der Verletzung, ohne daß sich dieses für ein Rechtsgut weiter verdichten muß. Auch wenn keiner potentiellen Tatobjekt oder Opfer zufällig in Einflußraum der Handlung anwesend ist, wird die abstrakte Gefährdung des Rechtsguts nicht ausgeschlossen. Diese Stellungnahme difiniert ex ante Risiko der Handlung als die Erfolg. Das resultiert sich in die Erweiterung des Begirff "Erfolg". Außerdem geht es bei Jakobs darum, wie man die gesellschaftliche Welt versteht, solange der Handlungsbegriff sich auf das Strafrecht bezieht. Jakobs fragt danach, welche Sinne der Täter durch seiner Tat selbst ausdrückt. Die Handlung heißt eine Sinnvorstellung, den der Täter zu die Gesellschaft schickt, und eine Wertvorschlag, daß für den Täter strafrechtlich ein Norm schon nicht verbindlich ist[14]. Bei Jakobs drücke eine strafrechtliche wichitige Sinnvorstellung in eine Stellungnahme gegen Normgeltung aus[15]. Die strafrechtliche Handlung schlägt einen Einspruch gegen Normgeltung vor. Die Handlung bedeute die Mißbilligung der Normgeltung. Die Handlung selbst, die diese Sinne trägt, bedeute gleich strafrechtlich die Erfolg, aber äußere Deliktserfolg sei nur weiterer Objektivierung der Handlung und hat nur quantifizierende Sinne. Weil Jakobische Theorie das Sozialschädlichkeit von einem Standpunkt der Aufrechterhaltung des Norms beobachtet, kann die normative Erfolg ohne objektive Schaden anerkennt werden.

Ronzani hat andere Meinung. Ronzani behauptet, daß Erfolgbegriff im Strafrecht eine realistische Änderung der Außenwelt zusammenfaßt. Als zum Ersten der Erfolg im Strafrecht das objektivierende Anzeichen des Tatunrechts zeigt, markiert er im sinnlich wahrnehmbaren Schadensereignis soziales Fehlverhalten und macht es auffällig und grenzt es aus der Masse unauffälligen Verhaltens aus(Ausgrenzungsfunktion). Der Erfolg umchreibt zweitens das äußere Erscheinungsbild der Tat, das corpus delicti[16]. Der Erfolg als sichtbare Veränderung der Außenwelt hat einmal eine Signalfunktion. Und hat der Erfolg demsprenchend auch Auslöserfunktion für das Strafverfahren und damit für den strafrechtlichen Prozeß individueller Verantwortungzuschreibung.

Bei der abstrakte Gefährdunsdelikte bestimmt im Tatbestand die Herbeiführung der Gefahr nicht. Aber es gibt bei Tatsituation der abstrakten Gefährdungsdelikte die Verschiedenheit insbesoderes über Gefährdungsgrad des Rechtsguts. Gefahrpräsumtionstheorie berücksichtigt diese Frage nicht. Die Strafbestimmungen, in den keine Gefahrmerkmale im Tatbestand beschrieben wird, läßt sich slbst nicht subsumieren, daß die Gefährdung für das Rechtsgut keine Rolle bei der abstrakten Gefährdungsdelikte spielt. Ansonsten kommt eine Zusammenfassung bei der abstrakten Gefährdungsdelikte dazu, um einfach eine Normübertretung zu bestrafen. Das vernachläßigt das Sinn des Ultima-Ratio Prinzip im Strafrecht und stört präzise Auslegung des Gefahrbegriffes und auch Rechtsgutbegriffes. Es muß sich bestimmt um die Zusammenhang zwischen die Gefährdung und das Rechtsgut handeln. Beispielweise soll man bei der Tätigkeitsdelikte die Gefährdung des Rechtsguts durch eine Handlung und bei der Erfolgdelikte die Gefährdung des Rechtsguts durch die Erfolg als Verletzung des Tatobjektes überprüfen.

6. Die Problemtik bei der abstrakten Gefährdungsdelikte

Wie sollte man dann Gefährdungsurteil aufgeführt werden?

Wenn man annimmt, daß alle Dinge in der realen Welt dasein oder nicht dasein sein , existieren sich „Gefahr" nicht, das sich zwischen Dasein und Nicht-Dasein vorgestellt. Aber anerkennen wir das Gefahrbegriff durch unserem Erfahrungswissen und der unserem täglichen Lebenssprache.

Die „Gefahr" besteht sich in dieser Sinne nicht, sondern ist ein Ergebnis des menschlichen Gedankes in unserem Leben. Wir erkennen doch gleichzeitig, daß es einen Unterschied des Intensitätsgrades für das Gefahr gibt. In dieser Sinne ist die Gefahr nicht nur ein Ergebnis des menschlichen Gedankes, sondern auch den objektive bestehende Zustand in der Welt. Wenn der Erfolg der Rechtsgutverletzung nicht vorkommt, geht es um die Gefährdung des Rechtsgutes. Auch wenn eine Handlung begeht wird, wird die Gefährdung als der Schaden vorkommt oder nicht. Man kann gegegbenfalls keine Rechtsgutgefährdung erfinden. Keine strafrechtliche Eingriff darf in dieser Fall verwendet. In dieser Bedeutung ist die Gefahr eine objektiv existierende Zustand. Im Vergleich mit Rechtsgutverletzungdelikte wird Nicht-Eintreten der Rechtsgutsverletzung bisher aufgrund eine Faktor „Zufall" bei konkrete Gefährdungsdelikte und abstrakte Gefährdungsdelikte gemeinsam vorausgesetzt. Der Grund des Nicht-Eintretens der Rechtsgutsverletzung liegt beispielwiese bei Brandstiftungsfall in natürliche Auslöschung oder plötzliche Bö. Man kann bei Gefährdungsdelikten aufgrund Zufall keine präzise Auslegung geben. Die Gefahr bei Versuch der Tat und die Gefahr bei Gefährdungsdelikte werden leider vermengt. Es geht bei Versuch der Tat um die Gefahr der Erfolg für den tatbestandmässigen Tatobjekt. Bei der konkreten Gefährdungsdelikte wird die ernsthafte Gefährdung des Rechtsgutes durch der tatbestandmäßigen Erfolg des Tatobjekts herbeiführt. Bei der abstrakten Gefährdungsdelikte muß die gewisse und nicht großer Gefährdung als konkrete Gefährdung verursacht werden. Im Fall der abstrakten Gefärdungsdelikte wird die Bestrafung wegen Wichtigkeit des Schutzbedürfniss und Größe des Schadens bei Rechtsgutsverletzungsfall vorverlargert. Wenn es die Gefährdung des Rechtsgutes auch bei abstrakte Gefährdungsdelikte bedarf, besteht der Unterschied nur die Grad der Gefährdung zwischen konkrete und abstrakte Gefährdungsdelikte.

Man muß auf allen Umständen basiert ex post beurteilen, ob die Handlung die Gefährdung als Erfolg verursacht, die die Strafbestimmung für die Erfüllung des Strafwürdigkeits und Strafbedürftigkeits fordfert. Dabei muß man aufgrund wissenschaftliche Sachkenntinisse des Experteises die Grund und Zusammenhang zwischen die Handlung und schädige Zustand der Rechtsgutgefährdung nachfragen. Und muß man auch überprüfen, zu welche Entwicklungsstufe fährt sich die objektive Zustand in Vergleich mit Rechtsgutsverletzung. Man muß unbedingt bei abstrakte Gefährdungsdelikte im StGB nicht ex ante beurteilen. Weiterhin muß die Handlung selbst geeignet sein, allgemein zu die Rechtsgutverletzung führen zu können und konkret ein Rechtsgutobjekt sich bestehen. Trotz tatbestandmäßige Erfolg heibeigeführt wird, wird die Rechtsgutverletzung wegen zufällige Umstände wie aufwegstehende Umstände oder Rettungsumstände nicht verursacht. In diesem Fall kann man eine abstrakte Gefährdung als strafbare Erfolg anerkennen. Außerdem darf man nicht die abstrakte Gefärdung anerkennen, wenn die Kausalzusammenhänge als Verhinderungsfaktoren vor der Herbeiführung der Rechtsgutsgefährdung eingreift. Wenn der Täter oder Teilnehmer sich beispiellweise vergewissert vor der Tat und der Rechtsgutsgefährdung durch zuverlässige, lückenlose Maßnahmen verhindern kann, ist eine Gefährdung des Rechtsgutes und unbedingt ein Versuch des Verbrechens nach objektiver Sachlage zum Zeitpunkt der Handlung absolut ausgeschlossen. Man kann also die abstrakte Gefährdung anerkennen, erst wenn die tatbestandmäßige Handlung eine gewisse und nicht große Gefährdung als konkrete Gefährdung verursacht, die die Strafwürdigkeit und Strafbedürtigkeit erfüllt. Konkrete Gefährdungsdelikte und abstrakte Gefährdungsdelikte muss man ganz konkret Ob der Gefährdung überprüfen. In dieser Sinne gibt es beides keine Unterschied. Der Strafgrund der Gefährdungsdelikte liegt zwar in der Rechtsgutsgefährdung, also der Möglichkeit der Rechtsgutsverletzung. Das bedeutet aber keine Notwendigkeit des Abstraktions von jeder Kausal- und konkreten Erfolgsbeziehung durch eine Handlung. Die in den abstrakten Gefährdungsdelikte unter Strafe gestellte Handlung ist zwar typischerweise für das geschützte Rechtsgut gefährlich. Diese typische Gefährlichkeit besagt aber nur, daß dadurch das Verletzungsrisiko geschaffen wird. Diese Behauptung wird nicht darüber getrogffen, ob eine derartige Handlung auch im Einzelfall objektiv gefährlich ist. Die Rechtsgutsgefährdung zeigt durchaus eine Entwicklungsstufe zu die Verletzung als objktive und schädige Zustand.

[Notes]

1 Siehe, Ryuichi Hirano, Gendaiho to Hanzai, Ryuichi Hirano(Hrsg.), Gendaiho to Keibatsu,1965.S.26. Toshikuni Murai, Keiho-Kakuron no Houhoron-Josetsu, Ikkyoronso75(4),1976, 490f.

2 Risiken heißt bei bestimmten menschlichen Tätigkeiten auch eine unvermeidbare Belastung und bedeuten andererseits eine Chance.Vgl. Erwin Teufel(Hrsg.), Von der Risikogesellschaft zur Chancengesellschaft, 2001.

3 Ulrich Beck, Risikogesellschaft, 1986.

4 Vgl, Norio Takahashi, Keijitekihogo no Sohkika to Keiho no Genkai, Horitsu Jiho, 927, S.17.

5 Takehiko Sone, Gedai no Keijirippo to Keihoriron, Keijiho Journal 1,2005, S.11.

6 Beispielweise,Verordnung ueber ein Alkoholkonsumverbot in Bonn. Im Geltungsbereich dieser Verordnung ist es auf den öffentlich zugänglichen Flächen, außerhalb konzessionierter Freisitzflachen, verboten alkoholische Getränke jedweder Art zu konsumieren, alkoholische Getränke jedweder Art mit sich zu führen, wenn aufgrund konkreter Umstände die Absicht erkennbar ist, diese im Geltungsbereich der Verordnung konsumieren zu wollen.

7 Noriyuki Nishida, Keiho Kakuron, 5.Aufl, 2010, S.343.

8 Lothar Kuhlen, Handlungserfolg der strafbaren Gewässeverunreinigung, GA, 1986, S.403f.

9   Vgl, Shinya Fukamachi, Rojokitsuen Jorei・Poisute Kinshi Jorei to Keibatsuron, Rikkyo Hogaku, 79, 2010, S.71.

10 Jesús-María Silva Sánchez, Die Expansion des Strafrechts, 2003, S.74f.

11 Wolfgang Wohlers, Deliktstypen des Präventionsstrafrechts - zur Dogmatik "moderner" Gefährdungsdelikte, 2000, S.323.

12 Vgl. Ionnan Anastasopoulou, Deliktstypen zum Schutz kollektiver Rechtsgüter, 2005, S.162f. Marco Ronzani, Erfolg und individuelle Zurechnung im Umweltstrafrecht, 1992, S.17.

13 Jörg Martin, Strafbarkeit grenzüberschreitender Umweltbeeinträchtigungen, 1989, S.86.

14 Günther Jakobs, Der strafrechtliche Handlungsbegriff, 1992,S.12.

15 Jakobs. a.a.O, S.33.

16 Marco Ronzani, Erfolg und individuelle Zurechnung im Umweltstrafrecht : eine Studie zur Funktionalität der Strafrechtsdogmatik im Umweltschutz unter besonderer Berücksichtigung des Schweizer Rechts, 1992.S.17f.

特集2 ギーセン大学ミニコロキュウム「刑事法の現代的課題」

Betrug und Untreue als konkrete Gefährdungsdelikte de lege lata und de lege ferenda[*]

keywords: fraud, breach of trust, dishonest abuse of position

Pierre Hauck (Gießen Universität)

Die bislang vorrangig aus vermögensstrafrechtlicher und verfassungsrechtlicher Sicht geführte Diskussion[1] über die Zulässigkeit der „konkreten Vermögensgefährdung" als Schaden bei Betrug und Untreue[2] lässt sich aus der Perspektive des Allgemeinen Teils bereichern: Sobald man sich Gewissheit darüber verschafft hat, dass die Vermögensgefährdung eine Gefährdung des Vermögens verstanden als konkretes Handlungsobjekt und nicht in seiner Eigenschaft als Rechtsgut voraussetzt, hat die Vertatbestandlichung einer solchen Gefährdung besonderen Regeln zu folgen. In der bloßen Gefährdung des Vermögens liegt de lege lata keine „Vermögensbeschädigung" oder „Nachteilszufügung", sodass es schon nominell gegen das Analogieverbot (Art. 103 Abs. 2 GG) verstoßen muss, wenn man bei den §§ 263 Abs. 1, 266 Abs. 1 StGB eine „schadensgleiche Gefährdung" zulässt. Selbst de lege ferenda wäre es für die Anerkennung eines Gefährdungsschadens aber notwendig, den Anforderungen an die Konstruktion eines konkreten Gefährdungsdelikts zu genügen, was nicht gelingen kann: Vermögensgefährdungen, die zu keinem Vermögensschaden führen, erfüllen nicht die insoweit geltende Voraussetzung eines „stark gefährlichen Verhaltens", und ihre Strafbarkeit wäre auch deshalb verfassungsrechtlich nicht zu legitimieren.

1. Der Gefährdungsdeliktscharakter als Missverständnis europäischer Initiativen und im Strudel der Diskussion über die „schadensgleiche Vermögensgefährdung"

Fragen wir uns heute nach Berührungspunkten zwischen der Dogmatik der Vermögensdelikte und derjenigen der Gefährdungsdelikte, so erschließen sich uns schon auf den ersten Blick nicht weniger als drei Zusammenhänge:

Der erste ergibt sich unschwer aus dem Gesetz: Tatbestände wie der Subventions-, der Kapitalanlage- und der Kreditbetrug (§§ 264, 264a, 265b StGB) erfordern keine Vermögensschädigung als tatbestandlichen Erfolgseintritt, sondern sind nach h.M. vielmehr als *abstrakte* Gefährdungsdelikte zum Schutze überindividueller Rechtsgüter ausgestaltet.[3] Für diese Deliktsgruppe ist es schlechthin kennzeichnend, dass ihr Unwertgehalt in typischerweise gefährlichen (Täuschungs-)*Handlungen* vollständig aufgeht. Diese abstrakten Gefährdungsdelikte sind ihrerseits zwar erheblichen dogmatischen und kriminalpolitischen Bedenken ausgesetzt,[4] betreffen glücklicherweise aber nicht den Kern unseres Problems.

Unserem eigentlichen Thema kommen wir aber schon mit Blick auf die zweite Einflusslinie, dem Europäischen Strafrecht, näher: Das deutsche Strafrecht steht heute mehr denn je unter dem Harmonisierungseinfluss des europäischen Rechts. Das gilt auch für die Straftatbestände von Betrug und Untreue.[5] Das Corpus Juris zum Schutz der finanziellen Interessen der EU und mehrere Übereinkommen, etwa das PIF-Übereinkommen vom 26.7.1995 betreffend den Schutz der finanziellen Interessen der EG, zielen darauf ab, die nationalen Vermögensstrafrechte einander anzugleichen.[6] Auch die Pflicht zur gemeinschaftsrechtskonformen Auslegung (vgl. Artt. 4 Abs. 3 UAbs. 2, 3 EUV, 288 UAbs. 3 AEUV) steuert die Tatbestandsauslegung heute unmittelbar.[7] Fragen wir uns, ob diese Zielvorgaben mit der überkommenen deutschen Dogmatik vereinbar sind, so stoßen wir bereits in der Vergangenheit auf deutliche Warnungen, wonach namentlich das Corpus Juris eine Gefährdungskonzeption in das deutsche Recht transportiere, weshalb Betrug und Untreue unter europäischem Einfluss zu konkreten Gefährdungsdelikten zu verkommen drohten.[8]

Unabhängig davon, ob solche Warnungen berechtigt sind oder nicht,[9] führt uns eben diese Befürchtung einer Umgestaltung der Vermögensdelikte im engeren Sinne zu konkreten Gefährdungsdelikten – gleich, ob schon gesetzlich oder erst im Wege der Auslegung – schließlich zur dritten und für unsere folgenden Überlegungen zentralen Schnittmenge: Die rein national geführte Diskussion über die Rechtsfigur der sog. „schadensgleichen" Vermögensgefährdung. Dieses heute kurz „Gefährdungsschaden"[10] genannte Institut, vom RG ursprünglich anerkannt, um die von ihm für strafwürdig erachteten Vermögensangriffe abseits der unstreitigen Substanzverluste zu erfassen,[11] gilt heute in erster Linie im Gewand seiner Einkleidung als „*schadensgleicher*" Vermögensgefährdung,[12] daneben aber auch aufgrund der sich dahinter verbergenden prinzipiellen Unvereinbarkeit mit der angeblichen Deliktsnatur von Betrug, Untreue oder Erpressung[13] als Verletzungsdelikte als von Grund auf verpönt.[14] Mit der Anerkennung einer bloßen Gefahrenlage als Schaden würden die als Verletzungsdelikte konzipierten Tatbestände von Betrug und Untreue *contra legem* zu konkreten Vermögensgefährdungsdelikten umgestaltet,[15] oder anders formuliert: Die vom Gesetz in den §§ 263 Abs. 1, 266 Abs. 1 StGB synonym[16] gebrauchten Begriffe „Schaden" und „Nachteil" seien mit der Figur eines „Gefährdungsschadens" schlechthin nicht zu vereinbaren.[17]

Das jedoch setzt voraus, dass die Subsumtion der konkreten Vermögensgefährdung unter den Schadensbegriff zum Scheitern verurteilt ist. Aufgabe dieses Beitrages ist deshalb die Überprüfung dieser Unvereinbarkeitsthese anhand neuester Erkenntnisse zur Dogmatik der Gefährdungsdelikte.[18] Die Untersuchung gelangt zunächst zu dem kaum überraschenden Ergebnis, dass die konkrete Vermögensgefährdung in den Tatbeständen von Betrug und Untreue nach der heutigen Gesetzeslage nicht tatbestandlich erfasst ist. Aber selbst wenn man dies erstrebt, lassen sich die Vermögensdelikte i.e.S. de lege ferenda nicht als konkrete Vermögensgefährdungsdelikte ausgestalten. Normativ ist ein solcher Gefährdungsschutz zwar denkbar. Doch würde die (notwendige) Kodifikation sowohl an den verfassungsrechtlichen Grenzen der Verhältnismäßigkeit scheitern – die Vermögensgefährdung erweist sich als nicht strafwürdig genug – als auch den systematischen Grenzen zuwiderlaufen, die die bilanzielle Schadensbestimmung dem Vermögensschutz heute setzt.

Die Analyse beginnt mit klärenden Worten zum Vermögensbegriff (II. 1.) und setzt dieses Schutzgut der §§ 263, 266 StGB dann in Bezug zu den möglichen Formen seiner Beeinträchtigung (II. 2.).

2. Beeinträchtigungen des Vermögens durch Verletzung, Gefährdung und Schädigung – Vom Durchschlagen eines gordischen Knotens

(1) Der „Schlüsselbegriff"[19] des Vermögens

Wenn es sich bei der Verletzung und der Gefährdung nach h.M. um verschiedene Modalitäten der Beeinträchtigung eines *Rechtsguts* handeln soll,[20] so drängt sich gleich zu Beginn dieses Referats eine vorrangige Orientierung darüber auf, was man unter dem Rechtsgut des Vermögens zu verstehen hat. Denn wenn man nicht weiß, was Betrug, Untreue oder Erpressung schützen, ist es müßig, sich über das Für und Wider sowie über die systematische Verschränkung gewisser Angriffsformen Gedanken zu machen, die zulasten dieses (dann ja noch unbekannten) Schutzguts geführt werden.[21] Ganz in diesem Sinne einer vorherigen Vermögensbestimmung erklärt etwa *Urs Kindhäuser* die Art der Gefahr als von der Art des betroffenen Rechtsguts abhängig[22] und *Thomas Fischer* bringt es in umgekehrter Richtung ebenso auf den Punkt: „Das Konzept des Gefährdungsschadens ist in der Bestimmung des Rechtsguts selbst begründet."[23] Was bedeutet demnach „Vermögen"?

Ohne die Darstellung hier in unzulässiger Weise vereinfachen zu wollen,[24] ist der Stand der Diskussion um den Vermögensbegriff heute doch vor allem durch das Bemühen nach einer Abgrenzung, ja einer Bewahrung der favorisierten wirtschaftlich-juristischen Sichtweise gegenüber einer in jedem Falle zu vermeidenden formal juristischen Definition gekennzeichnet:[25]

Zum Vermögen zählt all jenes von wirtschaftlichem Wert, was konkret saldierbar ist, solange es sich dabei auch um rechtlich gebilligte Positionen handelt. Es herrscht also das Bild vom Vermögen als Ergebnis einer Wertsaldierung: Wer über viele Sachgüter, Forderungen und begründete Erwerbsaussichten verfügt, ist reich. Wem nur noch das letzte Hemd geblieben ist und sich als Schuldner vielen Forderungen ausgesetzt sieht, ist arm.

Sprichwörtlich „viel wert" ist es aber auch dann nicht, wenn man zwar viel hat („mein Haus, mein Auto, mein Boot"), aus gewissen Gründen darüber aber nicht verfügen kann, wie es die mehr oder weniger sinnvolle wirtschaftliche Nutzung solcher Güter vorsieht. Stellen Sie sich das Beispiel der Errichtung schwarzer Kassen vor: Jemand lässt – salopp formuliert – Geld in einen nur ihm bekannten Topf wandern und entzieht dem Eigentümer so seine Verfügungsmöglichkeit: Im Saldo bleibt ein Aktivposten, der trotzdem nichts mehr wert ist. Das Vermögen ist hier unter abstrakter Blickrichtung hinsichtlich seines Bestandes geschmälert. Die wirtschaftliche Wertminderung des Nicht-verfügen-Könnens liegt auch in der rechtlich missbilligten Zugriffsform unter Überschreitung des rechtlichen Dürfens begründet; es herrscht das Bild vom Vermögen als Güterbestand.[26]

Ausgehend von dieser grundsätzlichen Zweiteilung sind Angriffe auf das Vermögen – wiederum grundsätzlich – folglich zweifach als wie auch immer geartete Saldominderung oder als Entzug einer Dispositionsfreiheit zu begründen.[27] Lassen Sie uns diese grundlegende Ambivalenz des Vermögensbegriffs jetzt auf die Frage nach der Art und Weise der Vermögensschädigung übertragen.

(2) Schädigungen des Vermögens durch Verletzung und Gefährdung? – Die Spiegelung der BT-Problematik an der AT-Dogmatik zum konkreten Gefährdungsdelikt

a) Das sog. Angriffsparadigma: Gefährdung *und* Verletzung; Gefährdung *vor* Verletzung; Gefährdung *oder* Verletzung

Die erste wesentliche Weichenstellung bei der Frage nach der Möglichkeit, Vermögensdelikte i.e.S. als konkrete Gefährdungsdelikte zu verstehen, führt uns nun erstmals zur Dogmatik der Gefährdungsdelikte. Denn die Frage, ob die Schädigung eines Rechtsguts außer in seiner Verletzung auch in seiner konkreten Gefährdung begründet sein kann, impliziert derart weitreichende, den Bereich der Vermögensdelikte weit übersteigende Konsequenzen,[28] dass sie ernstlich nur unter Rückzug auf eine *abstrakte* Argumentationsebene beantwortet werden kann. Betrachten wir also das sog. Angriffsparadigma[29], wonach sich die strafwürdige Beeinträchtigung eines Rechtsguts stufenweise chronologisch in grundsätzlich straflose Vorbereitung, abstrakte Gefährdung, konkrete Gefährdung durch den Versuch, der bei der Untreue allerdings straflos ist, konkrete Gefährdung durch eigene Deliktstatbestände (unser Thema!), Verletzung durch Vollendung und bis Beendigung, Verletzung durch Zweitschädigung (z.B. wiederholte Zueignung) und Schadensvertiefung durch sog. Anschlussdelikte (namentlich der Hehlerei) darstellen lässt, so ergibt sich eine Schwierigkeit: Steht die konkrete Gefährdung nicht ausdrücklich im Gesetz, sondern ist dort allein von der Schädigung etwa des Vermögen die Rede, dann darf die konkrete Gefährdung als gegenüber der Verletzung weiterreichende, vorverlagernde Beeinträchtigungsart wegen des Analogieverbots schon ganz allgemein – unabhängig von ihrer evident anstößigen „Schadensgleichheit" – nicht strafbarkeitsbegründend berücksichtigt werden. Denkbar wäre das nur dann, wenn auch die konkrete Gefährdung des Vermögens i.S.d. Handlungsobjekts das Vermögen als Rechtsgut schädigen könnte und wenn mit „Vermögen" in den Deliktstatbeständen der §§ 263 Abs. 1, 266 Abs. 1 StGB das Rechtsgut gemeint ist. Das ist aber nicht der Fall. De lege lata ist die konkrete Vermögensgefährdung von den Tatbeständen der §§ 263 Abs. 1, 266 Abs. 1 StGB folglich nicht erfasst.

aa) Konkrete Gefährdung des Handlungsobjekts und/oder des Rechtsguts?

Denn zunächst scheint es nicht weiter relevant zu sein, wenn es zum Kennzeichen konkreter Gefährdungsdelikte erklärt wird, bei ihnen sei nach einer Auffassung das Handlungs- oder Angriffsobjekt des Tatbestandes[30], nach einer anderen Meinung aber das Rechtsgut[31] selbst in einen Zustand konkreter Gefährdung zu bringen. Auch daneben bestehende scharfsinnige Differenzierungen, etwa diejenige *Horst Schröders*: „Bei den ersteren [den Verletzungsdelikten, *d. Verf.*] gehört zur Vollendung des Delikts die Verletzung eines bestimmten *Objekts*, z. B. Verletzung eines menschlichen Körpers (§ 223) oder Beschädigung einer Sache (§ 303). In einer Reihe von Fällen wird aber bereits die Gefährdung eines *Rechtsguts* mit Strafe bedroht, um die Verletzung zu verhüten."[32] vermögen prima facie nichts daran zu ändern: Bei den Vermögensdelikten i.e.S. sind tatbestandliches Angriffsobjekt und Rechtsgut deckungsgleich. So heißt es in beinahe jedem Lehrbuch.[33] Die durch List oder Zwang herbeigeführte Vermögensverfügung zöge das Vermögen sowohl als Handlungsobjekt als auch in seinem Verständnis als Rechtsgut gleichermaßen in Mitleidenschaft. Gleich, ob man die konkrete Gefährdung auf das Handlungsobjekt oder auf das Rechtsgut bezieht, in beiden Fällen wäre das Vermögen betroffen.

Kann unsere Entscheidung über das Objekt der konkreten Gefährdung damit aber wirklich dahinstehen?

Sie kann es nicht. Denn die Frage, ob die konkrete Gefährdung des Vermögens bei Betrug oder Untreue bereits das Objekt der tatbestandlichen Angriffshandlung betrifft oder nur das abstrakte Rechtsgut, muss entschieden werden, weil nur so das Verhältnis zwischen der gefährdenden oder verletzenden Tathandlung zur Rechtsgutschädigung geklärt werden kann.[34]

Im Ergebnis – und das sei hier vorweggenommen – bezieht sich die konkrete Gefährdung immer nur auf das tatbestandliche Handlungsobjekt.[35] Dass sich die konkrete Gefährdung zunächst allein auf das Handlungsobjekt und nie direkt auf das tatbestandlich ja nicht unmittelbar, sondern nur in konkreten Angriffsobjekten verkörperte Rechtsgut beziehen kann, ergibt sich bereits aus dieser *Tatbestandlichkeit* der konkreten Gefährdung. Doch der Reihe nach: Übertragen auf die Vermögensdelikte besteht der konkrete Gefahrerfolg darin, dass sich das Vermögen als Angriffsobjekt im Einflussbereich des Täters befindet und „nach einem objektiven sachkundigen Urteil – auch unter Einbeziehung eventuell erst nachträglich feststellbarer Umstände – für den maßgeblichen Zeitpunkt die Möglichkeit [seiner] Schädigung [als ...] Rechtsgutsobjekt[...] als naheliegend einzuschätzen ist"[36]. Es darf m.a.W. „nur noch vom Zufall abhängen"[37], ob es zu seiner Verletzung kommt oder nicht.[38] Nach dieser sog. normativen Gefahrerfolgstheorie[39] soll dabei – was später für die Frage der Vermeidemacht zur Abwendung des Vermögensschadens noch relevant wird – das Vorliegen dieser Gefahr „aus dem Blickwinkel des bedrohten Gutes zu bestimmen" sein und nicht „aus der Handlungsperspektive des Täters".[40]

Diese tatbestandliche Gefahrenlage betrifft also abstrakt-generelle Tatbestandsmerkmale (vgl. § 315c Abs. 1 StGB: „Leib oder Leben eines anderen Menschen oder fremde Sachen von bedeutendem Wert") und konkretisiert sich im Einzelfall dann auf lebenssachverhaltliche Angriffsobjekte (das Leben des A, die körperliche Unversehrtheit der B). Der Gefahrbegriff ist also notwendigerweise konkreter Natur.[41] Dass das Gesetz die Gefährdung einer fremden Sache und nicht etwa die Gefährdung des dahinterstehenden Eigentums zum Taterfolg erklärt, ist auch schon ein gewisses Indiz dafür, dass es nicht auf die Gefährdung des Rechtsguts ankommen kann. Hinzukommt, dass sich kein Rechtsgut als solches im gefahreröffnenden Einflussbereich des Täters, der ersten Voraussetzung der konkreten Gefährdung, befinden kann. Denn wenn es sich bei dem Rechtsgut um das „Schutzobjekt der dem positiven Recht entnehmbaren Verhaltensnorm"[42] oder um „das ideelle Gut, das sich in dem konkreten Angriffsgegenstand verkörpert"[43] handeln soll, dann hat der Täter Einfluss auf ebensolche Verkörperungen (Symbole) dieses Gutes, niemals aber auf das Rechtsgut selbst.

Das hiergegen vorgebrachte Argument, die (konkrete) Gefährdung müsse sich stets auf ein Rechtsgut beziehen, weil sonst die schwere Brandstiftung gem. § 306a Abs. 1 Nr. 1 StGB als Paradebeispiel eines abstrakten Gefährdungsdelikts ein Verletzungsdelikt wäre,[44] überzeugt nicht. Das Inbrandsetzen bzw. durch eine Brandlegung ganz oder teilweise Zerstören einer Räumlichkeit, die der Wohnung von Menschen dient, bedeutet nur eine abstrakte Gefährdung des Rechtsguts „Leben und Gesundheit von Menschen vor den durch eine Brandstiftung drohenden Gefahren"[45], weil bei § 306a Abs. 1 Nr. 1 StGB mit der Tathandlung kein Angriffsobjekt betroffen ist, das – wie bei den konkreten Gefährdungsdelikten – das geschützte Rechtsgut verkörpert. Im Übrigen muss man die Frage zwischen konkreten und abstrakten Gefährdungsdelikten differenziert beurteilen: Bei den konkreten Gefährdungsdelikten wird das Handlungsobjekt konkret gefährdet, bei den abstrakten Gefährdungsdelikten kommt es zu einer abstrakten Gefährdung des Rechtguts durch eine spezielle Tathandlung, die nicht notwendigerweise Verletzungscharakter haben muss.[46]

Abstraktes Gefährdungsdelikt	Konkretes Gefährdungsdelikt	Verletzungsdelikt
Typische, nicht gefahrerfolgsobjektbezogene Tathandlung ↓ Abstrakte Gefährdung des Rechtsguts	Konkrete Gefährdung des Handlungsobjekts ↓ Schädigung i.S.e. Beeinträchtigung des Rechtsguts	Konkrete Verletzung des Handlungsobjekts ↓ Schädigung i.S.e. Beeinträchtigung des Rechtsguts

Steht damit fest, dass sich die konkrete Gefährdung auf das (Vermögen als) *Handlungsobjekt* beziehen müsste, fragt es sich freilich weiter, inwiefern damit zugleich eine konkrete Gefährdung des Rechtsguts einhergeht oder ob die konkrete Gefährdung des Handlungsobjekts nicht sogar eine wirkliche Beeinträchtigung des Rechtsguts i.S. seiner Schädigung bewirkt. Von letzterem wird man zumindest dann auszugehen haben, wenn man das Rechtsgut als „Schutzobjekt der dem positiven Recht entnehmbaren Verhaltensnorm" versteht. Denn wird die spezifische Verhaltensnorm des konkreten Gefährdungsdelikts missachtet und ein gefährlicher Zustand geschaffen, ist die Verhaltensnorm verletzt.

Im Ergebnis setzen konkrete Gefährdungsdelikte also eine konkrete Gefährdung des Handlungsobjekts voraus, aus der sich mittelbar eine echte Schädigung i.S.e. Beeinträchtigung des Rechtsguts ergibt.

bb) Die konkrete Vermögensgefährdung als notwendiges, aber tatbestandlich-axiologisch belangloses Vorstadium der allein maßgeblichen Vermögensverletzung

Die vorherrschende Meinung argumentiert gegen den Einbezug der konkreten Vermögensgefährdung in den Bedeutungsbereich des Begriffs „Vermögensschaden", indem und weil sie den Vermögensschaden bzw. Vermögensnachteil gleichsetzt mit dem Begriff der Vermögens*verletzung*. Infolge dieser Annahme durchaus konsequent, weil die Verletzungsdelikte nun einmal den Gegenbegriff zu den Gefährdungsdelikten bilden,[47] kann die Gefährdung, „ganz gleich, wie, ,konkret' sie ist"[48], schon systematisch und kategorial nie heranreichen, um einen im Sinne einer Verletzung verstandenen Vermögensnachteil zu begründen.

Diese Grundannahme findet ihre gefährdungsdeliktsdogmatische Entsprechung in der Auffassung, dass die „Herbeiführung eines Gefahrzustands [...] für das betroffene Rechtsgutobjekt [zwar] eine reale Verschlechterung seiner Lage" bedeutet, dieser Gefährdung aber nur eine aus der *Verletzung*smöglichkeit *abgeleitete* Unwerthaftigkeit zukommt.[49] *Jescheck* meint ganz entsprechend, das Verbrechen sei seinem Wesen nach eine Rechtsgutsverletzung.[50] Und folgerichtig wird die Gefährlichkeit der Handlung als Verletzungssorgfaltswidrigkeit definiert.[51] *Horn* spricht gar vom Strafrecht als Rechtsgütervernichtungsschutz[52] (wenngleich diese These schon deshalb in Frage steht, weil sich mit ihr letzten Endes auch keine Versuchsstrafbarkeit vereinbaren lässt).[53]

Obwohl die konkreten im Unterschied zu den abstrakten Gefährdungsdelikten heute gesetzlich fest etabliert und in ihrer generellen Legitimation unbestritten sind,[54] sollen sie ihren Unwertgehalt also von demjenigen der Verletzungsdelikte lediglich ableiten, mit der hier sehr bedeutsamen Konsequenz, dass die konkrete Gefährdung nicht etwa als zweiter Unterfall der Rechtsgutsschädigung gleichrangig neben die Verletzung tritt, sondern sich zur rechtsgutschädigenden Verletzung wie ein Minus verhält. Die Vermögensgefährdung wäre dann eine unselbständige Vorstufe der Verletzung und stünde mit einer allein verletzungsbegründeten Schädigung des Vermögens dann auch nicht in Verbindung.

1) Der Wertungswiderspruch der Unselbständigkeitsthese

Wenn es zutrifft, dass das konkrete Gefährdungsdelikt seine Unwerthaftigkeit nicht eigenständig begründen, sondern vielmehr nur in Ableitung von den Verletzungsdelikten beziehen kann, dann müsste aber doch jedem konkreten Gefährdungsdelikt ein solches komplementäres Verletzungsdelikt zuzuweisen sein. Schon das trifft aber nicht zu, wie uns das Beispiel des besonders schweren Falles des Bankrotts (§ 283a S. 2 Nr. 2 Alt. 2 StGB) durch Verbringen vieler Personen in wirtschaftliche Not vor Augen führt. Das hier gefährdete Rechtsgut, die Fähigkeit zur wirtschaftlichen Lebensführung[55], wird nirgends vor Verletzung geschützt. Dasselbe gilt für das Beispiel der Gefahr der erheblichen Schädigung der körperlichen oder seelischen Entwicklung im Tatbestand der Verletzung der Fürsorge- oder Erziehungspflicht (§ 171 StGB) bzw. der qualifizierten Entziehung Minderjähriger (§ 235 Abs. 4 Nr. 1 StGB). Sie und der mit ihr verbundene Erziehungs- und Fürsorgeanspruch sind von der körperlichen Unversehrtheit nicht umfasst.[56] Diese konkreten Gefährdungsdelikte *können* ihren Unwertgehalt also nicht von einem Verletzungsdelikt ableiten, weil es ein solches für sie schlicht nicht gibt.

Wenn man eine solche Paarung im StGB dann erst einmal gefunden hat, ergeben sich schnell Wertungswidersprüche, wie das Beispiel der Straßenverkehrsgefährdung (§ 315c Abs. 1 StGB) nur allzu anschaulich macht: Sicherlich lässt sich die konkrete Gefährdung einer fremden Sache von bedeutendem Wert zu ihrer Verletzung nach § 303 Abs. 1 StGB in Bezug setzen. Wie aber lässt sich die Unwerthaftigkeit einer solchen Sachgefährdung von der Sachverletzung *ableiten*, wenn der Unwertgehalt des Verletzungstatbestandes viel geringer ist als der des Gefährdungstatbestandes? Man vergleiche die Strafrahmen: Nur maximal 2 Jahre

Freiheitsstrafe bei der Sachbeschädigung sind gegenüber bis zu 5 Jahren Freiheitsstrafe bei § 315c Abs. 1 StGB vorgesehen. Erklären lässt sich diese Schieflage freilich allein über den wegen des Schutzguts der Sicherheit des Straßenverkehrs besonderen Handlungsunwert der Straßenverkehrsgefährdung, womit sich jedoch die Katze in den Schwanz beißt: Dass ein anderes, abweichendes Schutzgut herangezogen werden muss, um den höheren Unwertgehalt eines Gefährdungsdelikts zu erklären, ist gerade bester Beleg dafür, dass dieses Gefährdungsdelikt seinen Unwertgehalt jedenfalls nicht von einem ihm korrespondierenden Verletzungsdelikt ableiten kann.[57]

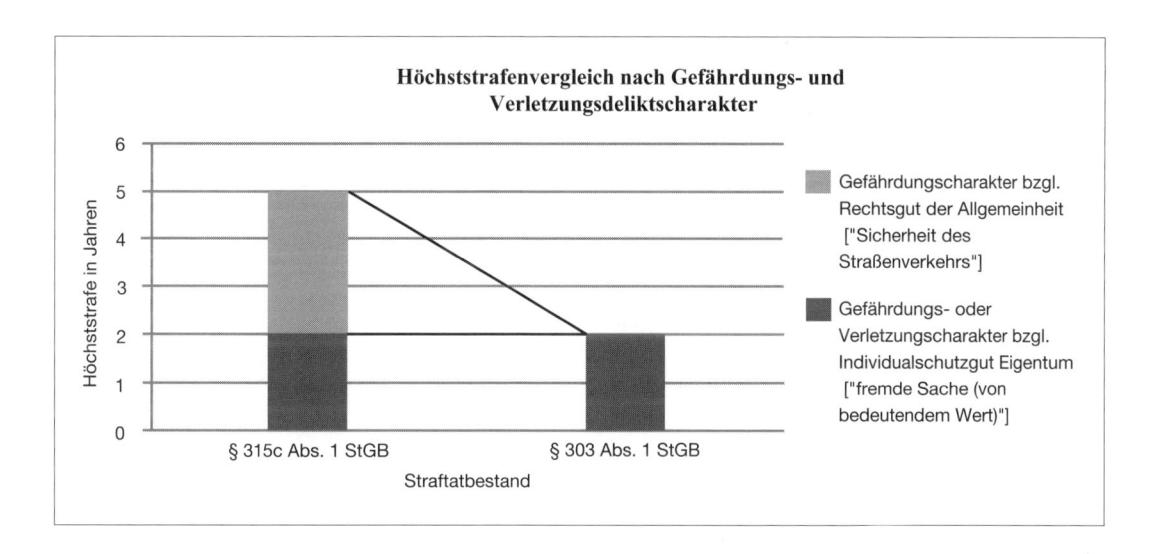

Höchststrafenvergleich nach Gefährdungs- und Verletzungsdeliktscharakter

Straftatbestand	Gefährdungscharakter bzgl. Rechtsgut der Allgemeinheit ["Sicherheit des Straßenverkehrs"]	Gefährdungs- oder Verletzungscharakter bzgl. Individualschutzgut Eigentum ["fremde Sache (von bedeutendem Wert)"]
§ 315c Abs. 1 StGB	5	2
§ 303 Abs. 1 StGB	2	2

2) Die Eigenständigkeit der gefährdungsspezifischen Verhaltensnorm als Grundlage der Bewertungsnorm zur Verknüpfung von Handlungs- und Erfolgsunwert

An dieser Stelle muss aber noch eine weitere normentheoretische Überlegung einfließen: Wenn die These von der Verletzungsabhängigkeit der Gefährdungsdelikte richtig sein soll,[58] dann müsste sich der Handlungsunwert der konkreten Gefährdungsdelikte vollständig als Enttäuschung einer solchen Bestimmungsnorm abbilden lassen, die ein Verletzungsverbot formuliert. Wie lautet dann z.B. die Gebotsnorm der konkret lebensgefährlichen besonders schweren Brandstiftung nach § 306b Abs. 2 Nr. 1 StGB[59]? Sie lautet: „Du sollst nicht töten!" Diese Verhaltensnorm hätten dann aber alle Tötungsdelikte sowie alle abstrakten und konkreten Lebensgefährdungstatbestände zu teilen. Damit ginge jedoch die normative Verknüpfungswirkung der Bewertungsnorm verloren, nach der die *Gefährdung* gerade deshalb verboten ist, um den Gefährdungserfolg zu verhindern.[60] Die zurückzuweisende Ansicht, die stattdessen stets die *Verletzung* verbieten muss, um den Gefährdungserfolg zu vermeiden, gerät unweigerlich in Begründungsschwierigkeiten: Bei nicht verletzungstauglicher bloßer Gefährdungseignung einer Handlung müsste sie den Handlungsunwert konsequenterweise verneinen. Gefährdet beispielsweise jemand das Vermögen eines anderen, ohne dass diese Tat das Vermögen jemals wirklich schädigen könnte,[61] so wäre die Auffassung von der Gefährdung als bloßem Vorstadium der Verletzung gezwungen, mangels (Verletzungs-)Handlungsunwert die Vollendungs-

und Versuchsstrafbarkeit abzulehnen. Eine verheerende Konsequenz, die sich nur durch die Akzeptanz einer in einem Mindestmaß bestehenden dogmatischen Eigenständigkeit der konkreten Gefährdungsdelikte vermeiden lässt.[62] Diese Eigenständigkeit umschließt die Forderung nach einer eigenen Verhaltensnorm, die Eigenständigkeit bewirkt den Verzicht auf einen komplementär zu fordernden Verletzungsschutz durch eigene Tatbestände und sie gewährleistet damit eine originäre und nicht lediglich abgeleitete Begründung des Unwertgehalts.

Wir halten also fest, dass die Schädigung eines Rechtsguts nicht allein nur im Falle seiner Verletzung erfolgt, sondern auch durch die konkrete Gefährdung des es repräsentierenden Handlungsobjekts bewirkt werden kann. Die konkrete Gefährdung und die Verletzung stellen damit eigenständige Subkategorien der Rechtsgutsschädigung dar. Beide verbindet der Rechtsgüterschutzaspekt, doch lässt sich dieser systematisch und normentheoretisch durchaus verschieden, eben als Verletzungs- oder Gefährdungsschutz ausgestalten. Die konkrete Gefährdung eines Handlungsobjekts ist damit keineswegs ein lediglich bangloses Vorstadium der allein maßgeblichen Verletzung. Ob sich daraus aber auch im Sinne des BT folgern lässt, dass die Vermögensgefährdung neben der Vermögensverletzung selbständiger Fall der Vermögensschädigung ist, haben wir oben für das Handlungsobjektverständnis zwar bereits am Analogieverbot scheitern lassen. Erforderlich bleibt eine Überprüfung dieses dichotomen Schadensverständnisses am Gegenstand des BT und mit dem Beispiel von Betrug und Untreue gleichwohl.[63]

b) Die konkrete Vermögensgefährdung als Schaden sui generis

Im Kontrast zu der eben zurückgewiesenen Unselbständigkeitslehre hätte jene seit Binding vertretene Auffassung, die die konkrete Gefährdung des *Rechtsguts* (!) als gleichrangiges Analogon zu seiner Verletzung begreift[64] und so die Beeinträchtigung des Rechtsguts dichotom auf seine Verletzung und Gefährdung stützen kann, im Grunde keinerlei konzeptionelle Schwierigkeiten bei der Berücksichtigung der konkreten Vermögensgefährdung als im Verhältnis zur Vermögensverletzung in ebenbürtiger Weise schadenskonstituierendem Merkmal.[65] Gleichwohl ergeben sich selbst bei einem solchen Vorverständnis intrikate Folgeprobleme:

aa) Der Streit um den Dispositionsbegriff als Schlüsselstelle

Denn auch wenn *Roland Hefendehl* meint, die konkrete Vermögensgefährdung habe „zumindest von ihrem Ausgangspunkt aus nichts mit der Konkretheit i.S.d. konkreten Gefährdungsdelikte zu tun"[66], muss er doch wenige Atemzüge später einräumen, dass die Dogmatik des konkreten Gefährdungsdelikts und die Schadensbestimmung zumindest im Falle des Entzugs von Verfügungsmöglichkeiten in einem neuralgischen Punkt denselben Schlüsselbegriff teilen und insofern doch ein enger Zusammenhang zwischen beiden Gefährdungssachverhalten besteht[67].

1) Unvereinbarkeit der vermögensbegrifflichen Dispositionslehre mit dem dispositionalen Charakter der konkreten Gefährdung?

Der Grund für *Hefendehls* Annahme eines gewissen Zusammenhangs liegt in dem auch von ihm vertretenen Vermögensbegriff, der der Dispositionsmacht des Über-sein-Vermögen-verfügen-Dürfens breiten

Raum beimisst.[68] Wenn das Vermögen nicht nur Bestand an Gütern, sondern auch das Potential, also die Macht der Verfügbarkeit seiner Bestandteile sein soll, dann gehört diese Dispositionsbefugnis mit dem 2. Strafsenat des BGH in der Tat „zum Kern der von § 266 StGB geschützten Rechtsposition"[69], also zum Kern des Vermögens. Der 2. Strafsenat hat in seiner zugrundliegenden *Siemens*-Entscheidung daraus den Schluss gezogen, dass die „dauerhafte Entziehung der Verfügungsmöglichkeit über die veruntreuten Vermögensteile […] für den Treugeber […] nicht nur eine („schadensgleiche") Gefährdung des Bestands seines Vermögens […], sondern einen endgültigen Vermögensverlust"[70], also einen echten Verletzungsschaden darstellt.

In dieser Disposition trifft sich das Schutzgut des Vermögens nun mit dem Wesen der konkreten Gefährdung: Auch dort ist eine Disposition, nämlich die Verfügungsmacht des Gefährdeten, die Gefahr durch eigenes Handeln letztlich abwenden zu können, wesensbestimmendes Merkmal.[71] Liegt die Vermögensschädigung also (auch) im Entzug von Verfügungsmöglichkeiten und ist andererseits der konkrete Gefahrerfolg immer dann ausgeschlossen, wenn das Opfer die Vermeidemacht hat, durch eigenes Tun die Beeinträchtigung des Rechtsguts abzuwenden, dann schrumpft der Annahmebereich für eine konkrete Vermögensgefährdung mit einem Mal gravierend: Hat das Opfer die unproblematische Möglichkeit zur Verhinderung der Dispositionsentziehung, indem es seine Vermeidemacht ausübt, scheiden konkrete Gefährdung und Schädigung aus. Hat das Opfer diese Macht nicht, so wird damit oftmals aber nicht nur der konkrete Gefahrentatbestand begründet, sondern zugleich oft direkt die Verletzungssituation. Denn dann ist die vermögensbegründende Dispositionsfreiheit bereits entzogen und der Schaden begründet. Im Beispiel der schwarzen Kassen wird sich deshalb oft nicht länger von einer konkreten Vermögensgefährdung sprechen lassen. Man wird hier vielmehr von einer Schädigung durch Verletzung auszugehen haben, soweit man den dispositionalen Charakter des Vermögensbegriffs überhaupt anerkennen will[72].

Gleichwohl sind Worte der Vorsicht angebracht gegenüber der naheliegenden Versuchung, den Gattungsbegriff der Disposition ohne weiteres (!) als tertium comparationis für Schaden und Gefahr zu verstehen: Der Schutz der Disposition über das Vermögen will die Macht der Vermögensnutzung bzw. des Vermögenseinsatzes gewährleisten, während das Dispositionsmerkmal der konkreten Gefährdung die Macht zur Schadensabwehr kennzeichnet, also gerade zum Erhalt der positiven Dispositionsgewalt beiträgt. Damit äußert sich die Disposition einmal als Schutzmittel (zur Gefährdungsabwehr) und einmal als Schutzobjekt (zur Konstituierung des Vermögens).

2) Die Vermögensgefährdung in ihrer Abhängigkeit von der Vermeidemacht des Opfers, des Täters oder Dritter Personen?

Jene Vermeidemacht des Opfers, die schon *Binding* als gefahrausschließenden Umstand ansah,[73] führt uns nun noch zu der Frage, ob die Vermögensgefährdung neben dem Opferverhalten auch vom Verhalten – oder genauer: der Schadens-Vermeidemacht – des Täters oder Dritter Personen abhängig ist. Ganz entsprechend haben wir oben im Rahmen der Definition des konkreten Gefährdungstatbestandes festgestellt, dass die Gefährdung gerade aus Sicht des gefährdeten Objekts und nicht aus Sicht des Täters zu beurteilen sein soll.[74]

Dem scheint es zu widersprechen, wenn *Hefendehl* die Vermögensgefährdung als den Charakter eines konkreten Gefährdungsdelikts begründenden Umstand gerade deshalb verneinen will, wenn die vermögensgefährdende Disposition vom Opfer vorgenommen werde, während es bei den konkreten Gefährdungsdelikten nicht der Gefährdete, sondern der gefährdende Täter sei, der über Eintritt oder Ausbleiben der gefährdenden Situation bestimmen könne.[75] Könne der *Täter* den Eintritt des Gefährdungserfolgs sicher beherrschen, so liege keine Gefährdung vor.

Die Zuweisung solcher Vermeidemacht zum Täter[76] eines konkreten Gefährdungsdelikts schließt es aber keineswegs aus, ebensolche Vermeidemacht im Rahmen der Vermögensgefährdung auch dem (sich beim Betrug selbstschädigenden!) Opfer zuzuweisen.[77] Denn tatsächlich haben Disposition bzw. Vermeidemacht zwei ganz verschiedene Gegenstände, je nachdem, ob man diese Potenz aus Sicht der AT-Dogmatik zum konkreten Gefährdungsdelikt oder aus Sicht der BT-Vermögensdeliktsdogmatik beleuchtet: Freilich schafft der Täter mit seiner Tathandlung erst die Voraussetzung einer konkreten Gefahr. Ihre Realisierung hängt dann davon ab, ob das Opfer, Dritte oder auch der Täter selbst den Eintritt der konkreten Gefährdung durch den Verzicht auf ihre Vermeidemacht zulassen.[78]

bb) Die „beunruhigende Rolle des Zufalls" und die Forderung nach stark gefährlichem Verhalten – Zur Rückbindung des Gefährdungsschadens an die Tathandlung

Dass sich das Konzept der Vermögensgefährdung als eigenständiger Bereich des Rechtsgüterschutzes in den aufgezeigten engen Grenzen begründen lässt, belegt jedoch mit keinem Wort, dass es gerade das konkrete Gefährdungsdelikt sein muss, anhand dessen dieser Schutzbedarf umzusetzen ist. Ein solches Gefährdungsdeliktskonzept hätte selbstverständlich den allgemeinen Vorgaben der Dogmatik der konkreten Gefährdungsdelikte zu folgen, was im Ergebnis nicht gelingen kann.[79]

Einzugehen ist hier zunächst auf die von *Ulrich Weber* im Anschluss an *Radbruch* sog. „beunruhigende Rolle des Zufalls"[80]. Konkrete Gefährdungsdelikte teilen das Schicksal aller Erfolgsdelikte, wonach es mehr oder minder vom Zufall abhängt, ob der tatbestandsmäßige Erfolg eintritt oder ausbleibt. Auch bei den Vermögensdelikten ist es keineswegs sicher, dass die Tathandlung vermögensschädigende Wirkung haben wird. So muss sich das Opfer nicht täuschungsbedingt irren, es kann der Drohung in besonnener Selbstbehauptung widerstehen oder der Täter kann trotz gröblichster Pflichtverletzung einfach Glück haben und die Vermögenseinbuße bleibt aus. Aus diesem „Odium der Zufallshaftung"[81] werden deshalb bestimmte Anforderungen an die Tathandlung abgeleitet.

Zur Legitimation des konkreten Gefährdungsdelikts wird zum einen gefordert, bei der Tathandlung müsse es sich stets um ein „*stark* gefährliches Verhalten"[82] handeln. Ähnlich dem Typizitätselement der Tathandlung beim abstrakten Gefährdungsdelikt bedarf es also eines Verhaltens, das in gesteigertem Maße gefährdungsgeeignet ist, wobei sich diese Eignung im Unterschied zum abstrakten Gefährdungsdelikt dann auch tatsächlich realisieren muss, z.B. die besondere Unfallträchtigkeit der sog. „7 Todsünden im Straßenverkehr" als eine der beiden Tathandlungstypen der Straßenverkehrsgefährdung (§ 315c Abs. 1 StGB).[83]

Genau darin liegt aber das Problem: Sicher sind die vermögensgerichtete Täuschung, eine hierauf bezogene Nötigung und erst recht die Verletzung einer Pflicht, Vermögen (ordnungsgemäß) zu betreuen, allesamt das Vermögen in einem gesteigerten Maße gefährdende Handlungen. Wenn das Vermögen aber „stark gefährdet" wird, wenn es also sehr wahrscheinlich ist, dass es zu seiner Verletzung und Schädigung kommen wird, weil Möglichkeiten des Opfers, des Täters oder dritter Personen zur Vermeidung dieser Schädigung ungenutzt bleiben, dann folgt aus der Gefährlichkeit des Täterverhaltens direkt die Vermögens*verletzung*, ohne dass für eine Vermögens*gefährdung* noch Raum bliebe. Aus dem Zusammenspiel zwischen der starken Gefährlichkeit der Tathandlung und der Eigenart des Vermögens, im Falle seiner starken Gefährdung sehr oft bereits verletzt zu sein, folgt so die Unvereinbarkeit des Charakters eines konkreten Gefährdungsdelikts mit dem Vermögensschutz. Dies zeigt auch die folgende Übersicht zu dem sehr engen Restbereich von Gefährdungsschäden.

cc) Verbleibende Beispiele für „Gefährdungsschäden"[84]

1) Trotz eines (auch) dispositionalen Vermögensverständnisses

Der Begriff des Gefährdungsschadens, den *Fischer* als „irreführende Bezeichnung für eine bloße Berechnungsart einer (nicht drohenden, sondern eingetretenen) Vermögensminderung"[85] bezeichnet hat, entfaltet nach unseren obigen Überlegungen zunächst dort weiterhin Relevanz, wo weder das Opfer noch eine andere Person über die Vermeidemacht verfügt, den Schaden zu verhindern, in dieser Situation aber noch kein Verlust der Dispositionsbefugnis zu sehen ist. Denn dann ist mangels Verlusts der Vermeidemacht noch kein Vermögensschaden eingetreten, obwohl sich das Geschehen unaufhaltsam (!) in diese Richtung fortentwickelt. Beispiel: Geld, das unabänderlich einer schwarzen Kasse zugeführt werden soll, befindet sich noch an seinem regulären Standort. Hier vermag niemand, den Vermögensentzug zu verhindern, was zu einer konkreten Vermögensgefährdung führt.

2) Außerhalb der saldierungsfähigen Vermögenswertminderungen

Sodann bleiben theoretisch die Fälle, in denen sich vermögensbezogenes Verhalten nicht wertmäßig saldieren lässt. Wenn wir uns an die oben zitierte[86] Rechtsprechung des RG erinnern, handelt es sich dabei ursprünglich um *die* Domäne des Gefährdungsschadens schlechthin. Nach der neueren Rechtsprechung des BVerfG dürfte der Anerkennung solcher Konstellationen aber ein Riegel vorgeschoben sein: Vermögensgerichtetes Schädigungsverhalten, das sich nach bilanziellen Vorgaben nicht wertmäßig saldieren lässt, ist vermögensstrafrechtlich nicht relevant.[87] So schließt die Möglichkeit des Getäuschten, sich bei einem Eingehungsbetrug durch die Ausübung von Gestaltungsrechten vom Vertrag loszusagen die Vermögensgefährdung aus.

3. Zusammenfassung der Untersuchungsergebnisse

(1) Für die Figur eines konkreten Vermögensgefährdungsdelikts

Selbst *de lege ferenda* ist es daher unmöglich, konkrete Vermögensgefährdungsdelikte durch die Formulierung eines entsprechenden Deliktstatbestandes (etwa mit dem Wortlaut: „Wer [...] das Vermögen eines anderen dadurch konkret gefährdet oder beschädigt, dass [...]") zu konstruieren. Denn konkret vermögensgefährliches Verhalten, das konkret zu keinem Schaden führt, muss straflos bleiben. Das ergibt sich aus dem Zusammenwirken zwischen den spezifischen Anforderungen an konkrete Gefährdungshandlungen („stark gefährliches Verhalten" und der fehlenden Vermeidemacht des Opfers und des Täters) einerseits und der Sensibilität des Vermögens als Rechtsgut andererseits. Sofern die Rechtsfigur der konkreten, unmittelbaren Vermögensgefährdung also nicht schon echte Saldierungsschäden erfasst und schon insofern entbehrlich ist, hat das Institut auch keine darüberhinausgehende Daseinsberechtigung.[88]

Was der Gesetzgeber aber *de lege ferenda* leisten kann, ist eine Korrektur der Begriffsverschiedenheit zwischen „Schädigung" und „Nachteil", die für die §§ 263, 266 StGB und alle weiteren Vermögensdelikte i.e.S. bei nächster Gelegenheit zugunsten eines einheitlichen Begriffs des Vermögensschadens aufgelöst werden sollte. Es ist noch einmal klarzustellen: Wegen des Analogieverbots des Art. 103 Abs. 2 GG kann es sich niemand leisten, für die Verwirklichung des Schadens- oder Nachteilsmerkmals in den gesetzlichen Tatbeständen sog. „schadensgleiche" Vermögensgefährdungen genügen zu lassen. Dieser Terminus gehört daher für immer auf der Müllhalde der Strafrechtsdogmatik entsorgt: Die konkrete Vermögensgefährdung ist kein Vermögensschaden oder –nachteil i.S.d. §§ 263 Abs. 1, 266 Abs. 1 StGB.[89] Eine „bloße konkrete Gefährdung von Vermögenswerten, [die] nach wirtschaftlicher Betrachtungsweise bereits eine Verschlechterung der gegenwärtigen Vermögenslage bedeutet"[90], gibt es nicht, weil eine solche, nach wirtschaftlichen (bilanziellen) Grundsätzen ermittelte Vermögensverschlechterung sereits, einen Vermögensschaden begründet.

(2) Für die Deliktskategorie der konkreten Gefährdungsdelikte im Allgemeinen

Ganz allgemein erweisen sich die konkreten Gefährdungsdelikte aber als kriminalpolitisch notwendige und rechtsdogmatisch integrationsfähige Kategorie. Konkrete Gefährdungsdelikte haben in der heterogenen Gruppe der Gefährdungsdelikte durchaus ihre Berechtigung, weil sich ein effektiver Rechtsgüterschutz nicht auf Verletzungstatbestände beschränken kann. Bestimmte, freilich nicht alle Rechtsgüter bedürfen des Schutzes vor konkreten Gefährdungen der sie verkörpernden tatbestandlichen Angriffsobjekte. Diese in diesem Beitrag überall durchschimmernde Rückbindung der Dogmatik der konkreten Gefährdungsdelikte an das zugrundeliegende Schutzgut ermöglicht es, der Gefahr einer Hypertrophie, einer ausufernden Installation konkreter Gefährdungsdelikte wirksam vorzubeugen. Die vorliegende Untersuchung zum Vermögensschutz hat die theoretische Stellung der Schädigungsvermeidemacht (des Opfers, des Täters oder einer dritten Person?) als eine der heute größten Herausforderungen für die Dogmatik der konkreten Gefährdungsdelikte klargestellt. Diese allgemeine Dogmatik des konkreten Gefährdungsdelikts kann dann auch zur Vorzeichnung des BT herangezogen werden. Damit hat *Lackners* Einschätzung: „Das konkrete Gefährdungsdelikt im Strafrecht [...] ist ein höchst merkwürdiges und problematisches Phänomen."[91] heute keinen Bestand mehr.

[Notes]

* Vortrag im Rahmen eines deutsch-japanischen Strafrechtskolloquiums vom 17.-18. Februar 2011 an der Justus-Liebig-Universität Gießen. Dieser Beitrag ist dem Gedenken an Herrn Professor Dr. *Günter Heine* (†) gewidmet, der dieses Kolloquium durch seine Teilnahme noch bereichern konnte, die Veröffentlichung der Referate aber nicht mehr erleben durfte.

1 Zu Art. 103 Abs. 2 GG jüngst *Satzger*, JK 3/11, StGB § 266 I/36; zuvor *Bernsmann*, GA 2007, 219 (229); *Sonnen*, StV 1989, 479 (480); *Amelung*, NJW 1975, 624 (625). Entsprechende Konjunkturen bescheinigt *Fischer*, Miebach-Sonderheft der NStZ 2009, 8(9).

2 §§ 263, 266 StGB stehen hier freilich nur stellvertretend für sämtliche Vermögensdelikte i.e.S., sodass sich die folgenden Überlegungen etwa auch auf die Erpressung gem. § 253 StGB übertragen lassen.

3 Vgl. die Hinweise auf die h.M. bei *Wohlers*, in: Joecks/Miebach (Hrsg.), Münchener Kommentar zum Strafgesetzbuch, 2006, Bd. 4, § 264 Rn. 12; § 264a Rn. 9; § 265b Rn. 3. Ausnahmsweise enthält § 264 I Nr. 2 StGB ein Erfolgsdelikt, vgl. *Eisele*, Strafrecht. Besonderer Teil II, 2009, Rn. 683. Problematisch ist, dass diese abstrakten Gefährdungsdelikte teilweise (das gilt für § 264 StGB, nicht jedoch für § 264a StGB) denselben Strafrahmen aufweisen wie der Betrug gem. § 263 StGB, dazu *Kindhäuser*, in: Knut Amelung et al. (Hrsg.), Festschrift für Volker Krey zum 70. Geburtstag am 10. Juli 2010, 2010, S. 249 (255): „Schönheitsfehler des Angriffsparadigmas".

4 Vgl. aus jüngerer Zeit *Rotsch*, in: Wolfgang Joecks et al. (Hrsg.), Recht – Wirtschaft – Strafe. Festschrift für Erich Samson zum 70. Geburtstag, 2010, S. 141 (155); *Hettinger*, in: Holm Putzke et al. (Hrsg.), Strafrecht zwischen System und Telos. Festschrift für Rolf-Dietrich Herzberg zum 70. Geburtstag, 2008, S. 648 ff., für die Aussetzung; *Hörnle*, in: Andreas Hoyer et al. (Hrsg.), Festschrift zum 70. Geburtstag von Friedrich-Christian Schroeder, 2006, S. 477 ff., aus Sicht der Anschlussdelikte; *Kindhäuser*, in: Bernd Schünemann et al. (Hrsg.), Bausteine des europäischen Wirtschaftsstrafrechts. Madrid-Symposium für Klaus Tiedemann, 1994, S. 125 ff., für die Wirtschaftsdelikte. Monographisch freilich *Zieschang*, Die Gefährdungsdelikte, 1998, S. 22 ff., 349 ff.; *Wohlers*, Deliktstypen des Präventionsstrafrechts – zur Dogmatik „moderner" Gefährdungsdelikte, 2000, S. 286 ff.

5 SSW-StGB/*Satzger*, 2009, § 263 Rn. 3 spricht von einer regelrechten „Sprengkraft", die vom EG- und EU-Recht mit Wirkung auf § 263 StGB ausgeht. Vgl. *Hecker*, Europäisches Strafrecht, 3. Aufl. 2010, § 14 Rn. 16 ff. *Rotsch* (Fn. 4), S. 141 (149), spricht von einer „Parallelordnung [...], die ihren eigenen Regeln folgt."

6 SSW-StGB/Satzger, § 263 Rn. 4 f.; *Hecker* (Fn. 5), § 14 Rn. 28 ff.; zum Begriff der Harmonisierung *Hauck*, in: Susanne Beck et al. (Hrsg.), Strafrechtsvergleichung als Problem und Lösung, 2011, S. 255 (257 f.).

7 Vgl. nur *Hecker*, Strafbare Produktwerbung im Lichte des Gemeinschaftsrechts, 2001, S. 247 ff., zur Auslegung des Täuschungs- und Irrtumsbegriffs; SSW-StGB/*Satzger* § 263 Rn. 11, 66 ff.

8 Vgl. DAV, Stellungnahme 28/2002, S. 9: „ist doch z. Bsp. das deutsche Strafrecht noch weit davon entfernt, etwa den Betrug als Gefährdungsdelikt und auch als Fahrlässigkeitsdelikt auszugestalten, was im Grünbuch (unter Ziff. 5.2.1.1, letzter Absatz) erwogen wird." Abrufbar unter http://ec.europa.eu/anti_fraud/green_paper/contributions/pdf/gp_dav_de.pdf. Im Grünbuch 2001 715 heißt es an der angegebenen Stelle in der Tat: „Die Straftat könnte zudem als Gefährdungsdelikt ausgestaltet werden, um zu

vermeiden, dass der Erfolg der Verletzungshandlung Voraussetzung für die Strafverfolgung ist." Abrufbar unter http://eur-lex. europa.eu/LexUriServ/site/de/com/2001/com2001_0715de01.pdf. Auch die englische und die französische Fassung stimmen hierin überein: „The effect of the fraud might be extended to include the endangering of the Community's financial interests so as not to make the successful outcome of the fraudulent act a precondition for its prosecution." Abrufbar unter http://eur-lex.europa. eu/LexUriServ/site/en/com/2001/com2001_0715en01.pdf. „L'effet de la fraude pourrait être étendu au cas de mise en danger des intérêts financiers communautaires, afin d'éviter de faire de la réussite des agissements frauduleux une condition nécessaire à leur poursuite." Abrufbar unter http://eur-lex.europa.eu/LexUriServ/site/fr/com/2001/com2001_0715fr01.pdf. [Hyperlinks zuletzt abgerufen am 15. 7. 2011].

9   So führt *[J.] Schulz*, Das Strafprozessrecht des Corpus Juris 2000, in: *ders.*, Beiträge zur gesamten Strafrechtswissenschaft, 2007, S. 259 (260) Fn. 4, die Bedenken des DAV auf eine Fehlinterpretation des *fraud/fraude*-Begriffs zurück, was sich angesichts des eindeutigen Wortlauts aller drei Sprachfassungen (vgl. Fn. 8) nur schwer begründen lässt. Gleichwohl entspricht es einem die Verletzungsdelikte (§§ 263, 266 StGB) nicht erfassenden Verständnis, dass in Umsetzung des PIF-Übereinkommens durch das Finanzschutzgesetz von 1998 nur § 264 StGB angepasst werden musste, §§ 263, 264a StGB und § 370 AO aber bereits den europäischen Vorgaben entsprachen, vgl. SSW-StGB/*Satzger*, § 263 Rn. 4.

10   Vgl. BGHSt 45, 1 (4 f.); BGHSt 51, 100. Zum Wandel der terminologischen Vorlieben im Laufe der Zeit *Fischer*, StraFo 2008, 269 (271).

11   Es trifft entgegen *Schünemann*, NStZ 2008, 430, nicht zu, dass man die Rechtsfigur der konkreten Gefährdung erst „lange Zeit" nach ihrer Etablierung in § 263 auf § 266 StGB übertragen hat.

Dem die konkrete Gefährdung für § 263 StGB anerkennenden Beschluss der Vereinigten Strafsenate des RG v. 20. 4. 1887 (RGSt 16, 1) [Irrtümlicher Beitritt zu einer Versicherungsgesellschaft auf Gegenseitigkeit] folgte das Urt. des III. Strafsenats (RGSt 16, 77 (81)) nur einen Tag später. Entgegen *Fischer*, StraFo 2008, 269 (270 Fn. 21), verwies RGSt 16, 77 nicht auf entsprechende Rechtsprechung des Preußischen Obertribunals.

RGSt 9, 168 (170) [Frachtbetrug zulasten der Leipzig-Magdeburger Eisenbahn]: „Gestattet auch der Begriff der Vermögensbeschädigung im Gebiete des Betruges eine weite Auslegung in dem Sinne, daß darunter nicht bloß eine effektive und substanzielle Verminderung des Vermögens durch Ausscheiden bestimmter konkreter Bestandteile aus demselben, sondern jede Beeinträchtigung und Verschlimmerung der Vermögenslage, welche durch die Irrtumserregung herbeigeführt ist, verstanden werden kann, so setzt sie doch immer eine nachteilige Veränderung des aktuellen Vermögenszustandes voraus. Als solche kann eine bloße Gefährdung, die bloße Möglichkeit künftigen Eintrittes einer Vermögensbenachteiligung, nach dem Wortlaute, wie nach dem Sinne des Gesetzes, welches zum Thatbestande des Betruges als eines Vermögensdeliktes die Verletzung fremden Vermögens voraussetzt, nicht angesehen werden. [...] Schon der Erwerb der *unsicheren Forderung* an Stelle einer sicheren oder an Stelle der mehrwertigen Leistung enthält eine effektive Beeinträchtigung des Vermögenszustandes. Ebenso ist letzteres der Fall schon bei Belastung des Vermögens mit einer Schuldverbindlichkeit, nicht erst, wenn es zur Erfüllung der letzteren kommt." Es handelt sich um den untypischen Fall der Erschleichung der Beförderung einer Kiste Feuerwerkskörper durch die Eisenbahn, bei der es um die Frage ging, ob die mögliche (und tatsächlich nicht eingetretene) Explosion der Böller während der Fahrt einen Vermögensschaden begründen kann (!).

RGSt 12, 395 (397): [Kreditbetrug durch Ausstellen eines Wechsels durch vermögenslose Akzeptanten und Giranten, sog.

unechter „Kellerwechsel": Gefährdung der Wechselnehmer infolge der wirtschaftlichen Wertlosigkeit des umlaufenden Wechsels] „Daß schon in solcher Gefährdung eines Forderungsrechtes eine Vermögensbeschädigung im Sinne von §. 263 St.G.B.'s gefunden werden kann, hat das Reichsgericht konstant anerkannt."

12 Vgl. BGHSt 45, 1 (4 f.); NK-StGB-*Kindhäuser*, 3. Aufl. 2010, § 263 Rn. 299.

13 *Eisele* (Fn. 3) Rn. 544, hebt die Relevanz dieser Schadensdiskussion für den oft vernachlässigten § 253 StGB hervor.

14 Vgl. jüngst BGHSt 53, 199 (202) (1. StS); BGHSt 52, 323 (336 ff.) (2. StS); dazu *Bittmann*, NStZ 2011, 361 (367): „Zwischen dem 1. und dem 2. Strafsenat des BGH war nach der Entscheidung in Sachen Siemens-ENEL im Wesentlichen nur noch streitig, ob es Ausnahmefälle gibt." Vgl. ferner *Hefendehl*, in: Wolfgang Joecks et al. (Hrsg.), Recht – Wirtschaft – Strafe. Festschrift für Erich Samson zum 70. Geburtstag, 2010, S. 295 ff., sowie *Schünemann*, StraFo 2010, 1 ff., 477 ff.; *ders.*, NStZ 2008, 430 ff. Der Streit innerhalb des BGH fand seinen vorläufigen Höhepunkt im offen ausgetragenen Disput zwischen *Fischer*, StraFo 2008, 269 ff., einerseits und *Nack*, StraFo 2008, 277 ff., andererseits.

15 *Murmann*, Jura 2010, 561 (565), im Anschluss an *Beulke*, FS Eisenberg, S. 245 (251 f./262), und *Perron*, GA 2009, 219 (227 ff.).

16 Eigentlich war die Bedeutungsidentiät beider Begriffe seit *[H.] Mayer*, Die Untreue im Zusammenhang der Vermögensverbrechen, S. 144 f., „endgültig entschieden"; zu a.A. seither (Ausdehnung des Nachteils bei § 266 StGB v.a. auf finanziell nicht messbare oder immaterielle Beeinträchtigungen bzw. zwar Bedeutungsgleichheit von Schaden und Nachteil, jedoch engerer Vermögensbegriff beim Betrug) vgl. die Nachweise bei *Waßmer*, Untreue bei Risikogeschäften, S. 104 f.; heute a.A. etwa *Mansdörfer* JuS 2009, 114 (115, 118).

17 Vgl. *Hefendehl*, Vermögensgefährdung und Exspektanzen, 1994, S. 131, der die Subsumtion der konkreten Gefahr unter das Tatbestandsmerkmal des Vermögensschadens für „zwingend" ausgeschlossen und dementsprechend den Bedarf nach einer Unterstellung der Vermögensgefährdung unter die Vermögensverletzung für „eindeutig" hält.

18 Vgl. nur *Kindhäuser* (Fn. 3), S. 249 ff., oder *Hirsch*, in: Ulrich Sieber et al. (Hrsg.), Strafrecht und Wirtschaftsstrafrecht – Dogmatik, Rechtsvergleich, Rechtstatsachen – Festschrift für Klaus Tiedemann zum 70. Geburtstag, 2008, S. 145 ff., und jüngst *Radtke*, in Claudius Geisler et al. (Hrsg.), Festschrift für Klaus Geppert zum 70. Geburtstag, 2011, S. 461 ff.

19 Zutreffend kennzeichnet *Schünemann*, StraFo 2010, 1 (3) das Vermögen als „Schlüsselfrage" der gesamten Diskussion um die konkrete Vermögensgefährdung als schadenskonstituierendes Merkmal.

20 Vgl. stellvertretend zu § 315c StGB *Radtke* (Fn. 18), S. 461 (467), m.w.N. auf die Rechtsprechung: BGH VRS 44 (1973), 422 (423); BGH NJW 1995, 3131; BGH NStZ-RR 1998, 150; BGH NZV 2000, 213; BGH NStZ-RR 2010, 120.

21 Die präjudizielle Bedeutung des vertretenen Vermögensbegriffs lässt sich nicht oft genug betonen, vgl. *Hefendehl*, in: Joecks/Miebach (Hrsg.), Münchener Kommentar zum StGB, 2006, Bd. 4, § 263 Rn. 293. Freilich ist auch die umgekehrte Überlegung, ob sich das Vermögen nicht auch von der Art und Weise seiner Beeinträchtigung bestimmen lässt, im Auge zu behalten.

22 *Kindhäuser* (Fn. 3), S. 249 (250).

23 *Fischer*, StraFo 2008, 269 (277).

24 Vgl. ausführlich *Cramer/Perron*, in: Schönke/Schröder, StGB, 28. Aufl. 2010, § 263 Rn. 78 ff.; AnwK-StGB/*Esser*, 2011, § 266 Rn. 164 ff.; AnwK-StGB/*Gaede*, 2011, § 263 Rn. 67 ff.; *Hefendehl* (Fn. 21), § 263 Rn. 294-338; *Lackner*, in: Hans-Heinrich Jescheck et al. (Hrsg.), StGB. Leipziger Kommentar, Bd. 6, 10. Aufl. 1988, § 263 Rn. 120-124; SSW-StGB/*Saliger*, 2009, § 266 Rn. 51 f.; SSW-StGB/*Satzger*, 2009, § 263 Rn. 90 ff.; *Tiedemann*, in: Burkhard Jähnke et al. (Hrsg.), StGB. Leipziger

Kommentar, 6. Bd., 11. Aufl. 2005, § 263 Rn. 127-132.

25 Deutlich *Schünemann*, StraFo 2010, 1 (9): kein Zurückfallen auf einen rein juristischen Vermögensbegriff.

26 Vgl. *Schünemann*, StraFo 2010, 1 (9).

27 Eine ebensolche Zweiteilung der Vermögensbegriffe zwischen Verfügbarkeits- und Wertschutz skizzierte im Grunde schon RGSt 16, 1 f., freilich ohne die Wertschutzlehre wie heute üblich in erster Linie wirtschaftlichen Kriterien unterzuordnen. Gegen den Schutz der Dispositionsfreiheit durch Vermögensdelikte dezidiert *Arzt/Weber*, Strafrecht BT Lehrheft 3, 2. Aufl. 1986, A Rn. 9.

28 Die Bandbreite reicht von der völligen Leugnung der Existenz konkreter Gefährdungsdelikte, über die Missbilligung des Erfolgs als Tatbestandsmerkmal bis zur Verabsolutierung der konkreten Gefährdung als alleiniger Schädigungsform.

29 Vgl. *Kindhäuser* (Fn. 3), S. 249 (253 ff.).

30 *Jescheck/Weigend*, Lehrbuch des Strafrechts. AT, 5. Aufl. 1996, S. 263 f. (§ 26 II 2). *Roxin*, Strafrecht AT I, 4. Aufl 2006, § 10 Rn. 123; *Mezger*, Strafrecht. Ein Lehrbuch, 3. Aufl. 1949, S. 193 § 24 I 2: „Bei den Verletzungsdelikten gehört die Verletzung eines bestimmten Objekts zum Tatbestand". Weitere Nachweise bei *Stratenwerth/Kuhlen*, Strafrecht AT, 6. Aufl. 2011, § 8 Rn. 14 Fn. 3.

31 Z.B. [H.] *Mayer*, Strafrecht AT, 1953, § 11 II, S. 69; *Maurach/Zipf*, Strafrecht AT 1, 6. Aufl. 1983 §17 III A Rn. 26 f.; *Maurach*, Deutsches Strafrecht AT, 1954, § 20 III 3. = *Maurach/Zipf*, Strafrecht AT 1, 6. Aufl. 1983, ebda. „Üblicherweise werden beide Kategorien danach differenziert, ob der Angriff in seiner tatbestandlichen Vollendung eine unmittelbare Werteinbuße darstellt (Verletzungsverbrechen) oder ob er nur die naheliegende Gefahr einer Interessenverletzung beinhaltet."

32 *Schönke-Schröder*, StGB, 12. Aufl. 1965. Vor § 1 Rn. 148 [Hervorhebung nicht im Original].

33 Vgl. nur *Roxin* (Fn. 30), § 2 Rn. 65; *Mitsch*, Strafrecht BT 2. Vermögensdelikte (Kernbereich), Teilband 1, 2. Aufl. 2003, § 7 Rn. 78.

34 Die von der gefährlichen Tathandlung (Täuschung, Pflichtverletzung, Nötigung) räumlich und zeitlich getrennte Einwirkung auf das Tatobjekt, die das BVerfG bei der Untreue durch ein sog. Entgrenzungs- und Verschleifungsverbot sicherstellen will (BVerfG NJW 2010, 3209 m. Besprechung *Beckemper*, ZJS 2011, 88 ff.), hat direkte Auswirkungen auf die Einordnung dieser Tatbestände als Erfolgsdelikte. *Koriath*, GA 2001, 59, leugnet den Erfolgsdeliktscharakter der konkreten Gefährdungsdelikte, weil sich bei ihnen die Gefährlichkeit nicht von der Tathandlung trennen lasse. Dem ist zu widersprechen: Der Eintritt der Beinaheverletzung erfolgt räumlich-zeitlich von der Handlung getrennt und ist deshalb mit *Gallas*, FS Heinitz, S.171, 176 und *Wolter*, Objektive und personale Zurechnung von Verhalten, Gefahr und Verletzung, 1981, S. 199 und der Definition bei *Roxin* (Fn. 30, § 10 Rn. 102) ein tatbestandlicher Gefährdungserfolg. Dies wiederum ist eine wichtige Weichenstellung für die Anwendbarkeit der Lehre von der objektiven Zurechnung und des § 13 für das unechte Unterlassungsdelikt. Vgl. zur entsprechenden Diskussion bei der Zueignung *Hauck*, Drittzueignung und Beteiligung, 2007, S. 53 ff.

35 Zur a.A. von *Hirsch* (Fn. 18), S. 147, und *Stratenwerth/Kuhlen* (Fn. 30), § 8 Rn. 14 sogleich.

36 *Hirsch*, in: Strafrechtliche Probleme I, 1999, S. 623 (626); unter Verweis auf *Gallas*, FS Heinitz, S. 171 (178). Vgl. auch Roxin (Fn. 30), § 11 Rn. 122. Vgl. zur „dogmatische[n] Unsicherheit [...] über den Inhalt des Gefahrbegriffs" *Lackner*, Das konkrete Gefährdungsdelikt im Verkehrsstrafrecht, 1967, S. 3.

37 Zum Einfluss Dritter Personen unten im Text bei und nach Fn. 73.

38 BGH NStZ 1996, 83 f.

39 Vgl. zur naturwissenschaftlichen Gefahrerfolgstheorie *Horn*, Konkrete Gefährdungsdelikte, 1973, S. 161.

40　*Hirsch* (Fn. 36), S. 626.

41　*Hirsch* aaO.

42　*Amelung*, in: Roland Hefendehl et al. (Hrsg.), Die Rechtsgutstheorie. Legitimationsbasis des Strafrechts oder dogmatisches Glasperlenspiel, 2003, S. 166 ff. (182).

43　*Roxin*, Strafrecht AT I, 3. Aufl. 1997, § 2 Rn. 34. *Roxin* hat sich inzwischen (4. Aufl. 2006 § 2 Rn. 67) gegen dieses ideelle Rechtsgutverständnis gewendet.

44　So *Stratenwerth/Kuhlen* (Fn. 30), § 8 Rn. 14.

45　*Radtke*, in: Münchener Kommentar zum StGB, § 306a Rn. 4.

46　Auch der Hinweis, konkrete Gefährdungsdelikte und Verletzungsdelikte bezögen sich auf dasselbe Schutzgut, „d.h. auf ein bestimmtes Rechtsgutsobjekt", weshalb nur dieses Gegenstand der Gefährdung sein könne [*Hirsch* (Fn. 18), S. 145 (147)], belegt nicht, dass es das Rechtsgut und nicht das Handlungsobjekt ist, worauf sich die konkrete Gefährdung beziehen muss.

47　Vgl. *Mezger* (Fn. 30), S. 193; [H.] *Mayer* (Fn. 31), § 11 II; *Welzel*, Das deutsche Strafrecht, 10. Aufl. 1967, § 12 II; *Roxin* (Fn. 30), § 10 Rn. 122.

48　*Fischer*, StraFo 2008, 269 (271).

49　*Hoyer*, Die Eignungsdelikte, 1987, S. 38, 64 f., 73 ff.; zuvor bereits *Horn* (Fn. 39), S. 51 ff., 113 ff., 115, 187 ff., der (dort S. 30), Gefahr und Rechtsgutsverletzung als Erfolgsmerkmale behandelt.

50　LK[10]-*Jescheck*, Vor § 13 Rn. 5.

51　*Horn* (Fn. 39), S. 30.

52　*Horn* (Fn. 39), S. 77: „Rechtsgüterschutz heißt Rechtsgütervernichtungsschutz". Ihm folgt sein Schüler *Hoyer* (Fn. 49), S. 38.

53　Der Normbefehl ist bei beiden gleich. Dass man einen Strafbarkeitsteil im Angriffsparadigma selbständig bestraft, bedeutet noch nicht seine Anerkennung als selbständige Form der Rechtgutsschädigung.

54　Statt vieler oben Fn. 4.

55　MüKo-*Radtke*, § 283a Rn. 10.

56　LK[11]-*Lilie* Vor § 223 Rn. 1 f.; SSW-StGB/*Wittig* § 171 Rn. 1. Ähnliche Diskrepanzen dürften sich jedoch nicht für die Gefahr des Verlustes von (anvertrauten) Vermögenswerten ergeben, die in § 263 III Nr. 2 Alt. 2 nur Absichtsgegenstand, beim besonders schweren Fall des Bankrotts (§ 283a S. 2 Nr. 2 Alt. 2) aber wiederum objektiver Gefährdungstatbestand ist: „Vermögenswert" ist Vermögen, vor dessen Verletzung §§ 263, 266, 253 StGB schützen.

57　Ebenso bereits *Mezger* (Fn. 39, S. 475, der von einer grundsätzlichen Konsumtion der Gefährdung durch die Verletzung ausgeht, da Einschluss des Unrechts, der jedoch von einer Eigenständigkeit des Gefährdungs- gegenüber dem Verletzungscharakter ausgeht, weil „der Sinn der Gefährdung im Einzelfall über die konkrete Verletzung hinausgreifen" kann, was er am Beispiel des Hetzens eines Hundes belegt. § 366 Nr. 6 StGB a.F. bleibe infolge seines gemeingefährlichen Charakters neben der Verletzung gem. § 230 StGB a.F. bestehen.

58　Vgl. auch *Wohlers* (Fn. 4), S. 285 f.: „keine über die Etablierung von Verletzungsdelikten hinausgehende verhaltenssteuernde Funktion"; diese sei nur über abstrakte Gefährdungsdelikte möglich; mit Verweis auf *Kindhäuser*, Gefährdung als Straftat. Rechtstheoretische Untersuchungen zur Dogmatik der abstrakten und konkreten Gefährdungsdelikte, Frankfurt am Main 1989, S. 163 ff.

59 „wenn der Täter in den Fällen des § 306a einen anderen Menschen durch die Tat in die Gefahr des Todes bringt."

60 Vgl. *Gallas*, in: Arthur Kaufmann et al. (Hrsg.), Festschrift für Paul Bockelmann zum 70. Geburtstag am 7. Dezember 1978, 1979, S. 155 (161 ff.); weitere Hinweise zu dieser Fragestellung bei *Hauck*, GA 2009, 280 (283 f.).

61 Vorausgesetzt, dass dies möglich ist.

62 So auch *Weber*, in: Arzt/Weber/Heinrich/Hilgendorf, Strafrecht BT, 2. Aufl. 2009, § 35 Rn. 18 ff. zur Notwendigkeit selbständiger Gefährdungstatbestände., sowie aaO., Rn. 10 zum Betrug: Verletzungsverbot bei gleichzeitig erlaubter Gefahrschaffung. Für die rechtsdogmatische Eigenständigkeit der konkreten Gefährdungsdelikte streitet übrigens auch das von *Kindhäuser* (Fn. 3), S. 256, dargelegte Dilemma, dass die Gefährdung, wenn die Verletzung ausgeblieben ist, schlecht ihr Vorstadium darstellen kann. Ist die Verletzung hingegen eingetreten, dann ist die Suche nach vorausgegangenen Gefährdungsstadien sinnlos.

63 Dazu auch *Zieschang* (Fn. 4), S. 29.

64 Grundlegend *Binding*, Die Normen und ihre Übertretung I, 4. Aufl. 1922, S. S. 368 f.: „der Bestand der Rechtsgüter [...] kann aber ausser durch Verletzung durch Gefährdung angegriffen werden". Dort S. 368 auch Fn. 1 m.w.N. auf andere Autoren und entsprechende Vorarbeiten in der 1. Aufl. Ferner S. 368 ff. und insbes. 374 ff. zur These von der „Wesensgleichheit des Deliktsmoments".

65 Vgl. *Kindhäuser* (Fn. 58), S. 191 sowie 213 mit Fn. 30 zum Betrug S. 210 ff, 214/215, 277; *ders.* (Fn. 3), S. 249 (261 f.); *Binding* (Fn. 64), S. 372 ff; *Gallas* (Fn. 34), S. 176; *Hoyer* (Fn. 49), S. 37 f.; ferner *Wohlers* (Fn. 4), S. 285, der ebenfalls auf die Ungefährdetheit des Rechtsgutsobjekts als Wert an sich verweist, sodass die konkrete Gefährdung einen neben der Verletzung eigenständigen Schädigungserfolg darstellt.

66 *Hefendehl* (Fn. 17), S. 129.

67 *Hefendehl* (Fn. 17), S. 131 ff.; zu diesem Zusammenhang auch MüKo-*ders.*, § 263 Rn. 563 ff.

68 Vgl. BGHSt 52, 323 (336 ff.). Freilich darf man die Disposition in diesem Verständnis als inhaltliches Kennzeichen des Schadensbegriffs nicht verwechseln mit der Disposition als Synonym der Vermögensverfügung. Im letztgenannten Sinne jedoch RGSt 16, 1 (4 f.): „Zwar kann man behaupten, daß es formell rechtswidrig sei, durch absichtliche Irrtumserregung jemand zu irgendeiner Disposition zu bestimmen".

69 BGHSt 52, 323 (339); ferner *Fischer*, Miebach-Sonderheft der NStZ 2009, 8 (17 f.); *Hefendehl* (Fn. 17), S. 91 f. und passim; dagegen *Saliger/Gaede*, HRRS 2008, 57 (70).

70 BGHSt 52, 323 (338).

71 *Kindhäuser* (Fn. 58), S. 202: gezielte Neutralisierung der Schadensrelevanz des Geschehens.

72 A.A. statt vieler *Gössel*, Strafrecht BT 2, 1996 § 21 Rn. 2; LK[11]-*Tiedemann* Vor § 263 Rn. 28.

73 *Binding* (Fn. 64), S. 386: „das Gefährdungsverbrechen ist nur verboten unter dem stillschweigenden Vorbehalte, dass bei der Handlung jene Gegenwirkung nicht stattgefunden hat."

74 Vgl. oben zu Fn. 36.

75 *Hefendehl* (Fn. 17), S. 132 f.

76 So *Riemann*, Vermögensgefährdung und Vermögensschaden, 1988, S. 26, im Anschluss an *Seelmann*, JR 1986, 346 (347 f.).

77 So letztlich auch *Kindhäuser* (Fn. 3), S. 249 (259 f.).

78 Vgl. im Einzelnen *Hefendehl*, in: Münchner Kommentar zum StGB, § 263 Rn. 590 ff. (Opfer), 600 ff. (Täter), 625 ff. (Dritte).

79 Vgl. zu diesen „inhaltlichen Anforderungen an die konkrete Gefahr" jüngst *Radtke* (Fn. 18), S. 461 (465 ff.).

80 *Arzt/Weber*, BT § 35 Rn. 31; ferner *Radtke* (Fn. 18), S. 466 ff.

81 *Arzt/Weber*, BT § 35 Rn. 61.

82 *Arzt/Weber*, BT § 35 Rn. 62. [Hervorhebung im Original]

83 Vgl. *Lackner* (Fn. 36), S. 10 f.

84 Vgl. *Kindhäuser* (Fn. 3), S. 249 (261 ff.). Auch *Perron*, FS *Tiedemann*, S. 737 (748), hält die vollständige Aufgabe des Gefährdungsschadens für eine unangemesse Einschränkung des strafrechtlichen Vermögensschutzes.

85 *Fischer*, StraFo 2008, 269 (271).

86 Vgl. oben zu und in Fn. 11.

87 Vgl. BVerfG NJW 2010, 3209 (3219 f.).

88 Dieser gegenüber konkreten Vermögensgefährdungsdelikten generell ablehnenden Haltung widerspricht die Anerkennung abstrakter Vermögensgefährdungsdelikte *de lege lata* keineswegs: Die abstrakten Gefährdungsdelikte bilden einen anderen, eigenständigen Deliktstyp, der seine Legitimation aus der typischen abstrakten Schadensneigung bezieht.

89 Für die Anerkennung des Betruges als Verletzungs- und konkretes Gefährdungsdelikt wohl aber etwa *Kindhäuser* (Fn. 3), S. 249 (258 ff., 261f.); zuvor bereits ders. (Fn. 58), S. 213 mit Fn. 30; tendenziell auch Seelmann, JR 1986, 346 (347); sowie *Hefendehl* (Fn. 17), S. 129 ff., der den Zusammenhang zwischen Vermögensgefährdung und konkretem Gefährdungsdelikt lediglich „von ihrem Ausgangspunkt aus" leugnet.

90 *Cramer/Perron* (Fn. 24), § 263 Rn. 143.

91 *Lackner* (Fn. 36), S. 1.

Die Untersuchung über die Vereiteln der Zwangsvollstreckung: Eine strafgesetzgebungspolitische Überlegung

keywords: Wirtschaftkriminalität, Vermögensdelikt, Vollstreckungsvereiteln, Krisentheorie, Kriminalpolitik

Shinichi Ishizuka (Ryukoku Universität)

1. Einleitung

Ich will in dieser Abhandlung eine Strafgesetzgebungsgeschichte über den Tatbestand und Rchtsgüter des §96a japanischen StGBs untersuchen. Zuerst soll ich die Anwendung des Vereitelns der Zwangsvollstreckung des §96a JStGB (der Gesetzestext des §96a JStGB; die Anwendungssituation in der Staatsanwaltschaft; Ermittlungstendenzen) überblicken, dann soll ich die, Hintergründe des „ersten" und „zweiten" Berges von der kriminalen Statistik, analysieren und die Gesetzgebungsgeschichte, insbesondere ihren Rechtsgütern, zusammenfassen. Nach diesen Beschreibungen will ich die Beziehung zwischen der Wirtschaftspolitik und der Rechtstheorie und die Interpretation von der heutigen §96a JStGB überlegen. Am Ende will ich meine Behauptung über die beste Auslegung des §96a JStGB klären.

2. Die Anwendung des Vereitelns der Zwangsvollstreckung

(1) Der Gesetzestext des § 96a JStGB

Wer in der Absicht, der Zwangsvollstreckung zu entgehen, sein Vermögen verheimlicht, beschädigt oder eine vergespiegelte Abtretung vornimmt, oder sich mit einer vorgespiegelten Schuld belastet, wird mit Zuchthaus bis zu zwei Jahren oder Geldstrafe bis zu fünfhunderttausend Yen bestraft.

(2) Die Anwendungssituation in der Staatsanwaltschaft

In und direkt nach der Kriegszeit war die Zahl der Anwendung sehr klein. Aber im Jahr 1950 fing der Anstieg an, dann wurde zwischen 1955 und 1964 immer mehr als 100 anerkannt bei der Staatsanwaltschaft. Im Jahr 1960 war die Spitze mit 163 registriert, während der Durchschnitt dazwischen 120 war.

Zwischen 1965 und 1974 reduzierte sich die Zahl, der Durchschnitt waren 94 Fälle. Danach wurden es zwischen 1975 und 1984 noch weniger (Durchschnitt 54), danach reduziertet sich ihr Durchschnitt auf neunzehn. Trotzdem stieg sie sich zwischen 1995 und 2004 (Durchschnitt 39) an, aber sie reduzierte sich wieder (Durchschnitt 25).

[Tabel 1] Der Vereiteln der Zwangsvollstreckung in Staatsanwaltschaft jede fünf Jahren

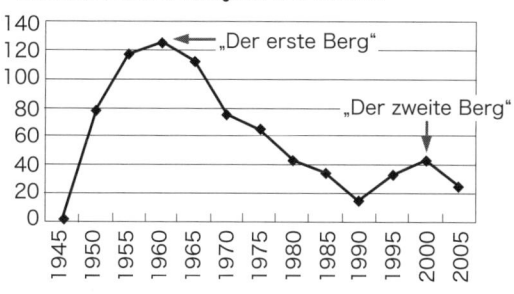

[Tabel 2] Das Vereiteln der Zwangsvollstreckung in der Statistik der Staatsanwaltschaft vom 1989 bis zum 2007

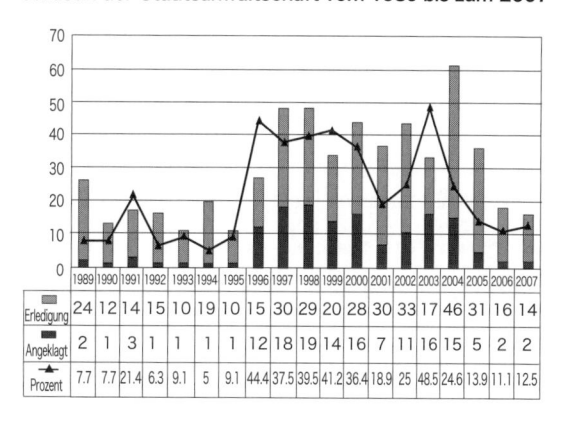

	1989	1990	1991	1992	1993	1994	1995	1996	1997	1998	1999	2000	2001	2002	2003	2004	2005	2006	2007
Erledigung	24	12	14	15	10	19	10	15	30	29	20	28	30	33	17	46	31	16	14
Angeklagt	2	1	3	1	1	1	1	12	18	19	14	16	7	11	16	15	5	2	2
Prozent	7.7	7.7	21.4	6.3	9.1	5	9.1	44.4	37.5	39.5	41.2	36.4	18.9	25	48.5	24.6	13.9	11.1	12.5

Die durchschnittliche Anklagezahl ist 6,2, dagegen ist die durchschnittliche nicht angeklagte Zahl 53,7. Deswegen ist der Anteil der Anklageraten nur etwa 10 %.

(3) Ermittlungstendenzen

Wir möchten die gesamte Tendenz von der Ermittlung überblicken.

Die Staatsanwaltschaft hat nach dem Zweiten Weltkrieg, zwischen 1952 und 1972, wegen Vereiteln der Zwangsvollstreckung aktiver ermittelt, dazwischen war die durchschnittliche Erledigungszahl in der Staatsanwaltschaft 110, wovon nur 7,6 (6,9%) angeklagt wurden. Das ist „der erste Berg", dessen Spitze im Jahr 1966 ist. Zwischen 1981 und 1995 bildet sich ein Tal, wo die durchschnittliche Erledigungszahl 27 und die Angeklagezahl 2,3 ist. Zwischen 1996 und 2005 ist „der zweite Berg", dessen Spitze im Jahr 2004 liegt, wobei die durchschnittliche Erledigungszahl 33,1 und die Anklagezahl 13.3 beträgt.

3. Rechtsfrage

(1) Hintergründe des "Ersten Berges":
Die Entscheidung des Obersten Gerichtshof (OGH) vom 24.06.1960

In der Zeit des "ersten Berges" hat die wirtschaftliche Entwicklung und Hochkonjunktur dreisten und unverschämten Schuldner veranlasst, die Zwangsvollstreckung zu vereiteln. "Wenn niemand auf den zivilrechtlichen Schutz vertrauenn kann, führen auch die rechtschaffenen Gläubiger auf eigene Faust Selbsthilfe durch und es herrscht die barbarische Zeitströmung in der Lebenswelt. Die Sache duldet keinen Aufschaub mehr, die unverschämtesten Vereitelnden der Zwangsvollstreckung zu bestrafen."(Hideo Fujiki)

Der oberste Gerichtshof hat am 24.06.1960 ein wichtiges Urteil ausgesprochen:

Der Täter wird wegen des Vereiltens der Zwangsvollstreckung bestraft, wenn

1) er in dem objektiven Gefahr steht, dass eine Zwangsvollstreckung durchgeführt wird,

2) er den Zweck verfolgt, sie zu vereiteln, dann es nicht nur die subjektive Vorstellung oder Absicht

der Täters sondern die objektive Möklichkeit, ihn zu erreichen, ist und

3) er irgend eine bestimmte Handlung begeht.

Wenn im Zivilprozess noch keine konkreter Anspruch anerkannt wird und ein Gläubiger eine Klage nur anstellt, einen Anspruch geltend zu machen , soll der konkrete Anspruch im Strafverfahren bewiesen werden.

Im Grund hat das für das Rechtsgut bedeutet: Während der Gesetzgeber im Jahr 1941 zuerst und ohne Zweifel die rechtsmässige Zwangsvollstreckung schützen wollte, ist das endgültige Ziel der Schutz des Gläubigers und die Strafdrohung ein Mittel zu diesem Schutz.

(2) Hintergründe des "Zweiten Berges": Die Zusammarbeit der Staatsanwaltschaft mit den Banken

Zuerst hat der Gesetzgeber den Tatbestand als Wirtschaftkriminalität eingeführt, insbesondere um das Kriegswirtschaftssystem zu schützen, dann hat die Regierung in der sich entwickelnden Hochkonjunktur den Tatbestand als Vermögensdelikt verwendet, um individuelle Gläubiger zu schützen.

Am Anfang der 1990er Jahren war die außerordendlich hoche Konjunktur, "a babbling economy", ins Rutschen geraten. Die Banken hatten viele Unternehmen, die hohe Gefahr liefen, Bankerott zu machen. Die Regierung hat ein neues System konstruiert, um solche Ansprüche zurückzufordern. Der Schuldner der schlechtesten Klasse hat das spezielle Unternehmen, das als Bank funktionieren kann, zusammengekauft, und es sehr aktiv zu Zahlung aufgefordert. Er hat ab und zu öffentlichen und gewaltigen Hilfe von Polizei und Staatsanwaltschaft gefördert. Auch die Gerichte haben ihn untergeschützt, indem sie sogar einen Rechtanwalt als Mittäter wegen Vereilten der Zwangsvollstreckung bestraft haben. Solche Ermittlungen der Polizei, Anklagen dear Staatsanwaltschaft und Entscheidungen der Gerichte haben den "zweiten Berg" hervorgebracht.

(3) Gesetzgebungsgeschichte
a. Diskussion über die Rechtsgüter

Hier wollen wir über die Rechtsgüter nachdenken. Es wird gesagt, dass die Vollstreckungsvereitelung das durch die Pfändung oder die Beschlagnahme entstandene öffentlich-rechtliche Gewaltverhältnis schützt. Dagegen wird es andererseits behauptet, dass der Tatbestand der Vollstreckungsvereitelung (§96a) dem Schutz des Einzelgläubiger hinsichtlich seines sachlich begründeten und vollstreckungsfähigen Anspruchs auf Befriedigung von Schuldnervermögen dient. In §96a StGB gehe es um die Befriedigungsinteressen des Gläubigers. Jene Stellungsnahme schützt das staatsliche Rechtsgut, aber diese sichert das individuelle Privatvermögen.

b. Vorgeschichte: Vom individüllen bis zum staatlichen Rechtsgut

Das erste moderne japanische Strafgesetzbuch wurde im Jahr 1880 verfasst und trat im 1890 in Kraft. Direkt danach bereitete die Regierung das neue StGB vor, das zum tennoistischen Kaiserreich passen sollte. Der Gesetzgeber des neuen und noch geltenden StGB vom 01.10.1907 bestimmte keinen Tatbestand zur

Strafbarkeit des Vereiltens der Zwangsvollstreckung, weil er einen solchen Tatbestand unter der damaligen einfachen wirtschaftlichen Situation unnötig fand und weil die Tatbestände von der Störung und Erpressung der Amtsausübung (§95) und dem Siegelbruch (§96) genüg waren. Am Anfang des 20. Jahrhunderts hat sich Japan sehr drastisch auf gesellschaftlicher und rechtlicher Ebene entwickelt, damit wurde das wirtschaftliche System komplizierter. Die Regierung brauchte das neuere StGB, das die weiter wirtschaftlichen Entwicklung unterstützen und die neue soziale Probleme behandeln könnte. Während der Vorbereitungsarbeit des neuen Gesetzentwurfs hatte das Gremium überlegt, ob eine neue Art des Tatbestands eingeführt werden sollte oder nicht. Der Entwurf sollte einen solchen Tatbestand als ein das Privatvermögen schützendes Delikt vorsehen.

c. Das Strafrechtsänderungsgesetz von 1941: Die Vorbereitung des Kriegs

Jedoch hat der Gesetzgeber mit dem Starfrechtsänderungsgesetz vom 1941 (RGBl.1941,Nr.41) die Tatbestände des Vereitelns der Zwangsvollstreckung (§96a) und der Auktion (§96b) hinter §95, der Störung und Erpressung der Amtsausübung und dem Siegelbruch (§96) im Fünfter Abschnitt mit der Bezeichnung "Störung der Amtsausübung" eingestellt.

Der Wille des Gesetzgebers und die traditionell herrschende Meinung gaben eine Stellungnahme zu Gunsten eines staatlichen Rechtsguts ab. Die Stellungsnahme kommt zum Schluss, dass ein bestimmter realer Anspruch des Gläubigers nicht nötig ist, dass die Zwangsvollstreckung nicht nur die privatrechtlichen, sondern auch öffentrechtlichen Charakter hat.

4. Die Beziehung zwischen der Wirtschaftspolitik und der Rechtstheorie

(1) Die Privatvermögungslehre unter dem Individualismus und der Privatisierung

Die in der Zeit des "Ersten Berges" überwiegende Meinung nahm eine andere Stellung ein, d.h. sie folgte einer Privatvermögenslehre. Die OGH Entscheidung vom 1960 zum Beipiel lautet, dass das endgültige Ziel des §96a StBG der Schutz des Gläubigers ist und die Strafdrohung ein Mittel dafür sei. Für diese Meinung ist die zweckorientierende und flexibele Auslegungsmethode charakteristisch. Das passt für den Funktionalisten und Realisten, der das individualle Privatrecht oder Rechtsgut höher schätzt als kollektive Rechtsgüter.

(2) Pluralismus unter demEinfluss der Staatsfinanzpolitik

Die heutig herrschende Meinung ist die pluralsitische Auffassung (Pluralismus), wonach §96a StGB primär die richtige Anwendung der offiziellen Zwangsvollstreckung schützen soll, daneben soll auch der private Anspruch und der Gläubiger geschützt werden. Es ist so schwierig, die beiden Schutzrichtungen zu kombinieren, d.h. "kumulativ" oder "alternativ".

In der Zeit des "zweiten Berges" hat die Staatsanwaltschaft die Privatrechtsgüter der Banken betont, dagegen hat das spezielle Unternehmen mit Bänken staatliche und öffentliche Interessen zitiert. Die damaligen

Verfolgungen waren im Hintergrund der staatsfinanziellen Politik sehr flexibel , sogar ab und zu willkürlich.

5. Die Interpretation von dem heutigen 96a JStGB

(1) Auslegungsmethoden

Normalerweise kann man drei Methoden der Auslegung nennen: die grammatishe, die systematische und die teleologische Auslegung, d.h.: (1) Die grammatishe, besser semantische Auslegung heißt die Interpretation nach dem Wortlaut. (2) Die systematische Auslegung zitiert die Widerspruchsfreiheit, Nichtredundanz, Vollständigkeit and systematische Ordnung. und (3) die teleologische Auslegung bedeutet, „ Der Maßstab des Rechts ist nicht der absolute der Wahrheit, sondern der relative des Zweckes." (v., Ihering, R., *Der Zweck im Recht*, Leipzig:1883)

Es hat sich als Illusion erwiesen, dass der Gesetzgeber durch seine Normen im Voraus vollständig und endgültig die Entscheidung jedes Einzelfalls festlegen kann. Man kann jedoch den Gesetzgeberswillen als Postulat voraussetzen.

Wie kann man sie als Postulat der Auslegung erkennen? Wir haben logischerweise folgenden zwei Kriterien: Subjektivität und Objektivität als Entscheidungskriterium. Man forscht mit der subjektiven oder historischen Auslegung danach, in welchem Sinn der historische Gesetzgeber einen bestimmten Begriff im Gesetz gebraucht hat. Dagegen konstruiert man mit der objeketiven oder teleologischen Auslegung, als welcher Sinn ein bestimmter Begriff im Gesetz vernünftigerweise gilt.

Man kann drei Methoden der Erkenntnises mit zwei Postulaten konbinieren.

Kriterium	historisch	systematisch	teleologisch
subjektiv	**subjektiv-historisch**	**subjektiv-systematisch**	subjektiv-teleologisch
objektiv	objektiv-historisch	**objektiv-systematisch**	**objektiv-teleologisch**

Die teleologische Methode betont folgenden drei Postulaten: (1) „Der verfolgte Zweck selbst muss als gerecht, vernünftig und nützlich legitimiert werden.", (2) „Die Norm muss ein geeignetes Mittel sein, diesen Zweck einigermassen vollständig zu verwirklichen.", und (3) „Es darf keine nachteiligen Nebenfolgen der Verwirklichung des Normzwecks geben, die dessen Wert überwiegen."

Welche Konbination ist für uns am besten? Die Antwort ist nicht eindeutlich. Meines erachtens sei es im Prinzip so bedeutsam and praktikabel, dass das objektive-teleologische Kriterium sich als festgelegt gilt, wenn man eine ältere Bestimmung auslegen muss und die Gesetzesmaterialien und faktoren mangelhaft oder vage sind, and dass es dagegen die subjektiv-historische sich als besser gilt, wenn man eine jungere Bestimmung interpritieren muss. Das systematische Kriterium sei darvon abhängig, ob das Gesetz nicht opportunistisch sondern systematisch und mangelfrei ist.

(2) Was ist die beste Auslegung von dem heutigen 96a JStGB?

Wir können die Kontinuität oder die Flexibilität des Gesetzgeberswillens als bedeutsame und entscheidende Eigenschaft beachten. Wenn die Gesellschaft und der Staat relativ stabil somit nicht revolutionell sind, ist der Gesetzgeberswille einer Bestimmung in der Kontinuität und dann sollte der Interpreter damit verbunden sein. Wenn wir sehr drastichen Veränderungen erfahrt hätten, wäre er in der Flexibilität und dann sollte er die differenzierte Wahrheit erfinden oder die neue Auslegung erschaffen. Wenn man nur den alten Gesetzgeberwillen finden könnte, sollte man das objektiv-teleologische Kriterium besser als das subjektiv-historische benutzen.

Wenn man nur den Wille des Gesetzgebers im 1941 erkennen könnte, könnte man §96a JStGB freier interpretieren. Dennoch können wir die folgende Faktoren anerkennen: (1) „Man kann ihn dazwischen durch die Tat und Unterlassung des Gesetzgebers erkennen."; (2) „Das Strafrechtsänderungsgesetz (StÄG) vom 1947 nach dem Zweiten Weltkrieg, wie das Alliierter Kontrollrat Gesetz (AKGl.Nr.1, 19. September 1945, S.3) in Westdeutschland, das nationalsozialistische Rechte und Gesetze aufgehoben hat." und (3)„Das Gesetzentwurf gegen Organisierten Kriminalitäten in 2005 schafft nicht."

6. Bilanz:

Was ist die beste Auslegung von dem heutigen §96a JStGB ? Wenn man nicht nur die Taten sondern auch Unterlassungen des Gesetzgebers, der mit dem Alliierter Kontrollrat Gesetz Nr. 1 von 1945 Strafrechtsänderungsgesetz vom 1947 den nationalsozialistischen Rechten aufgehoben hatte und den Gesetzentwurf gegen Organisierten Kriminalitäten noch nicht eingeführt hat, soll man den §96a als eine Kiminalität, die nicht das staatliche sondern private Rechtsgut schützt, auslegen.

Wir trat in die neue Dimension ein, weil das Strafrechtsänderungsgesetz mit der Entwicklung der Computertechniken vom 24.06.2011 (Gesetz Nr. 74 vom 2011) in Kraft vom 14.07.2011 trat, damit die Gesetzestext des §96a JStGB ganz anders formiert wurde. Ich soll darüber in der nächsten Abhandlung disktieren.

特集2　ギーセン大学ミニコロキュウム「刑事法の現代的課題」

Die Vereitelung der Zwangsvollstreckung beim Abzahlungskauf
– BGHSt 16, 330 –

keywords: Vereitelung der Zwangsvollstreckung, Abzahlungskauf, Bestandteile des Vermögens, Anwartschaftsrecht, Besitz

Walter Gropp (Universität Gießen)

1. Einführung

Der folgende Beitrag ist im Lichte des ebenfalls in diesem Band veröffentlichten Aufsatzes meines Freundes und Kollegen Shinichi Ishizuka „Die Untersuchung über die Vereitelung der Zwangsvollstreckung - Eine strafgesetzgebungspolitische Überlegung" zu sehen. Während § 288 StGB im deutschen Strafrecht nur eine sehr geringe Rolle spielt, tritt die Vorschrift im japanischen Strafrecht aus dem Schattendasein heraus. Der Vergleich der beiden Vorschriften zeigt, wie die kulturellen und gesellschaftlichen Hintergründe einer Rechtsnorm einem nahezu übereinstimmenden Wortlaut eine deutlich unterschiedliche Bedeutung zuschreiben können.

§ 288 StGB lautet:

(1) Wer bei einer ihm drohenden Zwangsvollstreckung in der Absicht, die Befriedigung des Gläubigers zu vereiteln, Bestandteile seines Vermögens veräußert oder beiseite schafft, wird mit Freiheitsstrafe bis zu 2 Jahren oder mit Geldstrafe bestraft.

(2) Die Tat wird nur auf Antrag verfolgt.

(1) Der Schutzzweck des § 288 StGB

§ 288 StGB will Handlungen verhindern, durch die die **Einzelzwangsvollstreckung** eines Gläubigers in das Vermögen eines Schuldners gefährdet werden könnte. **Rechtsgut** der Vorschrift ist deshalb das **Vermögen des Gläubigers**, genauer: Ansprüche des Gläubigers, die der Gläubiger durch Zugriff auf das Vermögen des Schuldners befriedigen kann, darf und will.[1] Schroeder[2] schlägt deshalb vor, in § 288 StGB anstatt von einer Vereitelung der Zwangsvollstreckung von einer „Vereitelung der Befriedigung des Gläubigers" zu sprechen.

Deshalb liegt eine Vereitelung der Zwangsvollstreckung nicht vor, wenn ein Anspruch des Gläubigers gegen den Schuldner gar nicht besteht, selbst wenn der Gläubiger einen vollstreckbaren Titel in der Hand hat.

Nimmt der Schuldner des § 288 StGB irrtümlich an, dass ein Anspruch des Gläubigers besteht, würde er den untauglichen Versuch einer Vereitelung der Zwangsvollstreckung begehen. Jedoch ist der Versuch des § 288 StGB nicht mit Strafe bedroht. Weil der Versuch des § 288 StGB nicht strafbar ist, bleibt auch derjenige straflos, der Bestandteile seines Vermögens beiseiteschafft, von denen er nicht weiß, dass sie unpfändbar sind.

§ 288 StGB ist aus § 310 des Sächsischen Strafgesetzbuchs von 1855 hervorgegangen. Die Norm hat im Laufe der Strafrechtsgeschichte keine wesentlichen Änderungen erfahren.[3]

Eine enge Verwandtschaft des § 288 StGB besteht mit den **Insolvenzstraftaten** nach den §§ 283 ff. StGB. Auch die §§ 283 ff. StGB wollen Gläubiger schützen. Sowohl die §§ 283 ff. als auch § 288 StGB sind **Gefährdungstatbestände**, denn weder § 288 noch § 283 StGB setzt eine tatsächliche Benachteiligung des Gläubigers voraus. § 288 StGB lässt es genügen, dass der Täter, der Schuldner, Bestandteile seines Vermögens veräußert oder beiseite schafft. Die Vereitelung der Befriedigung des Gläubigers muss nur beabsichtigt werden, sie braucht aber nicht einzutreten. Auch in § 283 StGB setzen die Insolvenzhandlungen **nicht** voraus, dass es tatsächlich zu einer Benachteiligung der Gläubiger kommt.

Mit § 136 StGB, dem sogenannten **Verstrickungsbruch**, verbindet § 288 StGB eine Ähnlichkeit in der Struktur. § 288 StGB betrifft das Beiseiteschaffen und Veräußern von Bestandteilen des Schuldnervermögens, § 136 Abs. 1 StGB betrifft den Bruch der Verstrickung von Sachen, die staatlich gepfändet worden sind. § 136 StGB schützt das durch Pfändung oder Beschlagnahme entstandene öffentlich-rechtliche Gewaltverhältnis an beweglichen oder unbeweglichen Sachen,[4] § 288 StGB hingegen die Zwangsvollstreckung des privaten Gläubigers. Als Vermögensdelikt steht § 288 aber den §§ 283 ff. näher als § 136 StGB.

(2) Objektive Elemente der Tatbestandsmäßigkeit
1) Drohende Zwangsvollstreckung

Zu den objektiven Elementen der Tatbestandsmäßigkeit in § 288 StGB gehört zunächst die **drohende Zwangsvollstreckung**. Die Zwangsvollstreckung droht, sobald mit dem ernstlichen Willen des Gläubigers zu rechnen ist, seine Ansprüche zwangsweise zu realisieren.[5] Die Zwangsvollstreckung muss sich dabei auf Ansprüche vermögensrechtlicher Art beziehen. Im Mittelpunkt stehen hier Ansprüche auf die **Herausgabe einer Sache** und auf die **Zahlung einer Geldsumme**.

Wie oben (1) bereits erwähnt, setzt § 288 StGB als Vermögensdelikt voraus, dass der Anspruch, dessen zwangsweise Durchsetzung vereitelt werden soll, wirklich besteht. Es genügt also nicht, dass der Gläubiger nur einen formellen Titel erstritten hat.

2) Tatobjekt

Tatobjekt des § 288 StGB sind „Bestandteile des Vermögens" des Schuldners. Darunter sind **Sachen** und **Rechte** zu verstehen. Diese Sachen und Rechte müssen im vollstreckungsrechtlichen Sinne zum Vermögen des Schuldners gehören. Es können also auch schuldnerfremde Sachen sein, wenn nur die Vollstreckung in sie zulässig ist. So kann z.B. auch der Eigentumsvorbehaltsverkäufer in die verkaufte Sache, die sich beim Vorbehaltskäufer befindet, wegen der ihm zustehenden Geldforderung vollstrecken, obwohl die Sache noch im Eigentum des Eigentumsvorbehaltsverkäufers steht. Bei Geldforderungen gehören zum Bestandteil des Schuldnervermögens alle pfändbaren Sachen und Rechte.

3) Tathandlung

Die **Tathandlung** des § 288 StGB besteht im **Veräußern oder Beiseiteschaffen von Vermögensbestandteilen**. Darunter ist jede Handlung zu verstehen, die zu einer Verminderung der Aktiva auf der Seite des Schuldners führt. Auch die **Zerstörung** vollstreckungsfähiger Werte ist ein Beiseiteschaffen im Sinne von § 288 StGB. Jedoch liegt dann kein Beiseiteschaffen bzw. Veräußern vor, wenn die Veräußerung zu einer gleichwertigen Gegenleistung führt. Denn dann wird dem Schuldnervermögen ein entsprechender Betrag wiederum zugeführt, so dass es nicht zu einer Gefährdung oder Schädigung der Gläubigerinteressen kommt.

(3) Subjektive Elemente der Tatbestandsmäßigkeit

In **subjektiver Hinsicht** ist erforderlich, dass der Täter in der **Absicht** handelt, die Befriedigung des Gläubigers zu vereiteln. Dies ist freilich nicht als Motiv zu verstehen, vielmehr genügt der unbedingte Vorsatz der Befriedigungsvereitelung.[6]

(4) Täterschaft

Täter des § 288 StGB kann nur ein **Schuldner** sein. Wenn der Schuldner eine juristische Person ist, ist jedoch § 14 StGB zu beachten. Danach sind Eigenschaften, die die Strafbarkeit begründen, auch auf den Vertreter anzuwenden, wenn diese Merkmale zwar nicht bei ihm, aber bei dem Vertretenen vorliegen. Allerdings ist die Schuldnereigenschaft kein besonderes persönliches Merkmal i.S.v. § 28 StGB. Dies bedeutet, dass eine Teilnahme an § 288 StGB auch für Personen möglich ist, die nicht selbst Schuldner sind.

(5) Sanktion

§ 288 StGB droht eine Freiheitsstrafe zwischen drei Monaten und zwei Jahren an. Außerdem ist Geldstrafe möglich, das heißt nach § 40 Abs. 1 StGB eine Verhängung von mindestens fünf und höchstens 360 Tagessätzen.

2. § 288 StGB: Polizeiliche Kriminalstatistik/Abgeurteiltenstatistik

Wie erwähnt, spielt § 288 StGB in der Rechtspraxis keine bedeutende Rolle, was sich der Polizeilichen Kriminalstatistik und der Abgeurteiltenstatistik unschwer entnehmen lässt:

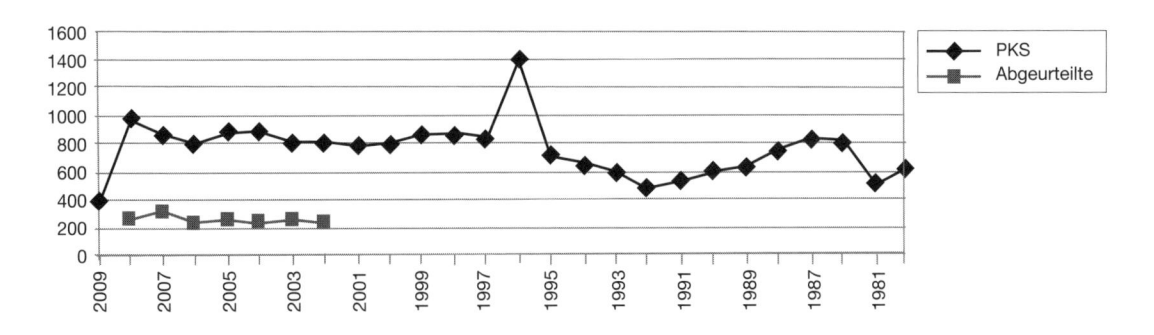

3. § 288 StGB als Wirtschaftsstraftat?

(1) Der Begriff der Wirtschaftskriminalität
1) Nachkriegszeit: WiKG 1949 und 1954

Ob die Vereitelung der Zwangsvollstreckung dem Bereich der Wirtschaftskriminalität zuzuordnen ist, lässt sich nicht einfach beantworten. Denn bereits der Begriff der Wirtschaftskriminalität ist schillernd und nicht unumstritten.

Das Wirtschaftsstrafgesetz von 1949[7], die im Nachkriegs-Deutschland früheste Rechtsquelle zur Beschreibung von Wirtschaftskriminalität, nennt Tatbestände, die auf Notzeiten bezogen sind: so z.B. die Gefährdung der Bedarfsdeckung (§ 1) oder Straftaten im Zusammenhang mit „Bezugsberechtigungen" (Lebensmittelmarken) wie das Beiseiteschaffen und Fälschen von Bescheinigungen über Bezugsberechtigungen, den Gebrauch gefälschter Bezugsberechtigungen (§ 2) und die Vorbereitung der Fälschung (§ 3). Bei weiteren Zuwiderhandlungen, wie etwa dem Verstoß gegen Preisvorschriften (§ 18), hängt die Einordnung als Straftat oder Ordnungswidrigkeit von der nach *Eberhard Schmidt* sog. Schmidtschen Formel in § 6 WiKG 1949 ab.

Danach ist eine Zuwiderhandlung eine

„Wirtschafts**straftat**, wenn sie das Staatsinteresse an Bestand und Erhaltung der Wirtschaftsordnung im Ganzen oder in einzelnen Bereichen verletzt, indem entweder

1. die Zuwiderhandlung ihrem Umfange oder ihrer Auswirkung nach geeignet ist, die Leistungsfähigkeit der staatlich geschützten Wirtschaftsordnung zu beeinträchtigen, oder

2. der Täter mit der Zuwiderhandlung eine Einstellung bekundet, die die staatlich geschützte Wirtschaftsordnung im Ganzen oder in einzelnen Bereichen missachtet, insbesondere dadurch, dass er gewerbsmäßig, aus **verwerflichem Eigennutz** oder sonst verantwortungslos gehandelt oder Zuwiderhandlungen hartnäckig wiederholt hat."

Diese Formel wird auch als legislatorisch-systematische Leitlinie zur Abgrenzung von Wirtschaftsstraftaten und Wirtschaftsordnungswidrigkeiten bezeichnet.[8] Sie wird im Wirtschaftsstrafgesetz von 1954,[9] das die Versorgung der Bevölkerung mit Energie, Kulturpflanzen, Futtermitteln, Zucker, Milch, Fett und Fleisch sicherstellen sollte, in ähnlicher Weise wiederholt (§ 3 Abs. 1).

Nimmt man die Schmidtsche Formel in den Wirtschaftsstrafgesetzen von 1949 und 1954 zum Ausgangspunkt, dann könnte es sich in § 288 StGB um Wirtschaftskriminalität handeln, weil § 288 StGB immerhin im 25. Abschnitt des Strafgesetzbuchs aufgeführt ist, der mit „Strafbarer Eigennutz" überschrieben ist.

Dennoch gibt es aber auch deutliche Anhaltspunkte, § 288 StGB eher nicht zum Wirtschaftsstrafrecht zu zählen.

2) Moderne Auffassung: *prozessual-kriminalistische, kriminologische und strafrechtsdogmatische* **Sicht**

Der Begriff des Wirtschaftsstrafrechts hat sich jedoch gewandelt. Einer der prominentesten Wirtschaftsstrafrechtler, der Freiburger Emeritus Klaus Tiedemann, beleuchtet den Begriff des Wirtschaftsstrafrechts aus drei Perspektiven:[10]

a. Aus prozessual-kriminalistischer Sicht ist Wirtschaftsstrafrecht das, was § 74 c Abs. 1 Nr. 6 GVG der **Wirtschaftsstrafkammer** des Landgerichts zuweist. Neben Straftatbeständen des Nebenstrafrechts sind dies auch die Vermögensdelikte des Betrugs, des Computerbetrugs, der Untreue und des Wuchers, letztere aber nur, „soweit zur Beurteilung des Falles besondere Kenntnisse des Wirtschaftslebens erforderlich sind".

b. Aus kriminologischer Sicht wirken sich Wirtschaftsstraftaten umfänglich auf die Wirtschaft bzw. das institutionalisierte Vertrauen in die Wirtschaft aus, wobei auf die Besonderheit des Täters mit dem „**weißen Kragen**" hingewiesen wird.

c. Aus strafrechtsdogmatischer Sicht wird das Besondere des Wirtschaftsstrafrechts darin gesehen, dass es um den Schutz **überindividueller Rechtsgüter** geht.[11]

d. Zusammengefasst – so Tiedemann – geht das Wirtschaftsstrafrecht von überindividuellen Gesichtspunkten staatlicher Wirtschafts- und Sozialplanung, also vom Wirtschaftsverwaltungsrecht aus. Die entsprechenden Gesetze sind das Außenwirtschaftsgesetz (AWG), das Gesetz gegen Wettbewerbsbeschränkungen (GWB) sowie die Steuer- und Subventionsgesetze, ergänzt durch handelsrechtliche und verbraucherschützende Gebiete.[12]

(2) § 288 StGB ist eher keine Wirtschaftsstraftat

Insoweit ist die Einordnung der Vollstreckungsvereitelung als Wirtschaftsstraftat also zumindest nicht eindeutig. Gegen einen Einbezug in das Wirtschaftsstrafrecht spricht aber auch, dass § 288 StGB, die Vereitelung der Zwangsvollstreckung, im Rahmen der modernen Auffassung von Wirtschaftskriminalität keine Rolle spielt. Weder der Alternativentwurf „Wirtschaftsstrafrecht" von 1977 noch Lehrbücher der Gegenwart enthalten Hinweise auf § 288 StGB.

Schließlich bieten auch die **Vorlesungen** von Kollegen[13] keine Anhaltspunkte, dass die Vereitelung der Zwangsvollstreckung zum Wirtschaftsstrafrecht zu zählen ist. Denn auch dort findet man im Besonderen Teil des Wirtschaftsstrafrechts die Insolvenzdelikte, die Untreue, die wirtschaftliche Ausbeutung z.B. in § 291 StGB, die Betrugsdelikte im weiteren Sinn, Korruptionsdelikte, Straftaten gegen den Wettbewerb und die Geldwäsche, nicht aber die Vereitelung der Zwangsvollstreckung.

Ein weiteres Indiz, das eher gegen die Einordnung des § 288 StGB als Wirtschaftsstraftat spricht, ist der sogenannte **Allgemeine Teil des Wirtschaftsstrafrechts**. Die Fragen im Allgemeinen Teil des Wirtschaftsstrafrechts betreffen u.a. den Bestimmtheitsgrundsatz (Art. 103 Abs. 2 GG), die Frage der Kausalität und der objektiven Zurechnung, wie sie z.B. im Lederspray-Fall[14] diskutiert wird, die Frage der Täterschaft durch die besondere Struktur in Wirtschaftsunternehmen, die Frage der Stellvertretung nach § 14 StGB, die Verwaltungsakzessorietät, besondere Irrtumsfragen (insbesondere der unvermeidbare Verbotsirrtum), die Frage des Unterlassens und der Garantenpflicht und die Frage von Täterschaft und Teilnahme. Bei der Täterschaft geht es insbesondere auch um die Frage des Sonderdelikts, wenn nur besondere Unternehmer und ihre Vertreter Täter sein können.[15]

Das strafbare Verhalten der Vereitelung der Zwangsvollstreckung wird hingegen unmittelbar in § 288 StGB beschrieben, ohne auf eine Generalklausel zurückzugreifen. Auch bezüglich der Kausalität und der objektiven Zurechnung entstehen keine Sonderfragen. Täter des § 288 StGB kann jeder sein, der Schuldner ist. Ein Wirtschaftsunternehmen wird nicht vorausgesetzt. Der Täter muss auch nicht Kaufmann sein. Auch für weitere Punkte, die man im Allgemeinen Teil des Wirtschaftsstrafrechts ansprechen könnte,[16] bietet § 288 StGB keine besonderen Angriffsflächen.

Im Ergebnis wird man somit sagen können, dass es sich bei § 288 StGB um ein Delikt handelt, das das Vermögen eines Gläubigers schützt, das aus deutscher Sicht aber nicht dem Wirtschaftsstrafrecht im strengen Sinne zuzuordnen ist.

4. Probleme im Zusammenhang mit § 288 StGB: Der Staubsauger-Fall – BGHSt 16, 330

Anwendungsprobleme im Zusammenhang mit § 288 StGB entstehen dort, wo die Formen der Zwangsvollstreckung mit dem strafrechtlichen Vermögensbegriff in eine Beziehung treten. Charakteristisch hierfür ist der sogenannte Staubsauger-Fall, BGH 4 StR 387/61, BGHSt 16, 330 vom 3. 11. 1961:

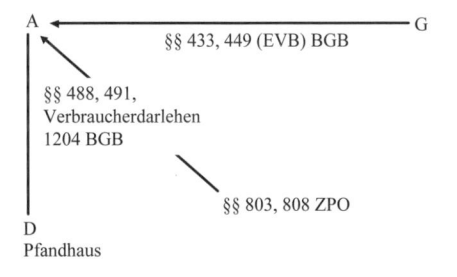

```
A ←──────────────── G
    §§ 433, 449 (EVB) BGB

§§ 488, 491,
Verbraucherdarlehen
1204 BGB
                §§ 803, 808 ZPO
D
Pfandhaus
```

A hatte einen Staubsauger auf Abzahlung unter Eigentumsvorbehalt (EVB, § 449 BGB) bei G gekauft. Als A die restlichen Raten nicht mehr bezahlen konnte, machte die Lieferfirma G den Restkaufpreis geltend und ließ den Staubsauger durch einen Gerichtsvollzieher pfänden. Der Gerichtsvollzieher beließ den Staub-

sauger zunächst im Gewahrsam des A und befestigte daran eine Siegelmarke (§ 808 II ZPO, Siegel). Diese Zwangsvollstreckung in Form der Pfändung erfolgte wegen einer **Geldforderung** nach §§ 803, 808 ZPO in das bewegliche Vermögen durch Inbesitznahme einer körperlichen Sache in Form des Staubsaugers.

Der Gerichtsvollzieher beließ den Staubsauger zunächst bei A, holte ihn dann aber in seine Wohnung. Später ließ er ihn von A wieder abholen und wies darauf hin, dass die Pfändung weiter bestehe. Ob die Siegelmarke noch auf dem Staubsauger angebracht war, blieb ungeklärt, weil das Gerät verpackt war.

Einige Monate später verpfändete A den Staubsauger für ein Darlehen bei einem Pfandhaus D. Dort wurde das Gerät versteigert, weil A es nicht auslösen konnte. Nach der Überzeugung des Landgerichts hatte A bei der Verpfändung nicht den Willen, den Staubsauger bei der Leihanstalt wieder einzulösen.

Bei der Bildung dieser Überzeugung ist der Tatrichter auch davon ausgegangen, dass der Angeklagte es der Gläubigerin durch die Verpfändung des Gerätes unmöglich machen wollte, sich daraus zu befriedigen.

Hat A sich durch die Verpfändung des Staubsaugers an D nach § 288 StGB strafbar gemacht?

(1) Formen der Zwangsvollstreckung

Um den Staubsauger-Fall zu verstehen, ist es ratsam, sich die unterschiedlichen Formen der Zwangsvollstreckung klar zu machen. Zu unterscheiden ist zwischen der Zwangsvollstreckung wegen **Geldforderungen** auf der einen Seite und der Zwangsvollstreckung der **Herausgabe von Sachen** (§ 883 ff. ZPO), der Vornahme von **Handlungen** (§ 887 f. ZPO) oder der Erzwingung von **Unterlassungen** (§ 890 ZPO) auf der anderen Seite. Im Staubsauger-Fall wollte der G wegen einer Geldforderung, d.h. wegen des geschuldeten Restkaufpreises, vollstrecken.

Die Vollstreckung wegen einer Geldforderung kann in das bewegliche (§ 803 ff. ZPO) oder das unbewegliche Vermögen (§ 864 ff. ZPO) erfolgen. Die Zwangsvollstreckung in das bewegliche Vermögen kann durch Rückgriff auf **körperliche Sachen (§ 808 ff. ZPO)** oder auf Forderungen und andere **Vermögensrechte** des Schuldners erfolgen (§ 828 ff. ZPO). Die Zwangsvollstreckung in Forderungen und andere Vermögensrechte geschieht dadurch, dass dem Schuldner durch das Vollstreckungsgericht geboten wird, sich jeder Verfügung über das Recht zu enthalten (§ 857 Abs. 2 ZPO).

Formen der Zwangsvollstreckung:

```
                        gerichtet auf
        ┌───────────────────┼───────────────────┐
        ▼                                       ▼
Zahlung von Geld                        - Herausgabe von Sachen
                                        - Handlungen
                                        - Unterlassungen
        │
        ▼
bewegliches Vermögen ─────────────► unbewegliches Vermögen
        │
        ▼
körperliche Sachen ──────────────► Forderungen, andere Vermögensrechte
```

(2) Die (Vereitelung der) Zwangsvollstreckung im Staubsauger-Fall

Im Staubsauger-Fall war der Staubsauger von dem Angeklagten durch Abzahlungskauf gekauft worden. Beim Abzahlungskauf erhält der Käufer die Ware. Das Eigentum an der Ware bleibt aber zunächst beim Verkäufer. Der Käufer soll und kann das Eigentum aber gemäß der vertraglichen Abrede mit dem Verkäufer erwerben, sobald er den Kaufpreis voll bezahlt hat. Ihm steht mithin ein **Anwartschaftsrecht** zu. Es ist unumstritten, dass das beim Vorbehaltskäufer entstehende Anwartschaftsrecht Bestandteil des **Vermögens** des Käufers im Sinne von § 288 StGB ist.

Allerdings hatte der Verkäufer G im Staubsauger-Fall nicht in das Anwartschaftsrecht des Käufers vollstreckt, denn er hatte dem Vorbehaltskäufer nicht gem. §§ 857 II, 829 I ZPO durch das Vollstreckungsgericht geboten, sich jeder Verfügung über das *Recht* zu enthalten. Auch war das Landgericht ersichtlich nicht davon ausgegangen, dass hinsichtlich jenes Anwartschaftsrechts dem Schuldner eine Zwangsvollstreckung im Sinne von § 288 StGB „drohte". Denn während eines längeren Zeitraums hatte der Gläubiger keine Anstalten getroffen, eine andere Art der Zwangsvollstreckung vorzunehmen als diejenige, die er auf Grund seines auf **Geldzahlung in Höhe des restlichen Kaufpreises** lautenden Schuldtitels durch Pfändung des Staubsaugers als *körperliche Sache* gewählt hatte.[17]

Die Strafbarkeit des A nach § 288 StGB durch die Verpfändung des Staubsaugers an D setzt nun voraus, dass A dadurch zum Zeitpunkt der Verpfändung **Bestandteile seines Vermögens beiseite geschafft** hat.

(3) Hat A durch die Verpfändung des Staubsaugers Bestandteile seines Vermögens beiseite geschafft?

Die Frage, ob **A durch die Verpfändung des Staubsaugers Bestandteile seines Vermögens beiseite geschafft** hat, bringt uns in eine scheinbar paradoxe Situation: Denn einerseits stand der Staubsauger zwar nicht im Eigentum des Angeklagten, war aber wegen einer Geldforderung gepfändet, und andererseits gehörte das Anwartschaftsrecht des A zwar zum Vermögen des A, war aber nicht Gegenstand einer (drohenden) Zwangsvollstreckung.

Allerdings hatte der A den **unmittelbaren Besitz** an dem Staubsauger. Fraglich ist jedoch, ob dieser Besitz zum Vermögen des A gehörte. Dabei ist zu berücksichtigen, dass der Begriff des Vermögens in § 288

StGB rein vollstreckungsrechtlich aufzufassen ist. Er umfasst den "Machtkreis", in den der Schuldner nach den Vollstreckungsrechtsgrundsätzen die Zwangsvollstreckung zu dulden hat.[18] Der BGH entschied nun, dass der Besitz des Schuldners zwar nicht „schlechthin" im Sinne des § 288 StGB Bestandteil des Schuldnervermögens sei. Er sei aber dann Vermögensbestandteil i.S.v. § 288 StGB, wenn die Vollstreckung gerade darauf **abzielt**, dem Gläubiger den **Besitz** zu verschaffen, wie es bei der Klage auf **Herausgabe einer Sache** der Fall ist. Allerdings lag dieser Fall hier nicht vor. Denn die Vollstreckung hatte nicht einen Anspruch auf Herausgabe als Grundlage.

Jedoch sah der BGH auch im vorliegenden Fall Gründe gegeben, den Besitz der Sache als Bestandteil des Schuldnervermögens einzuordnen, wenn der Schuldner den Besitz einer Sache auf Grund eines **Anwartschaftsrechts, das auf den Erwerb des Eigentums gerichtet** ist, erworben hat. Das Ziel des Abzahlungsverkaufs sei es gerade, dem Schuldner bereits vor Erwerb des Eigentums den Genuss der erworbenen Sache durch Einräumung des Besitzes zu verschaffen. Mithin vermehrten sich durch den **Besitz in Verbindung mit der Anwartschaft**, das Eigentum an der Sache zu erwerben, die dem Käufer zustehenden Güter. Gerade hierin liege der Anreiz, ein Abzahlungsgeschäft mit Vorbehaltseigentum des Verkäufers abzuschließen. „Entledigt sich der Käufer dieses Besitzes, so schafft er damit einen Bestandteil seines Vermögens beiseite. Seine Handlung verstößt gerade gegen den Schutzzweck des § 288 StGB. Dem Gläubiger wird dadurch nicht nur die Durchführung der Zwangsvollstreckung auf Herausgabe der unter Eigentumsvorbehalt gelieferten Sache, sondern auch die Vollstreckung einer Geldforderung in diese Sache (…) erschwert oder unmöglich gemacht."[19] Denn beide Formen der Zwangsvollstreckung seien an die Voraussetzung geknüpft, dass der Schuldner die Sache besitzt.

Die Entscheidung des BGH von 1961 hat eine Rechtsprechung begründet, die bis heute Gültigkeit besitzt und in den führenden Kommentaren und Lehrbüchern der Gegenwart zitiert wird.[20]

5. Schlussbemerkung

Der Vergleich der Bemerkungen zur Vereitelung der Zwangsvollstreckung aus japanischer und aus deutscher Sicht zeigt, dass in Deutschland § 288 dStGB als Vermögensstraftat aufgefasst wird, die den individuellen „Nahraum" zwischen Gläubiger und Schuldner betrifft und gesamtwirtschaftlich nur eine unbedeutende Rolle spielt.

Im japanischen Strafrecht spielt § 96a jStGB hingegen eine bedeutende Rolle als Wirtschaftsstraftat, deren praktische Bedeutung sogar Rückschlüsse auf die wirtschaftlichen Verhältnisse zulässt, wie es aus deutscher Sicht eher im Hinblick auf die Insolvenzstraftaten in den §§ 283 ff. dStGB der Fall ist. Der Vergleich der beiden Rechtsnormen macht deutlich, wie sehr die gesellschaftliche Verankerung die Rolle eines Straftatbestandes bestimmt und wie sehr der Wortlaut, in dem sich die beiden Vorschriften nicht wesentlich unterscheiden, dabei in den Hintergrund rückt.

[Notes]

1 Vgl. *Heine*, in: Schönke/Schröder, StGB, 28. Aufl. 2010, § 288 RN 1: „dient dem Schutz des Einzelgläubigers in seinem sachlich begründeten und vollstreckungsfähigen *Recht auf Befriedigung aus dem Schuldnervermögen*".

2 Vgl. Maurach/*Schroeder*/Maiwald, Strafrecht BT 1, 10. Aufl. 2009, § 47 RN 4.

3 Maurach/*Schroeder*/Maiwald, Strafrecht BT 1, § 47 RN 1.

4 Vgl. *Maier*, in: Münchener Kommentar Bd. 4, 1. Aufl. 2006, § 288 RN 32.

5 *Heine*, in: Schönke/Schröder, StGB, 28. Aufl. 2010, § 288 RN 10 m.w.N.

6 So Systematischer Kommentar (SK)-*Hoyer*, § 288 RN 17; Leipziger Kommentar (LK)-*Schünemann*, § 288 RN 37; Nomos Kommentar (NK)-STGB/*Wohlers*, 3. Aufl. 2010, § 288 RN 16; stellvertretend für die a.A. (sicheres Wissen reicht) *Heine*, in: Schönke/Schröder, § 288 RN 19-22 m.w.N.

7 Wirtschaftsstrafgesetz vom 9. Juli 1954 (BGBl I, 175) in der Fassung der Bekanntmachung vom 3. Juni 1975 (BGBl. I S. 1313), das zuletzt durch Artikel 55 des Gesetzes vom 8. Dezember 2010 (BGBl. I S. 1864) geändert worden ist.

8 Vgl. *Tiedemann*, Wirtschaftsstrafrecht. Einführung und Allgemeiner Teil, 3. Aufl. 2010, S. 26.

9 Vgl. oben Fn. 7.

10 *Tiedemann*, Wirtschaftsstrafrecht (o. Fn. 8) § 1 I.

11 *Tiedemann*, Wirtschaftsstrafrecht (o. Fn. 8) § 1 I 3.

12 *Tiedemann*, Wirtschaftsstrafrecht (o. Fn. 8) § 1 I 5.

13 Vgl. die Vorlesung meines Bonner Kollegen *Böse*: In seinem mir vorliegenden Vorlesungsskript aus dem WS 2008/2009 (vgl. dort S. 4) werden keine Delikte aus dem 25. Abschnitt behandelt.

14 BGHSt 37, 106 ff.

15 Vgl. *Tiedemann*, Wirtschaftsstrafrecht (o. Fn. 8) § 4 V (S. 101 ff.).

16 Vgl. *Tiedemann*, Wirtschaftsstrafrecht (o. Fn. 8) § 4.

17 BGHSt 16, 332.

18 Vgl. *Maier*, in: Münchener Kommentar, § 288 RN 18.

19 BGHSt 16, 333.

20 Vgl. *Maier*, in: Münchener Kommentar, § 288 RN 18.

特集2　ギーセン大学ミニコロキュウム「刑事法の現代的課題」
Das Menschenbild von der Willenstheorie in der Vorsatzlehren

keywords: Vorsaz, Willenstheorie, Egoist

Sudo Hyon (Ryukoku-Universität)

1. Einleitung

Die Vorsatzlehren in Japan, vor allem die Lehren zum dolus eventualis, werden nicht unwesentlich durch die deutsche Strafrechtswissenschaft beeinflusst. Deshalb ist die Diskussionslage zum dolus eventualis in Japan der Diskussionslage in Deutschland sehr ähnlich.

Aber gibt es einen großen Unterschied zwischen Deutschland und Japan. Zwar nimmt das Strafgesetzbuch weder in Deutschland noch in Japan Stellung zur Lokalisierung des Vorsatzes innerhalb des Verbrechensaufbaus, jedoch sind in Deutschland inzwischen die Lehren herrschend, die den Vorsatz als Bestandteil der Tatbestandsmäßigkeit betrachten.[1] In Japan sind hingegen noch jene Lehren einflussreich, nach denen der Vorsatz Bestandteil der Schuldhaftigkeit der Tat ist.[2] So hat zum Beispiel die Motivtheorie, die zuerst von Max Ernst Mayer vertreten wurde, in Japan noch Gewicht.[3]

Trotz dieses Unterschieds ist, wie schon gesagt, die Diskussionslage in Deutschland und Japan jedoch sehr ähnlich. Und in Japan wie Deutschland werden sehr unterschiedliche Lehren zum dolus eventualis vertreten. Eine der Ursachen dafür liegt meines Erachtens in der Unklarheit des Begriffs des Wollens. Deshalb seien einige wichtige „Willensbegriffe" und Gesichtspunkte zum dolus eventualis dargelegt, um die Problematik zu ordnen.

2. Der psychologische Willensbegriff

(1) Robert v. Hippel[4]

v. Hippel geht zunächst davon aus, dass der Vorsatz mit dem Wollen im umgangssprachlichen Sinne übereinstimmen soll, weil der Vorsatz das Wollen ist. Daraus folgt, dass der Wille, das Wollen, im umgangssprachlichen Sinne den strafrechtlichen Vorsatz abgrenzt. Deshalb richtet seine Analyse sich nach dem Begriff des Wollens.

v. Hippel beginnt zunächst mit einer positiven Beschreibung des Wollens: Gewollt seien die als *wünschenswert* erstrebten Folgen der Tat ohne Rücksicht auf den Grad der Wahrscheinlichkeit ihres Eintritts.[5]

Als *wünschenswert* bezeichnet er dabei – in Übereinstimmung mit dem gewöhnlichen Sprachgebrauch - das dem Täter Erfreuliche, Angenehme, diejenigen Folgen der Tat also, deren Eintreten für den Täter einen positiven Gefühlswert besitze, welche ihm um ihrer selbst willen als begehrenswert erscheinen.[6]

Er erfasst meines Erachtens hier ein Erstreben als eine Entscheidung, etwas zu tun. Der Täter entscheidet sich deshalb für die Begehung einer Tat, weil er einem von ihm vorgestellten Gegenstand einen positiven Gefühlwert entgegenbringt.

Hippel erfasst den Willen vom Standpunkt des Täters selbst, das heißt aus der Sicht der *ersten Person*. Es scheint, als ob v. Hippel das Wollen als eine Reihe von Prozessen versteht, dass man aus Interesse an einem Gegenstand eine Entscheidung trifft und zu der Tat schreitet. Das heißt, dass Verbrechensverläufe als eine Reihenfolge bestehend aus Wille-Handlung-Erfolg erfasst werden. Man kann diesem Willensbegriff einen *psychologisch-kausalen* Charakter zuschreiben.

Davon ausgehend definierte v. Hippel den Vorsatz, wie folgt: Der Vorsatz sei der auf die Verwirklichung des Deliktstatbestandes gerichtete Wille.[7] Die Vorsatzproblematik besteht nach v. Hippel dann in der Frage, wann der vorgestellte Erfolg gewollt ist. V. Hippel beantwortete diese Frage so: Der Willensentschluss entstehe auf Grund der Vorstellung von einem durch eigenes Verhalten (Tun oder Unterlassen) erreichbaren künftigen Zustand, der dem Täter im Vergleich zum gegenwärtigen als der relativ bessere erscheint.[8]

Auf der Basis dieses Begriffs des Wollens sei dolus eventualis gegeben, wenn der Täter dem Eintritt des erstrebten Erfolgs *zusammen mit dem als möglich vorgestellten rechtswidrigen Erfolg den Vorzug gegeben habe gegenüber dem Verzicht auf seine Tat*.[9]

Auf Grund dieses Verständnisses vom Vorsatz lautet nach v. Hippel der Vorwurf, der gegen den Täter wegen der Begehung des Vorsatzdelikts erhoben wird, wie folgt: Die Herbeiführung des rechtswidrigen Erfolgs sei dem Täter lieber als der Verzicht auf seine Tat, der Egoismus also hätte ihn dazu verführt, seine Ziele über die Verletzung der Rechtsordnung zu stellen.[10]

Das von v. Hippel auf Grund des psychologisch-kausalen Willensbegriffs gezeichnete Bild vom Vorsatz bietet uns eine bis heute gültige, wertvolle Darstellung über den Willensbegriff.

(2) Hans Welzel

Welzels Auffassung soll hier untersucht werden, weil ihr Willensbegriff sich von dem v. Hippels unterscheidet und weil sie die Grundlage für die heute in Deutschland herrschende Lehre bildet.

Welzel kritisierte es, das Wollen als eine Art von Wunsch zu beschreiben, wie dies z. B bei v. Hippel der Fall ist.[11] Als Argument diente ihm ein oft benutztes Beispiel: Wer einen anderen bei einem aufkommenden Gewitter in den Wald schickt in der Hoffnung, der andere werde durch einen Blitz erschlagen werden, hat keinen Tötungswillen, weil dieser nur infolge einer ungewöhnlichen (zufälligen) Verknüpfung von Ereignissen den Tod findet.[12] Trotzdem müsste man in dem sogenannten Gewitterfall den Vorsatz bejahen, wenn man den Willen als einen Wunsch beschreibt. In diesem Fall hielt Welzel die Bejahung des Vorsatzes für unvertretbar.[13]

Nach Welzel ist die menschliche Handlung vielmehr *Ausübung der Zwecktätigkeit*.[14] Die Finalität oder Zweckhaftigkeit beruhe darauf, dass der Mensch auf Grund seines Kausalwissens die möglichen Folgen seines Tätigwerdens in bestimmtem Umfange voraussehe, sich darum verschiedenartige Ziele setzen und sein Tätigwerden auf diese Zielerreichung hin planvoll lenken könne.[15] Dieser zielbewusste, das kausale Geschehen lenkende Wille ist nach Welzel das Rückgrat der Handlung, ein Steuerungsfaktor, der das äußere Kausalgeschehen überdeterminiert und es dadurch zur zielgelenkten Handlung macht.[16] Indem Welzel den Willen als Steuerungsfaktor erfasst, ist seine Auffassung vom Wollen nicht nur eine Art „Wunsch".

Hinsichtlich des Umfangs des finalen Willens sind drei Elemente zu unterscheiden:[17]

- Der Täter setzt sich ein *Ziel*, das er verwirklichen will,
- er wählt die zur Zielerreichung erforderlichen *Handlungsmittel* aus und nimmt eine Handlung vor,
- er verwirklicht unter Umständen die *Nebenfolgen*, die mit der Zielerreichung verknüpft sind.

Natürlich umfasst der finale Wille ein Ziel und die Handlungsmittel. Dagegen fragt es sich bei Nebenfolgen, wie weit die Nebenfolgen umfasst werden. Auf dieser Frage antwortete Welzel, der Täter halte den Eintritt der Nebenfolgen bei Anwendung dieser Mittel entweder für *gewiss* oder *rechne* wenigstens mit ihnen. In beiden Fällen umfasse der finale Verwirklichungswille auch die Verwirklichung der Nebenfolgen.[18]

Ausgehend vom finalen Verwirklichungswillen erklärt Welzel den strafrechtlichen Vorsatz nun folgendermaßen: Da das Wollen sprachlich ein Hilfszeitwort sei, bedürfe es zu seiner eindeutigen Präzisierung eines Hauptwortes. Verboten sei im Strafrecht aber die Verwirklichung des objektiven Tatbestandes eines Deliktes. Der Tatbestand des Delikts sei das gesuchte Hauptwort. Das strafrechtlich verbotene Wollen sei daher der Verwirklichungswille bezüglich eines Deliktstatbestandes.[19] Wollen heißt damit im Strafrecht nicht Erstreben, sondern Wollen der Verwirklichung. Auch die Grenze des Vorsatzes wird dann durch den finalen Verwirklichungswillen bestimmt.

Wenn wir diese Auffassung von Welzel mit der Auffassung v. Hippels vergleichen, so ist beiden gemeinsam, dass der strafrechtliche Vorsatz durch eine von den Autoren analysierte, psychologische Seinart bestimmt wird. Weil auch Welzel den Willen psychologisch versteht, erfasst er den Verwirklichungswillen aus der Perspektive des Täters selbst, das heißt aus der Sicht der *ersten Person*. Dieser Willensbegriff bedeutet daher, dass Verbrechensverläufe als eine *Reihenfolge*, bestehend aus *Wille – Handlung - Erfolg*, erfasst werden. In diesem Sinne hat auch der Willensbegriff Welzels einen kausalen Charakter.

Allerdings gibt es eine Unterschied zwischen den Auffassungen v. Hippels und Welzels. v. Hippel hält als Bestandteil des Willens eine Kraft für wichtig, eine Tat zu *verursachen*. Dagegen verlangt Welzel, dass der Wille *Steuerungsfaktor* ist. Aus diesem Unterschied erklärt sich auch die unterschiedliche systematische Stellung des Vorsatzes: nach v. Hippel ist der Vorsatz Bestandteil der *schuldhaften* Handlung, nach Welzel Bestandteil der *Tatbestandsmäßigkeit*. Außerdem erklärt sich aus dieser unterschiedlichen Akzentuierung des Willens, dass der Vorsatz im Gewitterfall von v. Hippel als Kraft zur Verursachung bejaht wird, während er von Welzel mangels Steuerungsfähigkeit verneint wird.

Allerdings unterscheidet sich der Willensbegriff Welzels nicht grundlegend von dem v. Hippels. Der Mensch setzt sich nach beiden Auffassungen ein Ziel, weil er ein *Interesse am Gegenstand* hat. Daraus folgt, dass ein Interesse am Gegenstand wesentliches Merkmal für ein Wollen ist. Deshalb kann man nicht sagen, dass Welzel aus dem Willensbegriff das Interesse am Gegenstand ausgeschlossen habe. Vielmehr hat Welzel den Umfang des Willensbegriffs dadurch beschränkt, dass er den Gesichtspunkt der Handlungssteuerung hinzugefügt hat. Für beide, Welzel und v. Hippel, dürfte daher ein Interesse am Gegenstand für den Willensbegriff wesentlich sein.

Daraus kann man folgern, dass der Vorsatzstäter auch bei Welzel ein *Egoist* in dem Sinne ist, dass der Täter seinem angestrebten *Ziel den Vorzug* gibt, *anstatt* gemäß dem Anspruch der Rechtsordnung auf seine Zielverfolgung *wegen des Eintretens des deliktischen Nebenerfolgs zu verzichten*.

Nach der heute herrschenden Lehre ist der Vorsatz eine Entscheidung für eine Rechtsgüterverletzung.[20] Dolus eventualis ist gegeben, wenn der Täter mit der Möglichkeit einer Tatbestandsverwirklichung ernstlich rechnet, um des erstrebten Zieles willen aber trotzdem weiterhandelt, und sich dadurch mit einer eventuellen Deliktsrealisierung abfindet, sie in Kauf nimmt.[21]

Damit liegt der herrschenden Lehre die Auffassung Welzels zu Grunde, den Willen von einem Wunsch zu unterscheiden. Aber auch die Auffassung v. Hippels, dass ein Interesse am Gegenstand das Wesen des Willens ausmacht, lässt sich in der herrschenden Lehre finden. Deshalb können wir zu dem Ergebnis kommen, dass auch die herrschende Lehre vom *Egoismus des Täters* als Grundlage des Vorsatzes geprägt wird.

(3) Claus Roxin

An der herrschenden Lehre wird scharfe Kritik geübt. Denn wenn der Täter die nahe liegende Möglichkeit des Eintretens des Erfolgs erkannt hat, ihm dies aber gleichgültig ist, ist nach der herrschenden Lehre der Vorsatz zu verneinen, weil es an der psychologischen Tatsache fehlt, mit der Möglichkeit einer Tatbestandsverwirklichung ernstlich zu rechnen.[22] Die Verneinung des Vorsatzes in diesem Fall erscheint indessen wenig sachgerecht. Deshalb entwickelte Roxin, der ansonsten für die herrschende Lehre steht, seine eigene Auffassung vom dolus eventualis weiter.

Nach Roxin kann die Abgrenzung von Vorsatz und Fahrlässigkeit nicht allein nach psychologischen Kriterien erfolgen. Vielmehr handele es sich dabei in letzter Instanz um einen Wertungsakt, eine normative Zuschreibung. Die darauf beruhende sog. *Entscheidungstheorie* macht nun den gesamten Geschehensablauf zur Beurteilungsgrundlage und stellt die Frage, ob bei Würdigung aller Umstände des Einzelfalles das Täterverhalten so gedeutet werden kann, dass der Handelnde sich gegen das geschützte Rechtsgut *entschieden* hat oder nicht.[23]

Es scheint mir jedoch, dass Roxins Ansatz hinsichtlich der Beziehung zwischen den psychologischen Tatsachen und ihrer normativen Beurteilung noch nicht hinreichend klar ist. Denn Roxin wird den Vorsatz auch bei demjenigen Täter bejahen, der die Möglichkeit einer Tatbestandsverwirklichung nicht ernstlich annimmt. Hier sind psychologische Kriterien nicht mehr das Abgrenzungskriterium von Vorsatz und Fahrlässigkeit. Entsprechend müsste Roxin nach einer normativen Beurteilung umgekehrt den Vorsatz verneinen, selbst wenn der Täter mit der Möglichkeit einer Tatbestandsverwirklichung ernstlich rechnet. Aber es ist unklar, ob Roxin in diesem Fall den Vorsatz verneinen würde.

Außerdem vermisst man bei Roxin ein klares Kriterium für die normative Beurteilung. Damit droht das Urteil über das Vorliegen des Vorsatzes willkürlich zu bleiben.

3. Ingeborg Puppe - der normative Willensbegriff

Puppe findet, wie Roxin, an der herrschenden Lehre problematisch, dass sie beim gleichgültigen Täter, der mit der nahe liegenden Möglichkeit des Eintretens des Erfolgs nicht ernstlich rechnet, den Vorsatz verneint, während sie beim überängstlichen Täter, der auch geringe Gefahren ernst nimmt, den Vorsatz bejaht.[24]

Puppe ist der Ansicht, dass der Vorsatz und die Vorsatzzurechung erst bei der wissentlichen Setzung einer solchen Gefahr beginnen kann, für die es unter den Bewertungsgesichtspunkten von Unrecht und Schuld gleichgültig ist, ob der Täter sie in Kauf genommen oder verdrängt habe. Das heißt, es geht bei Puppe nicht um psychologische Tatsachen beim Täter, sondern um die *Interpretation des Täterverhaltens*.

Puppe begründet dies wie folgt: Der Bürger, der für sich das Recht und die Kompetenz zur Selbstbestimmung in Anspruch nimmt, müsse es sich gefallen lassen, dass sein Handeln an den Maßstäben elementarer Vernünftigkeit gemessen wird, auch wenn er einen Konflikt zwischen seinen Wünschen und den Rechten anderer zugunsten seiner Wünsche entscheidet. Das Schuldprinzip und die Gerechtigkeit gebieten es nach Puppe nicht, auf einen wirklichen oder auch nur vermuteten irrationalen Verdrängungsprozess einzugehen, durch den er der von ihm erkannten großen Gefahr die Relevanz für sein Handeln abgesprochen hat.[25]

Auf Grund dieser Erkenntnis ist eine Vorsatzgefahr eine solche, die ein *vernünftiger* Täter nur dann setzen würde, wenn er sich mit dem Eintritt des Erfolgs abfindet.[26] Das heißt, das Täterverhalten wird nach einer allgemeinen praktischen Regel zweckrationalen Handelns bewertet. Daraus leitet Puppe das konkrete Kriterium ab, dass eine Gefahr dann eine Vorsatzgefahr ist, wenn sie für sich betrachtet eine taugliche Methode zur Herbeiführung des Erfolges darstellt.[27]

Während die bisherigen Auffassungen den Willenbegriff als psychologisch-kausal definierten, bestimmt Puppe den Willenbegriff im *normativen* Sinne. Dies bedeutet einen Wechsel der Perspektive des Willens, und zwar von der Perspektive der ersten Person zur Perspektive der dritten Person. Ferner führt dieser methodische, perspektivische Unterschied auch zu einem Unterschied der Abgrenzungskriterien.

Allerdings gibt es auch gemeinsame Punkte zwischen der Auffassung Puppes und den bisherigen Auffassungen. Nach beiden Ansätzen soll der Bewertungsunterschied zwischen Vorsatz und Fahrlässigkeit durch den Willen *erfolgen*, sei es psychologisch oder sei es normativ.

Ferner leitet Puppe aus dem normativen Willensbegriff den Maßstab für den vernünftigen Menschen ab. Dieser vernünftige Mensch handelt zweckrational indem er den ihn interessierenden Gegenstand, das heißt, seinen Zweck rational verwirklicht. Für dieses Menschbild ist das Interesse am Gegenstand wesentlich. Dadurch erfasst Puppe Verbrechensverläufe als eine Reihenfolge von Wille-Verhalten-Erfolg. In diesen Punkt stimmen die bisherige Auffassungen und Puppes Auffassung überein.

Schließlich stellt sich auch Puppes Menschenbild im Vorsatzdelikt als das eines *Egoisten* heraus, wenn auch normativ verstanden.

Nach Puppes Kriterium unterscheidet die *Zweckrationalität* des Täterverhaltens im Hinblick auf ein Eintreten des Erfolges selbst zwischen Vorsatzdelikt und Fahrlässigkeitdelikt. Das bedeutet, dass sich das Verletzungsdelikt in ein Ungehorsamsdelikt wandelt. Die Ursache dafür liegt meines Erachtens darin, dass Puppe die Willenskomponente normativiert und an Hand des zweckrationalen Täterverhaltens selbst zwischen Vorsatz und Fahrlässigkeit unterscheidet.

4. Günther Jakobs - der funktionale Willensbegriff

In einem neueren Aufsatz[28] wechselt Jakobs von der Wissentheorie zur Willenstheorie. Jakobs leitete die Notwendigkeit des Willens oder Wollens im Vorsatz aus seinem Verbrechensbegriff ab. Bei einem Verbrechen handelt es sich nach Jakobs um einen Sinnausdruck des Täters selbst. Wenn das Verhalten des Täters mit den rechtlichen Ansprüchen nicht harmoniert, erhält der Sinnausdruck die Eigenschaft eines Sinnwiderspruchs und wird somit verbrecherisch.[29]

Kenntnis allein führe allerdings nicht zu einem Sinnausruck, das heißt, einer Gestaltung der Welt, weil Wissen allein ohnmächtig sei. Deshalb sei der Wille oder das Wollen notwendig, um zu einer Gestaltung der Welt zu fuhren. Jakobs versteht somit Wollen als *Gestalten*.[30]

Hinsichtlich der Beziehung zwischen Wollen und Wissen führt Jakobs aus, dass das Wollen allein leer sei, orientierungslos, jedenfalls also nicht sinnhaft gestaltend.[31] Deshalb fordert Jakobs, dass Wissen und Wollen zu einem Begriff vereinigt werden müssten: *wissendes Wollen* oder präsent orientiertes Wollen.[32]

Auf Grund dieses Verhältnisses zwischen Wissen und Wollen ist nach Jakobs der Vorsatz das Wollen der Tatbestands*verwirklichung*. Bezüglich des Wollensinhaltes führt Jakobs aus: was zum Vorsatz gehöre, entscheide das Recht gemäße seiner Funktion, also nach dem Maß der Orientierung des Täters.[33] Nach diesem Verständnis macht es keinen Unterschied zwischen Hauptfolgen und Nebenfolgen. Denn die Orientierung bei Hauptfolgen und Nebenfolgen verläuft bei kompletter Präsenz des Orientierungsmaterials völlig gleich. Es gehe bei dem Vorsatz darum, dass die eine Tatbestandsverwirklichung gestaltende Wirkung des Wollens bekannt sein müsse. Folglich bestimme der Umfang der erkannten *Gestaltung* der Tatbestandsverwirklichung den Umfang des Vorsatzes.[34]

Was aber bedeutet Gestalten? Wenn Jakobs das Wollen als Voraussetzung für den Vorsatz begreift, scheint es mir zu bedeuten, dass man im Vergleich zum Wissen eine eher positive psychologische Tätigkeit erwartet. Das heißt, es ist eine psychologische Tätigkeit, zu realisieren, was der Täter überblickt. Ansonsten hat es keinen Sinn, mit dem Wollen zu operieren. Wenn dieses Verständnis richtig ist, erfasst Jakobs das Wollen als eine Art von *Kraft* oder *Fähigkeit*, ein Verhalten zu realisieren. Das bedeutet, dass Jakobs auch das Wollen als ein Interesse am Gegenstand erfasst. Ansonsten hätte ein Wollen keine Kraft, ein Verhalten zu verursachen. Dies erklärt sich daraus, dass Jakobs die Strafwürdigkeit des Vorsatzes darin findet, dass der Täter seine *Zweckverfolgung höher als die Vermeidung eines Delikts* stellt.[35] Deshalb ist auch für Jakobs das Wesen des Wollens ein Interesse am Gegenstand.

Wenn dieses Verständnis richtig ist, erfasst auch Jakobs das Wollen aus der Perspektive des Täters selbst, der *ersten Person*, und Verbrechensverläufe als eine *Reihenfolge* bestehend aus Wille – Verhalten – Erfolg. Deshalb erfasst Jakobs - entgegen seiner eigenen Absicht – das Wollen als psychologisch - kausal. Schließlich zeigt sich auch hier der *Egoist* im Menschbild des Vorsatzdelikts, wenn das Wesen des Wollens ein Interesse am Gegenstand ist.

5. Schlussbemerkung

In der Vorsatzlehre Deutschlands und Japans ist die Willenstheorie noch immer die herrschende Lehre. Aber das Verständnis des Willens gestaltet sich je nach Autor unterschiedlich. Deshalb war es das Ziel dieses Referats, das Wesen des Willensbegriffs deutlicher zu machen. Dementsprechend habe ich verschiedene Willensbegriffe untersucht. Es ergab sich, dass das *Wesen des Willensbegriffs im Interesse am Gegenstand* liegt. Daraus folgt, dass das Menschenbild, das dem Vorsatzdelikt zu Grunde liegt, das Bild des Egoisent ist.

Allerdings unterscheidet sich der Ansatz Puppes von den anderen Auffassungen dadurch, dass sie einen *normativen* Begriff vertritt. Gemeinsam gehen beide Auffassungen indessen von einm Verbrechensverlauf nach der Reihenfolge „Wille-Tat-Erfolg" aus. Das bedeutet, dass beiden Willensbegriffen ein *Kausaldenken* zugrunde liegt.

Ich fasse zusammen:
- das Wesen des Willensbegriff ist eine *Interesse am Gegenstand*,
- dem Willensbegriff liegt ein *Kausaldenken* zugrunde,
und schließlich:
- das dem Vorsatzdelikt zu Grunde liegende Menschenbild ist das Bild des *Egoisten*.

[Notes]

1 Vgl. Gropp, Walter, Strafrecht Allgemeiner Teil, 3. Auflage, 2005, § 5 S. 162; Roxin, Claus, Strafrecht Allgemeiner Teil Band 1, 4. Auflage, 2006, usw.

2 Vgl. Noriyuki, Nishida, Atsushi, Yamaguchi, Hitoshi, Saiki(Hrg), Keiho no Souten(der strafrechtliche Streitspunkt), 2007, S. 56f.

3   Vgl. Takaaki Matsumiya, Strafrecht Allgemeiner Teil, 4. Auflage, 2009, S. 179f..
4   v. Hippel, Robert, Deutsches Strafrecht, Bd. 2, 1930, Neudruck Aalen 1971, § 23 V S. 306 ff.
5   v. Hippel, Robert, Die Grenze von Vorsatz und Fahrlässigkeit, 1903, S. 76.
6   v. Hippel, Robert(Anm 5), a.a.O., S. 76.
7   v. Hippel, Robert(Anm 4), a.a.O., § 23 V, S.306.
8   v. Hippel, Robert(Anm 4), a.a.O., § 23 V, S.308.
9   v. Hippel, Robert(Anm 4), a.a.O., § 23 V, S.313.
10 v. Hippel, Robert(Anm 4), a.a.O., § 23 V, S.317.
11 Vgl. Welzel, Das deutsche Strafrecht 11.Auflage, 1969, § 13 2, S. 66.
12 Welzel(Anm 11), a.a.O., § 13 2, S. 66.
13 Welzel(Anm 11), a.a.O., § 13 2, S. 66, ferner Vgl, ders., Studien zum System des Strafrechts, ZStW 57, S.517f.
14 Welzel(Anm 11), a.a.O., §8 1, S. 33
15 Welzel(Anm 11), a.a.O., §8 1, S. 33.
16 Welzel(Anm 11), a.a.O., §8 1, S. 34.
17 Welzel(Anm 11), a.a.O., §8 1, S. 34ff, § 13 2, S. 66ff.
18 Welzel(Anm 11), a.a.O., §8 1, S. 34ff, § 13 2, S. 67ff.
19 Welzel(Anm 11), a.a.O., § 13 2, S. 66.
20 Vgl., Kühl, Kristian, Strafrecht Allgemeiner Teil 5. Auflage, § 5 Rn. 28, S. 71, usw.
21 Vgl., Roxin(Anm1), a.a.O., § 12 Rn. 27, S. 448
22 Vgl., Roxin(Anm 1), a.a.O., §12, Rn. 30, S449.
23 Roxin(Anm 1), a.a.O., §12, Rn. 31, S.450.
24 Puppe, Ingeborg, Strafrecht Allgemeiner Teil im Spiegel der Rechtsprechung, Band 1, 2002, A § 16, S. 296
25 Puppe,Ingeborg (Amn 24), a.a.O., A § 16, S. 314
26 Puppe,Ingeborg (Amn 24), a.a.O., A § 16, S. 314
27 Nomos Kommentar 2. Auflage-Puppe, 2005, §15, Rn.69, S. 499.
28 Jakobs, Günther, Altes und Neues zum steafrechtlichen Vorsatzbegriff, Zeit für rechtswissenschaftliche Forschung, Juli 2010 Heft3, S. 283ff.
29 Jakobs, Güntehr (Anm 28), a.a.O., S. 284.
30 Jakobs, Güntehr (Anm 28), a.a.O., S.285ff.
31 Jakobs, Güntehr (Anm 28), a.a.O., S.285ff.
32 Jakobs, Güntehr (Anm 28), a.a.O., S.286f.
33 Jakobs, Güntehr (Anm 28), a.a.O., S.288..
34 Jakobs, Güntehr (Anm 28), a.a.O., S.286f.
35 Jakobs, Güntehr(Anm 28), a.a.O., S.304.

Zur Abgrenzung von Vorsatz und Fahrlässigkeit bei Raser-Fällen Deutschland/Schweiz

Günter Heine (Universität Bern)

1. Einleitung

In der Schweiz lieferten sich die Fahrer zweier Sportkarossen ein privates Autorennen. Beide Autofahrer rasten mit einer Geschwindigkeit von 120 bis 140 km/h an einem späten Sommerabend in ein Dorf hinein. Fahrer A verlor die Herrschaft über seinen PKW und geriet ins Schleudern. Sein Auto erfasste auf dem Gehweg zwei jugendliche Fussgänger, die tödlich verletzt wurden.

Abgesehen von einem Sonderfall[1] ging man in der Schweiz bislang davon aus, dass im Strassenverkehr ein Fahrer auch beim Eingehen extremer Risiken in aller Regel den Verletzungserfolg nicht in Kauf nehme. Deshalb wurden Tötungen im Strassenverkehr in aller Regel als fahrlässig eingestuft.[2] Mit Urteil vom April 2004 hat das Schweizerische Bundesgericht „Justizgeschichte geschrieben",[3] hat es doch in Abkehr von den bisherigen Grundsätzen beide Autolenker wegen vorsätzlicher Tötung zu 6 ½ Jahren Freiheitsstrafe verurteilt.[4]

Die Öffentlichkeit bekundete meist enthusiastischen Beifall: „Rasen ist Terror auf vier Rädern", „Raser können nicht genug bestraft werden! Und vorzeitige Strafentlassung darf für diese Sorte Mensch gar nicht in Frage kommen!" „Längere Strafen wirken abschreckend für andere Gasfuss-Kriminelle". Auf der anderen Seite wurde in den Internet-Bloggs auf einen Schwachpunkt der Argumentation des Bundesgerichts hingewiesen, sei es doch fraglich, ob der Raser „bewusst vorsätzlich auch mit seinem eigenen Leben Schluss machen wollte". Dies könne doch nur mit einem „psychologischen Obergutachten" zweifelsfrei geklärt werden.[5]

Die Stellungnahme der Wissenschaft ist geteilt: Teilweise wird Eventualvorsatz, da „juristisch nicht begründbar", rundum abgelehnt.[6] Umgekehrt erfährt das Bundesgericht wegen der „kamikazehaften Fahrt " rundum Zustimmung,[7] wobei sich folgender Satz findet: „Es kommt nicht darauf an, was (der Täter) gewusst hat oder was er sich tatsächlich vorgestellt hat." Es genüge, wenn sich „dem Täter die Gefahr aufdrängen musste",[8] andernfalls wird er „nicht gehört". Eine solche rigorose Ausweitung des kognitiven Elements geht den meisten Autoren zu weit, sie beschränken die Unterstützung des Bundesgerichts auf „besonders krasse Fälle".[9] Wieder andere versuchen zu belegen, dass mit der Argumentation des Bundesgerichts genau so gut fahrlässige Tötung hätte angenommen werden können, nach Riklin besteht mangels ausreichend präziser Kriterien deshalb die Gefahr der Willkür:[10] Kritische Meinungen haben schon längst, je nach Standpunkt, die Befürchtung, den Verdacht, oder die Genugtuung geäussert haben, dass es letztlich um „Zuschreibung" gehe.[11] Diese Zuschreibung erfolge, so wird spekuliert, auf der Grundlage von täterstrafrechtlichen Elementen (nämlich danach, ob man einem solchen Raser, etwa wegen seines jugendlichen Alters, häufiger Strassenverkehrsverstösse im Vorleben und seiner Herkunft aus einem anderen, gewaltbereiteren Kulturkreis, solchen Charaktereigenschaften) „zutraut", vorsätzlich gehandelt zu haben[12] bzw. nach dem „Ausmass des öffentlichen Ärgernisses",[13] nach Strafzweckerwägungen und nach generalpräventiven Bedürfnissen und Gegebenheiten also. Zu diesen Gegebenheiten gehört in der Schweiz zunächst, dass auf einer Unwertskala der öffentlichen Meinung „der Raser" gleich nach dem Kinderschänder auf Platz 2 rangiert (vgl. Schweizer, plädoyer 2007). Zu diesen Gegebenheiten gehört weiter, dass bei fahrlässiger Tötung die Höchststrafe auf drei Jahre Freiheitsentzug limitiert ist (Art. 117 StGB). Dazu gehört zudem, dass bereits innerhalb dieses Strafrahmens eine an der Obergrenze ausgerichtete Strafzumessung nach den Vorgaben des Bundesgerichts „schwierig und begründungsaufwendig" ist:[14] Wird deshalb, so der naheliegende Verdacht, in den Raserfällen der Tötungsvorsatz den Tätern, denen man es zutraut, im Hinblick auf kriminalpolitische Bedürfnisse normativ zugeschrieben?

In Deutschland ist diese Frage entschärft. Denn für fahrlässige Tötung steht ein Strafrahmen bis zu einer Freiheitsstrafe von fünf Jahren zur Verfügung (§ 222). Wenn es um Zurechnung geht und wenn dabei generalpräventive Bedürfnisse eine richtungsweisende Rolle spielen sollten, so wird erklärbar, weshalb bei Autorennen mit Beschleunigungstests von hoch frisierten Fahrzeugen, bei denen einer der Raser die Kontrolle über sein Fahrzeug verliert, der Beifahrer getötet wird und „ massive Lebensgefahr" festgestellt wurde, die Tat lediglich als fahrlässige Tötung eingestuft wird.[15] Zwar kommt es auch in Deutschland bei Verkehrsraudis zu Verurteilungen wegen Tötungsdelikten. Diese sind freilich anders gelagert als der Schweizer Fall, insbesondere deshalb, weil jene Zielantinomie nicht bestanden hat, nämlich dass mit der hochriskanten Autofahrt zwangsläufig eine hohe Wahrscheinlichkeit für den eigenen Todeseintritt bestand. So konnte der BGH einen Geisterfahrer, der mit unbeleuchtetem Fahrzeug die Gegenfahrbahn in der Absicht, Suizid zu begehen, befuhr, wegen Mordes (Heimtücke, gemeingefährliche Mittel) verurteilen.[16] Ebenfalls eventualvorsätzliche Tötung war zu bejahen bei Abdrängen eines Motorradfahrers aus Wut darüber, dass dieser seinen PKW überholt hatte, um ihn zu disziplinieren, bei einer Geschwindigkeit von rund 80 km/h.[17]

In einem ersten Schritt sichten wir die strafrechtlichen Vorgaben zur Abgrenzung von Vorsatz und Fahrlässigkeit (u. II.). Dabei wird sich zeigen, dass in den Grundpositionen der Definition von Vorsatz, dem „Wissen und Wollen", bei den jeweils herrschenden Meinungen semantisch bis in Nuancen hinein vollständige Übereinstimmung entsteht. Wenn es sich bei Vorsatz um ein deskriptives Tatbestandsmerkmal, um ein real psychisches Geschehen (Schünemann), handeln würde, dann müssten auf dieser gemeinsamen

Grundlage die Ergebnisse identisch sein. Das Gegenteil ist bei Raserfällen und anderen Sachverhalten der Fall. Dies gibt Anlass, über einige Grundfragen nachzudenken (u. III.). Dabei wird nicht nur eine Antwort auf die eingangs aufgeworfenen Fragen gesucht (psychologischer Gehalt, Inhalt der Zuschreibung), sondern auch auf die Ratio der im Vergleich zur Fahrlässigkeit erhöhten Vorsatzstrafe und deren Substrat im Hinblick auf richterliche Feststellungen.

2. Strafrechtliche Vorgaben zur Abgrenzung von Vorsatz und Fahrlässigkeit

(1) Gesetzliche Vorgaben

Das deutsche StGB enthält keine Begriffsbestimmung von Vorsatz und Fahrlässigkeit; es folgt damit nicht den Vorschlägen des § 16 E 1962 und § 17 AE. Der Grund hierfür liegt darin, dass der Gesetzgeber sich nicht entschliessen konnte, das StGB hinsichtlich dieser Begriffe inhaltlich festzulegen, weil er der Meinung war, dass dies die weitere Rechtsentwicklung unangemessen einengen würde.[18]

Demgegenüber vertritt der schweizerische Gesetzgeber eine andere Meinung. Mit der Reform des Allgemeinen Teil des StGB (1. Januar 2007) definierte er zwei Grundvoraussetzungen von Vorsatz, nämlich „Wissen und Willen" (Art. 12 Abs. 1 Satz 1 StGB). Er erteilte damit jenen, in der Schweiz nur vereinzelt vertretenen Meinungen eine Absage, Vorsatz bestimme sich allein nach einem intellektuellen Element.[19] Der Gesetzgeber ist noch einen Schritt weitergegangen: Er verbindet auch bei der untersten Stufe des Vorsatzes, dem Eventualvorsatz, das Wissens- mit dem Willenselement und stellt klar, dass vorsätzlich „bereits (handelt), wer die Verwirklichung der Tat für möglich hält und in Kauf nimmt" (Art. 12 Abs. 2 Satz 2 StGB). Der Gesetzgeber hat damit nichts Neues geschaffen, sondern den Kern der h.M. in gesetzliche Formen gegossen.

(2) Rechtsprechung und Wissenschaft

Die Herausbildung von Schablonen zur Bestimmung des Substrats von Vorsatz ist die Rechtsprechung und v.a. die Lehre auf breiter Front angegangen.

[Deutschland]

Auf breiter Front angegangen ist in Deutschland im Wortsinne zu verstehen: Es existieren nämlich 10 (oder je nach Differenzierungsbedürfnis) 12 Theorien zur Abgrenzung von Vorsatz und Fahrlässigkeit, deren „Aneignung" in einem der wichtigsten Lehrbücher zur Examensvorbereitung (Kristian Kühl)[20] dem Studenten als „unverzichtbar" aufgegeben wird. Wenn aber wenige Zeilen weiter vermeldet wird, dass „bei deren Anwendung auf Fälle im Ergebnis oft Übereinstimmung" erzielt werde,[21] so erstaunt dies den Schweizer, ist ihm doch eine l'art pour l'art fremd. In der Tat wird dieses Mäandern auch in Deutschland als Denatuierung zu einem blossen „philologischen Vorsatzbegriff" gegeisselt,[22] dessen Vielfarbigkeit „nicht Gewinn, sondern Verlust an Entscheidungsrationalität",[23] mithin Vernebelung bedeute.

Unter dem Strich erscheint Folgendes wesentlich:

Eine Mindermeinung im Schrifttum verzichtet (mit teilweise unterschiedlicher Begründung) auf ein voluntatives Element im Vorsatz-Begriff (u.a. Schmidhäuser, Frisch, Herzberg, Jakobs, Kindhäuser, Puppe).[24] Diese sog. Vorstellungstheorien haben aber zu Recht keine Zustimmung gefunden, weil durch sie der dolus eventualis zu weit in den Fahrlässigkeitsbereich hinein ausgedehnt wird.[25] Denn bei angenommenem Wissen um die Gefährlichkeit des Handelns wird der Vorsatz automatisch zugeschrieben und der übrige Kontext des Tatgeschehens und die psychische Situation des Täters nicht berücksichtigt, der Täter wird damit „nicht gehört".

Weiter versagen diese Theorien (Möglichkeitstheorie, Wahrscheinlichkeitstheorie, Risikovorstellungstheorie) bei der Abgrenzung zu konkreten Gefährdungsdelikten. Denn die vorsätzliche Schaffung einer konkreten Gefahr, die nicht zugleich eine Vorsatzgefahr hinsichtlich des Verletzungsdeliktes begründet, ist schwerlich vorstellbar.[26] Insgesamt ist der Verlust an Bewertungssubstanz beträchtlich. Massstab für die Vorsatzgefahr ist nämlich allein der „vernünftige Täter".[27] Diese Massstabsfigur bemisst sich folglich nach den vernünftigen Personen, welche sie beurteilen. Die gelehrten Beurteiler freilich sagen alle etwas Verschiedenes.[28]

Die im Schrifttum vertretene h.M. (Blei, Beulke, Fischer, Gropp, Jescheck/Weigend, Kühl, Roxin, Sternberg-Lieben, Stratenwerth) ist die Folgende: Eventualvorsatz ist gegeben, wenn der Täter sich auch durch naheliegende Möglichkeit des Erfolgseintritts nicht von der Tatausführung hat abhalten lassen und sein Verhalten den Schluss rechtfertigt, dass er sich um des von ihm erstrebten Zieleswillen mit dem Risiko der ernst genommenen Tatbestandsverwirklichung abgefunden hatte, also eher zur Annahme dieser Folge bereit war als zum Verzicht auf die Vornahme der Handlung. Bewusste Fahrlässigkeit liegt demgegenüber vor, wenn der Täter ernsthaft darauf vertraut, dass „alles gut gehen", es also nicht zur Rechtsgutsverletzung kommen werde, oder es ihm gelingen werde, die drohende Verwirklichung des Tatbestandes durch ernsthafte Vermeidungsbemühungen zu unterbinden.

Die Rechtsprechung lässt sich nur schwer in die in der Literatur vertretenen Meinungen einordnen. In der Formulierung wird häufig auf die Einwilligungstheorie abgestellt, wonach der Täter den Erfolg billigend in Kauf genommen haben müsse.[29] In neueren Entscheidungen wird deutlich unterschieden zwischen den begrifflichen Voraussetzungen des Eventualvorsatzes und ihrer beweisrechtlichen Feststellung im Strafverfahren. Danach ist bedingter Vorsatz anzunehmen, wenn der Täter den Eintritt des tatbestandlichen Erfolges als möglich und nicht ganz fernliegend erkennt und billigt oder sich um des erstrebten Zieles willen wenigsten mit ihm abfindet, mag ihm auch der Erfolgseintritt an sich unerwünscht sein.[30] Wissenselement und Willenselement müssen in jedem Einzelfall gesondert geprüft und durch tatsächliche Feststellungen belegt werden,[31] wobei allerdings bei äusserst gefährlichen Gewalthandlungen ein Schluss von der objektiven Gefährlichkeit der Handlungen des Täters auf bedingten Tötungsvorsatz grundsätzlich möglich ist.[32] Die praktischen Schwierigkeiten liegen aber weniger bei dem Wissenselement, als vielmehr bei der Festlegung des Willenselements. Hervorzuheben ist hier die psychologische Argumentation, nämlich dass für einen Tötungswillen eine „höhere Hemmschwelle" bei jedem Menschen naturgemäss zu überwinden sei.[33] Diese Hemmschwelle ist steigerbar: Die „höchste Hemmschwelle" sieht die Rechtsprechung bei Tötung des eigenen Kindes.[34] Naturgemäss müsste der Superlativ der Hemmschwelle gelten, wenn es um das eigene Leben geht, dies legt die Wertung der Rechtsordnung seit der „Planke des Karneades" nahe. Prozessual werden dabei besondere Feststellungen dazu verlangt, ob und warum der Täter diese Hemmschwelle überwunden hat. Da nämlich bei Tötungsvorsatz eine viel höhere Hemmschwelle zu überwinden sei als bei Gefährdungs- oder Verletzungsvorsatz, bestehe auch die Möglichkeit, dass der Täter den Tötungserfolg entweder überhaupt nicht erkannt habe oder aber ihn zwar als möglich vorausgesehen, aber dennoch ernsthaft und nicht nur vage auf einen guten Ausgang vertraut habe und damit bloss bewusst fahrlässig handelte.[35] Demgegenüber gilt Anderes bei Unterlassen: Psychologisch bestehe hier keine vergleichbare Hemmschwelle vor einem Tötungsvorsatz wie im Falle aktiven Tuns.[36] Notwendig ist stets eine Gesamtbetrachtung von Tat und Täter.[37]

[Schweiz]

In der Schweiz herrscht Übereinstimmung, dass Eventualvorsatz und bewusste Fahrlässigkeit auf der Wissensseite übereinstimmen, beide Male ist dem Täter „die Möglichkeit, das Risiko der Tatbestandsverwirklichung" bewusst.[38] Nach Inkrafttreten der Reform des AT-StGB mit einer gesetzlichen Definition des Eventualvorsatzes hat sich auch die Grundposition einheitlich verfestigt. Die h.M. ist so zusammenzufassen: Abzustellen ist darauf, „ob der Täter die Wahrscheinlichkeit der Tatbestandsverwirklichung als gross genug beurteilt hat, um sie ernsthaft ins Kalkül zu ziehen".[39] Danach steht das Willenselement ausser Frage, wenn der Täter die Tatbestandsverwirklichung für so naheliegend hält, dass die Bereitschaft, sie als Folge seines Verhaltens hinzunehmen, vernünftigerweise nicht mehr bezweifelt werden kann; oder wenn sie ihm, im eigentlichen Sinn des Wortes, erwünscht oder „recht" war, ebenso im Falle schierer Gleichgültigkeit.[40] Sogar in den Nuancen stimmen die Positionen mit der h.M. in Deutschland überein.

Ähnlich wie in Deutschland wendet sich das Bundesgericht intensiver den tatrichterlichen Feststellungen zu, die Vorsatzbegründung oder -Ausschluss indizieren können. Stets geht es darum, ob „aufgrund der Summe aller positiven und unter Berücksichtigung aller negativen Vorsatzindizien das entsprechende Werturteil für Vorsatz getroffen werden kann".[41] Methodisch passt folglich ebenso kein Blatt zwischen die deutsche und schweizerische Rechtsprechung, wie schon bei den Grundpositionen.[42] Bemerkenswert ist freilich, dass die psychologischen Sachverhalte, um die es geht, sich in Deutschland und der Schweiz unterscheiden: Das Hemmschwellenargument des deutschen Bundesgerichtshofs spielt in der Schweiz keine Rolle. Zwar wird die Zielantinomie (hohes Risiko der Selbsttötung) in den Raserfällen durchaus gesehen. Bei privaten, hochriskanten Autorennen wird aber auf das primäre Ziel des Fahrers abgestellt, dem Rivalen die eigene fahrerische Überlegenheit zu beweisen und um keinen Preis das Gesicht zu verlieren. Diesem Ziel habe er selbst die eigene Sicherheit untergeordnet, er habe sich für die mögliche Rechtsgutsverletzung entschieden.[43] Hier argumentiert das Bundesgericht also mit dem Wollenselement.

Auf der anderen Seite hat das Bundesgericht auf der Wissensseite des Vorsatzes ein neues Kriterium entdeckt, das wiederum mit psychologischen Erfahrungssätzen begründet wird: „Fahrzeuglenker neigen erfahrungsgemäss dazu, einerseits die Gefahr zu unterschätzen und andererseits ihre Fähigkeiten zu überschreiten, weshalb ihnen unter Umständen das Ausmass des Risikos der Tatbestandsverwirklichung nicht bewusst ist."[44] Zweierlei ist hier bemerkenswert: Nicht ob und wie riskant ein Handeln tatsächlich ist, nicht wie nahe ein Schaden objektiv lag, entscheidet über den Vorsatz, sondern erst, wie riskant und gefährlich das Handeln in den Augen des Handelnden war! Mit dieser Risiko-Vorstellung des Täters werden all jene Meinungen zurückgewiesen, die beim Wissenselement eine Vernünftigkeitskontrolle vornehmen (s.o. die Vorstellungstheorien) oder gar, wie Schleiminger Mettler, kurzerhand darauf abstellen, dass sich dem Handelnden die Gefahr aufdrängen musste.[45] Das Schuldprinzip wird gestärkt – die methodischen Probleme, wie diese Risiko-Vorstellung festzustellen ist, bleiben.[46]

Zwischen diesen beiden gesetzlichen Eckdaten (vorsätzliche Tötung mit einem Strafrahmen von 5 bis 20 Jahren) und fahrlässiger Tötung (Höchststrafe 3 Jahre) hat das Bundesgericht nun einen mittleren Weg neu belebt: Die Schweiz kennt die vorsätzliche, skrupellose konkrete Gefährdung des Lebens (Art. 129 StGB: Freiheitsstrafe bis zu 5 Jahren). Diesem konkreten Gefährdungstatbestand kommt nunmehr die Funktion eines „Auffangtatbestandes zu, wenn der Tötungsvorsatz nicht nachzuweisen ist".[47] Es ging um den Lenker eines getunten PKWS, der auf einer Landstrasse mit 188 km/h in eine Kurve gefahren war, wobei eine Kollision mit einem entgegenkommenden PKW zwar vermieden werden konnte, der eigene PKW aber ausser Kontrolle geriet, wodurch die beiden Mitfahrer starben. Sicheres Wissen um die unmittelbare Lebensgefahr, also um die Möglichkeit des Erfolgseintritts (Tod), sei mit sicherem Wissen um den Erfolgseintritt nicht identisch, könne also sowohl mit eventuellem Tötungsvorsatz wie mit bewusster Fahrlässigkeit bezüglich der Todesfolge einhergehen. Eine Verurteilung wegen Art. 129 StGB ist nach Bundesgericht dann folgerichtig, wenn der Täter „trotz der erkannten Lebensgefahr handle, aber (ernsthaft) darauf vertraue, die Gefahr werde sich nicht realisieren".

Für Raserfälle stehen folglich in der Schweiz drei Kategorien zur Verfügung: In normalen Fällen, etwa die Erfassung eines Fussgängers, der bei Rot die Strasse überquert, mit überhöhter Geschwindigkeit (70 km/h anstelle 50 km/h), handelt es sich um fahrlässige Tötung (Art. 117, Freiheitsstrafe bis zu 3 Jahren). Für mittelschwere Raserfälle mit notwendiger schwerer Eigengefährdung steht vorsätzliche Lebensgefährdung in echter Konkurrenz mit fahrlässiger Tötung zur Verfügung, womit sich der obere Strafrahmen auf 7 ½ Jahre Freiheitsstrafe erhöht. In besonders krassen Raserfällen mit notwendiger schwerer Eigengefährdung ist Art. 111 (vorsätzliche Tötung) einschlägig (Freiheitsstrafe 5 Jahre bis 20 Jahre, Art. 40 StGB).

Schweiz-intern steht damit eine Konzeption zur Verfügung, die vielen als angemessen erscheint und überzogenen politischen Verschärfungsinitiativen für Raser den Wind aus den Segeln nimmt. Es verbleiben freilich Friktionen: Beispielsweise wird das mit Inkrafttreten der neuen schweizerischen Strafprozessordnung (1. Januar 2011) schweizweit etablierte Legalitätsprinzip desavouiert. Vernünftigerweise, so die h.M.,[48] werden künftig skrupellose Raser ohne Unfall nicht wegen versuchter vorsätzlicher Tötung oder versuchter Gefährdung des Lebens vor Gericht gestellt. Doch wird Vernunft kantonal unterschiedlich definiert: Das Bezirksgericht Baden verurteilte den Verursacher eines Unfalls, bei dem niemand getötet wurde, wegen versuchter Tötung zu 3 Jahren Gefängnis.[49]

[Befund]

Der Befund wird die beidseitige Diskussion gewiss befruchten: Einerseits fasst bei den herrschenden Grundpositionen der Definition von Eventualvorsatz sogar bis in die Nuancen im Vergleich kein Blatt dazwischen. Andererseits haben sich gravierende Unterschiede bei der Anwendung auf den Einzelfall ergeben. Eine weitere Fallgruppe über diese Raserfälle hinaus bekräftigt diesen Befund:

In der Schweiz gilt als gesichert, dass zu den höchst seltenen Fällen, in denen ein Täter mit Tötungsvorsatz bei Inkaufnahme des eigenen Todes oder einer eigenen schweren Verletzung handelt, jener Fall gehört, in dem ein entwichener Schwerverbrecher im Auto auf Polizeiorgane zurast, um seine Freiheit zu erhalten.[50]

Zu einem gegensätzlichen Ergebnis gelangt hier die h.M. in Deutschland: Ablehnung von dolus eventualis, Annahme von Fahrlässigkeit. Denn, so wird argumentiert, die Täter rechnen hier damit, dass sich Polizeibeamte in Sicherheit bringen. Und zweitens wird hier psychologisch das bekannte Hemmschwellenargument platziert.[51]

Auch diese Unterschiede erklären sich im Hinblick auf das strafrechtliche Gesamtgefüge und die Rechtsfolgen: Denn die Bejahung von Eventualvorsatz würde in Deutschland in diesen Fällen zwangsläufig zum Vorliegen von Verdeckungsabsicht und damit zur Annahme eines Mordmerkmales führen, was nach § 211 StGB zwingend lebenslang zur Folge hat.[52] Demgegenüber ist der Schweiz dieser Absolutheits-Exklusivitäts-Mechanismus, diese strikte Einbahnstrasse bei Mord fremd: Verdeckungsabsicht ist zwar typisch für Mord[53] ein flexibler Strafrahmen (Freiheitsstrafe nicht unter 10 Jahren), ermöglicht aber angemessene Rechtsfolgen – ohne Inanspruchnahme von Vermeidungsstrategien, welche die Definition von Tötungsvorsatz zur Potemkin'schen Fassade umfunktionieren.

Diese kriminalpolitische Erklärung genügt nicht. Sie suggeriert vielmehr, dass die psychologischen Titel möglicherweise nur vorgeschoben sind, um das gewünschte Ergebnis, in beiden Ländern, wie gesehen, aufgrund einer Gesamtwürdigung von Tat und Täter, zu begründen. Deshalb sind einige tiefer gehende Gedanken notwendig.

3. Grundfragen: Psychologischer Gehalt – Ratio - zusätzliche normative Raster

Die Befunde aus dem Rechtsvergleich geben Anlass, der Frage nach dem psychologischen Substrat von Vorsatz nachzugehen (u. 1.). Sodann ist auf die ratio der Vorsatzbestrafung einzugehen, um auf dieser Grundlage bei der gebotenen Gesamtwürdigung Transparenz und Rationalität erzielen zu können (u. 2.).

(1) Von Ontologie über Psychologie zur Normativierung

Lange Zeit haben der Vorsatz und mit ihm der dolus eventualis als rein deskriptive Merkmale gegolten. Für den Finalismus, der den Vorsatz auf unverfügbare Gegebenheiten des So-Seins zurückführt, versteht sich das von selbst. Auch moderne Autoren verstehen den Vorsatz als deskriptives Merkmal, nach Schünemann etwa handelt es sich um ein „reales psychisches Phänomen".[54] Diese Ontologie gesetzt, müsste unser vergleichende Befund wie folgt lauten: Die Deutschen und die Schweizer funktionieren psychologisch eben anders. Es erscheint freilich verwegen, dem Schweizer Bürger eine Hemmung zur Tötung deshalb abzusprechen, weil er jüngst eine Initiative zur Begrenzung der häuslichen Waffen grossmehrheitlich ablehnte.[55] Und anthropologisch-historisch betrachtet erscheint es ebenso verwegen, umgekehrt gerade den Deutschen eine besondere Tötungshemmung seinskulturell zuzusprechen. Ins Ernsthafte gewendet: Unser Rechtsvergleich zwingt zu der Frage, in welchem Umfang es bei Vorsatz um ein reales psychisches Phänomen geht. Wie psychologisch ist das „Wissen und Wollen"?

Die grossen Schlachten um die Stellung des Vorsatzes im Verbrechensaufbau sind geschlagen: Im deutschsprachigen Rechtskreis und hiervon beeinflussten Rechtssystemen gehört der Vorsatz bekanntlich zum Unrechtstatbestand. Detlef Krauß hat vor über 30 Jahren überzeugend begründet, dass damit eine Vorentscheidung über den psychologischen Gehalt diesen subjektiven Merkmals getroffen ist.[56] Mit der Einstufung als Unrechtsmerkmal werden Antworten auf die Frage nach der sozialen Sinnhaftigkeit der Tat und der Entscheidung gegen das Rechtsgut gesucht. Typologisierend muss Aufschluss darüber gegeben werden, ob der Täter im sozialen Sinn zielbewusst oder versehentlich gehandelt hat. Folglich wird der Inhalt des Vorsatzes durch die Wertungskategorien sozialer Anschauung geprägt – und nicht durch die naturwissenschaftlichen Möglichkeiten einer Analyse der Motivationsstruktur. Es geht um „normative Typenbildung im Hinblick auf soziale Fehlleistungen", um die Frage also, „wann die psychologische Haltung den Handelnden als einen Aggressionstäter im Sinne der Vorsatztatbestände ausweist".[57]

Vorsatz wird aber zusehends, so etwa beim Streit um die Rechtsfolgen beim Erlaubnistatbestandsirrtum, als doppelrelevant, als auch schuldbezogen, eingestuft.[58] Insofern, so scheint es, wäre es durchaus denkbar, die Persönlichkeit des Täters selbst zu gewichten und den Vorsatz nicht nur in Beziehung zu setzen zu den Tatbestandsmerkmalen, sondern zur Motivationsstruktur des Täters. Das Strafrecht hätte dann unter Zuhilfenahme der Erfahrungswissenschaften die Herausbildung eines breiten Angebots psychologisch fixierter Tätertypen, vielleicht sogar ein täterpsychologisches Einzelfallkonzept zu leisten.[59] Wie eingangs vermerkt, stünde ein psychologischer Obergutachter unter Beiziehung eines Tiefenpsychologen dem Strafgericht zur Seite.

Den Zugang zur Motivationsstruktur psychischen Erlebens als den psychischen Unterbau der rationalen Wissens- und Wollenselemente des Vorsatzes eröffnen jedoch auch die herrschenden Schuldkonzeptionen nicht. Denn es geht stets um den Gegenstand eines ethisch fundierten normativen Schuldbegriffs.[60] Dessen Gegenstand ist nicht der tatsächliche psychologische Befund des individuellen Täters, sondern die normative Wertung, mit der die Strafrechtsordnung ihre Auffassung vom Wesen des freien und einsichtsfähigen Menschen festgeschrieben hat und an dem sie ihre Urteile orientiert. Selbst wenn etwa die Risikovorstellung des Täters hier zu verorten wäre, wird sie nicht empirisch verifiziert, sondern nach dem in den Werturteilen der Gemeinschaft festgeschriebenen Bild vom Menschen ausgerichtet. Und natürlich gilt nichts Anderes für die Frage, ob der Täter die Information über die Gefahr für das Rechtsgut nicht nur hat, sondern sie für sich „annimmt, für sich gelten lässt", sie also „will".[61] Und diese Grundsätze gelten auch bei der Frage nach dem Gehalt des „Dafür-Könnens".[62] Ein sittlich-normativer Vorwurf in das Ungewisse psychischer Motivationsverläufe hinein wäre nach diesen strafrechtlichen Grundlagen undenkbar.[63]

Unter diesen materiellrechtlichen und darauf ausgerichteten prozessualen Bedingungen (insbesondere richterliche Überzeugungsbildung und „in dubio") bleibt es dabei: Die Abgrenzung von Vorsatz und Fahrlässigkeit ist letztlich eine Frage sozial-normativer Einschätzung eines bestimmten, in einer Handlung objektiv zum Ausdruck gebrachten psychologischen Sachverhalts.

Freilich: Auch wenn psychische Realitäten nur im Rahmen zweckorientierter Leitbilder berücksichtigt werden, können die Erfahrungswissenschaften durchaus Erkenntnishilfe leisten, und zwar durch die Benennung der Faktoren und Muster, die nach ihren Anwendungsregeln aufgrund bestimmter Forschungsergebnisse begriffsymptomatisch sind. Normativ materialgerechte Gestaltung der Rechtsbegriffe setzt ja nicht nur Klarheit über den Zweck, sondern möglichst breite Information über das voraus, was „vertypt" ist.[64]

In der Tat löst bei Sichtung des strafrechtlichen Schrifttums schon allgemein Unbehagen aus, dass, je nach Standpunkt des Autors, der Täter mit diesem oder jenem kurzerhand „nicht gehört wird". Ein Beispiel ist das gesteigerte Hemmungsvermögen bei Tötungen und dessen normative Bedeutung im Vergleich. In der Schweiz gilt hier eine Basta-Psychologie. Ein anderes Beispiel ist die Risikovorstellung des Täters bei höchstriskantem Handeln. Hier tendiert Deutschland zu einem eiligen „Nicht gehört-werden" des Täters. Insoweit kann die Psychologie durchaus dazu beitragen, jene Parameter zu benennen, die nach ihren Erkenntnissen bei der Erklärung menschlichen Verhaltens, vielleicht sogar gerade im Strassenverkehr, mitzubedenken sind. Auf diese Weise liesse sich vermeiden, dass sich eine länderspezifische Psychologie etabliert, die im Rahmen eines globalen Zusammenwachsens der Strafrechtsordnungen unerträglich erscheint. Man denke etwa an die Konsequenzen bei Auslieferung!

Ob und mit welcher Konsequenz psychologischen Stellungnahmen zu folgen ist, dies zu entscheiden setzt aber stets einen rechtlichen Wertungsakt voraus, der sich massgeblich nach der ratio der Vorsatzstrafe bestimmt.

(2) Zweck der Vorsatzstrafe – Herausbildung von Rastern

Vorsätzliches Handeln ist im Vergleich zu Fahrlässigkeit hervorgehoben inkriminiert. Ein Strafrecht, welches, wie das unsere, auf die Prinzipien von Rechtsgüterschutz und Tatorientierung verpflichtet ist, muss diesem anderen Verhältnis des Vorsatztäters Rechnung tragen. Es muss die Gefahr für die Strafrechtsgüter, welche vom Vorsatztäter ausgeht, für grösser halten als beim Fahrlässigkeitstäter, es muss die erhöhte und komplexere Verletzungsintensität der Tat würdigen und es muss sich die Frage stellen, ob ein ausreichender Unrechts- und Schuldunterschied besteht, der die weitaus höhere Bestrafung der Vorsatztat legitimiert.[65]

Leitprinzip ist danach die „Entscheidung gegen das Rechtsgut".[66] Nach diesem Leitprinzip geht es darum, unter seinem Dach Unwertraster zu entwickeln, die mit entsprechender Begründungskraft den Schluss auf eine hinreichend gesteigerte rechtsgütergefährliche Einstellung zulassen.[67] Diese Entfaltung erfolgt auf der Grundlage des gesamten Bewertungssachverhalts des Strafrechts, beinhaltet also Kategorien des Unrechts und der Strafbegründungsschuld. Und sogar Aspekte der Strafzumessungsschuld könnten gefragt sein, je nach Tatbestand (so etwa bei der Konzeption der Tötungsdelikte in Deutschland). Methodisch ergeben sich in Deutschland Parallelen zu bestimmten subjektiven Tatbestandsmerkmalen bei Mord.[68] Die Rechtsprechung in Deutschland und der Schweiz verarbeitet dies alles auf der diffusen Grundlage einer „Gesamtwürdigung von Tat und Täter".

Damit sind wir bei dem Kernproblem angelangt: Verdeckte oder bewusste Zuschreibung, ob wegen Desavouierung des ausgefeilten Konzepts von Unrecht- und Strafbegründungsschuld befürchtet, oder als notwendig befunden wegen zu einseitig- rigider Tatorientierung, ist hier Tür und Tor geöffnet. Stratenwerth etwa befürchtet, dass täterstrafrechtliches Denken sich breit macht und der Täter für sein So-Sein bestraft wird.[69] Arzt weist auf eine Widersprüchlichkeit in den Raserfällen hin: „Die mit harter Bestrafung in einem spektakulären Einzelfall verfolgte Abschreckung der Allgemeinheit wird als höchst ungerecht angesehen, zugleich erfährt dieser Strafzweck im materiellrechtlichen Gewand der Vorsatzbejahung bei Rasern eine spektakuläre Auferstehung.[70] Und sind nicht psychische Merkmale des Strafrechts gerade „Schaltstellen", um kollektivpsychologische Kräfte in der Gesellschaft in das Strafensystem zu integrieren? Müssen nicht kollektive Straferwartungen einen Filter haben, um der strafenden Gesellschaft gleichsam Genugtuung zu verschaffen?[71]

Es geht darum, diese Gesamtwürdigung und damit die Rechtsfolgebestimmung gegen die Berücksichtigung einer tatunabhängigen, rechtsfeindlichen Gesinnung, einer schuldhaft verfehlten allgemeinen Lebensführung und heute so, morgen anders definierter dubioser generalpräventiver Erwartungen (des Richters?, der Allgemeinheit?, der Medien?) abzuschirmen. Dies gelingt dem Strafrecht, wie unsere vergleichenden Befunden zeigen, bislang nicht ausreichend. Es geht also darum, zusätzliche normative Raster herauszubilden. Wie gesehen, ist die Übereinstimmung in den (vermeintlichen) Grundpositionen in Deutschland und der Schweiz eine trügerische Ruhe.

Offenbar wird die Leitbildfunktion, welche die jahrzehntelange Fokussierung auf das Unrecht von Wissen und Wollen hatte, und deren Indizfunktion für das Ausmass individueller Schuld im Bereich von Tötungskonstellationen den rechtlichen und sozialen Gegebenheiten nicht voll gerecht. Dogmatischer Schlüsselbegriff ist die „Entscheidung" gegen das Rechtsgut. Entscheidung ist voraussetzungsvoll. Beim kognitiven Element des Vorsatzes werden wir uns in Zukunft stärker etwa mit der Frage des Risikobewusstseins und der Möglichkeit einer sachgerechten Quantifizierung zu befassen haben.[72] Und beim volitiven Element werden wir die Ernsthaftigkeit des Vertrauens weiter spezifizieren müssen. Im Übrigen sind (auf das Unrecht bezogene) schulderhöhende/schuldmindernde Umstände gerade auch ausserhalb von §§ 20, 21 StGB Deutschland bzw. Art. 19/20 StGB Schweiz zu typisieren.[73] „Entscheidung gegen das Rechtsgut" bzw. „Dafür-Können" für das vorsätzlich verwirklichte Unrecht bedeutet auch entsprechend spezifiziertes, erhöhtes (oder umgekehrt: vermindertes) Beherrschungs- und Steuerungsvermögen. Hier ist der dogmatische Standort, sich etwa mit Risikogewöhnung im Strassenverkehr samt Vorerfahrung, gerade aus der Sicht eines (oder des) Strassenverkehrsdelinquenten zu befassen – was wiederum Rückwirkungen auf das ernsthafte Ausbleibevertrauen haben kann. Einen vergleichbaren Weg hat der BGH bekanntlich bei den Mordmerkmalen aufgezeigt.[74] Ob damit freilich nicht neue Felder für schwer fassbare Attributionen geschaffen werden, bedarf weiterer Diskussion. Dabei ist zu klären, ob es gelingt, nicht im Wege einer Einzelfallbetrachtung, sondern typisierend Indikatoren zu entwickeln.

In jedem Fall wird auf diese Weise das bisherige normative Gerüst ergänzt, um bei der (bewussten oder unbewussten) Gesamtwürdigung von Tat und Täter eine überzeugendere Begründung sicherzustellen. Dies sind wir sowohl einem effektiven Lebensschutz als auch der Einzelfallgerechtigkeit schuldig.

[notes]

1   1996 hatte das Bundesgericht einen Lamborghini-Fahrer wegen vorsätzlicher Tötung verurteilt (unveröffentlichtes Urteil vom 6.10.1996, dazu krit. Schultz, Rechtsprechung und Praxis zum Strassenverkehrsrecht, Bern 1990, 92 ff.). Dieser Lamborghini-Fahrer fuhr auf der Überholspur mit Abblendlichtern und einer Geschwindigkeit von mindestens 240 km/h. Er kollidierte mit einem verunfallten Automobilisten, dessen PKW kurz zuvor sich überschlagen hatte und auf dem Dach in der Mitte der Fahrbahn liegen geblieben war. Das Bundesgericht bejahte den Vorsatz des Täters mit der Begründung, wer nachts mit Abblendlichtern so schnell fahre, müsse mit hoher Wahrscheinlichkeit damit rechnen, dass er einen tödlichen Unfall verursache.

2   Riklin, in Stöckli/Werro (Hrsg.), Strassenverkehrsrechtstagung, 16.-17. März 2006, 2.

3   Vest/Weber, ZStrR 127 (2009), 443.

4   BGE 130 IV 58.

5   S. dazu bernerzeitung.ch/schweiz/standard/raser-bundesgericht, Kommentare; besucht am 28. Januar 2011.

6   Schweizer, plädoyer 2/2007, 32.

7   Weissenberger, in Schaffhauser (Hrsg.), Jahrbuch zum Strassenverkehrsrecht 2005, 432. Vgl. auch Arzt, recht 2004, 180, mit Kritik aus anderen Grünen.

8   So Schleiminger Mettler, AJP 2007, 43 f.

9   Vest/Weber, ZStrR 127 (2009), 453.

10 Riklin, in Stöckli/Werro, Strassenverkehrsrechtstagung 2006, 268.

11 S. bereits Stratenwerth, Schweizerisches Strafrecht AT I, 2. Aufl. 1996, § 9 N 61, Jenny, BSK, 2003, Art. 18 N 55 sowie eingehend Vest, Vorsatznachweis und materielles Strafrecht, 1985, 93 ff., Vest/Weber, ZStrR 127 (2009), 444, 448, vgl. auch Arzt, recht 2004, 181.

12 Stratenwerth, Strafrecht AT I, § 9 N 61.

13 Riklin, aaO, 268 f.

14 Arzt, recht 2004, 181, ders., recht 1994, 141 ff., 234 ff.

15 BGHSt 53, 55, vgl. näher Hecker, in Schaffhauser (Hrsg.), Jahrbuch zum Strassenverkehrsrecht 2010, 492.

16 BGH, NStZ 2006, 503.

17 BGH, NStZ-RR 2005, 372, dazu Hecker (o. Fn. xx), 484 f.
18 Vgl. Sternberg-Lieben, in Schönke/Schröder, § 15 N 16; krit. Roxin, JuS 1973, 197 ff.; Dogmann geschichtlich Stuckenberg, Vorstudien zu Vorsatz und Irrtum im Völkerstrafrecht, 2007, 501 ff.
19 S. Heine, recht 2008, 250 ff.
20 Kühl, Strafrecht Allgemeiner Teil, 6. Aufl. 2008, § 5 N 45 (vgl. die Kritik von Lagodny, FS-Amelung, 2009, 61), näher Hillenkamp, 32 Probleme aus dem Strafrecht AT, 13. Aufl. 2010, Problem 1.
21 Kühl, Strafrecht Allgemeiner Teil, 6.. Aufl., § 5 N 47.
22 Schünemann, FS-Hirsch, 1999, 366.
23 Hassemer, GS-Armin Kaufmann, 1989, 303.
24 Nachw. b. Sternberg-Lieben, in Schönke/Schröder, § 15 N 12-14.
25 Zu deren Ambivalenz vgl. Roxin, FS-Rudolphi, 2004, 251.
26 Näher Roxin, FS-Rudolphi, 255.
27 Näher Puppe, NK § 15 N XX.
28 Im Einzelnen Roxin, FS-Rudolphi, 253.
29 Nachw. bei Sternberg-Lieben, in Schönke/Schröder, § 15 N 85.
30 BGH, NJW 1989, 781, NStZ 2008, 93.
31 BGHSt 36, 10, NStZ 2003, 603.
32 BGH, NStZ 2007, 151, 2009, 91.
33 BGH, NStZ-RR 2007, 30, vgl. bereits BGH, VRS 50, 94, 64, 112; zusammenfassend und näher Mühlbauer, Die Rechtsprechung ... zur Tötungshemmschwelle, 1999, vgl. auch Schneider, MüKo, StGB, 2009, § 212 N 22 ff.
34 BGH, NStZ 2007, 403, NStZ-RR 2007, 267.
35 S. bereits BGH, VRS 50, 94, NStZ 1988, 361, NStZ 2004, 329 (ständige Rechtsprechung).
36 BGH NJW 1992, 583 m. Bespr. Puppe, NStZ 1992, 576.
37 Ständige Rechtsprechung, näher bei Sternberg-Lieben, in Schönke/Schröder, § 15 N 87, Schneider, MüKo, § 212 N 22 ff.
38 BGE 125 IV 251, h.M.
39 Stratenwerth, Strafrecht AT I, 3. Aufl. 2005, § 9 N 102, Vest/Weber, ZStrR 127 (2009), 445, Jenny, BSK, Art. 18 N 53.
40 Jenny, BSK, Art. 18 N 53.
41 Schubarth, AJP 2008, 526. Zu Deutschland s. bereits Hassemer, GS-Armin Kaufmann, 306.
42 Stratenwerth, AT I, 3. Auf. 2005, § 9 N 102, Vest/Weber, ZStrR 127 (2009), 445.
43 So BGE 130 IV 58 ff. Ähnlich BGer, Urteil vom 4. Juni 2010, 6 B_168/2010 im Falle einer privaten Verfolgungsfahrt mit einem getunten Flitzer, bei welcher der Fahrer bei einer Geschwindigkeit von 120 km/h ausserorts (erlaubt sind max.80 km/h]) durch Schleudern auf die Gegenfahrbahn gelangte und dort mit einem entgegenkommenden Fahrzeug kollidierte. Eine Freiheitsstrafe von fünf Jahren wurde vom Bundesgericht bestätigt. Bewertungsgrundlage war stets eine Gesamtwürdigung aller massgeblichen Umstände. Vgl. krit. Riklin, aaO, 264.
44 BGer 6 S. 280/2006 v. 21. Januar 2007, E 4.4, dazu Vest/Weber, ZStrR 127 (2009), 453, Riklin, aaO, 261.
45 Vgl. bereits grundlegend Hassemer, GS-Armin Kaufmann, 302.

46　In diesem BGE 133 IV 9 ging es um einen Überholvorgang, bei dem der Fahrer des überholten PKWS sein Auto beschleunigte, sodass beide Autos über 100 km/h nebeneinander herfuhren. Weil keiner nachgeben wollte, kam es zu einer Frontalkollision mit einem entgegenkommenden Wagen. Dessen Fahrer und der Lenker des überholenden PKWS kamen zu Tode. Dazu auch Schweizer, plädoyer 2/2007, 34, Vest/Weber, ZStrR 127 (2009), 453.

47　BGer, Urteil v. 27. April 2010, 6 B_1038/2009, E. 2.4. Vgl. dazu Hasler, Berner Zeitung vom 7. Mai 2010.

48　Z.B. Arzt, recht 2004, 180, Riklin, aaO, 262.

49　Tagesanzeiger v. 13. Juli 2006, Schweizer, plädoyer 2/2007, 37.

50　S. Schultz, Rechtsprechung und Praxis zum Strassenverkehrsrecht, 1990, 94 f., Guignard, JBT 1988, 131 ff., Vest/Weber, ZStrR 127 (2009), 453.

51　Vgl. Eser, in Schönke/Schröder, § 211 N 35, Sternberg-Lieben, in Schönke/Schröder, § 15 N 87, Verrel, NStZ 2004, 309 ff.; näher Heine, Tötung aus „niedrigen Beweggründen", 1988, 183 ff., 246 ff.

52　Dazu grundlegend Eser, DJT-Gutachten 1980, S. D 34 ff., Heine u.a. (Alternativ-Entwurf Leben), GA 2008, 193 ff.

53　BGE 118 IV 126, s. Trechsel/Fingerhuth, PK, StGB, Art. 112 N 12.

54　Schünemann, FS-Hirsch, 365.

55　Mit über 56 % wurde am 13. Februar 2011 die entsprechende Volksinitiative zur Limitierung häuslicher Waffen abgelehnt.

56　Krauß, FS-Bruns, 1978, 22 ff.

57　Krauß, FS-Bruns, 26 f.

58　Vgl. z.B. Lenckner/Eisele, in Schönke/Schröder, N 120/121 vor § 13 m. weit. Nachw., zuerst Gallas, ZStW 67, 46.

59　Näher Krauß, FS-Bruns, 26.

60　Näher z.B. Lenckner/Eisele, in Schönke/Schröder, 28. Aufl. 2010, N 114 vor. § 13.

61　Vgl. Hassemer, GS-Armin Kaufmann, 297.

62　Hassemer, GS-Armin Kaufmann, 296, Roxin, FS-Hirsch, 247.

63　Krauß, FS-Bruns, 24.

64　Näher Heine, Tötung aus „niedrigen Beweggründen", 144 f.

65　Vgl. Hassemer, GS-Armin Kaufmann, 296 f., Roxin, FS-Rudolphi, 248 f., Rudolphi, SK, 7. Aufl. 2002, § 16 N 46, vgl. auch Schünemann, FS-Hirsch, 371 f.

66　Vgl. bereits Roxin, JuS 1964, 53, ders., Strafrecht AT § 12 N xx, m. weit. Nachw., Hassemer, GS-Armin Kaufmann, 296.

67　Dieser Topos ist freilich nicht geeignet, im Einzelfall, etwa bei einer Zielantinomie durch Selbstgefährdung, den Einzelfall zu entscheiden, zu Recht daher die Kritik von Riklin, aaO, 264 am schweizerischen Bundesgericht. Vgl. auch Schünemann, FS-Hirsch, 371, Fn. 29.

68　Näher Heine, Tötung aus „niedrigen Beweggründen", 118 ff. (zusammenfassend), Verrel, NStZ 2004, 312.

69　Stratenwerth, AT I, § 9 N 61.

70　Recht 2004, 181.

71　Vgl. bereits Haffke, GA 1978, 36 ff. Dazu Heine, Tötung aus „niedrigen Beweggründen", 89 f.

72　S. dazu auch Sternberg-Lieben, in Schönke/Schröder, § 15 N 87b, auch mit weiteren Indikatoren.

73　Vgl. Roxin, FS-Rudolphi, 249.

74　Näher Eser, in Schönke/Schröder, § 211 N 37 ff. m. zahlr. Nachw. zur Rechtsprechung.

［追記］
ギュンター・ハイネ先生は、本稿脱稿後、2011年6月25日に急逝されました。コロキウムの当日はお元気であっただけに訃報の知らせは驚きとともに、大変悲しいものでした。心よりご冥福をお祈り致します。

特集2　ギーセン大学ミニコロキュウム「刑事法の現代的課題」
Verfolgung künftiger Straftaten und vorbeugende Bekämpfung von Straftaten*

keywords: Vorbeugende Bekämpfung von Straftaten, Feindpolizeirecht, Präventive Strafverfahren

Tsukasa Saito (Ryukoku Universität)

1. Einleitung

Ende der 1990er kam in Japan eine Diskussion zu der Frage „Ist der Strafverfolgung gegen das künftige Straftaten zulässig?" auf, die im Rahmen des Gesetzgebungsverfahrens des Telefonüberwachungsgesetz (jap. TüG) besonders Intensiv geführt wurde. Im Kern ging es um die Frage, ob Ermittlungsmaßnahmen gegen künftige Straftaten zulässig sein sollten. In gewissem Umfang ermöglicht das jap. TüG nunmehr derartige Maßnahmen.

Die Diskussion beruhigte sich danach, doch an der Relevanz ihrer Grundfragen hat sich nichts geändert. Ausgehend von den Stichwörtern „Risikogesellschaft" und „Opferschutz" (Vorverlegung von Rechtsgutschutz, Abstraktsierung von Rechtsgut usw.) wird derzeit teilweise gefordert, den vorbeugenden Charakter der Strafverfolgung zu stärken.

Doch lässt sich eine Verschmelzung von Strafverfahren und Kriminalprävention theoretisch rechtfertigen? Wie sollte ein Strafverfahren in einer rechtsstaatlichen „Risikogesellschaft" beschaffen sein?

2. System und Struktur von Ermittlungsverfahren in Japan

(1) Subjekt im Ermittlungsverfahren

Das primäre Ermittlungsorgan in Japan ist die Polizei. Der Polizeibeamte kann das Ermittlungsverfahren einleiten, wenn „A judicial police official deems that an offense has been committed." (§189 Abs.2 jap. StPO). Ein Staatsanwalt hingegen „may, if he/she deems it necessary, investigate an offense him/herself." (§191 jap.StPO). Die Staatsanwaltliche Ermittlung wird als Ergänzung der polizeilichen Ermittlung, um die öffentliche Anklage zu erhebung und zu erhalten, definiert (Staatsanwaltschaft als das sekundare Ermittlungsorgan). Staatanwaltliche Ermittlungsmaßnahmen werden auch praktisch nur in Fällen der Verfolgung von Wirtschafts- bzw. Korruptionskriminalität usw. eingeleitet. Staatsanwalt hat Hinweisrecht und Leistungsrecht, während sie arbeiten mit Polizei zusammen (§192,193 jap.StPO).

(2) Die verfassungsrechtlichen Grundsätze im Ermittlungsverfahren

Das Ermittlungsverfahren in Japan wird durch verschiedene verfassungsgerichtliche Regeln beschränkt. Dabei fallen unter Ermittlungsmaßnahmen sowohl Nichtzwangsmaßnahmen als auch Zwangsmaßnahmen. Im Kern geht es um den Inhalt von Zwangsmaßnahmen und deren Kontrolle. Die Rechtsprechung und herreschende Meinung definieren die Zwangsmaßnahmen als „Eingriffsmaßnahmen in wichtiges Recht". In Japan ist die Befugnis zur Durchführung von Zwangsmaßnahmen auf Polizei und Staatsanwaltschaft übertragen. Diese Befugnis werden durch legislative Gewalt und Justizgewalt kontrolliert.

Die Kontrolle durch die legislative Gewalt: §197 jap.StPO bestimmt „ … provided, however, that compulsory dispositions shall not be applied unless special provisions have been established in this Code ". Diese Regelung ist eine Konkretisierung von Art.31 jap.GG (sog. due-process Regeln; „No Person shall be deprived of life or liberty, nor shall any other criminal penaltiy be imposed, except according to procedure established by law."). Dieses Prinzip bedeutet also parlamentarische Kontrolle von Rechtseingriffen (Demokratie-Charakter) und Gewährleistung der Vorseherbarkeit von Rechtseingriffen (Liberalismus-Charakter).

Kontrolle durch Justizgewalt: Art.33,35 jap.GG fordern, dass die Zwangsmaßnahmen einer richterlichen Entscheidung bedürfen[1]. Der Wortlaut „adequate cause" bedeutet „Tatverdacht" und „Zusammenhang zwischen begangener Straftat und das Maretials/ Ort" usw..

Die Einleitung eines Ermittlungsverfahrens setzt in Japan „das Bestehen des Tatverdacht" voraus. Das jap. Polizeiamtvollzugsgesetz (Polizeirecht) hingegen ermöglicht auch Maßnahmen gegen Person, gegen die noch kein Tatverdacht besteht, sondern in Bezug auf die nur „ein hinreichender Grund zu Verdächtigung von vergangene oder künftige Begehung des Straftat"(konkrete Gefahr) vorliegt. Das Polizeiamtsvollzugsgesetz befugt die Polizeibeamten nur zur Durchführung polizeilicher Befragung und zu einer gewissen Kontrolle des persönlichen Besitzes (gewisse Anwendung von Gewalt sei möglich). Die Differenzierung zwischen der auf Kriminalprävention zielenden „Verwaltungspolizeitätigkeit" und der auf Strafverfolgung zielenden „Kriminalpolizeitätigkeit" ergibt sich somit aus dem Vorliegen eines Tatverdachts ergeklärt. Dieses traditionelle Verstandnis hat im Gesetzgebungsverlauf des jap. TüG jedoch Änderungen erfahren.

Zwei Themen wurden im Gesetzgebungsverlauf des jap. TüG vor allem diskutiert: Erstens, ob die Zulassung der Ermittlung gegen künftige Straftaten der Unterscheidung zwischen „Verwaltungspolizeitätigkeit" und „Kriminalpolizeitätigkeit" zuwiderläuft. Zweitens, ob die Telefonüberwachung sich dem Gebot aus Art.35jap. GG widerspricht, wonach (Die Bestimmung durch richterlichen Befehl von Maretials/ Ort als Gegenstand der Druchsuchung und der Beschlagnahme).

3. Soll Ermittlungsmaßnahmen zur Bekämpfung künftiger Straftaten zulässig sein? —Die Diskussion im Gesetzgebungsverlauf des jap. TüG.

(1) Ist der Unterschied zwischen „Verwaltungspolizeitätigkeit" und „Kriminalpolizeitätigkeit" das

„Prinzip"?

(a) Die theoretische und historische Berechtigung mit traditionellen Verstandnis?

Der Unterschied zwischen „Verwaltungspolizeitätigkeit" und „Kriminalpolizeitätigkeit" ist nach dem traditionellen Verstandnis Ausdruck eines Prinzip, das historische Berechtigung hat. Die jap.StPO vor dem Zweitem Weltkrieg (nach dem Vorbild der deutschem StPO) befugte Polizeibeamte und Staatsanwaltschaft nicht zur Durchführung von Zwangsmaßnahmen. Dagegen befugte das „Verwaltungsvollzugsgesetz" Polizeibeamte, Personen ohne richterliche Überprufung in Verwaltungshaft (Schutzhaft und Schutzgewahrsam) zu nehmen, um ein Geständnis erzuzwingen. Dabei kam es häufig zum Missbrauch verwaltungspolizeilicher Zwangsbefugnisse.

Das geltende Regelsystem wurde basierend auf historischen Betrachtungen geschaffen. Dabei wurde die verwaltungspolizeiliche Befugnis drastisch beschränkt (grundsätzlich auf nur Nichtzwangsmaßnahmen). Kriminalpolizeiliche Befugnisse hingegen wurden unter der strengen richterlichen Kontrolle gem. Art. 33,35 jap. GG wesentlich verstärkt. Aus dem klaren Unterschied zwischen der auf Kriminalprävention zielenden „Verwaltungspolizeitätigkeit" und der auf Strafverfolgung zielenden „Kriminalpolizeitätigkeit" solle sich ein „Prinzip" ergeben.

Es sei ein Fehler, die beiden zu vermengen. Dies bringe die mit Kriminalprävention herrschende Straverfahren; Die verfassungsrechtliche Gewährleistung des Strafverfahrens würden durch dem Präventionszweck gestört. Allerdings gehe es nicht um den Unterschied zwischen Verwaltungspolizeitätigkeit und Kriminalpolizeitätigkeit für das staatliche Reparationen in Japan. Im Bereich des Strafverfahrensrechts sei es jedoch noch bedeutsam, an der Unterscheidung festzuhalten. Somit sei die Ermittlung gegen künftige Straftaten einzuordnen in den Bereich der Verwaltungspolizeitätigkeit. Denn die Kriminalpolizeitätigkeit bedeute die Ermittlung bezüglich begangener Straftaten, während die Verwaltungspolizeitätigkeit auf die Prävention der künftigen Straftat Anwednung finde. Wenn aber Verwaltungspolizeitätigkeit grundsätzlich nur nichtzwange Befugnisse vorsehen kann, dann sei die Telefonüberwachung als Ermittlungsmittel nicht zulässig[2].

(b) Der Unterschied durch „Ziel der Polizei" ?

In den letzten Jahren ist eine Meinung im Vordringen, wonach kriminalpolizeiliche Ermittlungsmaßnahmen gegen künftige Straftaten deshalb zuzulassen seien, weil die Grundlagen der Unterscheidung zwischen Verwaltungspolizeitätigkeit und Kriminalpolizeitätigkeit ohnehin zweifelhaft seien[3]. Diese hält es insbesondere für zweifelhaft, dass Ermittlungsmaßnahmen in Bezug auf künftige Straftat vollständig in den Bereich der Verwaltungspolizei fallen sollen, weil das gewonnene Material und die erlangten Information (z.B. die Aussage einer Person, die später eine Straftat begehen wird) in späteren Strafverfahren als Beweis dienen können. Polizeiliche Tätigkeit in diesem Fall ziele daher nicht auf die Kriminalprävention, sondern zugleich auch auf Aufklärung und Aufdeckung, mithin auf die Vorbereitung von Strafverfolgung. Solche Maßnahmen seien daher als Kriminalpolizeitätigkeit einzuordnen. Auszugehen sei bei der Differnzierung daher vom Zweck und der Funktion der jeweiligen polizeilichen Tätigkeit.

Nach dieser Meinung, kann ein „Tatverdacht" im strafverfahrensrechtlichen Sinne also nicht nur bezüglich vergangener und gegenwärtiger, sondern auch bezüglich künftiger Straftaten vorliegen. Zielt die polizeiliche Tätigkeit in diesem Zusammenhang auf Stafverfolgung, so handle es sich bei dieser Tätigkeit um „Ermittlung", weshalb Anlass besteht, die Maßnahmen nur unter der strengen richterlichen Kontrolle, die sich aus der Verfassung (z.B.§ 35 GG) und der jap. StPO ergeben, zulassen[4].

Eine faktische Polizeitätigkeit könne somit gleichzeitig Kriminalpolizeitätigkeit und Verwaltungspolizeitätigkeit darstellen (z.B. eine andauernde Informationssammlung über eine kriminelle Organisation, aus der heraus wiederholt Straftaten begangen werden.). Die Gesetzmäßigkeit einer solchen Tätigekit sei gegeben, wenn entweder StPO oder Polizeiverwaltungsrecht diese rechtlich erlaube. Dies jedoch bedeute nicht, dass der Zweck der Kriminalprävention bei dem Beurteilung über die Gesetzmäßigkeit einer Ermittllungsmaßnahme positiv berückgsichtigt werden mag, weil die in StPO eingeräumte Ermittlungsmaßnahme nicht auf Kriminalprävention zielt[5].

(c) **Die Kriminalpolizeitätigkeit und Strafverfolgung kann nicht auf künftige Straftat zielen**

Die Meinung, die dem jap.TüG in seiner geltenden Fassung zustimmt, schafft für die Unterschied zwischen Kriminalprävention und Strafverfolgung einen Standard als „der konkrete Verdacht gegen bestimmte Straftat und das Ziel von der Polizei".

Diese Meinung ist sehr problematisch. Neben den oben dargestellten sich aus dem traditionellen Verstandnis ergebenden Argumenten wird hier noch Folgendes vorgetragen:

Erstens: §1 jap.StPO regelt als die Zweck des Strafverfahren „with regard to criminal cases, is to reveal the true facts of cases and to apply and realize criminal laws and regulations quickly and appropriately, while ensuring the maintenance of public welfare and the guarantee of the fundamental human rights of individuals". Der Gegenstand der Strafverfolgung ist also nicht die künftige Straftat, sondern „die Strafsache". Der „Tatverdacht" als die Einleitungsklausel muß daher nur die gegen vergangener und gegenwärtiger Straftat bestehe Verdacht sein.

Zweitens: Bei einem „Tatverdacht" im Hinblick auf künftige Straftaten handelt es sich nicht um einen „Verdacht", sondern in Wahrheit nur um „die Gefahr einer Straftatbegehung". Die Einleitung eines Ermittlungsverfahrens wegen einer solchen Gefahr ist nichts anderes als die auf die Kriminalprävention zielende Strafverfolgung, die auch von des TüG für unzulässig erachtet wird.

Drittens: Die Möglichkeit künftiger Strafverfolgung kann nicht selbstständiger Zweck eines Ermittlungsverfahrens sein. Wenn nur die künftige Begehung von Straftaten vermutet wird, so kann deren Verfolgung noch nicht das Ziel sein. Dieser Zweck kann erst später eine Rolle spielen und nur dann, wenn die vorrangige Kriminalprävention keinen Erfolg hat.

(2) **Sind Zwangsmaßnahmen gegen künftige Straftaten zulässig?**
(a) **Der Inhalt der richterlichen Überprufung der Zwangsmaßnahme**

Art.35 I jap.GG erfordert für die Durchsuchung und Beschlagnahme „adequate cause", was „die Bestehung eines Verdacht einer bestimmten Straftat" und „die Wahrscheinlichkeit des Bestehens des Gegenstands an dem bestimmten Ort" usw. bedeutet. Die vom traditionellen Verstandnis ausgehende Meinung weist darauf hin, dass ein solcher "adequate cause" nicht existieren könne, wenn nur die Vermutung vorliegt, dass eine Straftat künftig begangen werden könnte.

Die dem jap.TüG zustimmende Meinung kritisiert dieses Verständnis: Die für Zwangsmaßnahmen richterlich anzuerkennenden Voraussetzungen seien immer nur auf der Grundlage bestehenden Materials erfahrungsgemäß zu vermutende Wahrscheinlichkeiten. Auch der Umstand, dass eine Straftat begangen werden könnte, lasse sich aufgrund bestimmter Tatsache zu vermuten. Daher handle es sich bei beiden Vermutungen letztlich um gleiche Beurteilungen über Wahrscheinlichkeiten.[6] Eine Person könne aber nicht festgenommen werden, nur weil sie eine Straftat ganz gewiss künftig begehen wird, weil die Person dann nicht „der ein Verbrechen begehender Täter" ist[7].

(b) Beurteilung über Wahrscheinlichkeit und Gefahr

Auch diese Argumentation ist problematisch. Es trifft zwar zu, dass die Beurteilung richterlicher Überprufung mit Zwangsmaßnahmen gegen begangene Straftaten eine Beurteilung über Wahrscheinlichkeiten darstellt. Aber die Beurteilung, ob eine Straftat künftig begangen werden wird, betrifft den Grad einer Gefahr. Insofern kann und muss auch zwischen beiden Beurteilungen unterschieden werden. Und diese Beurteilung kann unsichere richterliche Überprufung mit Zwangsmaßnahme bringen. Die polizeiliche Reaktion soll nicht zulässig sein, die die künftig möglich Straftat nicht präventiert, sondern auf die Sicherung des Beweis über deren Straftat bevorzugt zielt[8].

4. Das verfasuungsrechtliche Gebot und die in Rechte eingreifende staatliche Reaktion

Nach meiner Meinung es soll nicht zulässig sein, gegen künftige Straftat zu ermitteln. Die auf dem traditionellem Verständnis basierende Meinung geht davon aus, dass die Verwaltungspolizei nur zu Nichtzwangsmaßnahmen befugt werden solle. Nur ein konkreter Tatverdacht kann nach diesem traditionellem Verständnis die Einsetzung von staatlichen Ermittlungen und den Eingriff ins Privatleben rechtfertigen. Dagegen könnte daran gedacht werden, dass auch eine für die ein Einschreiten der Verwaltungspolizei erforderliche konkrete Gefahr eingreifende Reaktionen legitimieren könnte. Ein auf eine konkrete Gefahr gründender staatlicher Eingriff könnte dann allerdings auch weniger intensiv sein als ein auf Tatverdacht gründender Eingriff. Es ist jedenfalls schwierig ausdrücklich zu sagen, dass auf konkrete Gefahr gründende Eingriffe gar nicht zulässig sein sollen.

Die Anwendung von Art.35 jap.GG auf verwaltungspolizeiliche Tätigkeiten ist nicht ausgeschlossen. Art.35 jap.GG beschränkt vielmehr auch die Vetawaltungspolizeitätigkeit, die mit dem Strafverfahren folglich und künftig verbinden und in Rechte eingreifen kann (Urteil des OGH vom 30.1.1996,OGHSt Bd. 51,Nr.1,S.335.).[9]

Demgegenüber hat Art.33 jap.GG nur „the offense" und das Strafverfahren zum Gegenstand. Präventive Festnahmen sind somit verfassungsrechtlich ausgeschlossen. Das erlaubt nur gewisse Eingriffen in die Privatsphäre in verwaltungspolizeilichen Bereich. Die Telefonüberwachung wird in diesem Sinne für zulässig gehalten.

Aber Nach meiner Meinung jap. TüG ist schließlich verfassungswidrig, weil das Gesetz sich dem Gebot gem.Art.35jap.GG (Die Bestimmung durch richterlichen Befehl von Maretials/ Ort als Gegenstand der Druchsuchung und der Beschlagnahme) widersetzt.

5. Der Eingriff und seine Kontrolle im "Vorfeld" der konkreten Gefahr

(1) Die Notwendigkeit des Eingriffs im "Vorfeld" der konkreten Gefahr?

In den letzten Jahren ist in Japan die „positive Verwaltungspolizei"-Theorie kommt im Vordringen[10]. Diese Theorie geht auf der Grundlage des Stichwort „Freiheit durch Sicherheit" davon aus, dass sich Polizeiverwaltung grundlegend von einer „negativen Abwehrverwaltung hin zu einer „aktiv vorsorgenden Vorbeugeverwaltung" wandeln und zu diesem Zweck auch zwangswseise Verwaltungsuntersuchungen zum Zweck der „präventiven, direkten, sofotigen Verwaltungspolizeitätigkeit" ermöglichen solle. Dies wird darauf gestützt, dass es eine Kernfunktion des Staates sei, die öffentliche Sicherheit und Ordnung zu gewährleisten[11].

Mit dieser sog. „Feindpolizeirechts"-Theorie lässt sich die Zulässigkeit von auf Grund von abstrakten Gefahren ausführenden Eingriff (z.B. die akustische Überwachung, Video-Überwachung, Rasterfahdung, Online-Durchsuchung) begründen. Sollen solche Rechtseingriffe im „Vorfeld" einer konkreten Gefahr jedoch zulässig sein? Damit wird eine Diskussion über Rechtseingriffe im vorfeld einer knkreten Gefahr intensiv gefahrt.

(2) Polizeirecht in Deutschland und „die vorbeugende Bekämpfung von Straftaten"
(a) die vorbeugende Bekämpfung von Straftaten

Polizeirecht ist Deutschland Ländersache. Im Anschluss an das sog. Volkzählungsgesetzurteil (BVerfG) von 1983 hat es umfassende Reformen erfahren. Die polizeiliche Erhebung und Verarbeitung der persönlichen Daten wurde neu geordnet. Dabei wurde die polizeiliche Aufgabe und Befugnis „die vorbeugende Bekämpfung von Straftaten" neu ins Polizeirecht eingeführt. §1 Vorentwurf zur Änderung des Musterentwurf eines einheitlichen Polizeigesetzes(VE ME PolG) vom 1986 bestimmte „die vorbeugende Bekämpfung von Straftaten". Nach VE ME PolG bedeutet „die vorbeugende Bekämpfung von Straftaten" „die Vorsorge für die Verfolgung küntiger Straftaten" und „die Verhütung künftiger Straftaten".

Die zentrale Aufgabe der vorbeugenden Bekämpfung von Straftaten ist die Datenerhebung und –verarbeitung. §8a Abs.2 Nr.1VE ME PolG bestimmt: „Die Polizei kann personbezogene Daten von Personen, bei denen Anhaltspunkte bestehen, dass sie künftig Straftaten begehen, erheben, soweit dies auf Grund tatsächlicher Anhaltspunkte erfahrungsgemäß zur vorbeugenden Bekämpfung von Straftaten erforderlich ist."

Ergänzend hierzu stellt VE ME PolG einzelne Regel für „besondere Formen der Datenerhebung" auf. Als deren Inhalt werden z.B. „längerfristige Observation" (längerfristige vorsätzliche polizeiliche Observation), „verdeckter Einsatz technischer Mittel" (die Verwendung der akustischen Überwachung, Video-Überwachung), „verdeckte Ermittler, V-Personen" aufgezählt.

(b) Diskussion in Deutschland

Nach Ansicht der Rechtsprechung[12] und herrschenden Lehrmeinung in Deutschland wird die vorbeugende Bekämpfung von Straftaten in den Bereich der Kriminalprävention(Gefahrabwehr) eingeordnet.

Michael Kniesel fasst die Gründe hierfür wie folgt zusammen[13].

Die Einleitung eines Ermittllungsverfahrens gem.§152Abs.2StPO setze zureichende tatsächliche Anhaltspunkte voraus. Abstrakte Überlegungen, Erfahrungssätze und statistische Wahrscheinlichkeiten alleine reichten nicht aus. Dieser Bezug auf bestimmte konkrete Tatsachen habe rechtsstaatliche Qualität; der Bürger solle vor „Verdachtsermittlungen" ohne konkrete verdachtserweckenden Anlass geschützt werden. Strafverfolgung im Sinne der StPO setze daher den Verdacht des begangenen Delikts voraus. Vorsorge für die Verfolgung künftiger Straftaten könne ebenfalls keine Strafverfolgung im herkömmlichen Sinne sein, weil es auch hier an der beganenen Straftat fehle. Nach Kniesel ist die Existenz eines Tatverdachts bezüglich einer begangenen Straftat Voraussetzung für den Anfang eines rechtsstaatlichen Strafverfahrens[14].

Ermittlungen der Staatsanwaltschaft gegen einen „Vor"-Verdächtigen hingegen seien deswegen nicht zulässig, weil ein Gefahrenverdacht zeitlich vor dem Tatverdacht liege. Was für den in Art.1I2 und Art.2 IIGG verankerten Schutzauftrag geboten sei, müsse nicht für die dem Rechtsgüterschutz nur mittelbar dienende Strafverfolgung zur Verfügung stehen[15].

Polizeiliches Handleln sei damit vorrangig dem Schutz des Einzelnen und seiner Grundrechte verpflichtet. Der Prävention sei somit ein Vorrang vor der Repession eingeräumt[16].

Diese Meinung steht mit meiner im Einklang insofern, als auch Kniesel den Unterschied zwischen Gefahr und Verdacht voraussetzt, in „Gefahr"-Bereich nur Gefahrenabwehr zulassen will und auf die Einhaltung des rechtsstaatlichen Strafverfahren Wert legt. Aber diese Meinung setzt sich nicht mit der Gefahr des Missbrauchs der Verwaltungspolizeitätigkeit in "Vorfeld" konkreter Gefahren auseinander. Vielmehr betont Kniesel den Vorrang der Prävention vor dem Strafverfahren auf der Grundlage der sich aus dem GG ergebenden staatlichen Schutzpflicht. Es erscheint jedoch zweifelhaft, dass die staatliche Schutzpflicht gegenüber staatlichen Rechtseingriffen gering geschätzt wird[17]. Beide Schutzpflicht müssen unentbehrliche staatliche Pflicht sein.

Es ist in der Tat hingewiesen worden auf die „Entkonkretisierung" des Gefahrbegriffs in Deutschland. Die konkrete Gefahr(„eine Sachlage, bei der im einzelnen Falle die hinreichende Wahrscheinlichkeit besteht, dass in absehbarer Zeit ein Schaden für die öffentliche Sicherheit eintreten wird") ist Regelvoraussetzung polizeilicher Eingriffshandlung[18]. Dagegen ist der abstrakte Gefahrbegriff (dass bestimmte Arten von Verhaltensweisen oder Zuständen unter Berücksichtigung der bestehenden örtlichen Verhältnisse zu Schäden für ein Rechtsgut der öffentlichen Sicherheit oder Ordnung führen können[19])[20] für die vorbeugende

Bekämpfung von Straftaten hinreichend. Aber „allgemein gefahrlich" ist nahezu jeder Lebensbereich; kaum einer ist denkbar, der nicht Gegenstand polizeilichen Interesses werden könnte[21]. Damit verliert sich die Bedeutung des Gefahrbegriffs als Kontrollschutz gegen polizeiliche Eingriffe.

Stümper kritisiert die herkömmliche Zweiteilung von Prävention und Repression im Hinblick auf moderne Erscheinungsformen der Kriminalität (z.B.organisierte Kriminalität) wie folgt: „Das polizeilche Einschreiten ist wesensmäßig weder repressiv noch präventiv, sondern im Grunde operativ. Dieser Begriff des Operativen umschließt nicht nur das präventive und repressive Element, er ist keine bloße Addition, sondern er ist ein Oberbegriff, er nennt eine neue Art polizeilichen Tätigwerdens". Nach diesem Begriff „Operativen", komme es darauf an, daß eine kriminelle Organisation oder Bande umfassend in ihrer Aktivität zum Erlöschen gebracht werden kann"[22].

Dagegen erklärt *Möstl*, „der Blick in die Polizeigesetze macht deutlich, dass der Polizei im Vorfeld konkreter Gefahren und zur vorbeugenden Bekämpfung von Straftaten ausschließlich Befugnisse der Informationserhebung und –verarbeitung eingeräumt worden sind. ...Das Recht der vorbeugenden Bekämpfung von Straftaten bleibt so gesehen reines Informationsrecht, das die Erledigung der polizeilichen Aufgaben effektiviert, nicht aber eine neue Form vorgelagerter Risikosteuerung verwirklicht[23]. „Diese Meinung versucht zu erklären, daß die „vorbeugende Bekämpfung von Straftaten" sich ohne Änderung der traditionellen Aufgabe „Gefahrenabwehr" einordnen lässt. Aber nach dieser Meinung ist der Begriff der konkreten Gefahr nicht mehr die präventive polizeiliche Informationserhebung kotrollierende Voraussetzung, sondern das Ziel, welches durch polizeiliche Tätigkeit erst verwirklicht werden soll[24].

Die Anerkennung der „vorbeugenden Bekämpfung von Straftaten" kann wie oben gesagt die Verschlechterung der Kontrolle gegen Polizeibefugnis bringen. Damit wird die Bedeutung der folgende Behauptung von *Lisken* wichtig, wonach vorbeugende Bekämpfung von Straftaten verfassungswidrig sei:

Die Freiheit des Bürgers, „vom Staat in Ruhe gelassen zu werden", solange er nicht die Rechte anderer störe, sei eine unüberwindliche verfassungsrechtliche Vorgabe. Unter der Herrschaft des Grundgesetzes hat sich Polizeiarbeit inhaltlich auf die Abwehr unmittlbar drohender Gefahren für die öffentliche Sicherheit zu beschranken. Nur soweit seine grundrechtlich geschützten Rechtspositionen in Gefahr sind, kann Rechtsschutz durch Justizgewährung und Polizeihilfe in Betracht kommen. Es gehe nicht um „Vorbeugung", sondern um den konkreten Schutzanspruch des Einzelnen, wie er sich aus den Grundrechtsverbürgungen ergebe. Es gebe also kein abstraktes „Grundrecht auf Sicherheit, das vorbeugende Sicherheitseingriffe bei jedermann legitimieren könnte. Jede Eingriffsbefugnis ist zugleich eine Gefährdung der Freiheit. Die Geschichte zeigt, daß die Selbstgefährdung des Rechtsstaates immer größer gewesen ist als seine Gefährdung von außen[25]."

Lisken schließt aus dem GG, dass nur der auf den konkreten Schutzanspruch des Einzelnen gründende staatliche Eingriff eingeräumt werden soll. Ein abstraktes „Grundrecht auf Sicherheit" soll nicht zulässig z.B.darin sein, diese Recht diesen Abwägung nicht erlaubt. Dazu „vorbeugenden Bekämpfung von Straftaten" kann nicht nur das „präventive Strafverfahren" bringen, sondern auch „Entkonkretisierung" des Verdacht in Strafverfahren, wenn die durch Verwaltungspolizei gehobene Infomation für Strafverfolgung verwertet wird. Die Meinung von Kniesel kann schließlich zu einem Zusammenbruch der Rechtssaatlichkeit des Strafverfahrens führen. Daher nach meiner Meinung soll nicht die „vorbeugende Bekämpfung von Straftaten" anerkannt werden.

6. Fazit

Der Idee eines „präventiven" Strafverfahrens liegt ein theoretischer Fehler zugrunde. Ein Stafverfahren soll nur eine begangene Straftat zum Gegenstand machen. Dennoch erfordern Terror usw. vorbeugende Reaktionen des Staates.

Das BVerfG hat in den letzten Jahren auf verfassungsrechtliches Kontrollmöglichkeiten gegen staatliche Eingriff im "Vorfeld" einer konkreten Gefahr und eines Tatvedachts hingewiesen.

a) Sphärentheorie[26]: Zur Unantastbarkeit der Menschenwürde gemäß Art.1I GG gehört die Anerkennung eines geschützen Kernbereichs privater Lebensgestaltung. Dieser Bereich muss absolut geschützt werden. Ein Eingriff in diesen Bereich soll nicht zulässig sein, auch wenn die höchstmögliche Notwendigkeit des Rechtsschutzes besteht. Eine Abwägung nach Maßgabe der Verhältnismäßigkeitgrundsätze in Kernbereich privater Lebensgestaltung findet insoweit nicht statt.

b) Das Gebot der Normenbestimmtheit und der Normenklarheit[27]: der Gesetzgeber muss die Norm mit Bereich der „vorbeugenden Bekämpfung von Straftaten" bestimmen, die einen Standard an Vorhersehbarkeit und Kontrollierbarkeit vergleichbar dem schaffen, der für die überkommen Aufgaben der Gefahrenabwehr und der Strafverfolgung rechtsstaatlich geboten ist[28].

c) Verhaltnissmäßigkeitsprinzip und „je-desto" Formel : „Für die Strafverfolgung und die Gefahrenabwehr hat die Rechtsprechung Abwägungsgrundsätze entwickelt, die auch im Voldbereich bedeutsam sind. Je gewichtiger das gefährdete Rechtsgut ist und je weitreichender es durch die jeweiligen Handlungen beeinträchtigt würde oder beeinträchtigt worden ist, desto geringere Anforderungen dürfen an den Grad der Wahrscheinlichkeit gestellt werden, mit der auf eine drohende oder erfolgte Verletzung geschlossen werden kann, und desto weniger fundierend dürfen gegebenenfalls die Tatsachen sein, die auf die Gefährdung oder Verletzung des Rechtsguts schließen lassen."[29]

Diese vom BVerfG aufgestellten Grundsätze können als gewisse Kontrolle gegen eine "vorbeugende Bekämpfung von Straftaten" funktiorieren; dieses kann die Sphärentheorie und das Gebot der Normenbestimmtheit und der Normenklarheit als vorherige Kontrolle (durch Gesetzgebung), das Verhaltnissmäßigkeitsprinzip und die „je-desto" Formel als nachträgliche Kontrolle (durch Richter) bedeuten.

Aber der Zusammenhang zwischen der Gewichtigkeit von gefähdete Rechtsgut und Wahrsheinlichkeit von Verletzung ist nicht klar. Und die richterliche Kontrolle gegen staatliche Eingriff durch „Gefahr" und „Verdacht"-Begriff selbst kann bereits an deren Funktion verlieren. Zum Beispiel die Erlassquote von richterliche Telefonüberwachungbefehl in Japan ist 100%. Und die „Erfolgs" quote (Häufigkeit des Gesprächs, das zusammenhängt mit Gegenstandstraftat/Gesamtes Gespräch) in Japan (2000-2010) ist 13.9%

(6278/45160)[30]. In Bereich der Strafverfahrensrechtswissenschaft dürfte der „Gefarrenbegriff" wie Strafrechts- und Verwaltungsrechstswissenschaft nachgeprüft werden mussen.

[Notes]

* Ganz besonderen Dank möchte ich auch meinen lieben Freundin *Frau Jun.-Prof. Dr. Maria von Tippelskirch* und *Prof.Dr. Yukako Sagawa* aussprechen. Sie haben mich in vielfältigster Weise unterstützt, in dem sie die Arbeit gelesen, korrigiert und viele wertvolle Ratschläge gegeben haben.

1 Art.33jap.GG „No person shall be apprehended except upon warrant issued by a competent judicial officer which specifies the offense with which the person is charged, unless he is apprehended, the offense being committed."

Art.35I jap.GG „The right of all persons to be secure in their homes, papers and effects against entries, searches and seizures shall not be impaired except upon warrant issued for adequate cause and particularly describing the place to be searched and things to be seized, or except as provided by Article 33."

2 *Yuji Shiratori*, Lauschangriff-Gesetzgebung und Fuktion der Polizei, in: *Toshiki Odanaka/Toshikuni Murai/Hideaki Kawasaki/Yuji Shiratori*, Die Kritik an der Lauschangriff-Gesetzgebung (auf Japanisch), 1997, S.166.

3 *Masahito Inoue*, Telefonüberwachung als Ermittlungsmittel (auf Japanisch), 1999; *Toshihiro Kawaide*, Die organisierte Kriminalität und das Strafverfahren (auf Japanisch), Jurist Nr,1148,1999,239ff.; *Tadashi Sakamaki*, Zu der Begriffbestimmung der „Ermittlung" begriff (auf Japanisch), Kenshu Nr.674, 2004, 7ff.; *Masahito Inoue*, Die Zwangsermittlung und die Nichtzwangsermittlung (auf Japanisch), 2006, S.126ff.

4 *Sakamaki* a.a.O.(Anm.2),7.

5 *Kawaide* a.a.O.(Anm.2),241ff.

6 *Inoue* a.a.O.(Anm.2),128.

7 *Sakamaki* a.a.O.(Anm.2),8.

8 *Yuji Shiratori*, Strafprozessrecht,6Aufl.,2010,S.84ff.

9 *Akira Goto*, Telefonlauschangriff,Keiho-Zassi Bd.37Nr.2,1998,180ff.

10 *Tsutomu Isobe*, Principle of „Liberties besed on Secutiry" and Police Administraiton(auf Japanisch), Security Science Review Bd.7, 2005, 1ff.

11 *Keiko Sakurai*, Review on „Police Administratuve" (auf Japanisch), Security Science Review Bd.6, 2004, 179ff.

12 BVerwGE 26,169ff.

13 *Michael Kniesel*, Neues Polizeigesetz contra StPO?, ZRP 1987, 380.

14 *Michael Kniesel*, Vorbeugende Bekämpfung von Straftaten im neuen Polizeirecht - Gefahrenabwehr oder Strafverfolgung?, ZRP 1989, 330.

15 *Kniesel* ZRP 1987, 380.

16 *Kniesel* ZRP 1987, 378; *Michael Kniesel*, Vorbeugende Bekämpfung von Straftaten im juristischen Meinungsstreit-eine unendliche geschichte, ZRP 1992, 164ff.

17 *Corinne Hoppe*, Vorfeldermittlungen im Spannungsverhältnis von Rechtsstaat und der Bekämpfung organisierter Kriminaliät, 1999,S.144.

18 *Erhard Denninger*, Polizeiaufgaben, in: Lisken/Denninger, Handbuch des Polizeirechts, 4. Aufl. 2007, S.318

19   z.B. „Allgemein bestehende Gefahr", „örtliche Gefahr" Dauergefahr".

20   *Tegtmeyer/Vahle*, Polizeigesetz Nordrhein-Westfalen-PolG NRW-, 10Aufl. 2011, S.96.

21   *Denninger*, S.319; *Hans-Heinrich Trute*, Gefahr und Prävention in der Rechtsprechung zum Polizei- und Ordnungsrecht,Die Verwaltung 2003,501ff.

22   *Alfred Stümper*, Prävention und Repression als überholte Unterscheidung?, Kriminalistik 1975, 50; *Alfred Stümper*, Die Wandlung der Polizei in Begriff und Aufgaben, Kriminalistik 1980, 243.

23   *Markus Möstl*, Die Staatliche Garantie für die öffentliche Sicherheit und Ordnung, 2002, S.246; *Markus Möstl*, Die neue dogmatische Gestalt des Polizeirechts, DVBl 2007, 584ff.

24   *Shigeru Shimada*, Das Verhältnis von dem Zweck der vorbeugenden Verbrechenbekämpfung und dem Gefahrenbegriff im deutschen Polizeirecht (auf Japanisch), Konan Law Review Bd.49Nr.3=4,2009,23.

25   *Hans Lisken*, Über Aufgaben und Befugnisse der Polizei im Staat des Grundgesetzes, ZRP 1990, 16ff; *ders*, „Sicherheit" durch „Kriminalitätbekämpfung"?, ZRP 1994, 49; *ders*,Vorfeldeingriffe im Bereich der „Organisierten Kriminalität"—Gemeinsame Aufgabe von Verfassungsschutz und Polizei?,ZRP 1994,264.

26   Urteil des BVerfG vom 3.3.2004, BVerfGE 109,273.

27   Urteil des BVerfG vom 27.7.2005, BverfGE 113,348.

28   Vgl.Urteil des BVerfG vom 27.7.2005, NJW 2005,2607ff; „Bei der Vorsorge für die Verfolgung künftiger Straftaten oder bei ihrer Verhütung kann nicht an dieselben Kriterien angekntung kann nicht an dieselben Kriterien angeknüpft werden,die für die Gefahrenabwehr oder die Verfolgung begangener Straftaten entwickelt worden sind. Maßnahmen der Gefahrenabwehr,die in die Freiheitsrechte der Bürger eingreifen, setzen eine konkrete Gefahrenlage voraus.Die Strafverfolgung knüpft an den Verdacht einer schon verwirklichten Straftate an. Solche Bezüg fehlen,soweit die Aufgabe darin beteht im Vorfeld der Gefahrenabwehr und Strafverfolgung Vorsorge im Hinblick auf in der Zukunft eventuell zu erwantende Straftaten zu treffen. Deshalb müssen hier die Bestimmtheitsanforderungen spezifische an dieser Vorfeldsituation ausgerichtet werden. " „Sieht der Gesetzgeber in solchen Situationen Grundrechtseingriffe vor, so hat die den Anlass bilden Straftaten sowie die Anforderungen an Tatsachen,die auf die künftige Begehung hindeuten,so bestimmt zu umschreiben,dass das im Bereich der Vorermittlung besonders hohe Risiko eine Fehlprognose gleichwohl verfassungsrechtlich noch hinnehmbar ist. Die Norm muss handlungsbegrenzende Tatbestandselemente enthalten,die einen Standard an Vorhersehbarkeit und Kontrollierbarkeit vergleichbar dem schaffen, der für die überkommen Aufgaben der Gefahrenabwehr und der Strafverfolgung rechtsstaatlich geboten ist."

29   Vgl.Urteil des BVerfG vom 27.7.2005, NJW 2005, 2610.

30   Zur Lage in Deutschland vgl. *Hans-Jörg Albrecht*, Rechtstatsachenforschung zum Strafverfahren,2005,S.117ff; *Albrecht/ Dorsch/ Krüpe*, Rechtswirklichkeit und Effizienz der Überwachung der Telekommunikation nach den §§100a,100b StPO und anderer verdeckter Ermittlungsmaßnahmen, 2003.

特集2　ギーセン大学ミニコロキュウム「刑事法の現代的課題」

Vorbeugende Verbrechensbekämpfung
– Strafrecht zwischen Prävention und Repression –

keywords: Prevention, Repression, Criminal Law

Henning Rosenau (Augsburg Universität)

1. Aufgaben des Strafrechts

Strafrecht ist retrospektiv. Es bedeutet staatliche Reaktion auf begangene Verbrechen. Es ist daher repressiv. Damit ist Strafrecht nicht prospektiv. Strafrecht blickt nicht in die Zukunft. Es dient nicht unmittelbar der Verhütung und der Vorbeugung von künftigen Verbrechen. Strafrecht ist nicht präventiv.

Werfen wir einen Blick in die drei großen Lehrbücher:

Bei *Gropp* lesen wir, dass das Strafrecht der staatlichen *Reaktion* auf Zuwiderhandlungen der Rechtsunterworfenen dient.[1] Die Störung des Rechtsfriedens wird beseitigt, indem wir den Störer in Anspruch nehmen. Es ist Aufgabe des Strafrechts, die Strafbarkeit von Verhalten festzulegen, aufzuklären und den Täter zu verurteilen. Die Aufgabe, Gefahren abzwehren, ist dagegen Sache des Polizeirechts.[2] Gefahrenabwehr und Verbrechensverfolgung stehen sich gegenüber. Im Bild ihrer Protagonisten gesprochen: auf der einen Seite steht die Polizei, während die Justiz auf der anderen Seite für das Strafrecht zuständig zeichnet.[3]

Bei *Jescheck/Weigend* ist das Strafrecht ein „repressives Machtmittel".[4] Dort heißt es, dass für das Strafrecht die Androhung und die Durchführung von Zwang im Mittelpunkt steht.[5] Das Strafrecht bedient sich dabei des schärfsten Machtinstrumentes, das dem Staat zu Gebote steht.[6]

Die Eingriffe können bis zur Zerstörung der bürgerlichen Existenz reichen. Bei *Franz Kafka* lesen wir in der Erzählung „In der Strafkolonie", wie dem Delinquenten mit feinen Nadeln der Tenor seines Urteils immer tiefer in den Körper hineingeritzt wird, bis das Blut hervorquillt. Der Straftäter soll sein Urteil im wahrsten Sinne am eigenen Leib erfahren.[7] Dieses Bild führt so deutlich wie kein anderes vor, was mit der hohen Eingriffsintensität gemeint ist.

Das muss so sein; denn unter Umständen müssen Sanktionen eben wirksam, verhältnismäßig und abschreckend sein, wie es der EuGH in ständiger Rechtsprechung formuliert.[8] In letzter Instanz erzwingt das Strafrecht die Durchsetzung der Gebote und Verbote der Rechtsordnung.[9]

Doch zurück zur Repression. Der dritte Blick geht zu *Roxin*. Er verweist darauf, dass schon formell betrachtet das Strafrecht durch die Sanktion definiert wird.[10] Es werden nicht nur Gebote und Verbote normiert. Solche finden wir auch in den zahlreichen Gesetzen des öffentlichen Rechts, aber auch im Zivilrecht.

Das Charakteristische ist gerade, dass die Verletzung der Gebote durch Strafen oder Maßregeln sanktioniert wird.

Strafrecht und Prävention also zwei getrennte Welten?

2. Strafrecht als Prävention

Wollten wir Strafrecht als rein repressiv sehen und strikt von jeglicher Prävention trennen, wäre das eine krasse Überzeichnung. Repressive und präventive Funktion der Strafe bilden keinen Antagonismus. Sie sind, so liest man es etwa auch bei *Jescheck/Weigend*, als Einheit zu verstehen. Durch die Androhung, Verhängung und Vollstreckung einer Strafe wird zugleich bezweckt, den Rechtsverletzungen in der Zukunft vorzubeugen. Prävention durch Repression lautet das Stichwort.[11] Präventive Elemente der Gefahrenabwehr sind in das klassisch repressive Strafrecht eingegangen.

Im Blick auf den Schutz des Einzelnen wie auf den Rechtsfrieden innerhalb der Gesellschaft erfüllt das Strafrecht mittelbar eine vorbeugende Aufgabe. Es ist ein unverzichtbares Instrument zum Erhalt der sozialen Ordnung.[12]

Damit sind wir bei der Diskussion um die Strafzwecke angelangt. Ich will diese nur knapp aufzeigen. Sie wird aber den Befund belegen, dass das Strafrecht auch die Prävention im Auge hat.

(1) Absolute Straftheorien

Freilich könnte man an dieser Stelle bereits innehalten. Haben doch bekanntlich die großen Denker des Idealismus das Strafrecht absolut von jedem weiteren Zweck gesehen. Das Strafrecht besteht nur um seiner selbst und der Gerechtigkeit Willen. Die Strafe ist absolut, was meint unabhängig von gesellschaftlichen Wirkungen.

Bei *Immanuel Kant* wird sie allein deshalb verhängt, weil ein Verbrechen geschehen ist. Jeder andere zweckbezogene Grund würde den Straftäter sonst zum Mittel zum Zweck machen. Bei *Georg Wilhelm Friedrich Hegel* wird dann der Verbrecher als vernünftige Person geehrt, indem die Negierung des Rechts durch den Täter aufgehoben wird. Negation der Negation. Dadurch wird positiv das Vernünftige wieder hergestellt.

Strafrecht ohne weiteren Zweck, also ohne präventiven Impetus? Ich habe schon hier meine ersten Zweifel. Schauen wir uns das bekannte Inselbeispiel *Kants* noch einmal genauer an. Gehen wir näher heran. Und wir werden auch bei *Kant* Ansätze mit Gegenwarts- und Zukunftsbezug finden. Es heißt dort bei *Kant*:

„Selbst, wenn sich die bürgerliche Gesellschaft mit aller Glieder Einstimmung auflöste (z.B. das eine Insel bewohnende Volk beschlösse, auseinanderzugehen, und sich in alle Welt zu zerstreuen), müßte der letzte im Gefängnis befindlichen Mörder vorher hingerichtet werden, damit jedermann das widerfahre, was seine Taten wert sind, und die Blutschuld nicht auf dem Volke hafte, das auf die Bestrafung nicht gedrungen hat; weil es als Teilnehmer an dieser öffentlichen Verletzung der Gerechtigkeit betrachtet werden kann."[13]

Es ist richtig: zunächst zeigt *Kant* mit seiner Insel-Parabel, dass das Verbrechen zu sühnen ist, um Gerechtigkeit wieder herzustellen. Aber: das ist zu tun, damit die Gesellschaft nicht mitschuldig werde, und zwar, wie zu ergänzen wäre – in der Zukunft nicht mitschuldig wäre. Ein Tropfen präventiven Öles ist auch bei *Kant* schon festzumachen. Ganz abgesehen davon, dass der Vergeltungsgedanke kaum bestreitbar sozialpsychologische Eindruckskraft hat und dass das nach einer schweren Tat existente psychologisch fassbare Bedürfnis nach Ahndung befriedigt wird.[14] Damit wird die gestörte Gegenwart mit der Strafe aber faktisch bewältigt.

(2) Relative Straftheorien

Das entspricht dem, was wir von *Jakobs*' Straftheorie kennen, der bekanntlich der prominenteste deutscher Vertreter der Theorie der positiven Generalprävention ist. Die Aufgabe des Strafrechts sieht er in der Aufrechterhaltung der Norm als Orientierungsmuster. Indem gezeigt wird, dass derjenige, der die Erwartung der Gesellschaft enttäuscht hat, falsch gehandelt hat, werden die Normerwartungen stabilisiert: Stabilisierung des Normvertrauens durch Bestätigung der Rechtsgeltung.[15]

Wir brauchten gar nicht weiter in die Tiefe der Strafzweckdiskussion hinabzusteigen. Es genügen die noch fehlenden Schlagwörter:

- negative Generalprävention
- negative und positive Spezialprävention[16]

die allesamt aufzeigen, dass der Strafe natürlich ein präventives Moment innewohnt.

Ein Problem stellt sich dann, wenn das Strafrecht Prävention ohne Repression sein soll, wenn also an keine reelle Straftat angeknüpft wird oder korrekter: an keine strafwürdige Tat angeknüpft wird.

3. Verschiebung der Gewichte

Wenn wir uns die Kriminalpolitik der vergangenen Jahre vor Augen führen, muss man konstatieren, dass sich die Gewichte zwischen Prävention und Repression verschoben haben. Die Prävention ist immer mehr in den Vordergrund gerückt. Die vorbeugende Verbrechensbekämpfung durch das Strafrecht ist ein politischer Renner, mit dem sich auch durchaus gut Wählerstimmen gewinnen lassen. Diese Gewichtsverlagerung können wir an ganz konkreten Gesetzesvorhaben und –entwicklungen nachweisen.

(1) Raum der Freiheit und Sicherheit und des Rechts

Beginnen wir auf der europäischen Ebene. Dort finden sich seit dem Vertrag von Lissabon, in Kraft seit dem 1.11.2009, die Grundsätze der europäischen Kriminalpolitik im Artikel 67 AEUV.[17] Abs. 1 hat folgenden Wortlaut:

„Die Union bildet einen Raum der Freiheit, der Sicherheit und des Rechts, in dem die Grundrechte und die verschiedenen Rechtsordnungen und -traditionen der Mitgliedstaaten geachtet werden."

Der Raum der Freiheit, der Sicherheit und des Rechts ist das *Leitmotiv* der justiziellen und polizeilichen Zusammenarbeit der EU, aber auch Schlagwort in der politischen Auseinandersetzung um eine angemessene Kriminalpolitik.

Historisch gesehen hängt der Raum der Freiheit, der Sicherheit und des Rechts mit dem Schengen-Prozess zusammen. 1985 kam es zur Abschaffung der Kontrollen an den europäischen Binnengrenzen.[18] 1986 wurde (in der EEA[19]) das Ziel eines Binnenmarktes als ein Raum ohne Binnengrenzen formuliert. Die dadurch entstehenden Sicherheitslücken sollten mit Maßnahmen der justiziellen und polizeilichen Zusammenarbeit geschlossen werden.[20] Der Raum der Freiheit, der Sicherheit und des Rechts ist folglich eng mit dem propagierten Raum ohne Binnengrenzen verknüpft.

Die Zielvorgabe eines Raumes der Freiheit und der Sicherheit ist in hohem Maße prekär; denn sie versucht, zwei gegenläufige Prinzipien zum Maßstab des Handelns der EU zu verbinden. Die Betonung der Sicherheit führt in modernen Risikogesellschaften, die von jeglichem Lebensrisiko abgeschottet werden wollen, tendenziell zu einer Ausweitung präventiver polizeilicher wie repressiver strafrechtlicher Eingriffe, die die Individualrechte der Unionsbürger berühren und diese begrenzen. Das Postulat der Freiheit und die diese schützende Rechtsstaatlichkeit verlangen dagegen tendenziell die Eindämmung solcher staatlicher Eingriffe. Hinzu kommt, dass auf der Ebene der EU die kontinentaleuropäische Vorstellung vom Strafrecht als einer fragmentarischen Ordnung eher fremd war.[21] Ob sich das ändert, wird sich zeigen. Der Rat hat als Entwurf Leitlinien für die künftigen strafrechtlichen Bestimmungen im EU-Recht vorgelegt.[22] Danach soll als oberster Grundsatz unter Ziffer (1) auf das Strafrecht nur als *ultima ratio* zurückgegriffen werden.[23] Aber bislang war das Bild der europäischen Kriminalpolitik vom Geist zunehmender Punitivität geprägt.

Das hängt auch mit dem Harmonisierungsmodell zusammen, mit dem die EU arbeitet. Es ist ein Modell von Mindestvorschriften. Nach Art. 83 Abs. 1 AEUV kann die EU Mindestvorschriften zur Festlegung von Straftaten und Strafen in Bereichen besonders schwerer Kriminalität festlegen. Ein solches Modell hat strukturell strafschärfende Tendenzen, weil Staaten mit niedrigerem Strafrahmen und zurückgenommener Strafbarkeit ihr Strafrecht ausweiten müssen, während repressivere und härtere Strafrechtsordnungen bestehen bleiben können.[24]

Wie der *Antagonismus* zwischen den Zielvorgaben von Freiheit und Sicherheit aufzulösen ist, ist noch weitgehend ungeklärt. Art. 67 Abs. 1 AEUV spricht nur lapidar davon, dass die Grundrechte zu achten sind, was an sich eine Selbstverständlichkeit wäre und rein deklaratorischen Charakter hat, im hiesigen Kontext aber auf die Menschenrechtsrelevanz polizeilicher und repressiver Maßnahmen besonders hinweist. Bei beiden Prinzipien der Freiheit wie der Sicherheit werden im Sinne praktischer Konkordanz Grenzen zu ziehen sein, so dass jedes von ihnen in einer Gesamtschau zu optimaler Wirksamkeit gelangt.[25] Immerhin reihen EUV und AEUV die Freiheit vor die Sicherheit. Es heißt Raum der „Freiheit und Sicherheit" und nicht Raum der „Sicherheit und Freiheit". Daraus lässt sich im Zweifel ein Vorrang für den Schutz von Freiheitsrechten lesen. Auch der ausdrückliche Verweis auf die Grundrechte und damit auf die GR-Charta wie auf die EMRK (vgl. Art. 6 Abs. 1 u. Abs. 2 EUV) spricht für die Auslegung in dubio pro libertate. Erste Ansätze zeigen sich im Stockholmer Programm der EU vom Dezember 2009, das auf einen Ausgleich von Sicherheit und Grundrechtsschutz ausgerichtet ist.[26] Für das Strafrecht versucht das Manifest zur Europäischen Kriminalpolitik, vorgelegt durch eine Forschungsgruppe von Strafrechtswissenschaftlern aus Europa, Ähnliches zu formulieren.[27]

Was aber festzuhalten ist: Ein Raum der Sicherheit als politische Leitidee führt dazu, dass das Strafrecht punitiver wird, und zwar in seinen beiden Ausformungen. Es wird zum einen repressiver, zum anderen aber auch präventiver, selbst wenn man versucht – was angesichts ständiger Terrorgefahren und medialer Bedrohungsszenarien schwer genug fällt – mit dem Topos „Freiheit" dagegenzusteuern. Das ist auch deshalb schwierig, weil die Entscheidung über Mindestvorgaben immer noch die Regierungen im Rat der EU fällen, es sich also um eine Form gubernativer Rechtssetzung handelt. Nationale Bedenken und Befindlichkeiten haben es dann schwer, sich durchzusetzen.

Ob damit eine Lösung des Spannungsverhältnisses zwischen Freiheit einerseits und Sicherheit andererseits bei der EU richtig verankert ist, wird sich zeigen müssen. Nicht verschwiegen werden darf aber, dass dieses Spannungsverhältnis seit jeher von den Staatstheoretikern diskutiert wird. Zunächst stand *Thomas Hobbes*, der in der Sicherheit gar den Legitimationsgrund für den Staat schlechthin gesehen hatte. Der Staat müsse als absolut herrschender Leviathan agieren, um die Menschen vor seinesgleichen zu schützen: homo homini lupus. *Locke* erkannte dann, dass solch ein Staat eine Gefahr für die bürgerliche Freiheit darstellt. Er entwickelte die Lehre von *Hobbes* weiter und verlangt nur eine solche Sicherheit, die nicht um den Preis der Freiheit erlangt wird. Durch den rechtsgebundenen und machtbegrenzten Staat könnten bürgerliche Sicherheit und bürgerlicher Freiheit zusammenfinden.[28] Später werden dann – etwa bei *Jean-Jacques Rousseau* und *Montesquieu* – die Verhältnisse gänzlich umgekehrt. Dann ist es die Freiheit, die in Kombination mit dem Gesellschaftsvertrag als Ur-Legitimationsgrund des modernen Staates gesehen wird. Zwar wird weiter anerkannt, dass die Sicherheitsgewähr den Zweck des Staates ausmacht. Sicherheit gegen auswärtige Feinde als auch innerliche Zwistigkeiten (*Wilhelm von Humboldt*). Wenn es bei *Wilhelm von Humboldt* heißt: „Denn ohne Sicherheit ist keine Freiheit",[29] ergibt sich daraus kein Vorrang der Sicherheit. Denn die Freiheit ist die oberste Prämisse, und aus der Freiheit und deren Schutzbedürftigkeit erst entspringt die Existenzberechtigung für die Sicherheit als – damit zugleich nachgeordnetes – Handlungsziel des Staates.

(2) Vorfeldprävention

Damit befinden wir uns bereits inmitten der Debatten der nationalen Kriminalpolitik. Der Druck hin zu mehr Prävention lässt sich in der Tat nicht allein mit dem europäischen Einfluss und der europäischen Kriminalpolitik erklären. Vielmehr finden wir auf nationaler Ebene längst hausgemachte Beispiele, die entsprechend die Vorbeugung pointieren.

Einer, der diese Problematik früh aufgegriffen hat, war *Günter Jakobs*, der damit sein fulminantes wie fulminant verfehltes Konzept eines Feindstrafrechts entwickelt hat.

1985 entstand das Bild des Feindstrafrechts in einem unspektakulären Kontext, der aber unsere Thematik betrifft. *Jakobs* untersuchte Kriminalisierungen im Vorfeld von Rechtsgutsverletzungen, etwa der Strafbarkeit des Versuchs der Beteiligung an einem Verbrechen (§ 30 StGB). Hier wird – so *Jakobs* – der versuchte Beteiligungstäter vom Staat nicht als Bürger, sondern als Feind behandelt. Denn eine interne Privatsphäre, über die der Bürger verfügt, werde vom Staat nicht geachtet. Dieser reagiere auf bloß interne, nach außen noch nicht als Störung getretene Gedanken und ziehe den Täter bereits dafür zur Verantwortung. Der Staat begegne dem Täter als Gefahrenquelle, nicht als Bürger mit zu achtender Privatsphäre. Das sei als Feindstrafrecht zu verstehen. „Das Feindstrafrecht optimiert Rechtsgüterschutz, das bürgerliche Strafrecht optimiert Freiheitssphären".[30]

Zum Feindstrafrecht gehören für *Jakobs* weitere Vorfeldkriminalisierungen. Er nennt beispielhaft neben Staatsschutzdelikten die Bildung krimineller oder terroristischer Vereinigungen (§§ 129, 129a StGB).[31] Dabei sei charakteristisch, dass eine Reduzierung der Strafe trotz der vorgeschobenen Strafbarkeit nicht stattfinde. Bei der Bildung einer terroristischen Vereinigung liege die Strafdrohung für den Rädelsführer so hoch wie beim versuchten Totschlag, obgleich es noch gar nicht zum Versuch von Straftaten gekommen sein muss.[32] Mit der Erscheinung der organisierten Kriminalität mit ihren Formen der Wirtschaftskriminalität und Rauschgiftmittelkriminalität sowie Sexualdelinquenz hat *Jakobs* diesen Bereich eines Feindstrafrechts erweitert.[33]

Anfangs sah *Jakobs* die von ihm entwickelte – er würde von sich behaupten, von ihm aufgedeckte – Figur des Feindstrafrechts kritisch. Das Feindstrafrecht sei allenfalls ausnahmsweise als ein Notstandsstrafrecht begründbar.[34] Nach Möglichkeit sei es einzudämmen. Es gibt ihm positivrechtlich die Veranlassung, gängige Vorfeldkriminalisierungen restriktiv zu interpretieren. So soll der Versuch mit einer objektiven Komponente zu verbinden sein, so dass ein Eingreifen des Täters in die rechtlich geschützte Sphäre des Opfers vorliegen müsse. Der in Deutschland strafbare untaugliche Versuch wäre demnach straffrei zu lassen, was ja inzwischen auch von anderen vertreten wird.[35] Es verwundert nicht, dass diese stark kritische Haltung und der unspektakuläre dogmatische Zusammenhang dazu geführt haben, dass das Feindstrafrecht zunächst weitgehend unbeachtet blieb.[36]

Bekanntlich hat sich das geändert, und zwar als *Jakobs* seinen Ansatz wieder aufnahm, nun aber zu einer befürwortenden Beurteilung überging: „Zu einem Feindstrafrecht (besteht) keine heute ersichtliche Alternative".[37] Wolle man nicht untergehen, *müsse* man das, was gegen Terroristen zu tun sei, Feindstrafrecht, gebändigten Krieg, sein lassen.[38] *Jakobs* hat so sein Konzept erheblich radikalisiert,[39] ist aber auch zum Befürworter geworden: er beschreibe schlicht das Notwendige.[40] Ich will in diese spannende Debatte nicht weiter einsteigen. Wir haben das ausführlich beim letzten Deutsch-Japanischen Strafrechtsdialog vor 1 ½ Jahren in Augsburg mit *Jakobs* diskutiert.

Hier zählt nur die ursprüngliche Analyse *Jakobs*. Es lassen sich auch im deutschen StGB deutliche Spuren des Konzeptes vorbeugender Verbrechensbekämpfung mittels Strafrecht finden. Zu klären ist, ob eine solche sein darf.

§ 89a StGB – Terrorcamp-Paragraph

Exemplarisch zeigt sich die Hinwendung zu einer umfassenden Gefahren- und Risikovorsorge am System der staatlichen Terrorismusbekämpfung. Hier zeigen sich Erweiterung und Entgrenzung des Strafrechts zu einem neuen Sicherheitsrecht.[41] Ein Beispiel bietet § 89a StGB, der holzschnittartig gesagt die Ausbildung in einem Terrorcamp unter Strafe stellt, auch wenn dieser Begriff dort nirgends auftaucht.

Die Besonderheit des § 89a StGB ist darin zu sehen, dass hier die Vorfeldkriminalisierung nicht auf ein Zusammenspiel mehrerer Personen gründet und sich nicht mit der Gefährlichkeit gruppeninterner Motivationsdynamik rechtfertigen lässt, sondern dass es um den Einzeltäter geht.[42] § 89a StGB gehört zur Kategorie der Vorbereitungs- und Planungsdelikte, bei der objektive Handlungen weit im Vorfeld einer möglichen Straftat mit subjektiven Elemente verknüpft werden, die sich allerdings dem Verdacht des Gesinnungsstrafrechts ausgesetzt sehen. Das gilt jedenfalls für dort genannte Alltagshandlungen wie das Sammeln von Geld. Selbst der Kauf eines Handys ließe sich unter § 89a StGB subsumieren, wenn es möglicherweise als Zünder einer Bombe verwendet wird.[43]

(3) Strafrecht als Begründung von Sicherheit?

Heute erlebt nicht nur im Rahmen der EU der Sicherheitsgedanke eine Renaissance. Dies hängt eng zusammen mit dem Bedürfnis einer Risikogesellschaft, die – insoweit ist der vom Soziologen *Beck* geprägte Begriff reichlich paradox – vor allen möglichen Risiken, aus denen Gefahren erst noch erwachsen könnten, abgeschottet werden will. Damit sieht sich der Staat auch dem Ansinnen seiner Bürger gegenüber, dem Sicherheits*gefühl* bei der Diskussion um Umfang und Reichweite der staatlichen Aufgaben Rechnung zu tragen. Es ist von der staatlichen Verantwortung für eine „angstfreie Daseinsfürsorge" die Rede.[44] Auch jenseits der Terrordrohungen wird der Staat in der Pflicht gesehen, gegen Störungen und Risiken konsequent vorzugehen und den Bürger durch vorauseilende Maßnahmen vor Schaden zu bewahren.

Allgemein nimmt auch die Kriminalitätsfurcht zu. Das lässt sich wissenschaftlich und empirisch belegen, wenngleich die tatsächliche Kriminalitätsbelastung, gerade bei schwerer Sexualdelinquenz, gegenläufig ist. Kollektive Ängste und kollektives Empfinden können aber nicht zu einem Schutzgut avancieren, das dann den Grund für staatliches Strafen abgibt. Das würde dem Begriff der Sicherheit jegliche aufgeklärte Rationalität rauben.[45] Das Strafrecht soll menschliche Ko-Existenz absichern, nicht menschliche Ko-Sentiments, so *Amelung*.[46] Auch das BVerfG verlangt nur, dass bei der Gefährdung elementarer Lebensbereiche und existentieller Grundrechte für den Einzelnen der staatliche Schutz vor Gefährdungen und Beeinträchtigungen intensiv sein muss.[47]

Man muss zu einer Abwägung von Sicherheit und Freiheit kommen, bei der der Freiheit das Prä zukommt. Eine von Furcht geleitete Rechtspolitik wäre dazu nicht mehr in der Lage. Das zeigt auch der Terrorcamp-Paragraph. Hier wurden keine unmittelbaren oder tatsächlich abstrakten Gefahren pönalisiert, sondern ist in erster Linie dem Gefühl der Bedrohung begegnet worden.[48]

(4) Das Maßregelrecht

Kann man solche Entwicklungen sehr kritisch sehen, haben wir ein anderes Feld, wo die Prävention im Grunde nicht bestreitbar ist, vielmehr einen explizit präventiven Teil des Strafrechts bildet:

„Der Mensch – der Mensch ist ja gefährlich!!" Das lässt sich wohl auch über den Menschen an sich sagen. Hier gilt es aber dem Schuster Voigt, der als Hauptmann von Köpenick bekannt und weltweit populär wurde.[49]

Lavater hätte das mit seiner Physiognomik-Lehre schon von der Gestalt des Voigt abgelesen. Wessen Figur und wessen Gang schief ist, dessen Denkensart und Charakter ist schief, falsch, listig. „Je knotiger die hohle Stirn, desto unbiegsamer der Eigensinn", so *Lavater*. Wenn man der Beschreibung bei *Carl Zuckmayer* glauben darf, trifft das auf den Voigt glatt zu. Voigt also als gefährlicher Hangverbrecher.

Schon 1772, als *Lavater* seine Thesen publizierte, stieß diese Form der Prognose auf heftigen Widerstand. Der berühmte Göttinger Universalgelehrte *Georg Christoph Lichtenberg* erkannte die Gefahren des *Lavater*'schen Ansatzes: „Wenn die Physiognomik das wird, was Lavater von ihr erwartet, so wird man die Kinder aufhängen, ehe sie die Taten getan haben, die den Galgen verdienen."[50]

Gut 100 Jahre später war diese Lehre zwar überwunden. Aber schon aufgrund seiner Straftäterkarriere

– Haftstrafe wegen Bettlerei noch im Kindesalter, 10 Jahre Zuchthaus wegen Urkundenfälschung – zwei Jahre Ersatzfreiheitsstrafe – nach 10 Jahren im Ausland 13 Monate Gefängnis wegen Diebstahls und Urkundenfälschung – kurz danach ein Einbruchsdiebstahl – dann Ausweisung als Vorbestrafter aus Wismar und aus Berlin –

wurde Voigt als Gewohnheitsverbrecher, wie man damals sagte, gesehen.

Es war kein geringerer als *Franz v. Liszt*, der bekanntlich noch in Gießen an seinem Konzept der Spezialprävention gearbeitet hat, welches 1882 als „Marburger Programm"[51] in die Annalen der Strafrechtsgeschichte eingehen sollte.

Es entbrannte ein längerer, heftiger Schulenstreit zwischen der klassischen und der modernen Strafrechtsschule,[52] der dann in den Maßregeln der §§ 66 ff. StGB mündete. Die Wurzeln der heutigen Zweispurigkeit waren entsprechend bereits in den Reformbemühungen der Weimarer Zeit angelegt gewesen.[53]

v. Liszt antwortete mit seinem spezialpräventiven Ansatz auf eine Krise einer Strafe, die allein die

Schuld vergelten will. Wie gesehen beruhte diese noch auf Vorstellungen des Idealismus von *Kant*[54] und *Hegel*[55]. Im Vordergrund stand dabei nicht die an sich nicht zu lösende Frage, welche konkrete Strafe der Schuld angemessen wäre. Dass die Vorstellung, eine der Schuld entsprechende Strafe sei exakt zu bestimmen, Trugschluss oder bestenfalls Ideal ist, dürfte heute allgemein akzeptiert sein.[56]

v. Liszt bewegte ein weiteres Problem. Die reine Vergeltungsstrafe kam mit den „Gewohnheitsverbrechern", wie er sie nannte, nicht zurecht, mussten diese doch nach Ablauf der schuldangemessenen Strafe entlassen werden. Nach *v. Liszt* wurden sie „nach einigen Jahren gleich einem Raubtier auf das Publikum losgelassen".[57] Die in Ermangelung eines funktionierenden Geldstrafensystems häufig kurzfristigen Freiheitsstrafen aber wurden zu Recht als kontraproduktiv bewertet, die kriminelle Karrieren von Gelegenheitstätern sogar befördern konnten.[58]

Die Problematik dieses Ansatzes liegt auf der Hand. Die Schuld als Begrenzung der Strafe spielt, solange der Täter nicht besserungsfähig erscheint, keine Rolle, so dass die Spezialprävention zu einer uferlosen Ausweitung der Strafe tendiert, ungeachtet der Tatschwere und des Vorwurfs, der dem Täter zu machen ist.[59]

Diese Gefahr lässt sich an der Figur des Hauptmanns von Köpenick manifestieren. Als der Überfall durch Voigt und einen Kompagnon auf das Potsdamer Polizeirevier bekannt wird, gibt der Schneider Wormser der Volksseele seine Stimme: „Zwei alte Zuchthäusler natürlich – warum laßt man so Kerle überhaupt wieder raus, wennse nachher einbrechen."[60] Heute übernehmen diese Aufgabe, die vox populi zu Wort kommen zu lassen, die Politiker. Gut in Erinnerung ist noch der Alt-Bundeskanzler *Schröder*, der sich auf dem populistischen Niveau des Schneiderleins bewegt hatte: „Wegschließen, und zwar für immer."[61] Und er scheint den Begründer der Spezialprävention auf seiner Seite zu haben. Denn dieser hat den spektakulären Streich des Voigt umgehend aufgegriffen, um die Stimmigkeit seines Konzeptes zu belegen.[62] Für *v. Liszt* war die nächste Tat des vorbestraften Voigt nachgerade zwangsläufig. Ironisch fragt er seine Kritiker, die Verfechter des Vergeltungsstrafrechts der klassischen Schule, wie unendlich segensreich die ersten fünfzehn Monate Gefängnis gewesen seien.[63] Nachdem Voigt auch die langjährige Zuchthausstrafe abgesessen habe und der Vergeltung Genüge getan sei, kam es zur erneuten Straftat in Köpenick. *v. Liszt* nun als Kassandra: „Und wenn er (gemeint ist Voigt) jetzt etwa mit ein paar Jahren Gefängnis davon kommen sollte, wie es nach Lage der Sache nicht unwahrscheinlich ist (was zutreffend war: Voigt wurde zu vier Jahren Gefängnis verurteilt): soll dann das Spiel von neuem beginnen?!"[64]

v. Liszt sieht in der Person des Voigt ein Paradebeispiel für einen unverbesserlichen Hangtäter, der unschädlich zu machen wäre.[65] Anders als viele kann *v. Liszt* über den Hauptmann von Köpenick nicht lachen. Nach seiner Konzeption zählt Voigt zu den grundsätzlichen Gegnern der Gesellschaftsordnung,[66] – hier haben wir einen Anklang an das *Jakobs*sche Feindstrafrecht – es handelt sich um den unverbesserlichen Gewohnheitsverbrecher. Dieser sei durch mehrfachen Rückfall charakterisiert.[67] Für diesen bleibe nur die Einsperrung auf unbestimmte Zeit. Neben den Sittlichkeitsverbrechen seien in erster Linie Eigentumsdelikte wie Diebstahl, Hehlerei, Erpressung und Betrug betroffen.[68] Vollstreckt werde die Sequestrierung in besonderen Anstalten, sie bestehe in Strafknechtschaft mit strengstem Arbeitszwang. Alle fünf Jahre wäre eine Entlassung zu prüfen.[69]

Heute ist der Gewohnheitsverbrecher der Hangtäter. Dieser wird nicht mehr unschädlich gemacht, aber in der Sicherungsverwahrung untergebracht: § 66 StGB.

Gegen die Sicherungsverwahrung lassen sich dieselben Vorbehalte erheben, die auch für das *v. Liszt*sche Konzept Geltung beanspruchen. Bei der Anordnung dieser Maßregel spielt die Schuld des Täters keine Rolle. Die Sicherungsverwahrung ist deshalb auch zulässig, wenn der Täter seine schuldangemessene Strafe bereits verbüßt hat. Sie erstreckt sich über das Ende der Strafvollstreckung hinaus, wenn der Täter weiterhin ein erhebliches Sicherheitsrisiko für die Allgemeinheit darstellt. Zeitlich ist sie unbegrenzt, die geschlossene Unterbringung kann theoretisch lebenslang andauern. Der Aspekt der Besserung tritt völlig in den Hintergrund: relevant sind einzig und allein die Sicherheitsinteressen der Allgemeinheit, die vor rückfallgefährdeten, hochgefährlichen Hangverbrechern geschützt werden sollen.[70] In der Sicherungsverwahrung haben wir ein Institut, nach dem Europäischen Gerichtshof für Menschenrecht (EGMR) in Straßburg ein Strafrecht, welches allein vom Gedanken der Prävention getragen wird. Es ist sozusagen die *Urform präventiven Strafrechts*.

Dieser Charakter mit seiner ausschließlichen Orientierung am Sicherungszweck stellt an die Rechtsstaatlichkeit besonders strenge Anforderungen. Ist schon die strafrechtliche Sanktion ultima ratio staatlicher Zwangsmaßnahmen, hat das für die Sicherungsverwahrung in besonderem Maße zu gelten: Zu Recht gilt sie als „letzte Notmaßnahme der Kriminalpolitik".[71]

Aber diese Notmaßnahme ist ohne Alternative. Man könnte natürlich, wie es etwa in England geschieht, mit der zweiten gewichtigen Straftat gleich ein unbedingtes Lebenslang verhängen. Das wäre zwar deutlich schärfer und belastender für den betroffenen Täter als das deutsche Konzept von Sicherungsverwahrung, vorbehaltener und sogar nachträglicher Sicherungsverwahrung. Aber als verhängte Strafe müsste der EGMR solch ein Sicherungsstrafrecht vor der Folie der EMRK akzeptieren. Man könnte auch versuchen, die Eingriffstiefe damit zu verbrämen, dass man die Täter den Zivilgerichten (s. § 4 ThUG) anvertraut und als psychisch gestörte Gewalttäter nach dem neuen Therapieunterbringungsgesetz (ThUG), in Kraft seit dem 1.1.2011, in eine geschlossene Einrichtung einweist.

Gleich wie: Es ist jedenfalls in meinen Augen nicht zu bezweifeln, dass es dem Staat möglich sein muss, zur Abwehr dringendster Gefahren für überragend wichtige Rechtsgüter auch schuldindifferente Eingriffe in die Freiheitsrechte des Einzelnen vorzusehen.[72]

Umso wichtiger sind die Grenzen solcher Maßnahmen. Die verfassungsrechtlichen Implikationen sind dabei bei der konkreten Anordnung und Handhabung der Sicherungsverwahrung durch die Justiz zu beachten. Geboten ist eine restriktive Auslegung, die dem ultima ratio-Gedanken der Sanktion Rechnung trägt.[73] Dem psychiatrischen Gutachter kommt hier eine besonders verantwortungsvolle Rolle zu, weil nicht zuletzt von seiner Expertise abhängt, ob die Sicherungsverwahrung in der Praxis den richtigen Personenkreis trifft und wirklich nur fortdauernd für die Allgemeinheit gefährliche Täter untergebracht werden.

Die Grenzen verlangen auch, dass nur solche Taten der Sicherungsverwahrung zugrundezulegen sind, die sich dem Bereich der Schwerkriminalität zuordnen lassen; denn neben der Bagatellkriminalität ist auch bei der mittleren Kriminalität für die Anwendung der Sicherungsverwahrung kein Raum. Hier hat der deutsche Gesetzgeber reagiert und in auffällig ruhiger Manier endlich die gewaltlosen Vermögensdelikte von der Sicherungsverwahrung ausgenommen. Bislang hatte man bei einem schweren wirtschaftlichen Schaden, der bei einem Drei-Monats-Einkommen eines Durchschnittsbürgers liegen sollte,[74] die Sicherungsverwahrung durchaus noch verhängt. Dass bei solchen eher lästigen denn gefährlichen Taten die Sicherungsverwahrung nicht sachgerecht ist, zeigt schon unser Fall des Hauptmanns von Köpenick, bei dem auch *v. Liszt* falsch lag. Denn bei diesem war eine Prävention nicht mehr nötig. *v. Liszt* hätte mit seinem Konzept jemanden in lebenslange Strafknechtschaft gesteckt, der sich schließlich als ungefährlich herausstellte.

4. Anforderungen an ein modernes Strafrecht in rechtsstaatlichen Grenzen

Wir haben gesehen, dass im Strafrecht der Gedanke der Repression mit dem der Prävention verbunden ist, und zwar schon lange Zeit. Wichtig ist, dass das Strafrecht nicht zu einem reinen Präventionsmittel mutiert. Auch bei der Sicherungsverwahrung haben wir noch Prävention im Mantel der Repression. Denn wie bei einer Strafe hat auch diese Maßregel ihren Anknüpfungspunkt in einer Anlassstraftat. Auch sie ist Antwort auf vergangenes Verhalten.[75]

Das Strafrecht wird aber aufgrund seiner Eingriffsintensität und -tiefe als reines Präventionsmittel zum Leviathan, der die Freiheitsrechte des Einzelnen akut gefährden kann. Prävention im Gewande der Strafe kann nicht zum originären Zweck werden. Sie muss sich weiter im Rücken stetiger und gleichmäßiger Tatvergeltung ergeben.[76]

Aufgabe wird es sein, die Grenzen noch erlaubter und schon unzulässiger Prävention festzulegen und anzumahnen.

Bei dieser Aufgabe sollten wir uns der schon totgeglaubten Rechtsgutslehre besinnen. Ob sie als strafrechtsbegrenzendes und hier: zulässige von unzulässiger Prävention scheidendes Konzept tauglich ist, wird bekanntlich kontrovers gesehen. Das BVerfG hat sich zuletzt ablehnend gezeigt und sie in der Inzest-Entscheidung abgelehnt. Die Regelungsgewalt des Gesetzgebers finde ihrer Grenze erst im Verfassungsrecht und dort insbesondere in der am Grundgesetz zu messenden Verhältnismäßigkeit. Das Rechtsgutskonzept stelle keine inhaltlichen Maßstäbe bereit, die zwangsläufig in das Verfassungsrecht zu übernehmen wären.[77] Das BVerfG übersieht dabei, dass eine Verhältnismäßigkeitsprüfung die Rechtsgutslehre bereits voraussetzt.[78] Denn das geschützte Rechtsgut ist der Bezugspunkt, an dem sich der strafrechtliche Eingriff als geeignet, erforderlich und angemessen erweist.

Bei der Vorverlagerung der Strafbarkeiten in das Vorfeld von Rechtsgutsverletzungen kann das Rechtsgutskonzept die Rolle übernehmen, zulässige Prävention von illegitimer Prävention zu unterscheiden. Je weiter sich eine unter Strafe gestellte Handlung von der eigentlichen Rechtsgutsverletzung entfernt, desto größerem Legitimationsdruck ist sie unterworfen. Bei großflächigen Allgemeinrechtsgütern wird man z.B. eine zeitliche und normative Nähe zwischen strafbarer Handlung und Rechtsgutsverletzung verlangen müssen.

Da die Grenzziehung zwischen noch zulässigem präventiven Strafrecht und unzulässigem Strafrecht letztlich ein Ergebnis eines Abwägungsprozesses ist, wird sie immer streitig sein und wird man für sie streiten müssen. Das ist eine der vornehmsten Aufgaben der heutigen Strafrechtswissenschaft.

[Notes]

1 Gropp, Strafrecht AT. 3. Aufl. 2005, § 1 Rn. 27 (Hervorhebung durch Verf.).

2 Gropp (Fn. 1) § 1 Rn. 82 u. 83.

3 Gropp (Fn. 1) § 1 Rn. 85.

4 Jescheck/Weigend, Lehrbuch des Strafrechts AT, 5. Aufl. 1996, S. 3.

5 Jescheck/Weigend (Fn. 4), S. 2.

6 *Kühl*, Konsequenzen der Sanktion „Strafe" für das materielle und formelle Strafrecht, in: Kempf/Jansen/Müller (Hrsg.), FS Richter II, 2006, S. 341 ff.; *Dannecker*, Der Beitrag des Strafrechts zur Europäischen Rechtskultur, JöR 52 (2004), 127 (129f.).

7 „Kennt er sein Urteil?" ... „Nein," sagte der Offizier wieder, ..."Es wäre nutzlos, es ihm zu verkünden. Er erfährt es ja auf seinem Leib.", *Kafka*, In der Strafkolonie, in: Raabe (Hrsg.), Sämtliche Erzählungen, 1970, S. 100 (104).

8 EuGH, Rs. 68/88, Griechischer Maisskandal, Slg. 1989, 2965, 2985.

9 BVerfGE 51, 324, 343 f.

10 Roxin, Strafrecht AT 1, 4. Aufl. 2006, § 1 Rn. 2.

11 Jescheck/Weigend (Fn. 4), S. 4.

12 Jescheck/Weigend (Fn. 4), S. 4 f.

13 Kant, Die Metaphysik der Sitten, in: Weischedel (Hrsg.), Werke in sechs Bänden, Bd. IV, 1956, Nachdruck 1983, S. 455, A 199.

14 Roxin (Fn. 10), § 3 Rn. 7.

15 Jakobs, Strafrecht, Allgemeiner Teil, 2. Aufl. 1991, 1/Rn. 14 ff.

16 v. Liszt, ZStW 3 (1882), 1-47. Aufgabe der Strafe sei die Abhaltung eines Straftäters vor künftigen Strafen. Das sei zu erreichen, indem die Strafe als Zwang dazu genutzt werde, den besserungsfähigen und besserungsbedürftigen Verbrecher durch Stärkung der sozialen Motivation zu bessern, die nicht besserungsbedürftigen Verbrecher abzuschrecken, und schließlich die nicht besserungsfähigen Verbrecher durch direkten, mechanischen Zwang oder Gewalt vorübergehend oder dauernd unschädlich zu machen. Besserung, Abschreckung und Unschädlichmachung sollen damit Strafzweck sein.

17 Vertrag über die Arbeitsweise der Europäischen Union, ABl. C 306 vom 17.12.2007.

18 Übereinkommen vom 14.6.1985 zwischen den Regierungen der Staaten der Benelux-Wirtschaftsunion, der Bundesrepublik Deutschland und der Französischen Republik betreffend den schrittweisen Abbau der Kontrollen an den gemeinsamen Grenzen (sog. Schengen I).

19 ABl. 1987 L 169/1.

20 Übereinkommen vom 19. Juni 1990 zur Durchführung des Übereinkommens von Schengen vom 14. Juni 1985 (auch SDÜ oder Schengen II genannt).

21 Rosenau, ZIS 2008, 9, 16.

22 Ratsdokument 16542/02 vom 23.11.2009.

23 Vgl. Art. 67 Abs. 3 AEUV: Angleichung von Strafrecht „erforderlichenfalls".

24 Schünemann, GA 2004, 193, 195 ff.

25 Rosenau/Petrus, in: VvHH/EUV/AEUV, 2011, Art. 67 AEUV Rn. 5 et passim. Zur Idee praktischer Konkordanz s. Hesse, Grundzüge des Verfassungsrechts, S. 28.

26 Ratsdokument 17024/09 vom 2.12.2009.

27 Vorgelegt durch die Forschungsgruppe European Criminal Policy Initiative, ZIS 2009, 697 ff.; dazu Satzger, ZRP 2010, 137 ff.

28 Hobbes, Der Leviathan, hrsg. von: Fetscher (Hrsg.), 2002.

29 v. Humboldt, Ideen zu einem Versuch, die Grenzen der Wirksamkeit des Staats zu bestimmen, 2006, S. 58.

30 Jakobs, ZStW 97 (1985), 751, 756; zuletzt ders. in: Rosenau, Kim (Hrsg.), Straftheorie und Strafgerechtigkeit, 2010, S. 167ff. Eingehend Rosenau, Das Feindstrafrecht Jakobs' als Feind des Recht, in: Comparative Law Review (Chuo Universität Tokyo) 42 (2008) Heft 1, S. 27 ff.; zugleich in japanischer Übersetzung a.a.O., S. 139 ff.

31 Jakobs, ZStW 97 (1985), 751, 756 f.

32 Jakobs, HRSS 2004, 88, 92.

33 Jakobs, HRSS 2004, 88, 92.

34 Jakobs, ZStW 97 (1985), 751, 784.

35 Jakobs, ZStW 97 (1985), 751, 763 f.

36 Saliger, JZ 2007, 756, 758; Greco, GA 2006, 96 f.

37 Jakobs, in: Eser u.a. (Hrsg.), Die deutsche Strafrechtswissenschaft vor der Jahrtausendwende, 2000, 47, 53.

38 Jakobs, HRSS 2004, 88, 92 (Hervorhebung durch Verf.).

39 Saliger, JZ 2007, 756, 758.

40 Jakobs, HRSS 2006, 289 Fn. *.

41 Kraus, Rechtstaatliche Terrorismusbekämpfung durch Straf- und Strafprozessrecht, Diss. Augsburg, 2010/11, Manuskript, S. 40.

42 Kraus (Fn. 41), S. 115 f.

43 A.A. die Gesetzesbegründung, BT-Drs. 16/12428, S. 14 f.

44 Seelmann, KritV 1992, 452, 455.

45 Götz, in: Isensee, Kirchhof (Hrsg.), HdStR Bd. 4, § 85 Rn. 26; Roxin § 2 Rn. 75.

46 Nach Roxin (Fn. 10), § 2 Rn. 26.

47 BVerfGE 109, 133, 186 (Sicherungsverwahrung).

48 Kraus (Fn. 41), S. 36.

49 Vgl. dazu Rosenau, ZIS 2010, 288 ff. Das Zitat findet sich im 2 Akt, 14 Szene.

50 Schriften und Briefe, hrsg. von W. Promies, 1. Bd. Sudelbücher I, 1968. S. 532 nach Kreuzer StV 2011, 125.

51 v. Liszt, ZStW 3 (1882), 1-47.

52　Dazu Koch, in: Hilgendorf/Weitzel (Hrsg.), Der Strafgedanke in seiner historischen Entwicklung, 2007, S. 127 ff.

53　Schöch, in: Laufhütte u.a. (Hrsg.), Strafgesetzbuch, Leipziger Kommentar, 12. Aufl. 2008, Vor § 61, Rn. 7 f.; Bötticher, in: Schöch u.a. (Hrsg.), Strafverteidigung, Revision und die gesamten Strafrechtswissenschaften, FS Widmaier, 2008, S. 871, 877.

54　Kant, Metaphysik der Sitten, in: Weischedel (Hrsg.), Werke in sechs Bänden, Bd. IV, Schriften zur Ethik und Religionsphilosophie, 1956, S. 454.

55　Hegel, Grundlinien der Philosophie des Rechts, 1821, § 100.

56　Vgl. BGHSt 20, 264, 266 f.; Jescheck/Weigend (Fn. 4), S. 878, 880; das bestreiten auch nicht die Vertreter der Punktstraftheorie, vgl. hierzu Streng, in: Kindhäuser u.a. (Hrsg.), Nomoskommentar Strafgesetzbuch, Bd. 1, 3. Aufl. 2010, § 46 Rn. 104.

57　v. Liszt, ZStW 3 (1882), 1 (38).

58　Koch (Fn. 52), S. 132.

59　Roxin (Fn. 10), S. 76.

60　Zuckmayer, Der Hauptmann von Köpenick, 1980, S. 48, 1. Akt, 7. Szene.

61　Schröder, Bild am Sonntag v. 8.7.2001.

62　Koch (Fn. 52), S. 136.

63　v. Liszt, ZStW 27 (1907), 213 (220).

64　v. Liszt, ZStW 27 (1907), 213 (220).

65　Koch (Fn. 52), S. 137.

66　Woran heute auch Jakobs mit seinem Feindstrafrechtskonzept anknüpft, s. zuletzt ders. in: Rosenau/Kim, Straftheorie und Strafgerechtigkeit, 2010, S. 167ff.

67　v. Liszt, ZStW 3 (1882), 1 (37).

68　v. Liszt, ZStW 3 (1882), 1 (37).

69　v. Liszt, ZStW 3 (1882), 1 (40).

70　Stree, in: Schönke/Schröder (Begr.), Strafgesetzbuch, Kommentar, 27. Aufl. 2006, § 66 Rn. 2.

71　BT-Drucksache V/4094, 19; BGHSt 30, 220, 222.

72　Kühl, Strafgesetzbuch, Kommentar, 2007, § 66 Rn. 1; ausführlich zur Debatte Kinzig, Die Sicherungsverwahrung auf dem Prüfstand, 1996, S. 39 ff.

73　Meier, Strafrechtliche Sanktionen, 2001, S. 279.

74　BGHSt 24, 160 (163); zu Recht kritisch Böllinger/Pollähne, in: Kindhäuser u.a. (Hrsg.), Nomoskommentar Strafgesetzbuch, Bd. 1, 3. Aufl. 2010, § 66 Rn. 100.

75　Kraus (Fn. 41), Manuskipt, S. 44 f.

76　Hassemer, ZIS 2006, 266, 272.

77　BVerfGE 120, 224, 242.

78　Greco, ZIS 2008, 234, 238.

特集3 シンポジウム「日本における犯罪行為者のソーシャル・インクルージョン～実践知と理論知の融合を目指して」

特集の趣旨
本庄　武

犯罪行為者の社会復帰におけるソーシャル・インクルージョンの意義
森久智江

つくる～生活基盤を喪失した被保護対象者を地域で支える仕組み
秋山雅彦

当事者視点と援助者視点
市川岳仁

PFI刑務所における取り組み事例
島根あさひ社会復帰促進センター及び播磨社会復帰促進センターでの民間事業者の取り組みについて
歌代　正

知的障がいのある人の刑事弁護
福祉的視点・支援をどう刑事弁護に持ち込むのか
谷村慎介

ソーシャル・インクルージョン理念から見た社会復帰支援
本庄　武

パネルディスカッション
秋山雅彦、市川岳仁、歌代　正、谷村慎介、本庄　武、森久智江（司会）

特集3 シンポジウム「日本における犯罪行為者のソーシャル・インクルージョン～実践知と理論知の融合を目指して」

特集の趣旨

本庄　武　——一橋大学大学院法学研究科准教授

　本特集は、2011年3月19日に龍谷大学にて開催されたシンポジウムの記録をもとに最小限の加筆修正を施したものである。主催者はソーシャル・インクルージョン研究会であり、龍谷大学矯正・保護総合センターの共催をいただいた。

　研究会は、相澤育郎（九州大学大学院博士後期課程）、赤池一将（龍谷大学教授）、岡田悦典（南山大学教授）、金尚均（龍谷大学教授）、京明（香川大学准教授）、桑山亜也（龍谷大学研究員）、笹倉香奈（甲南大学准教授）、高橋有紀（一橋大学大学院博士後期課程）、土井政和（九州大学教授）、徳永光（獨協大学教授）、福田雅章（一橋大学名誉教授）、本庄武（一橋大学准教授）、三島聡（大阪市立大学教授）、森久智江（立命館大学准教授）、山口直也（立命館大学教授）により構成されており、2008年度から2010年度まで、日本学術振興会科学研究費補助金／基盤研究（B）課題番号20330014「ソーシャル・インクルージョン構想と社会資源を活用した行刑福祉」の助成を受けて、国内外での実態調査及び理論研究に取り組んできた。本特集はその成果の一部である。

　本特集のもとになったシンポジウムは3年間の研究の最終取りまとめとして、国内で活躍している4名の実務家から実践に基づく問題提起をいただくとともに、研究会からの理論的な応答を試みたものである。

　当日は3月11日に発生した東日本大震災の直後であり、開催自体が危ぶまれる中であったが、ゲスト・パネリストの皆様及び矯正・保護総合センターの皆様のご厚意のお陰で無事に開催にこぎ着けることができ、また多数の参加者に恵まれた。ご多忙の中お時間を割いて下さった4名のゲスト・パネリストの皆様、また運営面で支えて下さった我藤諭さんを始めとするセンタースタッフの皆様に感謝申し上げたい。

　また当日は、加藤博史矯正・保護総合センター長から開会の挨拶を、福島至矯正・保護課程委員会委員長から閉会の挨拶をいただいた。お二人からは、震災後の支援と関連づけた形でこのようなシンポジウムを開催することの意義についてのご説明を賜ることができた。さらに本シンポジウムは本研究会のメンバーでもある赤池教授のご尽力なしには開催できないものであった。お三方にも、この場をお借りしてお礼申し上げたい。

　本特集は、ゲスト・パネリスト4名（肩書きはシンポジウム当時のもの）及び研究会会員2名（森久・本庄）による問題提起とパネル・ディスカッションで構成されている。当日の記録をもとに発言者に発言内容の修正をお願いしたが、最終的な取りまとめの責任は本庄にあることを付記しておく。

（ほんじょう・たけし）

特集3 シンポジウム「日本における犯罪行為者のソーシャル・インクルージョン〜実践知と理論知の融合を目指して

犯罪行為者の社会復帰における ソーシャル・インクルージョンの意義

キーワード：社会復帰、犯罪行為者処遇、社会的排除、ノーマライゼーション、被支援者の主体性

森久智江　立命館大学法学部准教授

1 シンポジウム企画の趣旨

　本日のシンポジウムは、龍谷大学矯正・保護総合センターに共催をいただいて、私どもソーシャル・インクルージョン研究会が主催するものです。当研究会について簡単にご紹介いたしますと、長年、刑事施設における受刑者処遇の在り方について研究を行ってきた刑事立法研究会会員の中から、特に犯罪行為者処遇における社会資源の関与について関心を持つメンバーが集まり、2008年度より日本学術振興会科学研究費の助成を得て、犯罪行為者のソーシャル・インクルージョンの研究に取り組んできたものです。

　その研究成果である理論知と、本日のパネリストの皆様が犯罪行為者処遇の現場で日々積み重ねられている実践知との融合を目指すべく対話の場を持つことが、本日のシンポジウムの主たる目的になっています。

2 社会的排除に着目した犯罪行為者処遇論の必要性

　では、そもそもなぜ当研究会が犯罪行為者処遇においてソーシャル・インクルージョンというテーマを掲げて研究を行ってきたのか、その意義はどこにあるのかについて、近年の犯罪行為者処遇の状況に照らしつつ、簡単にご説明します。

　犯罪行為を行ったことがある人が、刑事手続に関与して、場合によっては刑務所等に収容され、刑罰の執行を受けたのち、社会復帰をするための従来の処遇は、ある一定の人物像を想定して行われてきました。例えば、それは「もう絶対に犯罪はしない」という強い意志を持って自らを律することができる強い人や、自分を支えてくれる家族が社会の中で待ってくれているような恵まれた人です。

　そもそも様々なサポートがなくても、自分で自分の職を探して、社会環境に適応しながら社会復帰することが比較的困難ではない人物像が、従来の犯罪行為者処遇における前提であると考えられます。

　しかし、近年、山本譲司さんや龍谷大学の浜井浩一先生の著作等に見られるように、実際の刑務所・刑事裁判を見てみると、高齢者や障がい者、もしくは無職の人など、こうした前提に当てはまらない人々が多数いることがわかってきました。

　このような現状が明らかになったことで、近年、犯罪行為者処遇において、厚生労働省とも連携をしながら注目すべき施策がいくつも取られてきました。障がい・高齢の犯罪行為者に対して、刑務所出所時の特別調整を行う地域定着支援事業や、無職の犯罪行為者に対して就職のための支援を行う就労支援事業等がそうです。

このような新たな施策は、犯罪行為を行う原因の一つとなり得る、多元的・構造的な社会からの排除に着目した施策です。先ほど説明した強い人、もしくは恵まれた人のみを対象にしたのではなく、社会的に不利な状況に置かれた弱い人をも前提とした新たな犯罪行為者処遇論にもつながると思われます。

　他方で、近年、刑務所をはじめとした施設内処遇、保護観察をはじめとした社会内処遇に関する法律も次々と改正が行われてきました。それらの改正の中では、犯罪行為者個々人がそれぞれに有しているさまざまな問題状況に対応しようとして、その個人に合わせた処遇の個別化が進んできたことを肯定的に評価できる一方、改善・更生のための処遇プログラムを受けることを義務付けるかのように読める規定ができたり、違反を厳しく取り締まろうとすることで、遵守事項、つまり保護観察中の決まり事を守らせる再犯防止の観点が重視された傾向が見られる問題点もあります。

　このような傾向は、犯罪行為者を危険な人である、社会にとって危険な存在であると見なし、その個人を厳しく管理・監視すること、そのための手段として犯罪行為者処遇を行おうとするものです。つまり、再犯防止のために、犯罪行為者個人の中にある犯罪の原因さえコントロールできれば、再犯防止はできるという考え方になってしまいかねないという危険性があると思います。

　しかし、このような考え方で犯罪行為者処遇を行う場合に、社会復帰しようとする犯罪行為者本人の中に、自ら変わりたい、もしくは変わろうという動機はどうやって生まれるのでしょうか。

　また、仮に本人が変わろうと思っても、社会の中で戻っていく先の生活が犯罪行為以前と同じように、社会的に排除されたままの生活であったらいかがでしょうか。それは結局、従来の犯罪行為者処遇のように、強い人を前提にした処遇と変わらないものであって、犯罪行為者処遇が社会的に不利な立場に置かれた人に対する支援であるという視点が抜け落ちてしまっていると思われます。

　つまり、今必要なのは、犯罪行為者本人の中にのみ犯罪原因を求めることではなくて、犯罪の原因の一つに多元的、もしくは構造的な社会的排除があることを認めたうえで、そのような社会的に排除された人々をも前提とした新たな犯罪行為者処遇論を立て直すことであると言えます。そのような犯罪行為者処遇論の中心軸となり得るのが、犯罪行為者に対する社会復帰支援の理念としてのソーシャル・インクルージョンという考え方ではないかと思われます。

3　ソーシャル・インクルージョンの概念

　ソーシャル・インクルージョンという考え方が現れる前には、かつて1960年代に北欧諸国から始まった、障がい者福祉をめぐる理念としてのノーマライゼーションという考え方があります。

　このノーマライゼーションとソーシャル・インクルージョンの違いはいったいどこにあるのか。ノーマライゼーションは、障がい者と健常者を区別しないという形式的な平等や差別禁止を重視するのに対して、ソーシャル・インクルージョンは、排除されているという結果のみならず、その人が排除される過程に注目することによって、社会的排除が構造的に行われていること、またはそれを自覚的に克服しようとすることに特徴があります。

　また、ノーマライゼーションが一部の人々に対して、その人が異なっている、普通の人と違うという異質性を認めることに重点を置くのに対し、ソーシャル・インクルージョンは、すべての人の多様性を認め、お互いに支え合うことを目指すものです。

　さらに、ノーマライゼーションは、障がい者の限

られたニーズ、障がいだけではありませんけれども、限られたニーズを有する人を視野に入れた考え方であるのに対して、ソーシャル・インクルージョンは、障がい、高齢、貧困といった様々なニーズ、言い換えれば、犯罪行為者の全般的な多様なニーズをも視野に入れた考え方です。つまり、社会政策全般がこの考え方のもとに検討されるべき対象になり得るところに違いがあると思われます。

ただし、このようなソーシャル・インクルージョンについて考える場合に、これまでの福祉の分野において、どのような理念のもとに対象者への支援が行われてきたのかも見直す必要があると思われます。

近年の障害者権利条約に関する議論の中では、権利主体としての障がい者の在り方が問題になっているところからも明らかであるとおり、従来の福祉政策において福祉的支援を受ける人は、他者からの支援を得ながら主体的に生きようという存在ではなく、あくまでも支援を客体的に他者から受け身に支援を提供される存在として捉えられてきたところがあると思います。

つまり、福祉政策においても、ソーシャル・インクルージョンの観点から、主体的に生きようとする人が福祉的支援を受ける権利を捉え直し、新たな福祉政策の在り方が問われるべきときが来ているのではないでしょうか。その点を踏まえながら、ソーシャル・インクルージョンの理念に基づく新たな福祉、また、犯罪行為者支援の在り方を模索していく必要があると思います。

4 本シンポジウムの課題

さて、以上の問題意識に基づいて、本シンポジウムでは、特に以下の二つの観点からあるべき方向性を探ってみたいと考えます。一つは、本日のパネリストの皆さんの実践知に照らして、冒頭に述べた近時の犯罪行為者処遇における注目すべき施策はどのように評価できるものでしょうか。

すなわち、本日のパネリストの皆さんが従来取り組まれてきた活動は、必ずしも近年の地域生活定着支援センターをはじめとした流れの中で始まったものではありません。そのような施策以前から、それぞれの問題状況に対して独自に取り組まれてきた取り組みが、本日報告していただくパネリストの皆さんの取り組みです。ですから、それらの取り組みによって積み重ねられてきた実践知は、現状をどのように評価するのかが一つの問題になります。

また、もう一つは、ソーシャル・インクルージョンという理念に基づく犯罪行為者支援、あるいは福祉的支援を目指す観点から現状はどう評価できるでしょうか。ソーシャル・インクルージョンの理念に照らして、現状においては何が実現されていて、何が実現されていないのか、その点を見極めることも、本シンポジウムの重要な課題であると考えています。

本企画の趣旨説明は以上です。

（もりひさ・ちえ）

特集3 シンポジウム「日本における犯罪行為者のソーシャル・インクルージョン～実践知と理論知の融合を目指して

つくる～生活基盤を喪失した被保護対象者を地域で支える仕組み

キーワード：一時保護事業、雇用の創出、地域の再生、四重苦、ケア付き就労

秋山雅彦　特定非営利活動法人自立支援センターふるさとの会企画室長、
更生保護法人同歩会常務理事兼事務局長

1　はじめに

　皆さん、こんにちは。更生保護法人同歩会、また、特定非営利活動法人自立支援センターふるさとの会の秋山です。今日呼ばれて、どういったタイトルを付けようと思い、「つくる」をタイトルに挙げました。同歩会という更生保護事業を行う法人を設立して、3年ほど前からこの事業に関わり始めました。この事業を行うときに「つなぐ」、「受ける」、最後に「つくる」という三つのキーワードを作りました。

2　同歩会の設立と活動内容

　なぜ、三つ目は「つくる」にしたかというと、先ほどから出てきている定着支援センターの話が出る前から、東京都の山谷地区でずっとホームレス支援事業を行っている中で、今日のパネリストでもある歌代さんや山本譲司さんから、「島根あさひ社会復帰促進センターを出所する方で、東京都に戻ってくる身寄りのない方のアフターケアの協力を」という話もありました。その前から、当然ホームレス支援事業を行っていると、山谷地区で支援をしている中で、1年、2年、どこかに行ってしまって、2、3年後に帰ってきて、「どこへ行っていたの？」と聞いたら、「刑務所に、ちょっとだけ行ってきました」という人たちもいました。決して、全然違う世界の話ではないということで、ふるさとの会の中に、生活再建相談センターという任意団体の窓口を作る中で行いました。

　生活再建相談センターを作って、実際に矯正施設からの引き受けを始める中で、平成21年7月3日に新規法人として更生保護法人同歩会の設立認可を受けました。ちょうど昨年度に、いくつかの法人というか、新しい更生保護事業が始まりました。有名なのは、社会福祉法人南高愛隣会が継続保護事業を行うとか、福岡県の田川ふれ愛義塾も継続保護事業です。私どもは、新規法人設立と、一時保護事業の届け出という全く違うかたちを採りました。

　この特色は、更生保護施設を持たないかたちの一時保護事業なので、更生緊急保護、または満期で出た方の一時的な保護をするかたちで、いわゆる地域社会または地域生活に中間施設等をかませずに直接地域に来てもらって、そこから生活を再建してもらう支援をできるようなかたちで作ったということにあります。

　どういったかたちでやるかというと、一時保護事業でよく保護観察協会とか、保護観察所が扱っている更生援助金を活用させてもらいます。特に、私どもがやっている山谷地区は、大阪で言う釜ヶ崎あいりん地区と似た場所なので、1泊2,200円とか2,300円の簡易旅館を週末だけ借り上げることで、

更生緊急保護で来た方を保護して、週明けの月曜日になると福祉事務所等に同行する取り組みも始めています。

また、裁判支援です。更生保護法人では普通はやりませんが、被疑者、被告人段階からの裁判支援、身元引き受けや情状証人の出廷をします。執行猶予判決が出て釈放された時点から生活の再建を支援しています。

こういったことは単独ではなかなか難しいので、2008年に定着支援センターの話があって、東京都または過去に東京都の中で出所者を引き受けてきた団体にも声をかけて、東京都触法要保護者支援ネットワークというネットワークを作りました。定着支援センターがこの春から東京都で始まります。それまで動きはほとんどありませんでしたが、とうとうできるので、また春以降、この方たちに声をかけてネットワークを作っていきたいです。

要は、定着支援センターの一番の問題点は、特にずっと東京都で、または私どもが主張してきたのは、つなぐ機能はあってもいいですが、受けていく機能、受け皿がないとつなぐところでパンクするということです。東京都にも定着支援センターができるので、受け手のネットワークを作っていきたいと考えています。

また、当然受け手としての私どもは、どんどん引き受けていこうと思っています。山谷地区で、高齢、または障がい者を引き受けるにあたって、地域の医療機関、またはこういった基幹病院、診療所のネットワークをもう既に作ってあるので、そちらの協力を得て支援をしていきたいと思っています。

3　同歩会の活動実績

実際に、どれぐらいの実績があるかというと、平成19年には1ケースしか行っていないので、事実上は平成20年4月1日から引き受けを始めました。

相談件数は、現時点で延べ119名のうち、私（同歩会）がコーディネートというか、調整をしたのが104名です。残りの15名は、「ふるさとの会直接支援」です。これは、刑務所から満期出所等をして、生活が困窮して、福祉事務所に本人または更生保護施設等から生活保護申請をして、そこから生活する場所がない、または生活をする人がいないので、ふるさとの会に支援要請で来た方たちです。

ふるさとの会が引き受けたのが、119名のうちの51名ですが、実はこちらが重要です。私どもがどういったケースを引き受けるかというと、いつも矯正施設、または保護観察所等から、「この方を引き受けてくれないか」と言われますが、まず、そのときに、私は、例えば、高齢の方や障がいのある方だったら、「特別調整に乗らないのか」とか、「更生保護施設は無理なんですか」と聞きます。

要は、ほかに行く場所がある方はそちらに行ってもらいたいです。それでも行き場所がないというのであれば、引き受ける用意をしますというかたちで、こちらの51名を引き受けました。ですから、相談・助言が多いのは、例えば、弁護士はいいですが、始めた当時は、保護観察官もなかなか福祉の制度がよくわからないので、「どうしたらいいんだ」という相談も多くて、「こうやったらいいんじゃないですか」と助言すると、「ああ、やってみます」、そして、「うまいこといきました」という報告を受けたりしてきました。実際に、私どもが引き受けたケースは、高齢または障がいがあり、しかも身寄りのない方です。誰も引き受けてくれない方を引き受けています。

相談実績を見ると、徐々にケースが増えています。事業内容としては、先ほどの刑務所から出た方の支援56.3％、裁判支援9.2％、週末の一時保護事業21.8％という数字になっています。

年齢層は幅広いです。10代の医療少年院から出る方から、高齢の方までです。特に、特定の年齢や特定の障がいがある方とはしていません。どこか

ら依頼が来るかというと、一番多いのが矯正施設からで、満期が確定した方たちです。次は保護観察所からで、先ほどの一時保護事業の週末保護の方たちです。更生緊急保護で、金曜日に保護観察所に保護の訴えに来た方たちを引き受けています。3番目は福祉事務所からです。その次は、今年になって増えている裁判支援です。国選弁護人からの引き受けの依頼で、「身元引受人、または情状証人等をお願いできないか。そうすれば、執行猶予判決が出そうだ」とか、「釈放になりそうだ」という話です。

処分状況で、一番多いのは満期の方です。その次は仮釈放ですが、昨年度と本年度の数字が違っています。昨年度の12名は当時、更生保護施設からの依頼です。更生保護施設といっても、仮釈放で出た方の法定期限が切れたあとのケースの仮釈放です。今年度の3名は、直接ふるさとの会が身元引受人になって仮釈放の手続きをとった方たちです。

4 実際の引き受け事例

今まで数字などばかりだったので、事例を3例ほど説明します。これが、私たちが支援をしていく中で特徴的な方たちです。「事例1」のAさんは現在58歳です。ちょうど先週の月曜日に実刑判決で、また入ることになりました。

この方との出会いは、前科15犯で、刑務所を満期で出た時で、2年、3年ほど経ちます。更生緊急保護で保護観察所に行きました。本人は知的障がいですが、保護カードを握り締めていました。東京保護観察所は法務省の中にあるので、日比谷公園まで行きました。その保護カードをいろいろな人に見せながら来たそうです。更生援助金を使って、私どもがその方を引き受けてからの付き合いになります。

お酒を飲んで、無銭飲食をいつもやってしまいます。特に牛丼屋で、1,600円ぐらい食べて、お金がないのでレジで土下座をします。被害届が出ると警察が呼ばれることがありましたが、一度捕まってまた刑務所に戻ってしまったことがありました。

そのときに、この方は、今ずっと私が説明してきた裁判支援とか、出所後の支援を全部やりました。満期で出て、更生緊急保護でその方を引き受けて、日常の生活をしている中で再犯をして、身元引受け情状証人をやりました。ただ、このときも実刑判決が出ました。

そして、また満期で出るので、それをさらに引き受けました。山谷地区なので、浅草警察管内です。結局、繰り返しやってしまうのは仕方がありません。「お酒を飲んではだめだよ。無銭飲食をやってはだめだよ」と本人には言いますが、わかっているのか、わかっていないのかではなくて、本人の日常生活の中の何らかのストレスなのか、危機回避行動の中でやってしまいます。

このときに、浅草警察にそれをずっと話して理解してもらいました。浅草警察署管内で無銭飲食をして、お店から警察に110番通報をされると、浅草警察の警官がそのお店に行って、「またおまえか。わかったから、ふるさとの会に連絡するから」ということで、事件化しなくなりました。

これで、1年ぐらい浅草警察署管内で何を食べても、どのぐらい飲んでも大丈夫になりましたが、隣の墨田区に渡ってしまい、本所署管内で同じことをやってしまいました。そこではまだ全然わからなくて、被害届を出されて、残念ながらまた逮捕されてしまいました。また、国選弁護人と相談をしながら裁判支援という繰り返しで、多分、ずっとこの方とは一生の付き合いとしてやっていくと思います。

ただ、当初15犯までは、出所後社会に出て1週間ぐらいで再犯、そして刑務所に戻っていたのが、その次の16犯目は大体5カ月です。今回は、1年近く、こういったかたちで社会にいる時間も少しず

つ長くできていったらいいと思っています。

「事例2」のBさん、この方は、PFIの刑務所から出た方で、先ほどの知的障がいの方とは違って働ける方です。そういった方の就労支援をしながらわかったことは、実際は、なかなか就労先がないのに、就労支援を一生懸命やっても仕方がないということで、私どもふるさとの会で、先ほどの「事例1」の方などの日常の世話をするスタッフとして雇用してしまおうということで、雇用契約を結びました。今現在は、就労・自立しています。

「事例3」のCさん、この方は、初めの頃に支援した認知症の方で、ホームレス生活もしていて、お酒、自転車を窃盗して刑務所に入りました。更生保護施設で、認知症だとわからずに環境調整が終わって、仮釈放が決定しました。ただ、そのあとに診断書が来て認知症だということで、急遽、「引き受け不可」と更生保護施設が言ったところを、私どもがそこまで行って……。そのあと、ふるさとの会が引き受けていくという話もしていましたので、刑期満了1週間前の仮釈放ということで直接引き受けました。

この方は、心臓が悪く、認知症、糖尿病などいろいろな疾病もありましたが、山谷地区の中で見守りや医療ケアを受けながらずっと安定して暮らしていました。しかし、山谷の中でずっと暮らして、急性心不全で亡くなりました。

5　ふるさとの会の概要

代表的な3名を挙げましたが、こういった方をふるさとの会として、地域の中でどのように引き受けていくかということを説明します。ふるさとの会は、グループとして従業員は215名で、利用者は少しずつ増えており、現在1,108名です。東京都の山谷地区だけではなくて、台東区、墨田区、昨年度から荒川区、豊島区、新宿区と事業を拡大しています。

拡大しているといっても、実際に山谷地区では、例えば新宿区の生活保護受給者が新宿区内で生活できずに区外保護で、台東区の山谷地区で数多く暮らしています。これは、23区どこも同じで、そういった方が住み慣れた地域で暮らしていけるように、新宿区や豊島区の中でできる事業所、または支援の態勢を作っています。

どういったところで暮らしているかについては、本当に地域にある一軒家の中をくりぬいたりして、10名、20名で暮らせるかたちに改装して暮らしてもらっています。特殊な施設を造っているわけではありません。また、1,108名のうち、大体700名以上がアパートで一人暮らしをしています。そういった方の支援も行っています。

その利用者像が、こちらです。1,108名のうちの独居、アパートで一人暮らしをしている方が758名おり、独居の方で年齢層で一番多いのはやはり60代です。「共居」と呼んでいますが、先ほどの一軒家を改装したところで暮らしている方は350名おり、こちらは70代以上の方が多いです。疾病に関しては、一人暮らしをする方は精神障がいの方が多いですが、疾病がなければまだ一人暮らしができます。一方、24時間生活支援が必要な方は、認知症の方が118名で、要介護認定を受けている方が159名です。

6　「四重苦」支援サイクルと地域再生

これを見ると、一軒家と言いながら、施設ではなく老人ホームではないかと勘違いする方がいると思いますが、私たちは、こういった方を「四重苦」と言っています。少し風変わりな名前の付け方ですが、「生活困窮して」、「単身世帯、要は身寄りがなくて」、「高齢による身体的な要介護状態」、そして、「精神、または認知症、認知障がいを抱える」、この四つが重複している方は行き場所がありません。先ほ

ど来から、「行き場所がない」というのがキーワードになっていると思いますが、行き場所のない方を支援するのが、ふるさとの会または同歩会の仕事だと思っています。

この方たちが今、東京都でどういう状態になっているかについて、新聞で報道された例があります。例えば、要介護認定を受けた身体的な片麻痺などの高齢者が統合失調症を持っていた場合、入る施設はありません。どこも断っていきます。そういった方が東京都には多く暮らしていて、どういったことになったかというと、ちょうど2年前、群馬県渋川市で起きた「たまゆら」の火災で亡くなりました。この方たちは東京都の墨田区の生活保護受給をされていた方たちです。

私たちは、行き場所のない方を支援する仕組みをどのように作ろうかということで、「支援付き居住セーフティネット」という仕組みを作りました。先ほどの三つの事例、高齢のアルツハイマー型認知症の方、また、知的障がいの方を支えるために、刑務所を出て働ける方がケア付き就労というかたちで雇用されます。メンタルや知的の障がいがありますが、それでも働ける若い方が、認知症の方やもう働けない要介護認定を受けている方の日常生活支援というサービスを提供することによって、ちゃんとお金をもらって生活ができるための雇用機会の創出という、このサイクルを作り上げることを地域の中で行っています。

それを山谷地区とか、私どもだけでやっても仕方ないので、そういったことを普遍的に制度化するための概念図を作っています。いろいろな社会資源は、それぞれの自治体または地域にはたくさんありますが、この四重苦、困窮の単身世帯で、高齢・要介護、そして認知症を抱える方用の資源がありません。そのための資源を地域の中に作ってはめ込むことによって、すべてが有機的にできる仕組みを考えて制度化できないかというアドボカシーも一緒に行っています。

実際に、昨年作った豊島区と新宿区の一個一個の事業所は同じようなかたちで作り上げています。新宿区で作った高齢者用の住宅には、四重苦の方たちが入っています。そこに、池袋の若いネットカフェ難民だった方たちが働きに行って、どれぐらいの収入を得ているか。16万円稼いだ方は就労自立ということで、どんどん自立をしていく仕組みを作っています。

そういったものを、それぞれの地域で、他法・他施策のいろいろな福祉支援法だったり、高齢施策も使いながら、地域の中の社会資源を作ることを行っています。そうなると、「雇用・仕事がない」といったものではなくて、地域にお金が回る仕組み、または地域再生に貢献できる仕組みも作ることができると思っています。

実際には、東京都といっても空き家率は12、3％、あるいは10軒に1軒は空いていて、空き家がたくさんあります。それを、社会的排除を受ける出所者または四重苦の方たち用の住まいに変えることによって、その方たちを支援するスタッフが必要になります。

そういった雇用を生み出すと、医療や介護のケアをする社会資源がどんどんできあがってきます。そういった方ができあがると、地域のいろいろな資源、またはネットワークも豊かになって、また空き家を、「ここも空いているよ、あそこも空いているよ」ということで、この回転が生まれて地域再生もできると考えています。

7　今後の課題としての更生緊急保護対象者

また、同歩会に戻ります。どういったことを今後やっていくかというと、こういった仕組みでうまくいけばいいですが、今抱えている課題は、更生緊急

保護対象者の課題です。

　具体的に何をやっていくかといったら、裁判支援や出所者の満期の方の支援はすべて制度化されていません。更生緊急保護はありますが、それは保護観察官や更生保護医療の中に位置付けられているものです。そのための対価等はありません。こういったものの制度提案をしていきたいと思っています。

8　ふるさとの会・同歩会の目指すもの

　最後に、先ほど来から説明していますが、ふるさとの会と同歩会は、行き場所のない方たちがどこかの施設ではなく、地域の中で安心・安全な生活ができる仕組みだったり、人間関係、地域そのものを作っていく取り組みを行っています。また、あとでいろいろと質問をいただければと思います。どうもありがとうございました。

（あきやま・まさひこ）

特集3 シンポジウム「日本における犯罪行為者のソーシャル・インクルージョン〜実践知と理論知の融合を目指して」

当事者視点と援助者視点

キーワード：地域生活定着支援センター、薬物依存、エンパワーメント、主体的回復、尊厳の回復

市川岳仁　特定非営利活動法人三重ダルク常務理事、
三重県地域生活定着支援センター嘱託相談員

1　はじめに

皆さん、こんにちは。市川です。今、紹介されたように、私は、ダルクという薬物依存症の人の回復支援団体を、三重県で12年ほど前から主宰しています。もう一つ、この春から三重県の地域生活定着支援センターに精神保健福祉士として、相談支援員をしています。その二つの立ち位置から見えるものについて報告します。タイトルは、「当事者視点と援助者視点」です。

2　地域生活定着支援センターの活動

まず、定着支援センターの話からします。刑務所等の矯正施設から出所したあとは、自立した生活を送ることが困難です。高齢、障がい等を持った方で、これまで福祉的支援をまだ受けていない人がたくさんいます。

親族等の受け入れ先も確保できないため、そのまま満期で出所する可能性があって、かつ出たあとに本人たちの力のみでは、なかなか自立した生活が困難なことが予想される人に、厚生労働省が地域生活定着支援事業を創設しました。これらの人に対して、出所後直ちに福祉サービス等につなげるための準備を、保護観察所と協働しながら進めています。

この4月で、三重県の地域生活定着支援センターがスタートしてちょうど1年になります。今までに支援をした方、あるいは現在継続して支援をしている方が十数名、これは現在20名近くになっていますが、年齢は15歳の少年、三重県には医療少年院があるので、そこの入所者を対象にしていますが、少年から70歳代の方まで非常に幅広く対象としています。

その方々には既に地域に出て地域の福祉施設に入って生活を始めた方、あるいはアパートを借りてアパートでの生活を始めた方もいます。まだ刑務所の中にいたり、少年院の中にいる方、その準備段階の方もいます。私たち定着支援センターの取り組みの結果、スムーズに生活保護、あるいはいろいろな福祉の制度に乗っていた人たちもいます。いろいろな支援に結び付いた方もいますが、そうならなかった方もいます。

福祉の支援が必ずしもその人にとってのGOODとならない例もこれまでにありました。私たちにとって、これがよかろうと差し出す提案が必ずしも本人にとってよろしくないことがあります。これはまたあとで触れます。

3　地域生活定着支援活動の課題

私は、刑務所という場所は、ある種の集大成だ

と感じています。これまで支援してきたほとんどの方が既に刑務所や少年院に入る前から、何らかの社会的排除のような状態に置かれた方がほとんどです。

例えば、知的障がいがあって仕事が定着せず、高齢になって、仕事が全くなくなってしまい、人間関係も……。お父さん・お母さんがいる間は普通に地域生活ができていましたが、身内の方もいなくなって、つながりを失って、そして、例えば食べ物を取るという犯罪に至ってしまった方がいます。

人生のいろいろなつまずきから家族や家を失って、それからはずっと高齢者になるまでほとんどどん底と言える経歴で来た方もいます。あるいは、少年少女でずっと親からの虐待を受けて、そもそも家庭にいなくてずっと施設育ち。その施設の中でも他の少年少女等からいろいろな被害を受けたりして、結局自分も問題を起こすようになって少年院に行って、全く支援基盤である地域そのものがない状態の方です。皆さん、長い時間を経過して一つ一つのつながりを失って、最終的には矯正施設にたどり着いているという感覚を持っています。

私ども定着支援センターの仕事は、この失われていったつながり、道筋を逆にたどっていって、そのつながりを取り戻していく、あるいは、再び獲得していくプロセスを本人とともに行うことと考えています。それは厚生労働省が最初に出した事業の要領にある、単に福祉支援に結び付けるコーディネートをすればそれでいいということではないと感じています。

もちろん、制度に結び付けることだけでも、実際はかなり大変です。自治体から「うちじゃない、うちじゃない。こんな人は知らん、知らん」と言われて、どこにも定着する先が見つからないこともあります。さらに、福祉施設が拒否することも多々あるので、場所一つ見つけること自体もなかなか容易ではありません。

しかし、私たちの仕事は単にコーディネートだけではないはずだと感じています。この事業の中では、いわゆる福祉、あるいは矯正、更生保護の根幹の部分、本質的な部分が問われていると感じています。

4　ダルクの活動について

なぜこんなことを最初に話したかというと、もう一つの私の仕事というか、ダルクの活動をしてくる中で感じていることがあるからです。それについて話します。薬物依存症は、非常に再発・再犯が多いと言われています。一度捕まれば、周りはもちろん、これで薬をやめてくれるだろうと期待します。援助者も、家族もそうです。本人もかなり努力をして、もうやめようとしているにもかかわらず、なぜか同じパターンに戻ってしまう。やめにくいのが依存症と言われています。

昔は、「一旦薬物依存になってしまうともう抜け出せなくて、人生そのものがだめになる」と言われました。「人間をやめますか、薬物をやめますか」というスローガンが表していると思いますが、そんなことを言われた時代がありました。しかし、現在では、いわゆる当事者活動のダルクが薬物依存の問題に一石を投じています。一定の効果があると言われています。

ダルクは、薬物依存症の当事者の近藤恒夫さんと数名の薬物依存症の当事者によって始められた共同生活が原点となっていて、25年ほど前に東京都で始まった活動です。今は全国に70カ所以上の拠点を持ち、非常に広がっています。その特徴は、いわゆる当事者としての経験を分かち合う、「自助グループ」スタイルを用いていて、「薬をやめたい仲間の手助け」が基本目的です。

そもそも何か社会に薬物問題を普及啓発するとか、社会に改善を要求するということで始まったの

ではなくて、やめたいという人を支えるというシンプルな目的です。

近藤さんは、「自らは専門家でも何でもないし、信念があるとか、哲学があるということではないが、かつて自分が苦しんだ薬物問題、同じ問題を持った人を放っておけないから活動しているだけだ」と言っています。

5　薬物依存からの回復に必要なこと

薬物依存からの回復に必要なことについて、精神科医の西村直之先生は、「地域社会に受け入れられて、『私は役に立つ人間である』という自尊心を持つことが回復の過程で大きな力となる」と言っています。先ほど、ダルクの目的は、薬物をやめたい人を支えることだと言いましたが、実はダルクの活動にはもう一つの受益者がいる。それは支え手です。つまり、ダルクに来た人を受け入れて、その人たちを支えていく側の受益です。

近藤さんは、「ダルクのスタッフたちは当事者であるからこそ、今苦しんでいる人に共感することができる。次の人の役に立てるようになると、実は自分がその薬物の問題から解放されていく。なぜならば、自分の尊厳というか、自己価値、セルフエスティームがなされていくから。自己価値が上がっていくからだ。」と言っています。

龍谷大学のすぐ近くにある京都ダルクの施設長の加藤武士さんも、「自分も役に立つことがある。必要とされているという感覚で自分を許して、自尊心を育てていく」と言っています。

薬物依存の回復は、単に薬物をやめることではありません。例えば、単に物質としての薬物使用をやめるのであれば、別にダルクは要りません。刑務所に入れば切れるし、精神科の病院であれ、どこでもいいです。薬物をやめるだけなら、矯正施設でも病院でも構いません。ただ、やめ続けようとする、つまり、回復していこうとすると、自分が必要な存在であって、役に立っているという感覚を得ることが必要だと思います。

薬物依存症になっていく人たちがもともと持っている課題、つまり、ダルクに来る人たちの過去を遡って見ていくと、子どもの頃から虐待を受けている人とか、最近よく言われますが、発達障がいのような特性を強く持っていて、そもそも社会、とくに今の社会の中で非常にしんどい思いをしている人たちです。そして、常に自己不全感に悩まされていたり、社会的存在としての自分の立ち位置をうまく確立できなかった人たちが多いです。

その結果、薬物に依存しているケースが多く見られます。ですから、回復というのは、単に薬物の使用をやめたかどうかではなくて、人としての尊厳を取り戻していくことにほかならないと思います。これがなされないと、何度薬物をやめても、再び容易に元の状態に戻ってしまいます。ですから、再発を抑えていくために、人として取り戻さないといけない部分が他にあります。

6　エンパワーメントとしてのダルク

では、薬物を一旦切ったときに、当事者たちが役に立つ場所が果たしてこの社会のどこにあるかです。これまでずっと薬物の問題を抱えてきて、刑務所に何度も入ったり、病院に入ったりしてきた人たちが薬物を手放したときに、人としてどこに属してどこで貢献するか。有用な一員として機能していく場所があるかです。

近藤さんや加藤さんは、「むしろ社会の理解とか、支援が得られにくかったこと、あるいはその資源の不備が、むしろ当事者以外からの関与・干渉をしにくくしていて、それが組織としても人としてもダルクがこれまでパイオニアとしていられた理由じゃないか」と語っています。

さらに、大阪ダルクの倉田（めば）さんは、「治療ネットワークの不備が、現在も私を支えている」と言っています。つまり、片方では、「薬物依存症を理解してほしい、社会にそのための支援するシステムが欲しい」と言いながら、片方で「それがなかったおかげで、われわれは、われわれの貢献する場を自由に獲得した」と言っているわけです。

国や自治体からの援助がなかった中で、当事者活動としてダルクはスタートしました。そのダルクという場を得たことで、薬物依存の当事者が、いわゆる被治療的な立場ではなく、自ら主体的に何かをする、支援をしていくことを意識できました。主体的な回復を実現することができたと思います。こういう意味においては、ダルクは、薬物依存症者の自立生活運動とも言えるし、まさにエンパワーメントだと思います。

ダルクに何か意義があるとするならば、権力や専門性から与えられたプログラムではないことです。自らの意思で回復を実現しているところです。そして、援助者と利用者というか、援助される側が非常に対等な関係を基調として、援助システムを作ってきたところです。どちらが先生でどちらが患者というものではありません。

ダルクが今も、全国にまだまだ広がっていく背景にあるのは、エンパワーメントする機会が得られるからです。つまり、薬物を横に置いて、新たな人生を歩きだした人たちが、まだ実は社会で座る椅子がそんなになくて、自分を生かしていく場がないということです。

これだけダルクが広がっていったのだから、さぞ薬物依存症者に対する偏見やいろいろなものが無くなっているのではないか。いや、そうではなくて、相変わらずダルクという中間社会のようなものを以って、依存症の人たちはまだ立っているに過ぎません。また次の段階があると思います。

7　当事者にとっての回復の意義

私の報告のメインはここです。当事者と専門家は、どうやら認識が違うのではないか。回復というと、例えば当事者にとっては、自分の貢献、活躍の機会、人としてどう生きるか、ということです。当然地域住民、社会の一員としての自分を意識します。しかし、専門家がこの問題を見ると、薬物をやめるにはどうしたらいいか。その方法は何かです。見ている方向が全然違います。

ですから、主体がどちらなのかです。もし、専門家にとっての回復を考えるのであれば、あくまでも当事者は、専門家というか、援助者が望むものを実現できるかどうかです。

やはり客体的な立ち位置を取らされてしまいます。例えば、わかりやすく言えば、裁判というのは被告人であり、刑務所に行けば受刑者であり、病院に行けば患者で、被治療的です。「被・被・被」という字が付いてきます。福祉の場面ですら、やはり被援助者です。弱い立場だということです。

だから、それが、たとえどんなに優れた資源の提供であったり、援助の提供であったとしても、もし、それを受ける当事者が被治療的な立ち位置を取らされるのであれば、これは、例えばダルクが示した主体的な回復とは、ちょっと違ってくるのではないかと感じています。

ダルクの活動に何か功績というものがあるとすれば、それは、回復経験を持って、望む人であれば、ダルクの援助者となれたことです。私もそうです。今は、精神保健福祉士の資格もありますし、それで援助活動をするわけですけれども、私が12年前に三重ダルクを始める前に、沖縄ダルクのスタッフとか、あちこちのスタッフをやっていた時、つまり援助者になったのは、必ずしも資格を取ってからではありません。

ダルクというのは、いわゆる過去の履歴書で言う

ならば学歴不問。経験というのであれば、自分に当事者性があるかどうかです。そして、回復の経験と自分以外の人を支えたいという意欲があるかどうかです。これがあれば、ダルクの中では援助する側に回れるということは、すごく大きな部分ではないでしょうか。

薬物の再使用、再犯防止を支えているものは、つまり、その後の立ち位置です。「ダルクはまだ中間社会だ」と言いましたが、それでも、社会的存在としての自分のアイデンティティーをある程度までは獲得したのではないか。患者というラベルから、当事者というラベルにまず置き換えます。自認していきます。人から与えられるラベルではなくて、自認していきます。

ダルクにいるスタッフ、メンバーたちは、薬物依存症であることを誇りに思っていると思います。これはすごく大きなチェンジです。回復とは再び再社会化というか、自らの公共性みたいなものに目覚めていくことだと思います。

8　回復者の扱われ方と尊厳の回復

では、社会が、これから回復者をどう扱っていくかです。私は、ダルクの活動をしてくる中で、随分嫌な思いもしてきました。今日のシンポジウムで、ほかのパネリストの方々、それからいろいろな先生方と一緒にお食事もさせていただきましたけれども、地域でも講演会などに呼ばれて行きます。麻薬取締官が講師、何々精神科病院の医師が講師、三重ダルクの市川氏が講師と呼ばれて行くと、皆様が座敷でお弁当を食べていますが、「市川さんはこっちこっち」と。

がちゃんとドアを開けて行ったら、作業ジャンパーを着た保健所の人たちがばたばたと先生方にお茶を運んだりしているところで、「市川さんはこっちこっち、弁当」といって別室です。帰ろうかと思うわけです。この扱いを受けて、「ああ、どうも。市川です」と言わなければいけないのかみたいな。

ただ、ここで憤慨して帰ると、「ほら、やっぱり」と言われるのが嫌で、苦々しいと思いながら、甘んじて話をして帰るみたいなことも何度もありました。

あるいは、「体験談を話しに来てくれ。できれば、若い人がいい」というので、19歳のメンバーを連れていきました。地域の中学生がいっぱいいて、おじさんたちがいっぱいいて、吹奏楽か何かの演奏があって、作文発表です。「薬物はだめ、絶対」とか、「廊下を走るな」とか、「友達を大切に」というポスターがあって、表彰状か何かをもらって、「はい、イベントが終わりました。じゃあ、ダルクさんのお話です。じゃあ、中学生の皆さんは退出」。さすがに、この時は本当にキレる寸前というのか。こういうことを何度も味わってきています。だから、社会がこれから回復者という人たちをどう扱ってくれるのかは、ちょっと楽しみです。

では、刑務所を出てくる人はどうでしょうか。苦言を一言言わせてもらいます。私は、もともとダルクというところでやってきて、今は、定着支援センターの職員もやっている立場から感じていることをストレートに言います。

福祉につなぐという仕事をするわけですが、でも、福祉そのものが、包摂ではなくて排除の役割を担うことがあります。特に、制度に乗らないと何もできないという意見もありますが、制度に乗ってしまったことで、制度からはみ出ている者は相変わらず排除していきます。

「刑務所にいる人って怖いんじゃないの」とか、「薬物の人なんてよくなるわけがないんだから、こんな人を支援の対象にしないでおこうよ」という声が当たり前に聞こえてきたときに、またここでキレそうになりながら、「ちょっと聞き捨てなりませんな」と言いながら、それを言った人に「あ、しまった」という顔をされながら、空気をひやっとしたものにしながら

（笑）共存していくというか、そんなことをやっています。

　そういうものからもともと取りこぼれた人たちが刑務所に行ってしまったのではないのかという話を最初にさせてもらいましたが、本来、そういう制度とか、守られたものの外にいた人に対する慈善というか、もし、福祉というのがそこに原点を置くとするならば、定着支援センターは、今、制度化されてしまったものが見ていけない者を見ようとしているのではないかと感じています。

　ですから、ただ住居を得て、生活の安定を得れば、それで何かが変わるかというと、決してそうではなくて、そのあとに本人が回復していかなければいけないものというのは、その人本来の尊厳ではないか。私は、それが鍵だと思うし、定着支援センターに期待して、私ができることをしていけたらと思っているということです。ありがとうございます。

（いちかわ・たけひと）

特集3 シンポジウム「日本における犯罪行為者のソーシャル・インクルージョン～実践知と理論知の融合を目指して」

PFI刑務所における取り組み事例
島根あさひ社会復帰促進センター及び播磨社会復帰促進センターでの民間事業者の取り組みについて

キーワード：民間企業による就労支援、雇用主発掘、職業訓練、特化ユニット、民間の専門スタッフ

歌代　正　株式会社大林組PFI事業部長、前島根あさひ社会復帰促進センター総括業務責任者

1　はじめに

　皆さん、こんにちは。ただいまご紹介いただきました大林組の歌代と申します。私は、建設会社である大林組のPFI事業部長をしていますけれども、大林組としては、現在、刑事施設2施設のPFI事業を進めています。一つは、この近所の加古川市での播磨社会復帰促進センターで、もう一つが島根県浜田市の島根あさひ社会復帰促進センターです。

　私は、昨年9月末まで、島根のほうで民間側の責任者である総括業務責任者という立場で、運営開始から2年間、入札のときから数えると足掛け7年間、島根の事業に携わってきました。今日は、「PFI施設における取り組み事例」ということで話をします。

　PFI刑務所というのは、全国では、播磨、島根以外にも山口県の美祢社会復帰促進センターと栃木県の喜連川社会復帰促進センターの四つがあります。今日は、私ども大林組がやっている島根と播磨の二点について話をします。セコムグループがやっている喜連川、美祢についても、恐らくおおむね同じようなことではないかと思っています。

2　PFI刑務所での主な取り組み

　私ども大林組は建設会社で、今、東京スカイツリーを建設していますけれども、当然、島根では、刑務所の設計・建設を行っていますが、それだけではなくて、いわゆる受刑者処遇の、例えば矯正教育の部分、あるいは刑務作業、職業訓練をコーディネートする業務、あるいは分類支援業務と言いますけれども、分類と保護、いわゆる入ってくる受刑者に面接して、施設の中でのどういう矯正教育がいいのか、あるいはどういう職業訓練が向いているのかという分類業務と、出所後の彼らの生活定着支援のために民間業者に何ができるかという保護業務をやっています。

　今日は、教育とか職業訓練の話はしませんけれども、簡単に触れておきます。例えば、島根で言うと、「アミティ（AMITY）」のセラピューティック・コミュニティーに基づいた、「TC（治療共同体）」の矯正教育を実際にやっています。あるいは、受刑者が盲導犬を育成するプログラムやホースプログラムがあります。そういう動物介在活動をやっています。今日は、そういう話は割愛させてもらい、分類・保護の部分を中心に話をさせてもらうことになっています。

3　刑務所運営にかかわる民間企業による就労支援

　刑務所の運営を民間の立場で2年間やってきて思っていることを最初に言うと、まず、彼らは、い

ろいろな理由があって刑務所に入ってきて、いずれ刑期を終えて、仮釈放であれ、満期釈放であれ出所していきます。出所していく彼らを毎週見ていて思ったことは、出所後に本当に彼らの生活を安定させるために何が必要なのかということでした。一つには、現在も協力雇用主という制度があり、登録されている企業は、恐らく全国で5千社以上あるかと思いますけれども、それが、施設にいる間から、きちんと彼らに職を提供しているわけでなくて、保護観察所からの紹介を受けて、出所者の意思で、そこに行くか行かないかは決められます。

そういう状況があるわけですけれども、私どもがこのPFI刑務所で今目指しているのは、施設の中で雇用してもらえる新規の雇用主を発掘していくことです。要は、施設の中で面接や試験をしてもらいます。役員が施設に来て、面接をして、出所前に内定を出すというケースを何例かPFI刑務所ではやっています。

新規の雇用主とはそういう意味です。今、その新規の雇用主を民間の力で発掘していくことをやっています。

果たして、民間企業が、PFI事業で法務省からそこまで求められているかといえば、必ずしもそうではなくて、言ってしまえば、それはやらなくてもいい業務です。ただ、やはりPFIの事業をやっていくうえで、画竜点睛を欠くというか、その部分がなければ、恐らく、何をやっているのだという思いで、新しい雇用主を発掘することをやっています。

4 施設内での資格取得と就労支援

もう一つは、島根で言うと、14科目ほど職業訓練をやっています。その中で取れる資格に、例えば、ホームヘルパー2級とか、2年間の職業訓練課程で理容師の資格などがあります。あるいは、建設重機の資格もたくさん取れるプログラムを持っています。

彼らが施設の中で取った資格を、彼らが出所後にきちんと使える仕組みを作っていきたいのですが、正直言って、これはまだできていません。ですので、例えば理容であれば、全国の理容業組合がありますから、そういうところに就職を斡旋するというようなことを今やろうとしています。施設の中で取得した資格をちゃんと出所後の仕事につなげていくことが非常に大事ではないかと思っています。

その一環で、施設内でできることは施設内で終えておくということも重要だと考えています。例えば、理想的には、出所時に、住む家と、当然身元引受人と働き先が決まっている、この三つをまず施設の中にいる間に決めてしまいたい。ただ、就職先を決めるというのが大変困難ですので、新しい雇用主を見つけていくことで、何とかつなげていきます。

例えば、島根の職業訓練でホームヘルパー2級の資格を取った出所者をこの春から数名雇用する、と内定を出している企業も中にはあります。そういう企業を探していくのが、民間の大事な仕事だろうと思っています。

5 フランスPFI刑務所での事例

もう一つは、今から6、7年前になると思いますが、私がこの事業にかかわったときに、今日もご参加頂いている龍谷大学の赤池一将教授に、フランスのPFI刑務所を案内してもらいましたので、そのことについて少し触れたいと思います。

フランスでは、既にそのときに、刑務所運営にかかわる民間企業に出所者の再就職支援率というのを課していました。その率は、4割です。4割を超えたら、あなたたちにご褒美（委託費用の増額）というインセンティブがあります、4割を切ったらペナルティー（委託費用の減額）を科します、ということをやっていました。

ただし、フランスでは、医療であれば、厚労省の職員が刑務所の中にはり付いています。また、例えば、日本で言う教科教育、義務教育をきちんと受けていない受刑者は、文科省からの職員が常駐していて、そういう人たちに毎日教育をしていきます。就職に関して言うと、やはり厚労省から職員が刑務所にはり付いて、刑務所運営にかかわる民間企業の職員と一緒になって就労先を探すなどの支援をしています。

そういう実態があるから、例えば4割の就労支援率を民間に課しても、出所時に5割以上の人をきちんと仕事に就けてやれるという実績ができるのだろうと思います。単に民間企業の努力だけではなく、そこは行政も一緒に支援しているという実態があります。それに比べると、まだまだ日本は遅れているのではないかと思っています。

また、やはり大事なのは住宅です。彼らが出所したときに家を借りるといっても、誰が住宅保証をしてくれますか。身元引受人の方がやってくれればいいのですが、なかなかそういう状況にありません。ですから、住宅と仕事と身元引受人が、出所した方にとっては三位一体で非常に重要なポイントだろうと思っています。

6 特化ユニットでの処遇

播磨と島根あさひには、特化ユニットというユニットがあります。これは想像がつくとおり、障がいのある受刑者のためのユニットです。播磨に関して言うと、精神・知的障がいのある120名の受刑者が定員になっています。島根で言うと、精神・知的障がい受刑者90名、それから高齢、かつ、身体障がいがあり、養護的処遇を必要とする方が100名、あと、人工透析の受刑者が30名、合わせて約220名が特化ユニットの定員になっています。

こういう方々に対して、今、個別の障がいに応じた処遇をやっています。共通している部分もありますが、やはり精神障がいがある方、知的障がいがある方それぞれに多少異なる処遇をやっています。

例えば、精神障がいのある受刑者に対しては、認知行動療法あるいは作業療法、職業訓練等を行っています。基礎力養成というのもありますけれども、例えば、生活スキルとか、コミュニケーションスキルとか、セルフコントロールのスキルをつけてもらうとか、彼らが、社会に出て、一応、生活できるというようなことです。これは、知的、精神、身体いずれの障がいがある方々にもやっています。

もう一つは、播磨社会復帰促進センターでやっていることですが、クラウニング講座と言ってピエロの役割を自らがすることで、自分が道化師になって人を笑わせる、人から笑われることに慣れるというプログラムを播磨ではやっています。

個々の施設によってやっていることが違うわけですけれども、それはなぜかというと、播磨では、そういうプログラムに協力してくれる団体が関西地方にいるからです。一方、島根では、別の団体が当然います。例えば、石州和紙を作る職業訓練をやってもらったり、あるいは石見焼というのが地元の焼き物であって、職業訓練でその陶芸をやってもらったり、あるいはバラ農家がいるので、バラの栽培を職業訓練として島根ではやってもらいます。そういうふうに、地域特性に添った内容の作業療法的なプログラムを特化ユニットでやったりしています。

身体障がいがある、あるいは高齢の受刑者に対しては、理学療法も大変効果が出ています。例えば、入所してきたときには車椅子でなければ移動が困難だという方も、理学療法を受けることによって、自分で歩いて園芸をする庭園まで行ったり、農作業ができるようになったりと回復をしてくるケースも多々あります。

そういう意味では、特化ユニットは、定員まではまだいっていませんが、それなりの効果が出ている

のではないかと思っています。

　特化ユニットを出所した方々がどういうところに帰住するかということですが、島根の例で言うと、これまでの出所者の約75%が仮出所しています。

　仮出所した人のうち、7割以上が家族が身元引受人となっています。島根も播磨も初めて刑務所に入る人を収容対象としているので、家族とのきずなが、比較的まだ健在であるという方が多いのだろうと思っています。

　ちなみに、島根は、特化ユニット以外の全体の仮出所率は95%ほどになっていますから、全矯正施設で見ると、島根は、仮出所の率が非常に高いのではないかと思っています。

　また、満期で出所した人の中で特別調整もかなわず出所をした方が数名いますが、島根では家族の元に帰る方が非常に多いという状況があります。

7　地域生活定着支援センターと専門スタッフ

　特化ユニットにおける今後の課題としては、先ほど来お話が出ている地域生活定着支援センターとの連携です。全国の地域生活支援定着支援センターには、出所する方が大変お世話になっています。この場をお借りして、お礼を申し上げます。また、見ていると、運営も大変厳しいのではないかというところも感じています。

　おかげさまで、私どもは、もし地域定着支援センターなかりせば、私ども民間のソーシャルワーカーあるいは精神保健福祉士が、出所する施設なり、福祉団体に直接当たらなければならないところをやってもらっているわけですので、大変ありがたいと思っています。しかし、定着支援センターのルートに乗らない高齢、かつ、障がいのある受刑者も少なからずいるという現実もあります。

　私どもは、そういう場合は、必ず、「あなたが困ったら、どこそこに行きなさい」という電話番号が載ったシートを渡して出所をさせます。その結果、冒頭でお話のあった秋山さんのところの同歩会につながったり、その他の団体につながったりというケースがたくさんあります。

　次に、実際にそういう福祉的な業務を日夜行っているスタッフについて話をします。島根、播磨の両方に共通していますけれども、臨床心理士、社会福祉士、精神保健福祉士あるいは理学療法士、作業療法士がそのような業務にあたっています。

　主に外部資源との連携などの保護業務を担当するワーカー（社会福祉士、精神保健福祉士）の方の人数で言うと、2千名を収容する島根あさひでは10名です。臨床心理士がこの他に10名いますから、島根あさひは、大体21、2名で「矯正教育」プラス「保護」の部分をやっています。播磨のほうは定員千名ですけれども、ワーカーが8名、同じく臨床心理士が8名でおおむね16、7名で運営している状況です。

　業務内容は非常に多岐にわたっていて、入所から出所まですべての過程で受刑者を支援します。例えば臨床心理士でも、矯正教育だけではなくて、保護の業務もやらせています。あるいは、ワーカーにも教育の部分をやってもらうというたすき掛けの業務をして、一人一人の訓練生を全面的に支援していくことを目標にしてやっています。

　あと、スタッフ活用のポイントとして、「井の中の蛙」にならない、もっと広い視野を持ちなさいということで、学会で発表するなり、海外出張に行かせたり、今、そういうことを一生懸命やっています。

8　外部支援団体との連携の重要さ

　次に、支援団体との連携です。先ほど来お話がありました秋山さんのふるさとの会、あるいはダルクさん、マックさんには大変お世話になっています。

こういうところは、非常に快く引き受けてもらっている現状があります。

一方、公的支援団体との連携の現状を言うと、定着支援センターあるいは自立更生促進センターです。茨城就業支援センターは、私どもの播磨では希望者が大変多いところです。それは、私どもは農業を構外作業でやっていて、そこを経験して茨城就業支援センターに行きたいという人は、今、2桁ではきかない希望者が出てきています。茨城センターからは、何度か職員に面接に来てもらっています。

あとは、ハローワークです。これも施設内にいる間に、今月、1月だけで既に30名程度の面接をしてもらっています。ですので、受刑者の数は大変多いのですが、中にいる間になるべく外につなげていくことを日々やっています。

9　PFI刑務所の課題

最後になりますけれども、PFI刑務所の特色と課題ということで6項目ほど挙げます。

第1に、先ほど言った専門スタッフが、大変貴重な戦力になっています。これは課題ではもちろんありませんが、彼らが、日夜を空けず、非常に事務的な作業、あるいは実際に対訓練生、対各種機関に対して仕事をしてくれています。当たり前といえば当たり前でしょうけれども、民間企業で働く者としては、「志」を持って働いてくれることは大変ありがたいと思っています。

第2に、就労支援での民間のネットワークが拡大の途についているのかという点については、私は、これは一つ疑問に思っています。決して拡大はしていないのではないかと思っています。それは、私どものこういう努力をしなければ、決してひとりでに増えていくわけではなくて、広げていこうという思いがなければ、決して広がっていくものではないと思っています。

第3に、PFI事業というのは、事業期間にわたって予算が決まっている事業です。ですから、新しい何かをしたいと思っても予算が無く、スクラップ・アンド・ビルドで、何かをやめて何かを新しいものにする以外、取り組むすべがありません。予算制約の非常に大きい事業の中での動きになります。

第4に、施設内の処遇がどんなに充実したところで、結局、彼らが帰っていく先、あるいは彼らがどのように社会に定着していくかということを見た場合、施設内の処遇が充実することによる効果というものには限度があります。それは、やるに越したことはありませんが、やはり大事なことはその先のことです。

第5に、PFI事業というのは、法務省の矯正局の事業で、保護局の事業ではありません。ですから、社会復帰促進センターを出た方々は保護局の領域に入りますから、私ども矯正局の仕事をしている者がどんなに手を差し伸べても手の届かないところにいます。それは、民間事業者のワーカーからすると、恐らく非常に不本意なことではあるのでしょうけれども、そういう事業です。私は、ワーカーの使命からは違うだろうと、脇から見ていて思っています。

最後に、私どもは、島根のPFI刑務所事業の運営を開始して間もなく3年になります。これは法務省にお願いすべきことですが、処遇効果の検証をきちんと公表してもらいたいと思っています。それが、私どもの希望にもなるでしょうし、効果が上がっていないのであれば、それを糧にして、さらにいいやり方を考えていくことになると思っています。

非常に雑駁ではありますけれども、PFI刑務所における取り組みを駆け足で説明しました。どうもありがとうございました。

（うたしろ・ただし）

特集3 シンポジウム「日本における犯罪行為者のソーシャル・インクルージョン～実践知と理論知の融合を目指して」

知的障がいのある人の刑事弁護
福祉的視点・支援をどう刑事弁護に持ち込むのか

キーワード：刑罰の目的、弁護人の役割、弁護人と福祉専門職の連携、更生支援計画、犯罪原因への対応

谷村慎介　兵庫県弁護士会所属弁護士、日本弁護士連合会高齢者・障害者の権利に関する委員会幹事、社会福祉士、精神保健福祉士

1　はじめに

　ただいまご紹介にあずかりました谷村です。私は、今、弁護士14年目で、この4月から15年目に入ろうとしています。

　もともと大阪弁護士会に所属していて、3年半で、兵庫県尼崎市で独立して現在に至っています。この間は、刑事当番弁護士というかたちで接した分を含めて、多分、100件以上の刑事事件をやっていると思います。

　知的障がいについて、刑事弁護からその後に至るまでの支援活動を始めたのは、今から7年ぐらい前のことでした。知的は、全体で100件の中からすると、15％とか、そのぐらいの数であって、むしろ精神障がいの方をもっと弁護しているように思います。犯罪としても主に窃盗とか覚醒剤といった、普通に多いものを手掛けてきています。

　そういう中で、重大な罪を犯した人を弁護することになるわけで、私自身、殺人罪を4人ほどやったことがあります。そういった場合に、被害者は、被告人＝罪を犯した人と私ども弁護人を同視して、非常に責め立ててくるというか、批判されるというか、被告人と一緒になって不合理な弁解に終始しているという批判を受けたりすることもあります。

　そういう意味では、弁護人の立場というのは、罪を犯した人＝被告人に近いところで、いろいろなごとを見られているのかなということです。この14年間で私が見てきたところの経験にすぎませんが、話をさせてもらいたいと思います。

2　犯罪行為者への視線

　私は、14年やる中で、自分も一歩間違えればアクリル板の向こうにいるのではないかと思ったことが何度かありました。皆さんは、普段、そういうふうに思ったことはありますか。自分も間違っていたら、一歩間違えれば犯罪者になっていたと思ったことがありますか。

　「犯罪行為者のソーシャル・インクルージョン」というテーマですけれども、もし、本当にそれを考えるのであれば、それは自分とは違う人種だとか、他人事だとか、対岸の火事と思ってしまったら、そもそもこのテーマは成り立たないと思います。自分の中の罪を犯した人に対する予断、偏見を正さずに、人とか社会の予断、偏見を指摘したり、変えていったりすることはできないと私は思っています。

　だから、「罪を憎んで人を憎まず」という言葉は非常に美しい言葉ですけれども、自戒の意味を込めて言いますけど、本当に私ども自身が腑に落ちるというか、心からそれを納得しないでおいて、犯罪者とともにあるだとか、ともに生活するだとか、ともに働くといったことには、なかなかなっていかない

だろう。厄介者として、客体として、対象者として扱って、誰がその厄介者を取り扱うのかのような話では、犯罪者のソーシャル・インクルージョンというのはありません。

これは、本当に自分ができているかというとできていません。ただ、今日だけは、私も自分事としてこの問題を考えるということで、今から話をさせてもらいたいと思います。

普段、私どもは、刑事司法手続きにおける弁護人の役割としては判決までということになっていて、そのあとはほとんどかかわらない弁護士がほとんどだと思います。刑務所に弁護士が行くことがあるとすれば、受刑中の方から人権救済の申立て等が弁護士会にあって、刑務所に行って話を聞いて、人権侵害に当たるかどうかを判断するということだろうと思います。

私の場合は、普段、福祉の専門職の方と一緒に支援計画を立てて、それを法廷に出して、それをもって情状弁護しています。その計画というのは、すべからく、釈放されたあと、刑務所受刑後のものですので、それを裁判所で（自分も含めて）誓ったように実現するために刑務所に通っています。

今週は、岐阜県の笠松刑務所という女子刑務所に行ってきましたし、その前の月は神戸刑務所に行きました。神戸刑務所のほうは、インターネットゲーム依存症の方が入所していますけれども、彼との約束で、彼が出てきたら、ひょっとしたら、私は、一緒に生活するのかなという状況にも、今なりつつあります。

どうして、私が一緒に住むような話になるかというのは、日本知的障害者福祉協会の「さぽーと」に掲載した私自身の考え方などを書いたものがありますので（谷村慎介「田村一二さんとの出会いとつながり」さぽーと646号（2010年）26～27頁）、そちらを参考にしてもらえたらと思います。

今日は、今、受刑中とか受刑後のお話を3人の先生方からしていただいたわけですけれども、私は、弁護士として、その前の段階で、じゃあ、どうなのだろうというところを話します。

3　刑事司法手続きとソーシャル・インクルージョンの矛盾

要するに、罪を犯した人のソーシャル・インクルージョン、社会復帰に、刑事司法手続きはどう役に立つのかというところですけれども、結論から言うと、刑事司法手続きには、社会復帰とか、ソーシャル・インクルージョンの役割を期待しないでほしいというのが私の結論です。

もちろん、私は、刑事法制や刑事法を研究したことはなく、詳しいわけでもなく、単にこの14年間の弁護士経験があるだけなので、もし、言い過ぎとか、間違っているということがあったら、あとで個別に指摘してもらえたらと思います。

いずれにしても、何で刑事手続きが役に立たないかというと、刑法の目的というか、刑罰法規の目的というのは、一般予防と特別予防にあります。一般予防が主で、特別予防が従たるものと言われています。

一般予防というのは、国民は刑罰が怖いので、刑法とかに「懲役10年」とかと書いているので、刑務所に入れられたり、罰を受けたりするのが怖いので、そういうふうに刑法に書いておいたら、刑罰が怖いので犯罪をしないという国民に対する威嚇です。

特別予防というのは、1回罰せられたら、もう二度とそんな刑罰を受けたくないということで、再犯の防止になるということです。

要は、日本の刑法、刑事手続きの目的は、ざっと言ってしまえば、国民に嫌な思いをさせることによって再犯を防止しようというところにあります。もともと、なぜ、国家が処罰するようになったかとい

うと、それは、それなりの被害者の報復感情を満足させるような応報を与えるためで、応報する、制裁を加えることが刑事手続きの目的です。

しかも、成人の場合には、少年のような教育とか保護といった視点はないので、刑事司法手続きというのは、本人にとっては、対象とされたうえで非難されたりとか、批判されたりとか、あるいは制裁を加えられるという場であるわけです。刑事司法手続きというのは、罪を犯した人を支援するとか、罪を犯した人と共感するとか、あるいは、その人の社会復帰を目的としたものではありません。

判決は、前科者というレッテルを貼るためのものです。そういうレッテルを貼られたくないから、みんな罪を犯さないという理屈なものですから、そうでないと目的は達せられないということになってしまいます。結局、だめなところをあげつらって批判をされるという手続きです。

それがいけないということではなくて、それが刑事司法の目的なので、目的を達成するためにそういうふうになってしまっているのは仕方がないことです。そういうことで、刑務所に入るなり、執行猶予付きの判決でもいいです、きちんと罰を受けたうえで、そこからそれをきっかけに社会復帰してね、そこからソーシャル・インクルージョンを考えてねというのが、刑事司法手続きです。

ですので、先ほど、刑務所に来る前から社会的背景はあるのだというお話がありましたが、まさにそのとおりです。私は、刑事手続き自体は、結局、ソーシャル・インクルージョンとは、手続きとして逆の効果を持っているものだと思っています。

刑事司法手続きを取ることには、ソーシャル・インクルージョンという意味は全くないではないかと思います。ただ、森久先生の話にもあったと思いますけれども、逮捕、勾留といった出来事、あるいは裁判という出来事、そういう危機的な出来事で、本人でも、あるいは周囲の人に犯罪の原因について気付くチャンスを与え、本人が変わるチャンスになるということは言えると思います。

4　刑事司法手続き段階での支援

ですから、罰を受けるという手続きは進んでいきますけれども、そのために、国家は予算を作って、裁判官だとか、検察官だとか、国選弁護人などを用意しているわけですから、刑事司法手続きは罰を加えるための手続きとはいえ、同時にそういう舞台があるので、それを逆手に取って、別のものに使えないかという発想で始めたのが、弁護人と福祉専門職が役割分担をしながら行う一連の支援です。

要するに、現行の刑法とか刑事訴訟法の枠組みの使えるところを使いながら、刑事司法手続きと二本立てで、刑事司法手続きは司法手続きで進めながら、弁護人と福祉専門職が協力して支援活動を進めるのです。この活動というのは、全部プラス・アルファの活動です。通常の弁護活動は行われているという前提で、プラス・アルファでこの活動を加えることによって、先ほどの本人が変わるチャンスとか、気付きのチャンスというのを生かしていけないのかという発想で、活動しているということです。

本当の意味での再犯防止というか、犯罪の原因が明らかになって、こうすれば二度と犯罪をしないのではないかということについて本人も周囲の人も考えて、じゃあ、こういうふうにやっていこうという計画のことを「更生支援計画」と呼んでいます。

それは、罰を加えるという通常の刑事司法手続きにおいては、情状としては一定の意味があるかもしれないけれども、それ以上の意味はあまりありません。でも、本当の意味で再犯の防止ということを考えたときには、刑事司法手続きは刑事司法手続きとして、それが流れている間に手立てを講じて

おくべきで、釈放されたときとか、判決したあとに、原因などがちゃんとしていなくて、また同様に罪を犯してしまったら、また刑事手続きに乗っかって刑務所に行ったりとか、刑務所に行くのが長くなるとか、回転ドアになってしまいかねません。

再犯防止を考えると、釈放時や判決時に直ちに社会復帰可能な準備をしておきたいので、私どもは、こういったかたちで、二本立てで、刑事司法手続きに乗せていくために通常の刑事弁護は弁護士がやりながら、福祉専門職と連携して、二本立てのもう1本の社会復帰のための支援を行っていかざるを得ません。

結局、刑事司法手続きの中ではそういうことは想定されていないので、法外で、あるいは制度外のものとして、本人の気付きのチャンスを生かすという場を制度も何もないところで設定して、それを二本立てでやっていくことをしています。

ただ、刑事手続きを福祉的支援の導入のために利用していますが、福祉制度を用いた支援については、本人が身柄拘束されている場合は、普段捕まる前に支援するのとは違って、刑事手続きというのがいろいろ邪魔してきます。例えば、本人と会おうと思っても、本人は、警察の留置場なり拘置所なりにいて、福祉職の方の面会は一般の方の面会になってしまうことが多いので、15分間だけとか、9時～5時の間だけとか、立ち会いがあるということです。

起訴されたら、一応、保釈は権利として認められることになっています。しかし、「人質司法」が現実です。要は、自白をしていないと保釈はほとんど認められません。ですから、保釈を受けるためには、やっていないものもやっていると言わないと保釈されないのが現状です。そのために、わざと認めてあとで否認したりすると、裁判所が怒るということもあります。

ともかく保釈されたら、保釈された状態で、いよいよ福祉的な部分も含めた社会資源の提供は可能ですが、保釈されずにずっと拘置所の中にいるので、それを前提にいろいろやっていかなければいけないというところで、かなり困難が伴ってくることになります。

そういうことで、刑事司法手続き自体がソーシャル・インクルージョンに直ちに結び付くものではないので、その刑事司法手続きをやってもらいながら、その間に別のものを持ってきてソーシャル・インクルージョンに結び付けようとしているというのが、私どもがやっている活動の実情であるということです。

ただ、そうなると、刑務所に行ってからスタートしてもいいのではないかと思うかもしれませんが、刑務所へ行かない場合もあるので、というか刑務所へ行かないような支援を私どもはするので、この段階でやる必要があります。

5　刑事裁判段階での支援のメリット

刑事裁判の段階というのは、一つすごく大きなメリットがあります。それは、本人に関する多くの情報が、刑事事件の記録として弁護人の手元に入ってくるということです。刑事裁判での情報は、のちに必ず有用な情報になります。それを活かすために、刑事訴訟になってしまったので、ただでは転ばないというか、そこでいろいろな情報を採れるだけ採ってしまいます。

例えば、「位記勲章は受けたことがありません」とか、「私はどこどこ生まれで、何とか」とか、そういうのから始まる身上調書と言われる調書を読めば、本人の学歴とか、ちょっとした生活歴はわかります。もし、本人が障がい等を持っているなどで、そのことがわかっているのだったら、役所に照会した結果を報告した捜査報告書といったものもあります。

あるいは、出所後の社会復帰の妨げの一つとして被害者との関係もありますので、被害者の供述

調書があれば、事件についての被害者の考え方とか、今後、出たあとどうしていったらいいのかというのがわかります。あるいは、法廷での供述については裁判所が調書にしてくれるので、そういったものが、弁護人を通じて情報が非常に入ってくるということです。

　ここで弁護人が情報を取っておかないとあとは難しいです。それは、結局、刑務所に行ったりとか、保護観察が付いて保護観察所に行ったりというときに、裁判所から刑務所、保護観察所に送られる情報、あるいは、同じ法務省の管内ですけど検察庁から、刑務所等が得られる情報、保護観察所が得られる情報というのは、ごくごく限られたものです。

　せっかく刑事裁判でいろいろな犯罪の原因とかも含めて明らかになっているはずのものが全く引き継がれず、刑務所とか、保護観察所で苦労して、また一から情報を集めて、そこで集めた情報が、では、次の地域定着支援センターに行くかというと、そこもまた分断されて、地域定着がまた一から情報を集めてという、本当に情報の悪循環というか、あなた方はよくここまで縦割りで考えていますねという状態になっています。

　例えば、裁判の記録というのは、確定したらどうなるかというと検察庁に行きます。私も検察庁に確定記録の謄写を請求するわけですけれども、検察庁の秘密主義というか、検察庁がバラしたとなると、あとで責任を取らされるのが嫌なので、墨塗り状態もはなはだしいような状態で、また記録も一部しか出してきません。

　要するに、捜査の場合は、捜査密行の原則があるので捜査記録は全く出てきませんけれども、裁判になったらそこで全部取っておいて、かつ、外にコーディネーターを作っておくということです。刑務所の中に全部渡してもそこから情報は何も出てこないので、外にコーディネーターを置いておいて、外のコーディネーターが、情報の集約とか分析を行って、

キャッチボールしながら、その人に全部集まってくるようにしていくということが大切と思っています。

6　ソーシャル・インクルージョンにとっての情報の重要性

　罪を犯したとか、殺人だという中途半端な情報だけでは、社会は、そんな怖い人は嫌となりますけれども、そういうふうに十分な情報があれば、具体的につぶさに情報が入ってくれば、そんな危険な人ではありませんということになります。

　罪を犯すには事情があります。私は弁護人をやっているから、事情はよくわかります。理由なく人を殺したりとか、ものを取ったりというのは、まずありません。何か理由があるし、その理由については、それは、自分勝手とか、身勝手と言われればそうかもしれませんけど、自分も3日間何も食べていなかったら、目の前に弁当があって、賞味期限が切れかけているのだったら、取ってもいいかなというふうに思いませんか。そういうことです。

　ですから、ソーシャル・インクルージョンは、もっとべたべたなところで考えていく、そういう発想、そういうところからやっていかないといけないと思ったりしています。最後は、全然弁護士ではないような話になりましたけれども、これで終わらせてもらいます。

（たにむら・しんすけ）

特集3 シンポジウム「日本における犯罪行為者のソーシャル・インクルージョン～実践知と理論知の融合を目指して」

ソーシャル・インクルージョン理念から見た社会復帰支援

キーワード：受刑者の法的地位、犯罪行為者の権利論、支援の社会化、更生保護、支援の担い手の多様化

本庄　武　一橋大学大学院法学研究科准教授

1　はじめに

　一橋大学の本庄と申します。研究会を代表して、この間、私どもが考えてきたことについて話をさせていただきたいと思います。

　私どもの研究会は、法律の研究者、刑事法の研究者の集まりです。ですから、私どもは、今までパネリストの皆様にお話しいただいたような実践についての経験がありません。私どもが持っているのは、今まで刑事法の中で考えられてきた理念あるいは法理論、法理念になります。

　今、世の中が急激に動いていろいろな制度ができ、動いている中で、法律の観点から理念を語ることにどういう意味があるのかをこの間考えてきました。そこにきっと意味があると思って、いろいろ実践のお話を伺いながら考えてきました。では、話をさせていただきたいと思います。

2　従来の受刑者の法的地位論

　まず、従来、私どもの先達たちが考えてきたことになります。どういうことであったかですが、考えられてきたことは、刑務所の中で、受刑者というのはどういった法的な地位を持っているのか、一番よく議論されていたことです。

　大幅に簡略化すると、三つぐらいの柱がありま

す。一つは自由刑です。刑務所に送るという刑罰は、そこで自由を奪う、身体を拘束するという刑罰です。懲役刑ですと、あとは作業を足すことになりますが、それが刑罰の内容です。刑罰の内容として、一定の権利とか利益が奪われるわけです。

　問題は、刑務所に入ると、それ以外の権利、利益について侵害されてしまうという弊害が生じてしまうことです。しかし、それは、本来刑罰として奪ってはならないものということで、余計に奪った分については、それを元に戻すという作業、これも国家が刑罰権の行使をする以上は、同時に弊害を除去することも国家に義務付けられるという議論がされていたと思います。

　その弊害を除去するために有用なこととして考えられてきたのが、いわゆる行刑の社会化です。刑事施設の中は、一般的な傾向としては、非常に完結性が強い閉じた社会です。そうすると、刑務所の中で身柄を拘束して逃走させないとか、自殺をさせないことで刑罰の執行を行っている人が同時に社会復帰のことを考えるのは、どうしても無理があります。

　それを打破するためには、社会資源をもっとたくさん活用して行刑をやっていく必要があるし、刑務所自体も外に開かれたものでなければいけないと言われてきました。

　もう一つは、非常に一般的なことですけれども、

受刑者であっても、犯罪行為者であっても人間ですので、人間の尊厳という一般的な権利は持っているはずです。それに由来して、差別されてはいけないし、拷問をされてはいけないなどということは、当然受刑者であっても当てはまるという議論をしてきたと思います。

このうち最後の点を除くと、この議論には、まず罪を犯した人は、特権としてこういう権利を持つのかが疑問として出てきます。もう一つは、刑事手続きに関与するというか、関係した人というのは受刑者以外にもたくさんいるわけですが、その人たちについてはどうかということについても考えなければいけません。そういう問題意識から、少し考えを進められないかと思っていました。

3　刑事手続関与者という属性への注目

そこで、犯罪行為者がどういう権利を持っているかを法的な立場から考えてみると、結論としては、犯罪行為者という属性は、ソーシャル・インクルージョンを考えるときに本質的には重要ではないと考えたほうがいいと現在のところ思っています。

それに代えて、考慮すべき属性というのは、刑事手続きに関与したということです。刑事手続きというのは、広い意味で使っています。つまり、裁判が確定する前と、刑事施設に入ったあとも全部含んだものとして使っていますけれども、そこには弊害があります。

先ほど言った、刑事施設に入るという弊害は、刑務所もあるし、裁判が確定する前に未決拘禁として施設に入るときにもあります。また、仮に施設に入らないにしても、刑事手続きにかかわったということで、どうしてもラベリング効果があります。つまり、犯罪をしたというレッテルをその人に貼ることが、不可避的に付きまとってきます。

また、もう一つ注意しなければいけないのは、ラベリングというのは2種類あるわけです。一つは、外部からその人に対して貼られるラベルですが、もう一つは、自分自身が自分に対して犯罪をしたというラベルを貼ってしまうことです。それが社会復帰を妨げる面があります。

ですので、これらの弊害を除去することを目標にします。これは、社会の中でいろいろ対応していかなければいけない不利な立場に置かれた人の中で、犯罪行為者と言われる人は、実は、こういう属性を持っているのではないか、弊害を受けているという属性があると考えてはどうだろうか、考えるべきではないかと一つは考えます。ですから、それは、犯罪をしたこと自体は重要ではないと考えていいのではないかと思っています。

もう一つは、先ほどからお話ししていただいたように、刑事手続きに関与するような人というのは、そもそも多面的、多様な複合的な社会的な負因を持っていると考えられます。さまざまな社会的負因が複合して、犯罪という現象に至り、刑事手続きにかかわるということで、さらにもう一つ、弊害という負因を持つという構図があります。この二つの点に着目をして、この人たちの社会復帰というか、社会への包摂ということを考えていかなければいけません。

4　権利保障の内容

もちろん一市民として人間の尊厳を有しているので、権利論としては、結局、犯罪行為者であってもそれ以外の人たちと同じ権利を持っています。人間の尊厳と言ってもいいですし、自己発達権、いろいろな表現で表せると思いますけれども、とにかく、抽象的には、人として自分の自己実現を図っていくことが保障されることになります。それを分析すると、消極的な保障と積極的な保障の二つの保障があります。

弊害除去が、犯罪行為者というか、刑事手続きに関与したことで特有のものであるということです。もう一つは、先ほど谷村先生のお話にもあったように、刑事手続きに関与したことで顕在化したニーズというのがあります。実はこの人というのは、社会的に不利な立場に置かれていたことが判明をすることだと捉えると、そこのニーズを充足するという積極面があると思われます。

先ほども言ったように、ラベリングです。自分自身で自分に対してラベルを貼ってしまうという現象があります。それを変容させる、つまり、自分は、世の中に対して何か一定の積極的な貢献ができるのだという意識を持ってもらうのが目標です。その支援を受けるのが権利として言えると考えていました。

もう一つ、これは、冒頭の森久さんの趣旨説明でもありましたけれども、犯罪をした人は、不利な立場に置かれた人と見るとすれば、主体性を尊重することがもちろん必要になってきます。そのためには、自由とか権利を付与すればいいということではなくて、実質的に主体性を尊重するための仕組みというものを持っておかなければいけないと考えられます。「セルフアドボカシー」とか「エンパワーメント」と福祉の世界で言われる原理が、ここでも必要になってくるのではないか。

つまり、自分自身が自分のことを主張するためには、エンパワーされないといけないということです。そのためには、支えとなる人間関係が必要になってきます。また、自分が支えられているということだけではなくて、自分が他者の支えになっているという感覚を獲得できるように支援されるということです。それが、ここで言う実質的な意味での主体性の獲得ということにつながっていくと考えました。

5　再犯防止との関係

いわば、非常にきれいなことを言っているわけですけれども、じゃあ、刑事司法で目標とされている再犯防止との関係はどうなのかです。

結局、再犯防止の観点から注目するとすれば、三つの属性があります。一つは、犯罪をしたということです。犯罪という非倫理的なことを行った存在として見る視点があります。もう一つは、再犯をするというか、犯罪のリスクを持っている人としてその人を見るということがあります。いずれにしても、それは罪を犯した人を管理の対象として扱うことにつながり、そういう人自身に対して、自分は、そういういわば社会にとって害となる存在だと自己認知させることになってしまいます。主体的な犯罪克服にはつながりにくいものです。

しかし、究極的な意味での再犯防止、社会復帰、社会に統合して、社会に包摂して再犯を防ぐという目的からすると、犯罪をした、再犯リスクがあるという属性に注目をするよりは、一旦、それを置いておいて、ニーズを有するという属性に注目し、そのニーズを充足することで再犯防止につなげるほうが意味はあると思われます。

そうすると、今、刑事施設でも、保護観察の中でも一生懸命やろうとされている処遇プログラムの位置づけも変わってきます。その人自身が、よりよき人生を送るという観点からして、自分自身が克服しなければならない対象、例えば認知に問題があることを自分自身で課題として考えれば、じゃあ、どういう方法をもってそれを克服していけばいいかを考えることにつながっていきます。

ですから、外からプログラムを受けることを強制するのではなく、自分自身でそれを一生懸命受けようと考えるように持っていくことが目指されることになります。

今、プログラム全般に有効性の観点から一般論と

して言われていると思いますけれども、それは、私どもが考えている立場からすると、むしろ理論的にも要請されることです。

6 支援の社会化

次に手段の話に入ります。そうすると、支援を社会化しなければいけません。行刑の社会化と今まで言われていたことには、いくつか要素があります。一つは、施設内の生活を一般社会、外部社会の生活と近付けていくこと、それから、施設内生活の中で、社会とのつながりをできるだけ維持することです。

それに加えて、一貫した支援を提供するために支援の担い手の社会化が必要になってくるし、支援の内容の社会化が必要になってくると考えられます。

その観点から、刑事司法機関以外の社会資源を最大限活用することが刑事施設の内外を問わず必要になってくると、理論的に言えます。

一貫した支援ですから、前提として、施設内においてニーズに即した個別的な処遇が開発されなければいけません。その処遇は、社会内処遇と連続性を持ったものでなければいけないですし、当初から出所時を見据えた処遇計画を作らなければいけません。

さらに、担い手の問題としては、継続的な支援を行える人が望ましいです。ですから、例えば、今、ダルクが施設の中に入っています。これは、出所後もダルクに頼ることができるので、継続的な支援は、部分的に可能になっています。それをもっと広げていく必要があります。

施設内処遇の担い手を考えてみると、どうしても刑事施設の中は、権力的な処遇になってしまいがちです。刑務官の方は、受刑者の人のことをいつ逃げるかわからないという目で見なければいけない

という教育を受けていると、刑務所に参観に行くと説明されます。

つまり、不審の目を持って見る、それは必要なところもあると思います。それを否定するわけではありませんが、同時に信頼の目を持つのは非常に難しいです。そうすると、信頼の目を持った人が刑務所の中にどんどん入っていくことが必要になってきます。

先ほどご報告いただいたように、PFI施設では、それが一部実現しているとも言えます。つまり、刑務官ではない、権力的な公権力の行使ができない民間の職員の方が頑張って働いていることは、一つ評価できます。

ただし、PFI施設で、従来の刑事施設にあった問題が実際になくなったのかどうかはまた別の問題で、これから検討していかなければいけません。

それから、これはPFIに限らず、従来の既存の刑事施設においても、施設の中に社会福祉士の方が配置されているのが最近の動きです。これも画期的なことではありますけれども、課題もあります。現在は非常勤として働いていらっしゃいますが、常勤化されなければいけないし、人数としてはとても足りないということもありますが、ここで言いたいのは、施設からの独立性とか、主体的活動を保障することがどうしても必要になってくるということです。

刑事施設に属している社会福祉士の方ということですが、施設から独立して活動できるということからすると、所属が刑事施設ではない人が施設の中に入っていくほうが望ましいです。そのことは、出所後の支援と連携するという意味でも重要です。

出所後に社会福祉士の支援が必要な人であれば、出所後の支援と施設の中の支援が連携しなければいけません。施設外の社会福祉士の方とつながっている、もしくは施設内外の担当が柔軟になってくれば、出所後もその人の福祉を担当することもあっていいです。そういった在り方が目指されるべ

きです。

7　更生保護機関の位置づけ

　もう一つ、今、このように考えてくると問題になってくるのは、できる限り外部の資源を使っていこうというときに、じゃあ、従来から刑事司法機関の中では最も福祉的な色彩が強かった更生保護の分野で活動している方はどう位置付けられるのかという点です。

　更生保護施設については、受け皿としての機能があるし、これは今後も残ると思います。既存の福祉、現状の福祉に適切な受け皿がない場合とか、あるいは後回しにされてしまう場合は、むしろ更生保護施設に頼らざるを得ないところが残ってきます。

　特に、いわゆる福祉施設への入所とか、福祉サービスを必要とするわけではなくて、自分で仕事を見つけて自立生活を送りたいのだけれども、社会に出る際に、一時的に準備期間が欲しいことはあり得るわけで、それは、更生保護施設が担う役割としてあります。

　もっと言うと、こういう役割を担うことは、更生保護施設は、先ほどあった消極的、積極的という二つの保障形態のうち、弊害の除去に重点を置いた消極的な保障を担う役割があると言えます。

　最近の動きとしては、更生保護施設に社会福祉士が配置されて、退所後に自立生活を送るとは限らない人も更生保護施設で受け入れることになっています。これは、従来の更生保護施設のモデルからすると、かなり難しいと思います。

　つまり、委託費と寄付で運営されているために、職員の方に十分な待遇が用意できないのは構造的に更生保護施設にある問題であるとのことですので、よりケアを必要とする人を受け入れるのは非常に難しいです。

ということは、更生保護施設自体が多様化しなければいけません。これは、更生保護法人格をほかの法人が取得するということです。南高愛隣会とか、ふるさとの会が取得しています。そういうかたちで、新規に参入してくる人というのは、むしろこちらのほうを担うことが望ましいと思います。

　ただし、ふるさとの会が同歩会を作られたというのは、私が理解する限りは、受け入れを円滑にする、あるいは、情報をきちんともらうための手段として法人格を取得されたと思います。

　それは、本来的に、必ずしも更生保護ではなければいけないということではないと思います。つまり、社会福祉の枠の中で対応することができないかと言われれば、それはできます。しかし、今の制度上は難しいということで、手段として更生保護法人になることはあってもいいです。

　ただし、将来的に概念を整理したときに、更生保護固有の役割として何を担うかといったときには、最近の流れ、つまり自立生活を送るとは限らない方が福祉施設に行くために一旦更生保護施設に行くということは、過渡期のことなのかと思いました。

　保護観察官については、ネットワークの基点としての重要な役割が、今後も残ると思います。刑事施設と福祉、更生保護をつなぐネットワークで、いろいろな資源が保護観察官を中心として有機的につながっていくのが望ましいと思います。

　保護司については、弊害の除去に特化して、一定期間の見守りを行うという役割です。これも別に意味がなくなるわけではなくて、固有の意味があると思います。ただし、担い手が多様化されないといけないし、保護観察期間を過ぎたら、それで終わってしまうということはよくないと思います。

　要は、更生保護というのは、私どもの考え方からしても、従来担ってきたところを頑張ってもらうこととして、職域を拡大するというよりは、福祉的なところは福祉機関に担ってもらうほうが望ましいと思

8　支援の担い手の多様化

　地域生活定着支援センターの構想について、課題は、あちこちで指摘されています。情報が十分来ていないとか、対象者の範囲が狭いのではないか、福祉的な対応が必要な人が対象から漏れてしまっているのではないか、基盤が非常に貧弱ではないかと言われます。

　ここで一つ言いたいのは、先ほどもご指摘があったように、縦割りになっていて、センターは非常に狭いところをつなぐという役割のみを担っています。それはそれとして、恒常的につなぐという役割を担う機関はあったほうがいいと思います。

　ただ、それは、必ず各県に一つのセンターでなければいけないかというと、そうはいえないのではないか。ほかの担い手にセンターのような役割を担わせることを考えていいと思います。

　社会内処遇とそれ以降の支援が連続的でなければいけないことも、私どもの構想から出てきます。そうすると、いわゆるハイリスクの対象者に特化した中間施設を作るという構想が問題となります。自立更生促進支援センター構想というのは、もともとそういうものとして提示されています。現状そうなっているかというと、なっていないと思いますが、構想されたときはそうでした。

　しかし、これはあまりよくありません。それよりは、ハイリスクと見られるのは、ニーズが多様に多面的にそれだけ複合しているということなので、そこを丁寧に解体していくことを考えてはどうでしょうか。解体して、個々のニーズに即した支援を行うと考えていったほうがいいように思います。

　同時に、支援団体がどういう役割を担うかというところです。考え方としては、特定の業務で、「われわれはこれができます」ときちんと言ってもらって、その業務についてはそちらに委託をしますというかたちで、団体、個人でもいいですが、いろいろな資源が多様に組み合わさったかたちで利用されていくのが望ましいかたちです。

　もう一つ、施設入所前の話についてです。ここで問題提起をしたいのは、先ほど谷村先生が言われたのは、刑事司法で支援を担うのは無理があるということですけれども、少なくとも、刑事弁護人の役割に谷村先生が実践されている福祉的な支援を一部取り込むことには、可能性があると考えました。

　つまり、社会復帰支援業務は、それによって刑事司法の目的が立派に果たされるわけですから、それは立派な弁護人の職務です。ですから、そこは、固有の報酬の対象と観念すべきでしょう。弁護人の役割についての考え方を少し拡大しなければいけないのかもしれませんが、そういう可能性はあると思います。

　また、もちろん法律家が担えないことについては、社会福祉士の方の選任も公費で賄うということも考えてよいと思います。そのほうが、政策的によほど合理的ですので、十分検討に値すると思います。

　自助グループのお話もしていただいたので、ここも一言だけ言わせてもらうと、自助グループというのは非常に大きな意味があると思うのは、支援をされる人にとって、あなたはこういう役割を担えるのだというモデルを提示できるというのが、自助グループ最大の意味だと思います。それは、主体性の回復の観点からは、一つの在り方として重要なものです。

　日本では自助グループはまだまだ発達していないと思いますが、制度的にその拡大を促進していくことが必要と思います。

　最後に、地域住民の方ですが、私どもは、最終的な目標としては、どうしても残るだろう一般市民の人の犯罪行為者への偏見を完全になくすことは無理だとしても、緩和していく、あるいは理解ある

人を増やしていくことはどうしても必要になってくるだろうと考えています。

　そういう意味では、例えば、島根あさひの周辺の方の中には、施設の運営に協力をしようという雰囲気もあったように思います。あるいは、先ほどお話しいただいたふるさとの会がある山谷地区にしても、犯罪行為者の人がいることを表立って言わないということだと思いますけれども、それをコミュニティの中で、比較的うまく受け入れるような仕組みを作られていると思います。

　ふるさとの会のようなかたちというのは、つまり、犯罪行為ではない属性に着目して受け入れることによって、地域の定住が可能になっていきます。そういうかたちで、私どもは、いろいろなところで犯罪行為者へのものの見方を徐々に変えていくことが必要です。

　　　　　　　　　　　　（ほんじょう・たけし）

特集3 シンポジウム「日本における犯罪行為者のソーシャル・インクルージョン～実践知と理論知の融合を目指して」

パネルディスカッション

キーワード：空き家再生、保護観察付執行猶予、官民の役割分担、地域社会、社会参加

秋山雅彦、市川岳仁、歌代　正、谷村慎介、本庄　武
森久智江(司会)

森久　そろそろ時間になりますので、よろしければ着席してお聴きください。ただいまから、シンポジウム第二部パネル・ディスカッションを始めます。

　最初に、たくさんの質問をいただきまして誠にありがとうございます。時間の関係ですべてにお答えできるかどうかわかりませんが、可能な限りお答えしたいと思いますので、どうぞよろしくお願いします。

　皆さんから戴いたご質問の中で、ご報告の内容確認に当たると思われる点について、先にお答えします。

1　新規雇用主の開発について

森久　まず、歌代さんに質問が来ています。先程、PFI事業に取り組んでいる中での新規雇用主の開発という話がありましたけれども、「新たに、外部に新規雇用主を開発するだけではなくて、自社で雇うことはなかなか難しいのでしょうか」という質問です。お願いします。

歌代　質問にお答えします。私どもは建設業をやっています。今は法定雇用率が決まっているので、直接ではありませんが、自社でというと、例えば大林組の子会社でオーク・フレンドリーサービスという知的・精神障がい者を雇用する会社があります。これは今後の話ですけれども、今、そこのルートを通じて、条件に合う人たちを大林組のグループの中で採用していくことを検討しています。

　こういう不景気の時代ですが、工事がたくさんあれば、業界全体として協力できる会社はたくさん出てきます。そういう中でも、例えば、大林組の広島支店でよく仕事を発注している下請けの企業の社長が、この島根（あさひ社会復帰促進センター）の事業を知って、「うちでぜひ、5名は雇いたい」とされたケースがあります。また、職業訓練の指導をしている名古屋の会社が、職業訓練でホームヘルパー2級を取った人に面接をして、試験をして、本人も希望して名古屋に帰住したケースもあります。

　当然、今後は自社でも雇っていきますが、大林組だけではなくて、例えばNECもいます。綜警（綜合警備保障）は警備業法の関係があってなかなか難しいですが、給食を担当している企業、あるいは衣服を担当している企業もいます。やはりそういうことを広めていくのが、私ども民間企業が、このPFI刑務所にかかわっている意味だと思います。

2　ふるさとの会の活動の実際について

森久　ありがとうございます。皆さんからかなり多く質問が集まっているのが、秋山さんのふるさとの会の活動についてです。特に、ホームの開設から支援者養成、また、空き家の再生活動とか就業支

援といったサイクルを作られていることにかなり関心が集まっています。そのサイクルをどう作っているのかについて、詳しい説明を聞きたいというものがいくつか来ています。

　具体的には「合同会社ふるさとは基金を持っているのか、もしくは形成していこうとしているのかという点について教えてください」というもの、それから、雇用しているスタッフに関して、例えば、「何らかの障がいを持っているとスタッフとして雇用することは難しいとか、雇用にあたって問題となる点が何かありますか」ということ、また「周辺の地域の住民との関係について教えてください」という三点、それぞれお答えをお願いします。

秋山　はい。私たちは、事業展開の中ではいわゆる物件確保を中心によく話をしています。例えば、墨田区の中にも、今までは大きな三世代ぐらいで同居していたのが、どんどん景気が悪くなったり核家族化したりで、もう老夫婦しかいないという人たちが結構多く住んでいます。

　そういう人や、アパートを持っている人が資産活用でワンルームに建て直そうかというときに、いくら東京といっても、六本木とか新宿ではない墨田区で、今後、ワンルームを造って貸家をやっても人が入るのかという不安を持っている人がいるということが、地元の不動産屋とかハウスメーカーたちの話に出てくるのです。

　そのときに、私たちが今まで山谷地区で社会的排除を受ける人をずっと支援していて、家主たちにはきちんと家賃を払っていることを知っている人たちが、「ふるさとの会に話を持っていけば、借りてくれるのではないか」という話をしてくださることから、いろいろな住まいが確保できていきます。

　そのようなやり取りにもいろいろな工夫があります。先ほどの合同会社に関しても、非営利団体が資金調達をするうえで、一般の金融機関はNPO法人に融資をしません。金融庁の不良債権区分の破綻懸念先に自動的になっているので、私たちNPO法人が、「その人たちが住まいを買うなり借りるための資金を貸してくれ」と言っても、「貸せません」と言われてしまいます。そのため、新しい資金調達の方法として、NPO、非営利団体がコントロールする合同会社なり株式会社を作って、社債を発行して資金調達をするというかたちで合同会社を設立しています。

　先程の、地元の家主または不動産を持っている人と、こういう合同会社を組み合わせることにどういう意味があるのかですが、大きな家を持っている人は、その地域または町会の役員だったり、地元に昔からいる有力者だったりします。その人たちがふるさとの会に「建物を借りてくれ」と言うことは、どういう人が住むか自明なわけです。私たちが、「刑務所から出てきている人もいるし、精神障がいを持っている人が入りますよ。いいんですね」と言っても、「きちんと家賃が入って、運営してくれるのだったらいいです」と。

　逆に、家主のほうが近隣の人たちに、「いや、こういった人が入るから、あとはよろしく」と、近隣の挨拶も一緒に行ってくれます。

　そこのスタッフ雇用でも、発達障がいとか精神障がいを持っている人が働いています。これは、ケア付き就労というプログラムで、その人に応じた労働内容や労働時間、または、その人たちがたまに不安定になったりするのに対応して、週1回1時間だけから始まったり、高齢者の食事のお皿を洗うところから始まって、建物の清掃、対人援助というかたちで、その人たちの状態に合わせてやっています。そういったいろいろなものを組み合わせて行っています。

森久　ありがとうございます。ソーシャル・インクルージョンという枠組みの中で、サイクルを作っていくだけではなくて、さらに、そこから地域に対しても何らかのメリットが生じる仕組みになっていると

ころが、非常に興味深いと思います。
　地域住民との関係は、ほかにも質問をもらっています。今後、ソーシャル・インクルージョンを進めていく中で、地域に対して、もっと言えば国民とか一般の市民に対して、ソーシャル・インクルージョンという考え方をどのように理解してもらう必要があるのかについて質問をもらっていますが、この話はもう少し大枠の話になるので、少しあとのほうで回答してもらおうと思います。

3　更生支援計画書作成の着想

森久　もう一つ、内容確認になりますが、谷村さん、よろしいですか。「そもそも（更生）支援計画書の作成を発想したきっかけは、成年後見活動の中から得たものなのか、それとも、児童福祉分野の措置段階で義務付けられている児童自立支援計画書にヒントを得たのか、どちらでしょうか。そのヒントについて教えてください」ということです。

谷村　裁判所における鑑定は、大きく分けて精神鑑定と情状鑑定の2種類があります。情状鑑定はあまり知られていないかもしれませんが、家裁調査官のOBの会などが、本人の心理テスト等を実施して、性格傾向などを分析します。いわゆる情状証人として適切な人が立てない場合に、情状鑑定を行って、その鑑定書をもって立証していくという方法です。
　ベースにしているのは、精神鑑定と情状鑑定という仕組みに、福祉に関する情状鑑定を持ってこられないかという発想です。福祉の部分の発想というよりは、通常の刑事司法の枠組みの中で、ツールとして福祉のものをどう乗せていったらいいのかという発想です。
　そのため、今、私たちが書いている支援計画書の枠組みも、診断するわけではありませんが、精神鑑定書と同じような項目立てです。今は権利条約（障がい者の権利に関する条約）等からもわかるように、ICF（2001年にWHOが出した「国際生活機能分類」）もそうですが、世の中の趨勢は医療モデルから生活モデルになっていますので、生活モデル的な観点で行っています。しかし、裁判所の頭の中は医療モデルなので、支援計画書は裁判所にアピールできるようになるべく難しい言葉を使って医療モデル的に分析を加えます。
　支援計画の書式は普通に福祉事業所で用いているものです。高齢者の場合であれば、高齢者の施設入所の際の計画書をひな型にして、短期・中期・長期で立てて、1日はこういう生活になるというタイムスケジュールを組み合わせています。

4　執行猶予に保護観察を付すべきかどうか

森久　ありがとうございます。支援計画書を提出する先である刑事司法との関係では、秋山さんと谷村さんにそれぞれご質問します。「更生支援計画の実施のために、執行猶予には保護観察を付けるべきか。付けないと、支援はなかなかやっていけないのかどうか」。つまり、保護観察があった方が、常に対象者との接触は確保されやすくなりますが、「そのような枠組みの中でないと、福祉的な支援はしていくことが難しいでしょうか」ということです。秋山さんと谷村さんにそれぞれ聞きたいということですが、まず秋山さん、いかがですか。

秋山　保護観察は、あってもなくてもあまり変わりません。今までも満期の人とか、更生緊急保護の人を支援してきています。この間のケースで、例えば、仮退院で医療少年院から出た子を受けたのですが、その子は統合失調症で居所を転々としてしまうのです。その人にくっついていろいろ支援する中で、居所を変更したいときに、保護観察期間が足かせになりました。満期の人は、「じゃあ、ちょっと

変更しましょう」とできますが、その部分から考えると、場合によっては、保護観察は足かせになる可能性もあると思います。

谷村 執行猶予に保護観察を付けられてしまった場合、再犯してしまうと確実に実刑で刑務所に行ってしまいます。

単なる執行猶予で済むはずの事案について、保護観察付きの執行猶予を弁護人が求めることは被疑者・被告人の利益に完全に反するので、そういう主張をすること自体が憲法違反になる恐れもあります。弁護人の立場としては、憲法等の関係でそういうことは言いづらいし、言ってはならないとは思います。

そういう活動をした結果として保護観察が付されたり、あるいは保護観察付執行猶予の法的効果を置いておいて、保護観察が付いた方がいいかどうかについて意見を述べます。

保護観察になると、保護司のところにほぼ2週間に1回通うことになりますが、今、保護司も人材不足でかなり大変な状況です。あと、いい人が保護観察官で付くかどうかと、その保護観察官がどの程度、社会資源について理解があるか、それが問題です。

私が今までやった保護観察のケースでは、むしろ逆に出る場合が多かったです。支援会議を実施して、保護司と保護観察官がきちんと来てくれて、一緒に協力しながら進めていけるケースならいいですが、そのあたりに理解がない場合、せっかく体制を組んで支援を進めているのにもかかわらず、逆行するようなかたちで支援がうまくいかなくなったという経験も実際にあります。

私は、「福祉は人」だと思っていますが、結局、保護司と保護観察官がどういう人かというところに左右されてしまいます。

ただ、計画の実効性の担保という意味では、特別遵守事項の中に支援計画の内容が盛り込まれれば、それはそれで一定の効力を持ちます。しかし、「これをやってはいけない」という遵守事項なので、当事者がこれをやって頑張ろうというエンパワーメントの考え方とはズレますし、当然、当事者主体の支援というところからズレる部分もあります。そこも痛しかゆしだと思います。

5　動機付け、エンパワーメントについて

森久 ありがとうございます。今の、動機というか、エンパワーメントされていくために、そもそも本人がそこに取り組む意識がないと意味がないというところともかかわると思いますけれども、市川さん、この点はいかがですか。

ダルクに来るということは、その時点で一定の動機があって来ていると考えられますけれども、一旦来たけれども、本人の動機が若干弱くなる時期も恐らくあるのではないかと思います。ダルクでの経験から、その辺りをどのように働き掛けているのか聞かせてください。

市川 ダルクに来る人が薬物をやめる動機を持っているかというと、必ずしもそうとは限らなくて、渋々つながっている方もいます。

例えば、ダルクに行くと刑が軽くなるのではないかと考える人もいます。1回目に捕まったときにダルクを情状証人に立てて、「これで執行猶予をもらった暁には、必ずダルクに行きます」と言うと、減刑されるのではないかという神話が、薬物で捕まっている人の間で、拘置所の中で、まことしやかに語られているらしくて、よく手紙が届きます。

裁判の後、実際に来る人もいれば、執行猶予をもらったら「はい、さようなら」という場合もあって、動機は必ずしも最初に持っているものでもありません。

むしろ、ダルクは、自分と同じ当事者性を持った人たちのグループに、本人が安全だと感じるという

意味で自由が保障された中で、出たり入ったりできるところがいい。嫌だったら離脱すればいいし、その気になれば加わればいいというかかわりをしていく中で、本当にそれが自分に必要だと思ったときに手を伸ばせるところです。ここはすごく大事な部分です。

あと、何かしらの価値というか、利益がなければ、なかなかみんな続きません。本当に刑を逃れるためにダルクを使いたい、あるいは家族のきずなが切れそうだから、もうこの辺で何とかしないとまずい。命を落としそうで、死ぬのが怖いから何とかしたい。どんな段階であれ、その動機が本人の内側に生まれてこそ回復がスタートします。

ただ、そのモチベーションを維持するとなると、本人が持っている当事者性も少しずつ変わってきます。そのときそのときの課題は、薬をやめ始めるときと、やめる前と、やめた後、それも少し時間がたったときでは変わっていくものなので、その都度その都度本人にとってメリットと感じるようなものがそこにあれば残ります。それがないと思ったときに、いなくなるのかなと感じます。

森久 ありがとうございます。保護観察という枠組みの中で遵守事項というかたちで義務付けられている、もしくは、施設内においてもそうかもしれませんけれども、何かしらのかたちで強制されることによって、最初のきっかけを与えられることは全くないとは言えないのかもしれません。しかし、それを続けていく中で、離脱できる自由もないと、そういう回復はなかなか難しいと思います。

6 刑事司法関与者は支援対象者として特性を有するか

森久 今の刑事司法にかかわることで、若干理論的に訊きたいという質問が本庄さんに来ています。「刑事施設入所前からの支援は、被疑者被告人が被疑事実、公訴事実を認めることが理論的には前提となるのですか」ということですが、いかがでしょうか。

本庄 報告の中では、「犯罪行為者という属性は、究極的には重要ではない」と言いました。とすると、犯罪事実を争っている人であっても、そこに何らかのニーズがあれば、それに対応していくことが必要になってきます。争っている人も、同じく刑事手続きに関与した人という属性は持つので、その中で発見されたニーズがあれば、それに対応していく必要性はあります。

また、知的障がいを持っている人や社会的に不利な立場に置かれた人がしばしば冤罪に巻き込まれやすいということからすると、支援の必要性は、罪を犯していない人であっても、実際に罪を犯した人と同じようにあると思います。

その点も含めて、弁護人あるいは社会福祉士が連携してくれれば、それらの人による支援の対象と考えるべきだと思います。

森久 ありがとうございます。今の点ともかかわると思いますけれども、刑事司法にかかわることをきっかけにニーズを把握し、福祉的な支援をしていくために使っていくという発想で支援をしているというのが、谷村さんの報告だったと思います。

福祉と刑事司法のかかわりで考えていったときに、刑事司法にかかわった人は福祉における支援の対象者として、純粋な福祉の支援の対象者と何か本質的に異なる点はあるのかどうか。

少なくとも私たちの研究会の提案の中では、刑事司法にかかわったことを一つの要素として見ておく必要はあるけれども、それを重要なものとしては捉えないという考え方を採っています。本日のパネリストの皆さんは、この点をどう考えているかお尋ねしたいと思います。

支援の対象者をどういうかたちで決めていくのかという対象者の選別は、センターの現状の問題とし

て一つ挙げられていたと思います。対象者の質は、純粋な福祉の対象者と、刑事司法にかかわったということで何か違いが出てくるのかどうか、その辺りを聞きたいと思います。どなたかいかがでしょうか。

谷村 よく意味がわかりません。例えば、長い間拘置所に置かれたりしたことで、何か精神とか体調的な不調という意味合いではありませんね。

森久 そういうことではなくて、純粋に一般福祉の中に、刑事司法にかかわった人を対象者の一つの類型として全部落とし込んでいけるものなのか。

それとも、「犯罪行為者のソーシャル・インクルージョン」を今日のタイトルに掲げていますけれども、一般の福祉における支援対象者と犯罪行為者は分けざるを得ないのかどうか、その辺りはいかがですか。

谷村 例えば、性犯罪とかであれば特別枠で考えていく必要があると思います。クレプトマニアとかだったらそれはそれでしょうけれども、そうでないのであれば別に……。

要するに、福祉の観点からすると、犯罪をすることも生活支障の一つで、かなり大きな支障にはなります。当初は危機介入的な対応が求められると思いますけれども、ゆくゆくはというか、社会に戻るところでは、犯罪かどうかはあまり関係ないと思います。

森久 秋山さんはいかがですか。

秋山 私もあまり関係ないと思います。要は、どこから見ているかであって、出所した人が地域生活をどのように構築しながら暮らしていくかと考えた場合に、ホームレスでも、障がいを持っていても、地域生活を行ううえでどういった阻害要因があるかです。それをいろいろな福祉なり、制度上のサービスによって補完するというか、解決するかです。刑務所を出たから何とかというのは、あまり関係ないと思います。

市川 私は、すべての受刑者が対象になるのではないかと感じています。

刑務所にいる人のうち、福祉的ニーズがあるという選別をして対象にしていることに、すごく「えー？」と思うときがあります。例えば、定着支援センターの場合、特別調整の対象者は明確で、障がい、高齢、満期、帰るところがないという条件があります。これからはずれると、とりあえず違うという認識をすることはどうなのでしょうか。刑務所に入ったことで、やっと国家の知るところになる人々の存在を、せっかく認知できたのにもかかわらず、住居や生活保護等、一定の生活条件さえ確保できていたら「あとは自力で頑張ってください」とそのまま出してしまうことは、どうなのでしょう。

全国の刑務所に薬物の改善指導の取り組みでダルクが入っているのは、皆さんご存じだと思います。三重県の場合は、それとは別に入所者の個別相談に乗っています。出所していくときの方向性も含めて相談に乗っています。例えば、「元のところに戻ってやろうか」とか、「仕事ってどんなんやろうか」とか、そういう話をしていたり、いろいろ相談に乗っています。

そういうことをしている片方で、定着支援のほうでは、支援対象に"するかしないか"をこちらが判断していく。「ああ、何もないまま出ちゃった」みたいに思うことがあります。

私は、そもそもこういう相談、コーディネーター機能が今までなかったことのほうが問題ではないかと感じているので、本当はすべての入所者にこれができたらいいという思いを強く持っています。

森久 今日、ここで報告しているパネリストの皆さんにとっては、基本的には一般の福祉における対象者と何も変わらない、ということですよね。今、市川さんが言われたとおり、むしろ、今までそういう支援がなかったこと自体が問題だという話でした。

一方で、例えば、性犯罪なんかは特に難しいと

いう話もありましたが、犯罪行為を行ったことを理由に、引き受けられないという福祉側の意見もやはりあります。

そういう点から考えると、福祉の中でも、必ずしも犯罪行為を行ったことを一つのニーズとして見ているわけではなくて、やはり福祉の他のニーズとは違うものとして捉えているところがあると思います。その辺りはどうですか。

今現在、やはり犯罪は別だと考えている福祉関係者に対して、そうではないことをわかってもらって支援の対象と考えてもらうために、どういうことが必要だと思いますか。

市川 繰り返しになって申しわけありません。実際に、ぐ犯で少年院に入っている性犯の少年は、出るところがないという理由で、ずっと少年院にいなくてはいけなくなっています。だから、その調整は非常に急がれるというか、定着支援センターがそれをやっていきます。

先程、谷村先生の方からお話がありましたが、情報が分断されて出てこないところが一番の問題で、実際にどういう経緯でこの人が事件に至っているかということをきちんと出せば、受入可能になる福祉施設もなきにしもあらずですが、罪名だけで情報を出したら、もうほぼアウトということがあります。

つい先頃ですけども、たまたまその性犯の人に関しては、何とか定着がコーディネートできたという実績もあって、情報がすごく大事なのではないかと感じています。

7　支援のために必要な情報

森久　その情報は、具体的にはどういう情報が必要だということになりますか。

市川　三重県の場合、たまたまその刑務所内の福祉士に、定着支援センターと兼任の人が何名かいます。私は定着のほうだけで刑務所内の福祉士は

やっていませんが、もともとその中の情報から引き続きのところで、ある程度わかった状態で支援ができているのが大きいのではないか。

ただ、よその地域に行くと、刑務所内の福祉士の出せる情報と、定着支援センターが受け取れる情報が随分違ってきて、これはできなくなります。

たまたま三重県の場合は、もともと定着センターの事業が始まる以前に刑務所で雇用された福祉士が定着のほうにいるので、その人が見ている分にはきちんとつながりが出ています。

森久　ありがとうございます。先ほど、谷村さんの報告の中でもありましたけれども、谷村さんがたまたま社会福祉士でもあるとか、もしくは定着支援センターにいるソーシャルワーカーの人が施設内ソーシャルワーカーであるとか、非常に個別的な理由によって何とか情報がつながっている現状にあります。本来であれば、何らかのかたちでそれがきちんと制度的につながる必要があると思いますが。

市川　少し付け加えますと、似たようなケースで、ダルクのほうに矯正施設内の福祉士から「今度出所するこんな人を受け入れてもらえませんか」と問い合わせがあります。そこで「ああ、いいですよ。じゃあ、情報ください」と言います。

これが定着支援センターだと、特別調整になって情報が出ます。しかしダルクに直接頼まれたときは、「どんな人ですか」と聞いても、「いや、それは言えません」、「いや、『それは言えません』って言われても、こちらも困るじゃないですか」、「いや、ルールなんで」といった具合です。

森久　よくここまで縦割りにできるなという、まさしく縦割り行政の現状なのかなと思います。情報がないことには、その人がどういう人かわからないで支援をしていくのは、やはりかなり困難だというのが明らかです。

これから制度的にどのように情報を流していくべきなのか、もちろんプライバシーの問題があるので、

何でもかんでも流せばいいということにはならないと思いますけれども、本人の同意を取りつつ、支援してくれる人に対して情報をどのように渡していくのかも重要なポイントになると思います。

本庄 情報の流通を図る一番の方法は、やはり施設の中に外の支援の人が入っていける体制を整えることではないかと思います。それによって、施設から見た外部の人たちの信頼性も高まっていくと思うので、そういうかたちで広げていくことが、展望としてはあり得るのではないかと思います。

8　官民の役割分担

森久 ありがとうございます。その点ともかかわると思いますけれども、歌代さんは、PFI事業の中で、これまで官だけだった刑務所という施設の中に、民間人として入っていったということになります。

事業の切り分けとして、民間が担うべきなのか、それとも、従来どおり国が担うべきなのか、社会復帰しようとする人を支援していくときに、どういうところで民がやるべきなのか、どういうところで官がやるべきなのかということも、これからもう一度考え直す時期に来ていると思います。

歌代さんの目から見て、PFI事業の中で、これはやはり民でないとできないだろうと思うことが何かあれば、その辺りを聞かせてください。

歌代 私は国の人間ではありませんが、施設側からすると、恐らく受け入れてもらえる先は、公の施設であろうが、民間のNPO法人や更生保護施設であろうがどちらでもいいし、そういう選択肢がたくさんあればあったに越したことはありません。先程、本庄先生が言われた、いろいろな支援を多様に組み合わせて活用するということは、まさにそのとおりだと思います。

民間が得意な分野はたくさんあります。人を雇う部分とか、ネットワークを使う部分とか、そういう民間が得意な部分をどんどん民間がやっていけばいいし、規制されているものは何もないと思います。

ただ、このPFI刑務所にかかわっている民間のすべての会社、民間のすべての社員が、それをやろうと思っているかどうかに懸かっていると思います。

例えば、業界を挙げてそういうものに取り組んでもいます。今、企業であれば、企業の社会的責任を果たす「CSR（コーポレート・ソーシャル・リスポンシビリティー）」が大変重要な役割になってきます。私は、その役割の中で、例えば出所者を雇用する、あるいは矯正（教育）事業にかかわっていくことが、その業界あるいは企業のCSRの中できちんと位置付けられているかどうかというのがあると思います。それが民間のできることです。

この前、各県に一つNPO法人がやっとできて、それぞれ就労支援をたくさんやっていますけれども、私は、なかなか現場までは下りてきていないと実感しています。

それであれば、私たちが探して、見つけてきて、一人一人本人に会って聞けば情報の分断はなくなります。私は、先ほど本庄先生が言われたように、外から施設にどんどん入ってきていろいろな情報を本人から直接聞くことが一番いいと思います。それは、民間が一番得意なところです。

また、官は官で、先ほど言ったように、いろいろな施設、当然5、6年前には考えられなかった定着支援センターとか、自立更生のためのセンターとか、農業のためのセンターとかいろいろできています。

そういう意味では、私は、選択肢は広がってはいるけれども、それを本当に数としてこなしていけているかは、まだこれからの課題だと思います。官でも民でも、私は両方だと思います。

森久 ありがとうございます。例えば、谷村さんがやっている支援計画書を作るということを、国によっては官がやっているところもあります。それは、法

務省ではなくて、厚生労働省が所管を持ってやっているところや、法務省の中に判決前調査制度を持っている国では、本人の情報を犯罪行為にかかわるところ以外に関しても集めて裁判段階で出しています。

　今現在、谷村さんや秋山さんがやっているような本人に対する支援を、官がやるということは考えられるかどうか。また、官がやることになった場合に、問題になり得るのはどういうところですか。谷村さん、いかがですか。

谷村　実際に、厚労省と同じようなところがやっているのはオーストラリアのヴィクトリア州です。そこの職員だった日本人が帰国しておられるので、いろいろ情報が入ってきます。

　今、私たちが支援計画書で書いている部分は、わが国においても法改正がなされれば十分できる部分です。何より、先ほどの保護観察の関係で実効性の議論がありましたけれども、ヴィクトリア州の場合は、支援計画書の内容がそのまま判決の主文になるので、それをそのまま執行していかなければいけません。

　その執行は、オーストラリアのヴィクトリア州のヒューマンサービス省という、厚生労働省と類似のところが、日本でいう保護観察所と連携して行います。執行内容について聞いて驚いたのは、対象者の居住場所として「ログハウスを建ててやれ」という判決が出され、ログハウスを建てるのに大変金がかかったけれど、建てきったというエピソードです。

　それから、先ほどの官と民の関係の話ですが、例えば、民のほうでそんな予算をかけてやることは到底できません。やはり、民間でもできることを公が奪ってお金を取るのではなくて、民間の努力ではどうにもならないところを公の責任として拾っていくということです。

　先程、性犯罪の関係と言いましたけど、もちろん受け入れてくれるところもあります。しかし、日本の場合は、今、性犯の再犯防止のためのプログラム自体が社会内にきちんとありません。そういう部分については国にもっと頑張ってもらって、国立のもので受け入れることを考えていかないといけないと思っています。

森久　秋山さんはいかがですか。

秋山　官が判決時に支援計画を作るというのは、特別遵守事項とは違うのでしょうか。

谷村　日本の場合は、刑が、懲役、禁錮とか罰金で、関係するのは懲役ぐらいです。懲役で実刑か執行猶予かというだけのことで、例えば、保護観察になったとしても、特別遵守事項を設定しなさいという判決にはなりません。要するに、特別遵守事項の中には、これに違反したら保護観察を取り消して刑務所に収監するというルールだけが書かれていて、こうしたらいいという示唆は全く挙がってきません。

　英米法と大陸法でも、法制度が全然違います。私が解説するのも変ですけども、諸外国では、地域内処遇命令と言われる、社会奉仕活動をするものや、一定期間だけ施設に入所したり、あるいは治療を強制するとか判決のバリエーションが非常にあって、さらにそれを組み合わせることができます。

　日本の場合でも、例えば、1カ月実刑で刑務所へ行ったあとに、3年間執行猶予ということができればいいのですけど、そういう組み合わせができません。

　だから、判決の主文になることは、それを国家が執行することになるので、本人に守らせる事項として設定をするのは一緒かもしれませんが、やはり実効性の担保の意味では、判決に入れ込む内容に大きな意味があるとは思います。答えになっているでしょうか。

秋山　いや。地域生活をしていないのに、判決の中で先に、「この人はこうやって暮らしていくんですよ」ということになると、逆に言えば、「暮らしていかなければいけない」、となってしまうのでは……。

例えば、その人が事件を起こして、地域で暮らしていく中で、いろんな変化が当然ながら起きたときに、その判決が足かせになって、逆にそれを守らなかったから収監となると、また犯罪を作っているようなものになってしまうのではないか。

要は、「これを守らないから、またダメだよ。こうしなければだめだ」ということは、本人を、また何かルールを破ってしまったという気持ちにどんどん追い込んでいくのではないかということです。

今、ちょうど保護観察が終わった人のケースでは、特別遵守事項を守らないから、保護観察官に、「あなたの特別遵守事項は何ですか。それを言いなさい」と、いつもずっと面接時に言わされ続けました。かといって守りませんけど、守らないことを言わされ続けることは、本人にとっては苦痛でしかないし、ある日突然、パチンとはじける可能性もありました。そういうことも考えると想定できないと思います。

谷村 よくわかりませんが、例えば、通院を強制する判決が出たとして、守らなかったことで刑務所に入るという結果にはなりません。

日本の場合は、執行猶予が付いて出て、また別の犯罪をすれば、あるいはその遵守事項を守らなければ、それはそれで執行猶予が取り消されることになります。仮釈放で出ていて特別遵守事項を守らなければ、釈放されている期間が無くなって、もう一度本来の刑期を刑務所で全うしないといけません。

しかし、それにもかかわらず悪いことをする自由はあって、それは、オーストラリアの場合でも一緒だと思います。

森久 多分、枠組みの問題が少しずれていると思います。オーストラリアの場合は、必ずしも日本の現行法のように、遵守事項違反があったのですぐに施設収容というかたちにはなっていないところが、まず違うと思います。

もちろん判決をきっかけにしてはいるけれども、その後の福祉的な支援の在り方は、あくまでも純粋な福祉のやり方にのっとってやっていくという考え方をとっているので、保護観察の枠内で福祉的な援助を提供するという日本の現状の枠組みや考え方とは、若干異なると思います。

9　地域社会との関係

森久 一方で、保護観察や官による支援計画書の作成のお話は、先程の地域住民との関係ともややかかわると思います。むしろここでは否定的な見解が多いですが、地域住民からすると、保護観察の枠内とか、もっと言えば、刑事司法の枠内で何かしらの福祉的な支援が行われることによって再犯が防止されているところに、どうしても注目が集まりやすく、それで安心できるといった声があることも事実です。

ソーシャル・インクルージョンを進めていく中で重要なのは、一つは地域の中での受け皿作りの問題です。特に、「東京のような大都市圏以外では、社会資源も非常に限られていて、先程のふるさとの会のようには、周りの地域住民が必ずしも寛容ではない場合もあるのではないか」という質問をいただいています。そういう社会資源が十分でないところでネットワーク化していく、また、それをコーディネートしていくためには何が必要かという質問もいただいていますが、秋山さん、いかがですか。

秋山 私たちも、当初は、決して地域の人が理解してくれているわけではありませんでした。

例えば、1999年に、ふるさとの会のホームレス支援で、一番初めに山谷地区の隣の昔からある吉原という地域の一軒家を借りるときにも反対運動が起きました。よくわかりませんでしたが、新興宗教団体が来るのではないかと間違えられました。「それは違います。路上の人とかに住まいを提供して、支援していく」と言ったら、今度は、「近所の娘さん

がひきつけを起こすからやめてくれ」というようなことを言われ続けました。

　ただ、いろいろな社会資源のネットワークと近隣の関係は、一番初めのときから少しずつ変わっていくものです。一人一人の利用者をどうしたらいいのかと抱え込むわけではなくて、例えば、医療的なものや、介護や保険というものは、私たちの中にも専門家がいないので、地域の診療所の先生に相談に行ったり、お願いしたりしていく中で一個一個作ってきたものです。

　一番初めに一軒家を借りたときの不動産屋は、どんな人が来るかわからないから反対していたけれども、始めてそこで10人、20人暮らしていると、だんだんわかってきます。もちろんお金持ちではないのでそんないい着物を着てはいませんが、結局見てみたら、ただのおじいさんばかりです。今度は、その家主や不動産屋が、「あそこだったら大丈夫でしょう」と、2軒目を紹介してくれました。

　そういうかたちで、一個一個作ってきただけです。それが十何年かかると、そういうのがもう少しシステマティックにでき始めました。

森久　なかなか一朝一夕にはできるものではなくて、あくまでも個別のそういう積み重ねが少しずつネットワークを形成していくのだと思います。

　そういう意味では、一般国民に理解を深めてもらうための方法という点で、今伺ったように、周囲の人から少しずつ理解を進めていくことも一つの方法だと思いますけれども、一般国民の間にソーシャル・インクルージョンという考え方を浸透させていくには、他にどういう方法があり得るのか。

　また、特に国民の基本的な考え方として、やはり「犯罪行為を行った人たちだ」ということで、根強い偏見を持っている人たちもいると思います。ソーシャル・インクルージョンの過程の中で、周囲の社会の人たちのそういう意識を変えていくために何が必要なのでしょうか。例えばダルクの経験などと照らして、市川さんはどう考えますか。

市川　ダルクを始めるにあたっては、それが一番怖かったところです。しかし今、秋山さんが言われたように、特に問題が何も起こらないので、今では、何か手伝ってほしいことがあると、ダルクに「来てくれ」とか、要らなくなったものとか「これ、ダルクで使わんか」とか。私は、「ダルクさん」と呼ばれていて、当事者であることは、もう町中にばればれです。

　片方で、定着支援センターができたときは、「なんてもの作るんや。勘弁してくれよ」と自治会がもの申してきて、「いやいや、うちに人を受け入れるわけではないです」という説明で逃れた経緯がありました。少し残念な説明の仕方だとは思いますが、やはり実態が見えてこないと、なかなかそういう偏見は取れていきません。

森久　同じような地域住民との関係というと、PFI施設と地域住民の関係も非常に注目されている一つの関係性だと思います。歌代さん、その辺りはいかがですか。

歌代　島根あさひに関して言うと、誘致をして、全国60数カ所の中から白羽の矢が立ってそこの施設になったという経緯があります。

　ですから、そんなに反対をする人もなく、かつ2,000名定員の刑務所が来ることで、その経済的な効果を当然求めてはいるけども、それだけではありません。やはり自分たちが、一地域住民として受刑者の改善更生にかかわりたいという思いを、私もいろんな人から直接聞いたことがあります。

　実際に、私たちがいろんなプログラムを刑務所の中で組み上げていくときに、地域の人たちに入ってきてもらうプログラムをたくさん作っています。

　例えば、受刑者と地域住民が文通を4カ月間やる文通プログラムとか、盲導犬プログラムにしても、週末は盲導犬の子犬を地域の人に預かってもらって、所内では受刑者を訓練生と言っていますが、月曜日から金曜日までは訓練生が育てます。訓練

生は外に出ませんが、毎週、盲導犬に思いを託して盲導犬のパピー手帳を書いて、盲導犬が出ていって、また帰ってきます。ですから、中と外を出入りするものが、今まで以上に増えているという気はしています。

世の中一般では、刑事施設があるところの地域と施設がそういう関係であるかというと、必ずしもそうではないと思います。やはりいろいろな条件があってそれぞれの運営をしています。そういう意味では、島根では非常に地域の人が入ってこられるし、訓練生も、奉仕活動ではありませんが、例えば仮出所前の人は、刑務所の周りの公園を清掃に行っています。あそこは、そういうことができているのではないかと思います。

10　最終的な社会復帰に必要なもの

森久　ありがとうございます。質問の中で、日本の社会文化の中には昔から、ある意味では排除とか隔離が脈々とあったのではないかという意見をいただいています。いわゆる社会的排除という言葉が近年、非常にメジャーになりましたが、西欧諸国の状況と、日本における社会的排除の状況は違うのではないかという指摘も一部あります。

日本でも確かに、例えば、古くは高齢者に対しての「姥捨て山」の話なんかもありますし、刑事司法に関わった人に対しては、実際、刑務所に入ることがかなり大きな排除の装置として働いてきたことは事実だと思います。

今日の市川さんの報告にあったように、ダルクは薬物依存の人の中間施設です。「一般社会」と「一般でない社会」があるとすると、その間に、何とかそこで自分の生きる場所を見つける中間施設というか、「中間社会」ができるのは必然的なことであって、「一般でない社会」から「一般社会」にストレートに社会復帰していくという意味で社会に受け入れられることは、やはり難しいのではないか。逆に言うと、「一般社会」に「中間社会」を経て最終的に社会復帰していくために何が必要なのかについて、少し考えてみたいと思います。市川さん、どうでしょう。

市川　ちょうどそれについて話そうと思ったところでした。ダルクには様々な薬物依存の人が集まってきますが、その中には、重複障がいと呼ばれる知的障がいを含めた発達障がいを持つ人がいます。

今までの視点からいくと、彼らはより社会復帰しづらいはずの人です。こういう人たちの特性を見ていくと、コミュニケーションが非常に苦手であるとか、その場に沿った判断が少し苦手であるとか、集中するとそれにずっと特化していってしまうとか、いろいろあります。たしかに、今の産業構造の中では非常に厳しいけれど、むしろ一次産業ではすごい能力として評価できます。

たまたま三重県は田舎なので、県南部の尾鷲市で、重複障がい者の地域移行として、一次産業とのマッチングを始めました。今、夏ミカンの農園に何名か行っていて、特に軽度の知的障がいの人とアスペルガー症候群の人は、雇ってくれるオーナーから非常に好評です。「また、あの人、来てくれんかね」みたいな感じで、期待されています。

ポイントは、ダルクが障がい枠のプロジェクトとしてやっていないことで、地域の農園とか、カキの養殖業など、そういう漁業・農業の実際の現場と本人を直で結んでいきます。コーディネートはするけど、間にダルクが障がい枠のプロジェクトとして挟まりません。

これによって、本人とコミュニティの関係がイーブンになるというか、自分の貢献を本人が直接感じられるし、収入も、言葉は悪いですけど、ダルクがピンはねせずに、支払われたものがすべてダイレクトに本人に流れていっていて、1日6,000円ぐらいになっています。

今、三重ダルクはこのプロジェクトを進めていて、

ひょっとすると、障がいがないと言われている人よりも早く一般社会に戻せるかなと思います。

森久 そうですね。一般社会に戻っていくための一つの方策として、そういうこともあり得ると思います。また、ふるさとの会の取り組みの場合にもソーシャル・インクルージョンの過程の中で、一般の地域にとってのメリットがみられます。先程の空き家の活用などまさにそうだと思いますし、恐らく、雇用の創出も一つのメリットになり得ると思います。

そのような点以外に、社会に受け入れられるということがどういうことによって実感されるのか。社会的に包摂されるというのは、いったいどういうことかを少し考えてみたいと思います。ソーシャル・インクルージョンは、理論としてはどう定義されるのでしょうか。本庄さん、いかがでしょうか。

本庄 ソーシャル・インクルージョンの確定した定義があるわけではありませんので、これは私たちの研究会として考えているところです。社会に包摂されるということは、言い換えると、ある属性を持っているが故に排除されている状態が解消されるということです。そのための非常に重要な要素は、他の人との人間関係をきちんと切り結べるような状態にあるということだと思います。

それには、第一に、きちんと支えになって支援をしてくれる人との関係性が構築されることによって、安心して生活していけることが重要だと思います。しかし、それだけではなくて、本当に社会に包摂されるということは、今日のテーマの一つでもある当事者としての視点から見た包摂も重要です。

つまり、誰かから支援を受けるだけではなくて、何らかのかたちで他の人に対してよい影響を与えるということです。非常に広い意味で言えば、社会に貢献するというか、社会や他者にポジティブな効果をもたらすことで。相手は、社会一般でも特定の個人でもいいわけです。そういう状態で総合的な関係を切り結ぶことを目指していると思います。

これは、広く言うと、社会参加をしていることになるのではないかと思います。そういう状況を自らが実感できることによって、自分自身の認知の問題として、自分は包摂されていると感じることができ、それを目指すことが必要だと思います。

11 少年事件における官の福祉職との役割分担

森久 ありがとうございます。ソーシャル・インクルージョンという話をするときに、最初の企画の趣旨でも若干触れましたが、従来の障がい、高齢、無職以外にも、かなり幅広い犯罪行為者のニーズを拾っていくことができるのがこの考え方の利点だと話しました。

それにかかわるご質問として、女性の犯罪行為者とか少年の付添人活動を行う際に福祉的視点を入れていくことを考えると、少年なら、通常は、家庭裁判所調査官とのかかわりが重要になると思います。それ以外に、民間福祉職との連携を付添人が取っていく必然性はあるのかを谷村さんと秋山さんにお尋ねします。まず、谷村さん、いかがでしょうか。

谷村 はい。私は、少年の付添人活動でも、普段、支援計画書を書いてもらっている人に、複数で付添人になってもらって活動した経験があります。先程言いませんでしたが、成人の刑事手続きの中にも、「補佐人」という制度があります。被告人が被後見人ないし被保佐人である場合、補佐人届を出せば、被告人ができる訴訟活動が全部できることになります。その補佐人としてやった経験もあります。

家裁調査官は、あくまでも家裁の中の機関です。例えば、補導委託＝試験観察で一旦出して、それで経過がよければ少年院に行かずに済む場合であったとしても、補導委託先の資源が今非常に少ないと家裁が困っているケースで、私のほうで補導

委託先を見つけるという活動もしています。少年事件でも、成人の支援計画等を、表現がもう少しわかりやすいかたちで示した経験があります。

少年事件の場合は、教育主義・保護主義で動いています。ただ、いずれにしても、裁判官は成人と同様に考えがちですけれど、家裁の調査官は教育主義・保護主義のところを重視しているので、心理的な部分で家裁調査官が鑑別所の機関と連携を取りながら、民間福祉職の私たちと連携して進めているケースが実際にあります。

森久 はい。少年もしくは女性に関しても、もし経験があれば、秋山さん、いかがでしょうか。

秋山 少年事件の補導委託はやったことがないのでわかりませんが、ちょうど医療少年院から出てきた、当時20歳直前になった人を仮退院で引き受けています。先ほどのソーシャル・インクルージョンではありませんが、その人には地元の台東区の保護司会のなかなかの実力者が付いて、私どもが身元引受人になり、今現在も一緒に支援しています。

その少年は台東区の人ではありません。違う県の人で、ただ、家族関係で虐待があって、引き受けはできないということでこちらが引き受けた人です。いわゆる地元の人ではない中で、保護司さんからすると、そういった人であっても、ふるさとの会という身元引受人がいるのでやりやすいと。

むしろ今、保護司さんが大変なのは、家族関係が壊れているのに、親が身元引受人になってしまうケースで、そういう場合、真夜中でもいろいろなトラブルで駆け付けなければいけません。しかも、保護司さん自身が高齢になって結構つらいのです。

それに比べて、地元の台東区と全然地縁はありませんが、いわゆる家族代わりでふるさとの会が引き受けてくれていれば、逆に安心ということです。私たち「中間社会」が間に入り家族代わりになると、昔ながらの社会資源である保護司さん、保護観察官とも一緒になって動くことができます。

その少年は、保護観察期間もいろいろなトラブルをずっと起こしてきました。けれども、そこをいわゆる第二のふるさととしてずっと暮らしていくということで、今は、たまにトラブルを起こすことはありますが、普通に暮らしています。

森久 ありがとうございます。実践の中で、実に多様なニーズに対応していこうとしているところがうかがえます。

12　情報を円滑に流通させるための方策

森久 いただいていたご質問に答えてきたところですが、フロアのほうからさらにご質問があれば、挙手をお願いします。

質問者A 先程、情報を串刺しにできないという、要するに、縦に仕切りがあって、前と後ろの両方に行かないと対象者の情報が入手できないという、前々から言われてきた問題があります。縦割り行政の問題のようにも思いますが、実はそうではなくて、各機関がプライバシーの保護を理由にして、他に情報を渡すのを嫌がっているというのが日本の守秘義務です。守秘義務というのはいい言い方だけど、行政は、税金で作ったのに、自分たちで作ったものは自分たちのものだと思っています。だから出しません。

それを変える方法としては、最初の段階で個人調査票を本人が持てるようにすればいいのです。個人情報保護の観点からすれば、同意原則も要らないし承諾も要りません。とにかく「俺の情報を出せ」と。家裁でもらった情報で、鑑別所でやった検査も「全部俺のものだ」とその人が持って、次にまた捕まったら、今度は、「家裁で発達障がいと言われました」と言ったら、その医者なり管理官に弁護士が話を聞けば、どういうことかわかります。

裁判所に残っている情報だけを見ると、「責任能力問題なし」と書いてあってIQは高いことになって

いるけれども、実際によく調べてみると、その前にやった検査ではなくて……。そんなことが事実起きてきます。

　だから、情報は個人のものという考え方に徹して、一つ一つ壁を壊して、「情報をよこせ」と言っていけばいいのです。確かに壁はありますけれども、そういう調査票を自分が持っていけるようにすれば、次のときに、手渡していけます。

　端的な例は、矯正施設で処方されていた薬を社会に出てからも飲みたいと思っても、出てきて医者に行ったときに、「前は何を飲んでいたの？」と聞いたら、「こんな色です」と言うだけで、「何ていう薬？」と言うと、メモもなく出てきているので、分からない。では、「何を飲んでいたのか」と刑務所に問い合わせても、刑務所のほうは、「それは個人のプライバシーにかかわることですからだめです」と。それは違います。出している薬が恥ずかしいのです。こんな量で、本当に薬を出しているのかと言われるのが嫌なのです。

　それぞれがもう少し公明正大に、自分たちの予算でこれしかできないなら、こうだということをきちんと外に出して、怒られないようなシステムを作って、あとで怒られるのはしょうがないですけど、それを手渡して、本人をベースにしていけばいいと思います。

　恐らく、谷村先生の考えている書類もその辺りで、そういうカルテ様式を研究会で作ってもらって、それを新たに弁護士が弁護人や付添人として付いたら書き込んでおくことにして、それを本人に持っていってもらう。なくしたらすぐに見つかるようにコピーを取っておきます。そういうことをすればいいとずっと思っていて、そういう話は私どもの研究会でもしています。

森久　ありがとうございます。パネリストでどなたかコメントはおありでしょうか。

谷村　本の宣伝になってしまいますが、私どもが執筆した本（内田扶喜子・谷村慎介・原田和明・水藤昌彦『罪を犯した知的障がいのある人の弁護と支援』〔現代人文社、2011年〕）の付属CD-ROMにフェイスシートの書式があり、それで私どもは情報集約をしていきます。本人が能力の普通にある人だといいのですが、知的障がいの人の場合は、本人に持たせてもそれをうまく引き継いでいけるかどうかの問題もあります。

　先程、報告の最後で述べたつもりでしたが、もちろん本人を情報源にして外に誰か1人、機関でも者でもいいですが、コーディネーターというか、情報のサーバーを置いて、そのサーバーが本人に訊きに行って情報を持って帰って、そこに貯めて分析するのです。

　要は、最初に本人の支援に就いた人が、罪を犯す前から情報を収集し、罪を犯して逮捕・勾留されて、警察の留置場にいるときに面会に行って情報をもらい、弁護人とコミュニケーションを取って、弁護人から記録をもらって、判決を受けて、今度は分類のところでどこに行くかを本人に訊かせて、すぐに手紙を書かせて、刑務所に入ったらまた会いに行きます。

　場合によっては、保護面接もするので、先生が言われるように、本人に公示機能を持たせた状態で、外にボックスを置くかたちでやれば解消できる問題だと思います。問題は、そうしないといけないことが非常に大変だということです。

　弁護活動の部分は、国選でも多少お金が出てくるかもしれませんが、あとはボランティア活動になります。ただ、そういうことも含めて障がい者相談支援事業所の仕事だとすれば、障がい者についてはカバーできますが、そうでない人の部分を誰がどうしていくのかは考えていかなければいけません。もちろん、ホームレスの支援団体等で、その辺は頑張って情状証人を立てたりいろいろしています。

13　支援の狭間の問題

質問者A　さっき市川さんと話したのですが、薬物の問題を持っている人は何とか支援のための予算が付きます。障がいを持っている人も付きます。付かない人は、全く今と変わらないですよね……。

谷村　そうです。だから、そこを考えなければいけないのに、特別調整とかセンターの対象ということで絞っていくことが大きな問題です。もともと、私は、刑務所の全員のことをやってくれると信じていたし、兵庫県では、ホームレスの支援団体と弁護士会とで、弁護士が理事の過半数を占めるNPO法人を立ち上げようという話をしていたけれども、中身がだんだん知的障がいとかになってきて、しかも、薬物は受けないとわけのわからないことを言い出しました。

市川　それを話したかったのですよね。「薬物」というと、薬物依存の人が薬物の問題しか持っていないようになるし、「知的」と付ければ知的障がいの人はこんな感じと分けていく。結局、どれを対象にするかというと特別調整。枠でくくれない人が全部こぼれていくというおかしな話になっています。

　ダルクでも、実際に知的障がいの人が多いです。しかし、彼らの多くは薬物の問題は抱えていますが、薬物依存ではありません。例えば、子どもの頃から勉強ができなかったり、途中でドロップアウトしていたりして、残念ながら昼間の仕事が見つからなかったので、女の子だと夜の仕事に就きます。そこで、自分を大事にしてくれる人は少し厄介な人だったりして、そこに薬の問題が出てくる。そして一緒に薬物の問題で逮捕されますが、この人は知的障がいです。こんな人もたくさん来ます。そうすると、支援している中で、薬物依存というこちらの視点をこの人にぶつけていくと、何か食い違ってきます。でも、その人として見ていくときちんと支援は開かれます。

定着支援センターには、かなり期待がありました。やっとここでこういうことが始まって、これで薬物依存者が国によってきちんと把握された以上は、回復の資源を知る権利を得るので、やっとつながれると思ったのです。しかし、個々のダルクが、どこかの刑務所に入ったとかメッセージを送ったということではなくて、やっとこれで……と思ったら、そもそも対象になるかならないかの議論になってしまう。むしろとりこぼれていくことに何か悶々とした日々を送っています。

14　刑事施設での投薬情報の取扱い

谷村　矯正施設の薬の問題ですが、先週、笠松刑務所に行きました。そのケースは3月28日に出所でしたが、刑務所長名で診療情報の提供書を出してもらいました。摂食障がいの人で、精神科病院にどうにかつなげたいと今やっています。

　そのケースは、刑務所が非常に協力的で、こちらも行って1時間くらい話し込んだりして、方法を考えてもらいました。本人からの申請で診療情報提供書を出すことは可能ということで、出された提供書を本人に持たせて、本人から郵便で私がもらうかたちにしたので、今でもやりようによってはできます。それを正面突破で行くのか、カーブを投げるのか、フォークにしておくのか、その辺のことだと思います。

質問者A　刑務所によって違います。記録を出さないと言うけど、裁判のときに記録取り寄せでどんな薬を飲んでいるか全部1回集めて、本人にこういうのを飲んでいたか聞いていくと何を飲んでいたかわかり、飲んでいる薬で逆に病名は何だったのかわかることがあります。

谷村　はい、あります。そういう照会をかけたこともあるし、過去の確定記録の閲覧請求をします。検察庁に過去の確定記録があります。一般の弁護

士はそこまでなかなかやりませんが、あるケースで確定記録を閲覧したら、その中にまた情報があったので、そこからさらに調査したことがあります。

質問者A 私も、確定記録を見たら、検察側が出したくない記録があって、こちらから申請すると言ったら向こうから出してきました。実は、情報はたくさん持っています。

森久 ほかの人からも伺います。はい、どうぞ。

質問者B 薬の話と病気の話について、刑務所の方は、間接的な印象なので、差し控えさせてもらいますが、少年関係については、基本的には、きちんと診察をして治療をして病気として取り扱っていれば、ほとんどの少年院の医者は、医療情報提供書を書いているはずです。

　医療少年院については、医療少年院から出ていて、主治医のほうに紹介状・医療情報の提供がなくて、「何だ、これは」という話は、過去に何度か学会で聞いています。実は、施設側からするとそれは間違いです。ほとんどの人が満期ではなくて仮退院ですから、保護観察期間が付いている少年のほうが圧倒的に多いと思います。少なくとも保護観察の付いている人の場合は、紹介状、正確に言うと医療情報提供書ですが、その写しが本人と観察者に回っているはずです。

　ただ、問題は、家族に渡した場合に、やはり少年院に入っていること自体を、旅行に行っていると言っている親がいたり、いろんな事情があったりして、そこら辺はよくわかりませんが、100％行き渡らないことがあるかもしれません。少なくとも、意識はしています。保護観察所に行くような情報なので、保護観察所にも規則として1枚コピーは渡っているはずですし、最近、私自身がやっているのは、本人に医療情報に書く内容を大体説明して、本人の親にも見てもらいなさいと指導しています。

　もう一つ、刑務所の問題で関係するのは、刑務所の施設内の医療というのは、本当の意味での医療、つまり、今話が出ました摂食障がいはきちんと治療をしなければいけない疾患ですが、そうではなくて、収容者は非常に不健康で状況が悪いです。私たちが普通に自由に生活しているよりも、精神的なストレスなどで、病気ではないけれども、調子がすっきりしない部分がかなり出てくるのは確かです。その部分に対してどういう手当てをするか、あるいは薬を出すかという問題もあります。収容中に薬をもらったけれども、出たら何ともないだろうということがあり、施設内の医者が考えていることと、出てからは薬ももらえない、何の情報もないということとは、食い違いが生ずる部分という気はしました。以上です。

15　摂食障がいの問題

質問者C 谷村先生にお伺いします。私は、たまたま摂食障がいの親の会に所属しています。私の子どもは直接関係がありませんが、いろいろと調べると刑務所内における摂食障がい者の問題がかなり大きな位置を占めていると感じます。

　ここでよくわからないのは、そういう人たちと社会をどう結び付けていくのか。刑務所のやっていることがいいとか悪いではなくて、やっと一つの議論の場になってきたと思います。しかし、現実として親たちの仲間は、そういう人たちはどういう処遇をされ、社会的にどのような援助を受けられるのかほとんどわからないのが実態です。それについていかがですか。

谷村 摂食障がいの状況については、八王子医療刑務所の医務官の方が本を書かれています。今、一般の女子刑務所もかなり摂食障がいの人が増えて困っていると、笠松刑務所の職員から聞いています。刑務所のほうでも、どうやって出所後に結び付けていったらいいのかわからないし、今の枠内では難しいです。こういう人たちを閉じ込めて懲役

でやっていくことで、再犯が防止できるかは、どうだろうという話を、3、4日前に刑務所の職員としました。

16　最後に

森久　はい、ありがとうございます。すみません。まだまだあると思いますが、そろそろ時間になりましたので、最後にパネリストの皆さんから一言ずつ、今後の展望、もしくは本日の感想でも結構ですけれども、簡単にお願いできればと思います。秋山さんからよろしいでしょうか。お願いします。

秋山　はい。ずっと話をしていると思いますが、私たちは、決して刑務所を出た人に矯正教育をするわけではありません。その人たちが地域の中で安全・安心な生活を送れるように、どういうふうに支援するかが事業の根本です。

　その中で、今後も同歩会としては、刑務所出所者、または刑事施設に関係する人たちに特別何かをするわけではありません。どういう情報があろうがなかろうが来てしまうものですし、また、矯正施設から1週間前くらいに、「もう満期で行きますからお願いします」という人たちもいます。そういった人を地域の中で受け止めていくしかないという覚悟でやっています。

　課題としては、今現在はセーフティーネットとしての生活保護を活用しています。ただ、生活保護というのは、本人が最低限の生活を送るだけのお金しかなくて、その人たちを支援するお金は付きません。ですから、今後は人件費等々を制度として要求していくために、私の報告にあった支援付住宅といったものを制度化していきたいと考えています。以上です。

森久　ありがとうございます。市川さん、お願いします。

市川　定着支援センターでニュースレターを作っています。いろんな専門家とか一生懸命交互に書いていくわけですが、そろそろ出所した当事者にも執筆してもらい、どんどんメッセージを発信していこうと思っています。

　こういう場所に、もっと実際の当事者の人が数のうえでも増えてくるといいと思うし、いろいろな専門機関やそういうところにも、やれる人はどんどん出ていって、それを生かしていけるような仕組みがないものかと思います。

　実際に、支援活動というか勤務をしていて感じることは、ダルクと随分違うということです。ダルクでは、どこまで行っても当事者性ベースでがんがん行ける。ところが、定着支援センターでは、自分はソーシャルワーカー失格かと思わされてしまう場面がかなり多く出てくる、ということに最後に触れたいと思います。

森久　はい、ありがとうございます。歌代さん、お願いします。

歌代　はい。刑務所というか刑事施設は、これから未来永劫、存在します。その中での処遇は、PFI方式を導入したことで、私が言うのもあれですが、本格的なものをやっていると思います。ですから、一つはそれを充実していくことが大事だと思います。

　国の施設であれ民間の施設であれ、PFIの施設であれ同じだと思います。施設内の処遇と社会の処遇をつなげるブリッジを、どう作っていくかということだと思います。今になって少しずつ進んできているけれども、まだまだ十分ではない気がします。

　もう一つ、私が期待しているのは、先程、刑務官は監視の目、あるいは不審の目で受刑者を見ているという指摘がありましたが、必ずしもそうではなくて、PFI施設で一緒に勤務した刑務官は、彼らを信頼もし、励ましてもいます。ですから、私は、PFI施設でそういう経験を積んだ刑務官が、これから日本の矯正を少しずつ変えてくれると期待していま

す。

　また、一般施設の受刑者もたくさんいます。彼らの中にインクルージョンされている人もたくさんいると思うので、そういう人たちの声も聞いてみたいと思っています。以上です。

森久　ありがとうございます。谷村さん、お願いします。

谷村　今、新しく注目されているとか制度をどうにかと言われます。それはそれでもちろん検討されるべき問題だし、よりよい方向に変わったらいいと思います。ただ、どんな制度にせよ谷間の問題が生じてくるわけで、それをどうにかするには、関係者がいま一歩踏み込んでいかないと仕方がないと思います。

　私の踏み込み方が正しいかどうかわかりません。私は、予定雇用主として、刑事の情状証人に立った上で、執行猶予の付いた人を私どもの事務所の事務員として短期間受け入れたこともありました。法律事務所に前科者が働いていいのかと言われるかもしれませんが、事務員に黙った状態で、責任が私だけにかかるようにして受け入れたこともありました。

　それがいいかどうかは別として、何となく罪を犯した人が厄介者だとか、法律事務所で働いてはいけないという意識では変わっていかないと思います。地域生活定着支援センターから話を持って行っても断られるという問題の一つは、売込みが足りないというか、センター自体が厄介な人だと思っているから、「こんな人で申しわけないけど」みたいな話で持って行くからです。

　「こんないいところもある」とか、「こうすればできる」とか、そういうかたちでいい人ですと、「1回だけの過ちで人生を台無しなんておかしい」、ときちんと売り込んでいくというか、一緒に寄り添っていくことを定着の方がしてくれないと、受け皿なり地域社会も変わりません。

森久　はい、ありがとうございます。最後に、本庄会員、お願いします。

本庄　今日指摘された課題の一つに、定着センターを含めて支援の担い手がぶつ切りで、対象を一定の範囲に限定して活動しているということがありました。そのとおりだと思います。

　一つの原因としては、もともと刑事司法の中に強い縦割りが存在するということがあります。私たち刑事政策の研究者はそのことに目が行きやすいのですが、実はそれだけではなくて、福祉の中にも縦割りがあることが影響していると思います。これから、より広い範囲で包括的にソーシャル・インクルージョンを実現していくためには、福祉の在り方も含めて考えていかなければいけないと思いました。

　その際に一つ思うのは、刑事司法でも福祉でも、どうしてもわかりやすい属性で議論をしがちなところがあるということです。知的障がい者という、ある意味わかりやすい一つのレッテルを貼ります。そのレッテルを貼って、その人にどう対応するかと考えがちです。

　例えば、薬物依存者というレッテルを貼られている人がいますが、薬物依存というのは一つの「結果」だと考えることもできます。なぜ、薬物に依存するのかとさかのぼると、いろんな要因があるのでしょうし、犯罪も同じように、いろんな要因が複合的に組み合わさった結果、出てきた現象だと言えると思います。

　なるべく要因を解体して分解して見ていくこと、こういう問題があるとわかりやすく見るのではなくて、あえてわかりにくく見ることが必要だと思います。そのことによって一人一人のニーズに応じたきめ細かい対応が可能になります。

　それとともに、レッテルで議論することに伴って生じる犯罪行為者に対する偏見を多少なりとも緩和していけるのではと思います。人にはいろいろな面

があります。犯罪行為者であってもいろいろな面を持っていて、その中のこの面を見ていこうとする必要があると思います。

　ただし制度として構築するためには、それと同時に、解体したものをもう一度統合することも必要なので、その二つの作業をどうやっていくかが私たち刑事政策の研究者の課題だと感じました。

森久　パネリストの皆さん、どうもありがとうございました。

（あきやま・まさひこ、いちかわ・たけひと、うたしろ・ただし、
　たにむら・しんすけ、ほんじょう・たけし、もりひさ・ちえ）

編集後記

　龍谷大学では、30余年にわたって展開してきた特別研修講座「矯正・保護課程」の伝統と実績を活かし、また、「矯正・保護研究センター（AFC）」で実施してきた研究事業の発展を図るとともに、「矯正・保護課程」と「矯正・保護研究センター」の実績を有機的に連関させ、教誨師、保護司など矯正・保護に関わる実務者との交流を深め、更生保護会、刑事施設視察委員会、自助グループ、被害者団体等と連携し、講座、研修会や研究会等の企画など社会貢献事業を展開するために、2011年4月に、「矯正・保護総合センター」を開設しました。

　本センターでは、30余年にわたる伝統と実績を有する特別研修講座「矯正・保護課程」を教育事業と位置づけています。研究事業として、「矯正・保護研究センター」で実施してきた研究を基本として踏襲しつつ、これをさらに発展させていきます。そして、社会貢献事業として、「矯正・保護課程」、「矯正・保護研究センター」において培ってきた教育・研究活動の実績をもとに、教誨師、保護司など矯正・保護に関わる実務者との交流をさらに深めていきます。

　本研究年報も、「矯正・保護研究センター」以来、途切れることなく、年報として研究成果の発表の場として世に問う機会を提供してきました。この間、本年報も一定の社会的評価を得たと認識しております。しかし、これに甘んじることなく、ますます、よりよい研究成果を発表することを目標にしていきたいと考えております。

金 尚均
（キム・サンギュン）
研究年報編集委員長

龍谷大学　矯正・保護総合センター研究年報　第1号　2011年
Ryukoku Corrections and Rehabilitation Center Journal No.1 2011

2012年2月15日発行

編集発行者

龍谷大学　矯正・保護総合センター
Ryukoku Corrections and Rehabilitation Center

〒612-8577　京都府京都市伏見区深草塚本町67
　　　　　　E-mail　kyosei-hogo@ad.ryukoku.ac.jp（センター事務部）
　　　　　　Web　　http://rcrc.ryukoku.ac.jp/

発行所

株式会社 現代人文社（大学図書）

〒160-0004　東京都新宿区四谷2-10　八ッ橋ビル7階
　　　　　　振替　　00130-3-52366
　　　　　　電話　　03-5379-0307
　　　　　　FAX　　03-5379-5388
　　　　　　Web　　http://www.genjin.jp/
　　　　　　E-mail　henshu@genjin.jp（編集部）
　　　　　　　　　　hanbai@genjin.jp（販売部）

表紙デザイン／Malpu Design（清水良洋＋大胡田友紀）　本文デザイン／Malpu Design（佐野佳子）